全国高等教育自学考试指定教材
行政管理专业（专科）

市 政 学

Shizheng Xue

（2010年版）

全国高等教育自学考试指导委员会　组编
主　编　孙亚忠
副主编　陈晓原　霍海燕　范春辉

高等教育出版社·北京
HIGHER EDUCATION PRESS　BEIJING

扫描微信二维码
关注自考教材服务

图书在版编目(CIP)数据

市政学:2010年版 / 孙亚忠主编. —北京:高等教育出版社,2010.10(2022.12重印)
ISBN 978-7-04-030960-7

Ⅰ.①市… Ⅱ.①孙… Ⅲ.①市政学-高等教育-自学考试-教材 Ⅳ.①D035.5

中国版本图书馆 CIP 数据核字(2010)第 184851 号

策划编辑　王小钢　　责任编辑　梁　木　　版式设计　张　岚
责任校对　俞声佳　　责任印制　存　怡

出　　版	高等教育出版社	网　　址	http://www.hep.edu.cn
社　　址	北京市西城区德外大街4号		http://www.hep.com.cn
邮政编码	100120	网上订购	http://www.hepmall.com.cn
印　　刷	北京市大天乐投资管理有限公司		http://www.hepmall.com
开　　本	880×1230　1/32		http://www.hepmall.cn
印　　张	15.375		
字　　数	440 000	版　　次	2010年10月第1版
购书热线	010-58581118	印　　次	2022年12月第14次印刷
咨询电话	400-810-0598	定　　价	22.00元

本书如有缺页、倒页、脱页等质量问题,请到所购图书销售部门联系调换。
版权所有　侵权必究
物料号 30960-00

组编前言

21世纪是一个变幻莫测的世纪,是一个催人奋进的时代。科学技术飞速发展,知识更替日新月异。希望、困惑、机遇、挑战,随时都有可能出现在每一个社会成员的生活之中。抓住机遇,寻求发展,迎接挑战,适应变化的制胜法宝就是学习——依靠自己学习、终身学习。

作为我国高等教育组成部分的自学考试,其职责就是在高等教育这个水平上倡导自学、鼓励自学、帮助自学、推动自学,为每一个自学者铺就成才之路。组织编写供读者学习的教材就是履行这个职责的重要环节。毫无疑问,这种教材应当适合自学,应当有利于学习者掌握、了解新知识、新信息,有利于学习者增强创新意识、培养实践能力、形成自学能力,也有利于学习者学以致用、解决实际工作中所遇到的问题。具有如此特点的书,我们虽然沿用了"教材"这个概念,但它与那种仅供教师讲、学生听,教师不讲、学生不懂,以"教"为中心的教科书相比,在内容安排、编写体例、行文风格等方面都已大不相同了。希望读者对此有所了解,以便从一开始就树立起依靠自己学习的坚定信念,不断探索适合自己的学习方法,充分利用已有的知识基础和实际工作经验,最大限度地发挥自己的潜能,达到学习的目标。

欢迎读者提出意见和建议。

祝每一位读者自学成功。

全国高等教育自学考试指导委员会
2010年8月

总目录

市政学自学考试大纲 …………………………………………… 1

市政学 …………………………………………………………… 51

全国高等教育自学考试
行政管理专业（专科）

市政学自学考试大纲

全国高等教育自学考试指导委员会　制定

课程自学考试大纲前言

为了适应社会主义现代化建设事业的需要,鼓励自学成才,我国在20世纪80年代初建立了高等教育自学考试制度。高等教育自学考试是个人自学、社会助学和国家考试相结合的一种高等教育形式。应考者通过规定的专业考试课程并经思想品德鉴定达到毕业要求的,可获得毕业证书;国家承认学历并按照规定享有与普通高等学校毕业生同等的有关待遇。经过近30年的发展,高等教育自学考试为国家培养造就了大批专门人才。

课程自学考试大纲是国家规范自学者学习范围、要求和考试标准的文件。它是按照专业考试计划的要求,具体指导个人自学、社会助学、国家考试、编写教材、编写自学辅导书的依据。

随着经济社会的快速发展,新的法律法规不断出台,科技成果不断涌现,原大纲中有些内容过时、知识陈旧。为更新教育观念,深化教学内容方式、考试制度、质量评价制度改革,使自学考试更好地提高人才培养的质量,各专业委员会按照专业考试计划的要求,对原课程自学考试大纲组织了修订或重编。

修订后的大纲,在层次上,专科参照一般普通高校专科或高职院校的水平,本科参照一般普通高校本科水平;在内容上,力图反映学科的发展变化,增补了自然科学和社会科学近年来研究的成果,对明显陈旧的内容进行了删减。

全国考委公共管理类专业委员会组织制定了《市政学自学考试大纲》,经教育部批准,现颁发施行。各地教育部门、考试机构应认真贯彻执行。

全国高等教育自学考试指导委员会
2010年7月

目 录

- Ⅰ 课程性质与课程目标 ··· 9
  - 一、课程性质和特点 ··· 9
  - 二、课程目标 ··· 9
- Ⅱ 考核目标 ··· 11
- Ⅲ 课程内容与考核要求 ··· 12
  - 绪论 ··· 12
    - 一、课程内容 ··· 12
    - 二、自学要求 ··· 12
    - 三、考核知识点及考核要求 ··· 13
  - 第一章 市政主体 ··· 13
    - 一、课程内容 ··· 13
    - 二、自学要求 ··· 14
    - 三、考核知识点及考核要求 ··· 14
  - 第二章 市政体制 ··· 15
    - 一、课程内容 ··· 15
    - 二、自学要求 ··· 16
    - 三、考核知识点及考核要求 ··· 16
  - 第三章 市政职能 ··· 17
    - 一、课程内容 ··· 17
    - 二、自学要求 ··· 18
    - 三、考核知识点及考核要求 ··· 18
  - 第四章 城市发展战略 ··· 19
    - 一、课程内容 ··· 19
    - 二、自学要求 ··· 19
    - 三、考核知识点及考核要求 ··· 20
  - 第五章 城市规划管理 ··· 21

  一、课程内容 …… 21
  二、自学要求 …… 21
  三、考核知识点及考核要求 …… 21
 第六章　城市基础设施建设与管理 …… 22
  一、课程内容 …… 22
  二、自学要求 …… 23
  三、考核知识点及考核要求 …… 23
 第七章　城市公共事业管理 …… 23
  一、课程内容 …… 23
  二、自学要求 …… 24
  三、考核知识点及考核要求 …… 25
 第八章　城市经济管理 …… 26
  一、课程内容 …… 26
  二、自学要求 …… 27
  三、考核知识点及考核要求 …… 27
 第九章　城市生态管理 …… 28
  一、课程内容 …… 28
  二、自学要求 …… 29
  三、考核知识点及考核要求 …… 29
 第十章　城市社会管理 …… 30
  一、课程内容 …… 30
  二、自学要求 …… 31
  三、考核知识点及考核要求 …… 31
 第十一章　城市公共安全管理 …… 32
  一、课程内容 …… 32
  二、自学要求 …… 32
  三、考核知识点及考核要求 …… 33
 第十二章　市政绩效与管理 …… 34
  一、课程内容 …… 34
  二、自学要求 …… 34
  三、考核知识点及考核要求 …… 35
Ⅳ　关于大纲的说明与考核实施要求 …… 36

一、制定自学考试大纲的目的及其作用 ………………………………… 36
二、课程自学考试大纲与教材的关系 …………………………………… 36
三、关于自学教材 ………………………………………………………… 36
四、关于自学要求 ………………………………………………………… 36
五、自学方法指导 ………………………………………………………… 37
六、应考指导 ……………………………………………………………… 38
七、对社会助学的建议 …………………………………………………… 39
八、关于命题考试的规定 ………………………………………………… 40

参考样卷 ……………………………………………………………………… 41
参考样卷答案 ………………………………………………………………… 47
后记 …………………………………………………………………………… 49

I 课程性质与课程目标

一、课程性质和特点

市政学是一门研究城市政权机关特别是城市行政机关对城市有关公共事务进行有效管理的规律的学科。"市政学"是全国高等教育自学考试行政管理专业必考课程,是为培养和检验自学应考者的市政管理基本概念、基本内容和基本技能而设置的一门课程。

如果把政治学、行政管理学、管理学等看做是宏观性质的课程,那么,市政学就是中观性质的课程,是政治学、行政管理学、管理学等的基本理论和方法的具体应用。今日的世界是城市的世界,市政管理在整个社会生活中有着极其重要的地位。中国城镇化已进入迅猛发展的时期,要实现中国城镇化的科学发展,每一个市政管理者都必须掌握市政学的基本知识。

通过本课程的设置,行政管理专业的考生可以系统把握市政主体是怎样对市政客体进行有效管理的,搞清楚谁管、管什么、怎么管等基本问题。

二、课程目标

本课程设置的目标是使考生在把握市政主体及其运行规律的基础上,掌握市政管理的基本内容和基本方法。在此基础上,理论联系实际,思考、分析中国市政管理中存在的一些热点问题和实际问题,从而提高自己解决市政问题的能力,为实现中国市政管理的现代化、科学化作出自己应有的贡献。

具体地说,本课程设置的目标是使考生:第一,正确理解城市的含义、特点以及形成、发展的基本规律,正确理解市政的含义和特征;第二,正确掌握市政主体的组成、权责配置、相互关系、活动方式等;第三,全面掌握市政管理的基本内容和基本方式。

Ⅱ 考核目标

本大纲在考核目标中,按照识记(Ⅰ)、领会(Ⅱ)、简单应用(Ⅲ)和综合应用(Ⅳ)四个层次规定其应达到的能力层次要求,这四个能力层次是递进等级关系。四个能力层次的含义分别是:

识记(Ⅰ):要求考生能够识别和记忆市政学的主要内容,如名词、定义、术语、特点、原则、规律、原理等,并能作出正确的表述、判断和选择。

领会(Ⅱ):要求考生能够全面领悟和理解市政学基本概念和基本原理的内涵和外延,能掌握和分析有关概念和原理的区别与联系,并能根据考核的不同要求,对市政学的基本问题作出正确的判断、解释和说明。

简单应用(Ⅲ):要求考生能够根据已掌握的市政学知识,分析市政学的基本问题,得出正确的判断或结论,并能正确地把分析过程表达出来。或者能运用本课程的个别知识点,简要分析和解决中国市政管理中存在的一些简单问题。

综合应用(Ⅳ):要求考生能够综合运用市政学的基本概念和基本原理,分析和解决中国市政运行过程中存在的一些比较复杂的理论和实际问题。或者能综合运用本课程的多个知识点,综合分析和解决比较复杂的问题。

需要特别指出的是,试题的难易程度与能力层次的高低不是一个概念。试题的难易程度是指思维过程的复杂程度和分析处理的繁简、技巧。能力层次体现的是对市政学概念和市政规律的理解程度,以及对市政规律的综合应用能力,在各个能力层次中,有不同难易度的试题,切勿混淆。

Ⅲ 课程内容与考核要求

绪　　论

一、课程内容

（一）城市的形成和发展

1. 城市的含义
2. 城市形成发展的条件
3. 城市发展的阶段

（二）市政的含义和特征

1. 市政的含义
2. 市政的沿革
3. 市政的特征

（三）市政学的研究对象和研究方法

1. 市政学的研究对象
2. 市政学的研究方法

二、自学要求

1. 掌握城市的含义，理解城市形成发展的条件，了解城市发展的阶段。
2. 理解市政的含义，了解市政的沿革，掌握市政的特征。
3. 理解市政学的研究对象，了解市政学的研究方法。

4.本章重点:城市的含义及城市形成发展的条件;市政的含义和特征。

三、考核知识点及考核要求

(一)城市的形成和发展
1.识记:城市的含义。
2.领会:(1)城市的特征;(2)早期城市的特点;(3)中世纪城市的特点;(4)近代城市的特点。
3.简单应用:现代城市的特点。
4.综合应用:城市形成发展的条件。
(二)市政的含义和特征
1.识记:市政的含义
2.领会:市政的沿革
3.简单应用:市政的特征
(三)市政学的研究对象和研究方法
领会:(1)市政学的研究对象;(2)市政学的研究方法。

第一章 市政主体

一、课程内容

(一)城市政党组织
1.中国共产党的城市党组织
2.城市民主党派组织
3.城市人民政治协商会议
(二)城市政权组织
1.城市权力机关
2.城市行政机关
3.城市司法机关
(三)城市社会组织

1．城市人民团体
2．城市自治组织
3．城市公益性组织
（四）市民参政
1．市民参政的方式
2．市民参政的条件
3．市民参政的意义

二、自学要求

1．了解中国共产党市级组织机构,掌握中国共产党在城市中的领导地位。

2．理解民主党派的作用和城市政协的组成与职能。

3．理解城市人民代表大会及其常委会的性质及职权。

4．掌握城市行政机关、城市司法机关的性质、组成和职权。

5．了解城市人民团体、城市自治组织和城市公益性组织的性质和特点。

6．了解市民参政的方式,认识市民参政的条件和意义。

7．本章重点:城市政权组织的构成及职权,市民参政的意义。

三、考核知识点及考核要求

（一）城市政党组织

1．识记:(1)中国共产党市级组织机构的构成;(2)城市民主党派的性质及组织机构;(3)中国共产党与民主党派合作的方针。

2．领会:(1)中国共产党在城市中的领导地位;(2)城市政协的职能。

3．简单应用:城市民主党派的作用。

（二）城市政权组织

1．识记:(1)城市人民代表大会的性质及职权;(2)城市人大代表的产生;(3)城市人大常委会的组成;(4)城市人民政府的组成、领导体制和职权;(5)城市法院的性质、地位及组成;(6)城市检察院的性质、组成及组织体系。

2. 领会:(1)城市人大常委会的职权;(2)城市人民代表大会专门委员会的设置;(3)城市人民政府工作部门的设置;(4)城市人民法院和人民检察院的职权及任务;(5)城市人民法院行使审判权的原则。

3. 综合应用:城市公、检、法三者之间的关系。

(三)城市社会组织

1. 识记:(1)市总工会、市妇联、市共青团、市工商联的性质及组成;(2)城市居民委员会的性质及组织机构;(3)城市公益性组织的性质及组成。

2. 领会:(1)市总工会、市妇联、市共青团、市工商联的职能及任务;(2)城市居民委员会特点;(3)城市公益性组织的特点。

3. 简单应用:城市志愿者组织的特点。

4. 综合应用:市红十字会和市慈善总会的宗旨和职责。

(四)市民参政

1. 识记:市民参政的方式。

2. 领会:市民参政的意义。

3. 简单应用:市民参政的条件。

第二章 市政体制

一、课程内容

(一)市政体制概述
1. 市政体制的含义
2. 市政体制与国家政体的关系
3. 市政体制的作用

(二)西方国家的市政体制
1. 西方国家市政体制的基本特点
2. 西方国家市政体制的类型
3. 大都市区的市政体制

(三)中国的市政体制

1．中国市政体制的演变

2．中国市政体制的基本特征

3．中国市政体制的改革与发展

二、自学要求

1．掌握市政体制的含义、内容和作用,理解市政体制与国家政体的关系。

2．掌握西方国家市政体制的基本特点,了解西方国家市政体制的主要类型,理解大都市区的优势和对原有市政体制的挑战,掌握大都市区市政体制改革的主要途径。

3．了解中国市政体制的演变,掌握中国市政体制的基本特征,了解改革开放以来中国市政体制的改革历程,掌握中国原有市政体制的弊端,理解中国市政体制改革与发展的基本方向。

4．本章重点:市政体制的内容、作用以及与国家政体的关系;西方国家市政体制的基本特点和主要类型;大都市区市政体制改革的主要途径;中国市政体制的基本特征;中国原有市政体制的弊端及改革与发展的基本方向。

三、考核知识点及考核要求

(一)市政体制概述

1．识记:(1)市政体制的含义;(2)市政体制的内容。

2．领会:市政体制的基本要求。

3．简单应用:市政体制与国家政体的关系。

4．综合应用:市政体制的作用。

(二)西方国家的市政体制

1．识记:(1)西方国家市政体制的基本特点;(2)西方国家市政体制的类型。

2．领会:(1)市议会制;(2)议会市长制;(3)市长议会制;(4)市委员会制;(5)市经理制。

3．简单应用：大都市区的优势及对原有市政体制的挑战。
4．综合应用：大都市区市政体制改革的主要途径。
（三）中国的市政体制
1．识记：(1)中国城市行政等级制度；(2)中国城市人口规模的级别。
2．领会：(1)中国市政体制的演变；(2)改革开放以来中国市政体制的改革历程。
3．简单应用：(1)中国市政体制的基本特征；(2)中国原有市政体制的弊端。
4．综合应用：中国市政体制改革与发展的基本方向。

第三章　市政职能

一、课程内容

（一）市政职能概述
1．市政职能的含义
2．市政职能的类型
3．市政职能的意义
4．市政职能的原则
（二）西方国家的市政职能
1．西方国家市政职能的发展演变
2．西方国家市政职能的主要内容
3．西方国家市政职能的实现方式
4．西方国家市政职能的基本特征
（三）中国的市政职能
1．中国市政职能的主要内容
2．中国市政职能的基本特征
3．中国市政职能的改革与发展
（四）市政职能过程

1. 市政决策
2. 市政执行
3. 市政控制

二、自学要求

1. 掌握市政职能的概念,理解市政职能的特征、意义、类型和原则。
2. 了解西方国家市政职能的发展演变,理解西方国家市政职能的主要内容和实现方式,掌握西方国家市政职能的基本特征。
3. 掌握中国市政职能的主要内容和基本特征,理解中国市政职能的改革与发展。
4. 掌握市政职能过程的基本环节。
5. 本章重点:市政职能的概念、特征、类型和原则;中国市政职能的主要内容和基本特征;中国市政职能的改革与发展;市政职能过程的基本环节。

三、考核知识点及考核要求

(一)市政职能概述
1. 识记:(1)市政职能的概念;(2)市政职能的特征。
2. 领会:(1)市政职能的类型;(2)市政职能的意义。
3. 简单应用:市政职能的原则。

(二)西方国家的市政职能
1. 识记:(1)西方国家市政职能的主要内容;(2)西方国家市政职能的基本特征。
2. 领会:(1)西方国家市政职能的发展演变;(2)西方国家市政职能的实现方式。

(三)中国的市政职能
1. 识记:中国市政职能的主要内容。
2. 领会:中国市政职能的基本特征。
3. 综合应用:中国市政职能的改革与发展。

（四）市政职能过程
1．识记：市政职能过程的含义。
2．领会：（1）市政决策；（2）市政执行；（3）市政控制。

第四章　城市发展战略

一、课程内容

（一）城市发展战略概述
1．城市发展战略的含义和作用
2．城市发展战略的内容和类型
3．城市发展战略的制定和实施
（二）中国城市发展战略
1．中国城市发展战略的沿革
2．中国城市发展战略的依据和原则
3．中国大中小城市发展战略的特点
（三）中国特色城市化战略
1．城市化的含义、衡量指标和类型
2．中国特色城市化战略应坚持的原则
3．构建城乡经济社会发展一体化新格局

二、自学要求

1．掌握城市发展战略的含义和作用，理解城市发展战略的内容和类型，了解城市发展战略的制定和实施。

2．了解中国城市发展战略的沿革，理解以科学发展观为指导的城市发展战略，掌握中国城市发展战略的依据和原则，了解中国大中小城市发展战略的特点。

3．掌握城市化的含义、动力、衡量指标和类型，理解中国特色城市化战略应坚持的原则，了解中国城乡经济社会发展一体化新格局的构建。

4. 本章重点:城市发展战略的含义、作用和内容;以科学发展观为指导的城市发展战略;中国城市发展战略的依据和原则;城市化的含义、动力、衡量指标和类型;中国特色城市化战略应坚持的原则;中国城乡经济社会发展一体化新格局。

三、考核知识点及考核要求

(一)城市发展战略概述

1. 识记:城市发展战略的含义。
2. 领会:(1)城市发展战略的内容;(2)城市发展战略的类型。
3. 简单应用:城市发展战略的制定和实施。
4. 综合应用:城市发展战略的作用。

(二)中国城市发展战略

1. 识记:中国城市发展战略的依据。
2. 领会:中国城市发展战略的沿革。
3. 简单应用:中国大中小城市发展战略的特点。
4. 综合应用:(1)中国城市发展战略的原则;(2)以科学发展观为指导的城市发展战略。

(三)中国特色城市化战略

1. 识记:(1)城市化的含义;(2)城市化的衡量标准;(3)城市化战略的含义;(4)城乡经济社会发展一体化的一般含义;(5)中国城乡经济社会发展一体化的含义。
2. 领会:(1)中国特色城市化战略的意义;(2)城乡经济社会发展一体化的层面。
3. 简单应用:(1)城市化的动力;(2)城市化的类型;(3)中国城市化的特点。
4. 综合应用:(1)中国特色城市化战略应坚持的原则;(2)中国城乡经济社会发展一体化新格局的构建。

第五章 城市规划管理

一、课程内容

（一）城市规划管理概述
1. 城市规划的含义和作用
2. 城市规划理论的演变

（二）城市规划的内容
1. 城镇体系规划
2. 城市总体规划
3. 城市详细规划

（三）城市规划的编制与实施
1. 城市规划的编制
2. 城市规划的实施

二、自学要求

1. 掌握城市规划的含义、特性和作用，理解城市规划理论的演变。
2. 理解城市规划的内容，掌握城镇体系规划、城市总体规划和城市详细规划的含义和具体内容。
3. 掌握城市规划的编制原则，了解城市规划的编制阶段和程序。
4. 掌握城市规划管理机构及主要职责，了解城市规划实施管理的内容，理解城市旧城改造与新区开发的原则和具体注意事项。
5. 本章重点：城市规划的含义、特性和作用；城市规划的内容；城市规划的编制原则和程序；城市规划管理机构。

三、考核知识点及考核要求

（一）城市规划管理概述
1. 识记：(1)城市规划的含义；(2)城市规划的特性。
2. 领会：(1)古代城市规划理论；(2)近代城市规划理论；(3)现代

城市规划理论。

3．简单应用:城市规划的作用。

(二)城市规划的内容

1．识记:(1)城市总体规划的含义;(2)城市详细规划的含义;(3)控制性详细规划的含义;(4)修建性详细规划的含义。

2．领会:(1)市域城镇体系规划的内容;(2)城市总体规划的内容;(3)城市详细规划的内容。

3．简单应用:(1)城镇体系规划的层次;(2)控制性详细规划的主要任务和内容;(3)修建性详细规划的任务和内容。

(三)城市规划的编制与实施

1．识记:(1)城市规划管理机构;(2)城市规划的编制阶段。

2．领会:(1)城市总体规划的编制程序;(2)城市详细规划的编制程序;(3)城市规划管理机构的职责;(4)城市规划实施管理的内容。

3．简单应用:城市旧城改造与新区开发的原则和具体注意事项。

4．综合应用:城市规划的编制原则。

第六章 城市基础设施建设与管理

一、课程内容

(一)城市基础设施概述

1．城市基础设施的含义、类型和作用

2．城市基础设施的性质

3．城市基础设施的供给方式

(二)城市基础设施建设

1．城市基础设施的规划

2．城市基础设施建设的投融资体制

(三)城市基础设施管理

1．城市基础设施管理机构和职能

2．城市基础设施管理体制

二、自学要求

1. 了解城市基础设施的类型,理解城市基础设施的含义、作用和供给方式,掌握城市基础设施的性质。

2. 了解城市基础设施建设的规划,掌握城市基础设施建设的投资融资体制。

3. 了解城市基础设施管理的机构和职能,掌握城市基础设施管理体制。

4. 本章重点:城市基础设施的含义、类型和作用;城市基础设施的性质;城市基础设施管理体制。

三、考核知识点及考核要求

(一)城市基础设施概述

1. 识记:(1)城市基础设施的含义;(2)城市基础设施的类型。

2. 领会:城市基础设施的供给方式。

3. 简单应用:城市基础设施的作用。

4. 综合应用:城市基础设施的性质。

(二)城市基础设施建设

1. 领会:(1)城市基础设施与城市经济计划的关系;(2)城市基础设施与城市规划的关系。

2. 综合应用:城市基础设施的投资融资体制。

(三)城市基础设施管理

1. 识记:城市基础设施管理机构。

2. 领会:城市基础设施管理机构的职能。

3. 综合应用:城市基础设施管理体制。

第七章 城市公共事业管理

一、课程内容

(一)城市公共事业管理概述

1．城市公共事业管理的含义
2．城市公共事业管理的效益关系
3．城市公共事业的基础管理
（二）城市教育和科技管理
1．城市教育管理的基本制度及主要内容
2．城市科技管理的意义及基本内容
3．城市教育与科技管理体制改革
（三）城市文化和体育管理
1．城市文化管理的基本原则和内容
2．城市体育管理的含义、内容及职能
3．城市文化与体育管理体制改革
（四）城市公共卫生管理
1．城市公共卫生管理的内涵及意义
2．城市公共卫生管理的组织机构与工作方针
3．城市公共卫生管理的基本内容
4．城市公共卫生管理体制改革

二、自学要求

1．掌握城市公共事业管理的含义，理解城市公共事业管理的效益关系，了解城市公共事业的基础管理。

2．掌握中国城市教育管理的基本制度，了解中国城市教育管理的基本内容，理解城市科技管理的意义，掌握城市科技管理的基本内容，理解城市教育和科技管理体制的改革。

3．掌握城市文化及城市文化管理的含义，理解城市文化管理的基本原则，了解城市文化管理的基本内容，掌握城市体育管理的含义，理解城市体育管理的基本内容，了解城市体育管理的基本职能，理解城市文化与体育管理体制的改革。

4．掌握城市公共卫生与城市公共卫生管理的内涵，理解城市公共卫生管理的意义，了解中国城市公共卫生管理的组织机构及工作方针，掌握城市公共卫生管理的基本内容。

5. 掌握中国城市公共卫生管理体制改革的目标和基本原则,理解中国城市公共卫生管理体制改革的任务,了解中国城市公共卫生管理体制改革的主要内容。

6. 本章重点:城市公共事业管理的含义及其效益关系;中国城市教育与科技管理体制改革;中国城市文化与体育管理体制改革;城市公共卫生管理的内涵、意义和基本内容;中国城市公共卫生管理体制改革。

三、考核知识点及考核要求

（一）城市公共事业管理概述

1. 识记:(1)城市公共事业的含义;(2)城市公共事业管理的含义。

2. 领会:(1)城市公共事业的规划管理;(2)城市公共事业的税收管理。

3. 简单应用:(1)城市公共事业的准入管理;(2)城市公共事业的价格管理。

4. 综合应用:城市公共事业管理的效益关系。

（二）城市教育和科技管理

1. 识记:(1)城市教育管理的含义;(2)城市教育管理的主要内容;(3)城市科技管理的意义和基本内容。

2. 领会:(1)中国城市教育管理的基本制度;(2)中国城市教育管理体制改革的目标;(3)中国城市科技管理体制改革的目标。

3. 简单应用:(1)城市科技管理的意义;(2)中国城市教育和科技管理体制存在的弊端。

4. 综合应用:(1)中国城市教育管理体制运行和管理的模式;(2)中国深化城市科技管理体制改革的主要途径。

（三）城市文化和体育管理

1. 识记:(1)城市文化及城市文化管理的含义;(2)城市体育管理的含义;(3)城市文化管理体制改革的基本目标;(4)城市体育管理体制改革的基本目标。

2．领会:(1)城市文化管理的基本内容;(2)城市体育管理的基本内容;(3)城市体育管理的基本职能。

3．简单应用:城市文化管理的基本原则。

4．综合应用:(1)城市文化管理的新模式;(2)城市体育管理的模式。

（四）城市公共卫生管理

1．识记:(1)城市公共卫生及城市公共卫生管理的内涵;(2)中国城市公共卫生管理的工作方针。

2．领会:(1)中国城市公共卫生管理的组织机构;(2)城市公共卫生管理的基本内容;(3)中国城市公共卫生管理体制改革的任务和主要内容。

3．简单应用:(1)城市公共卫生管理的意义;(2)城市公共卫生管理体制改革的总体目标、近期目标和远期目标。

4．综合应用:中国城市公共卫生管理体制改革的基本原则。

第八章　城市经济管理

一、课程内容

（一）城市公共财政管理

1．城市公共财政的含义和职能

2．城市公共财政收支管理

3．城市政府采购制度

（二）城市市场管理

1．城市市场管理的任务和原则

2．市场结构管理

3．价格管理

4．质量监督

（三）城市土地管理

1．城市土地管理的含义和意义

2. 城市土地管理机构和内容
3. 城市土地有偿使用
4. 城市土地市场管理

二、自学要求

1. 理解城市公共财政的含义和职能,理解城市公共财政对促进城市经济和各项社会事业发展中的作用,掌握城市公共收入和公共支出的含义、原则,了解城市公共收入和公共支出的分类。

2. 掌握城市政府采购的含义和原则,理解城市政府采购的方式,了解城市政府采购的程序,理解我国城市政府采购制度的完善。

3. 掌握城市市场管理的任务、意义、内容和原则,理解城市政府对市场主体的垄断行为和竞争行为的管理,了解城市政府的价格管理和质量监督。

4. 掌握城市土地的概念、类型和特性,理解城市土地管理的含义、任务和必要性,掌握城市土地管理的机构和内容,理解城市土地的有偿使用,了解城市土地市场管理。

5. 本章重点:城市公共财政的含义和职能;城市公共收入和公共支出的含义、原则;城市政府采购的含义、原则、方式以及中国城市政府采购制度的完善;城市市场管理的任务、意义、内容和原则;城市土地的概念、类型和特性;城市土地管理的含义、任务、必要性以及城市土地管理的机构;城市土地的有偿使用。

三、考核知识点及考核要求

(一) 城市公共财政管理

1. 识记:(1)城市公共财政的概念和特点;(2)城市公共收入和公共支出的概念;(3)城市政府采购的含义。

2. 领会:(1)城市公共收入的分类;(2)城市公共支出的分类;(3)城市政府采购的方式和程序。

3. 简单应用:(1)城市公共财政对促进城市经济和各项社会事业发展的作用;(2)城市政府采购应当遵循的原则。

4.综合应用:(1)城市公共财政的职能;(2)城市公共收入的原则;(3)城市公共支出的原则;(4)中国城市政府采购制度存在的问题和完善。

(二)城市市场管理

1.识记:(1)城市市场管理的概念和任务;(2)城市市场管理的内容;(3)质量监督的含义;(4)质量监督的机构。

2.领会:(1)城市市场管理的意义;(2)市场结构管理;(3)价格管理体制;(4)城市政府对价格活动的监督检查;(5)质量监督的基本形式。

3.简单应用:(1)城市市场管理的原则;(2)质量监督的意义。

4.综合应用:(1)价格管理的原则和规则;(2)质量监督的方针和原则。

(三)城市土地管理

1.识记:(1)城市土地的含义和分类;(2)城市土地管理的含义;(3)城市土地管理的机构;(4)城市土地市场的含义和组成。

2.领会:(1)城市土地的特性;(2)城市土地管理的内容;(3)城市土地的有偿出让;(4)城市土地使用权的转让。

3.简单应用:城市土地管理的任务和必要性。

4.综合应用:城市土地的有偿使用。

第九章　城市生态管理

一、课程内容

(一)城市生态系统

1.城市生态系统的含义和组成要素

2.城市生态系统的特点和功能

3.城市生态环境的质量及其标准

(二)中国城市生态环境问题及治理

1.中国城市生态环境问题

2．中国城市生态环境管理的指导思想和原则

3．中国城市生态环境管理的机构和制度

（三）建设生态城市

1．生态城市的含义和基本特点

2．中国生态城市建设的基本条件和衡量指标

3．生态城市建设的内容、原则和措施

二、自学要求

1．理解生态系统的概念和组成要素，了解生态平衡的含义。

2．掌握城市生态系统的含义、组成要素、功能和特点，理解城市生态系统平衡的标志和决定因素。

3．理解生态环境质量及其衡量标准，了解中国城市生态环境存在的主要问题，了解中国城市生态环境管理的机构及其职责。

4．掌握造成中国城市生态环境污染的主要原因，掌握中国城市生态环境管理的指导思想、原则和制度，理解优化和强化城市生态环境管理机构的管理必须着力解决的问题。

5．掌握生态城市的含义和基本特点，了解中国生态城市建设的基本条件和衡量指标，理解生态城市建设的内容、原则和措施。

6．本章重点：城市生态系统的含义、组成要素、功能、特点；城市生态系统平衡的标志和决定因素；中国城市生态环境污染的主要原因；中国城市生态环境管理的机构、指导思想、原则和制度；生态城市的含义、基本特点以及生态城市建设的内容、原则和措施。

三、考核知识点及考核要求

（一）城市生态系统

1．识记：（1）城市生态系统的含义；（2）城市生态系统的组成要素；（3）城市生态系统的特点。

2．领会：（1）生态系统的概念和组成要素；（2）生态平衡的含义。（3）城市生态环境质量的含义、分类；（4）城市生态环境质量标准的含义、内容和作用。

3. 简单应用:城市生态系统的功能。
4. 综合应用:城市生态系统平衡的标志和决定因素。
(二)中国城市生态环境问题及治理
1. 识记:中国城市生态环境管理的机构和职责。
2. 领会:中国城市生态环境存在的主要问题。
3. 简单应用:优化和强化城市生态环境管理机构的管理必须着力解决的问题。
4. 综合应用:中国城市生态环境管理的指导思想、原则和制度。
(三)建设生态城市
1. 识记:生态城市的含义和基本特点。
2. 领会:中国生态城市建设的基本条件和衡量指标。
3. 综合应用:生态城市建设的内容、原则和措施。

第十章　城市社会管理

一、课程内容

(一)城市人口管理
1. 城市人口管理的地位
2. 城市人口管理的内容
(二)城市社区管理
1. 城市社区管理的地位
2. 城市社区管理的内容
3. 城市社区管理的主体
(三)城市社会保障管理
1. 城市社会保障管理的地位
2. 城市社会保险管理
3. 城市社会救济管理
4. 城市社会福利管理

二、自学要求

1. 了解城市人口运动的趋势,认识城市人口管理的意义,掌握城市人口管理的内容。
2. 理解城市社区管理的意义和内容,了解城市社区管理的主体。
3. 认识城市社会保障管理的地位,熟悉城市社会保障管理的职能部门及其职责。
4. 掌握城市社会保障管理的内容。
5. 本章重点:城市人口管理的意义和内容;城市社区管理的意义和主体;城市社会保障管理的意义和内容。

三、考核知识点及考核要求

(一)城市人口管理
1. 识记:城市人口的含义。
2. 领会:城市人口管理的内容。
3. 简单应用:(1)城市人口管理的意义;(2)户籍管理制度改革。
4. 综合应用:城市人口的运动趋势。

(二)城市社区管理
1. 识记:(1)城市社区的含义;(2)城市社区的构成要素;(3)城市社区的类型。
2. 领会:(1)城市社区管理的内容;(2)城市社区管理的主体。
3. 简单应用:城市社区管理的原则。
4. 综合应用:城市社区管理的意义。

(三)城市社会保障管理
1. 识记:(1)城市社会保障的含义;(2)城市社会保障管理的含义;(3)城市社会保险管理的含义;(4)养老保险制度的类型;(5)医疗保险的含义;(6)失业保险的含义;(7)城市社会救济管理的含义;(8)城市居民最低生活保障管理的含义;(9)城市医疗救助管理的含义;(10)城市社会福利管理的含义。
2. 领会:(1)城市社会保障管理的职能部门及其职责;(2)城市社

会保障管理的内容;(3)城市养老保险管理的内容;(4)城市医疗保险管理的内容;(5)城市失业保险管理的内容及特点;(6)城市居民最低生活保障管理的内容;(7)城市医疗救助管理的内容;(8)城市社会福利管理的具体内容。

3. 简单应用:(1)实施城市居民最低生活保障制度的原则;(2)建立城市医疗救助制度的原则;(3)城市社会福利管理的方针。

4. 综合应用:城市社会保障管理的意义。

第十一章 城市公共安全管理

一、课程内容

(一) 城市公共安全管理概述

1. 城市公共安全管理的含义
2. 城市公共安全管理的类型
3. 城市公共安全管理的作用

(二) 城市公共安全管理的体制和手段

1. 城市公共安全管理体制
2. 城市公共安全管理内容
3. 城市公共安全管理手段

(三) 城市公共安全应急机制

1. 城市公共安全情报机制
2. 城市公共安全决策机制
3. 城市公共安全通告机制
4. 城市公共安全控制机制

二、自学要求

1. 了解城市公共安全管理的历史和类型,理解城市公共安全管理的含义和作用,掌握城市公共安全管理的原则和城市公共安全问题的成因。

2. 掌握城市公共安全管理体制,了解城市公共安全管理的内容,理解城市公共安全管理的手段。

3. 理解城市公共安全应急机制的组成及其含义。

4. 本章重点:城市公共安全管理的原则;城市公共安全管理的类型;城市公共安全问题的成因;城市公共安全管理的作用;城市公共安全管理体制;城市公共安全应急机制。

三、考核知识点及考核要求

(一)城市公共安全管理概述

1. 识记:城市公共安全管理的含义。

2. 领会:(1)城市公共安全管理的类型;(2)不同社会形态下城市公共安全管理的区别。

3. 简单应用:城市公共安全管理的作用。

4. 综合应用:(1)城市公共安全管理的原则;(2)城市公共安全问题的成因。

(二)城市公共安全管理的体制和手段

1. 识记:城市公共安全管理体制的含义。

2. 领会:城市公共安全管理的手段。

3. 简单应用:城市公共安全管理的内容。

4. 综合应用:城市公共安全管理体制的构成。

(三)城市公共安全应急机制

1. 识记:(1)城市公共安全应急机制的含义;(2)城市公共安全情报机制的含义;(3)城市公共安全决策机制的含义;(4)城市公共安全通告机制的含义;(5)城市公共安全控制机制的含义;

2. 领会:(1)城市公共安全情报机制的分工;(2)城市公共安全决策的主体及其作用;(3)城市公共安全通告机制的对象、途径和手段;(4)城市公共安全控制机制的组成部分;(5)城市公共安全控制机制的类型。

3. 简单应用:(1)城市公共安全情报机制的必要性;(2)城市公共安全控制机制的必要性;

4. 综合运用:城市公共安全通告机制的必要性。

第十二章 市政绩效与管理

一、课程内容

（一）市政绩效概述
1. 市政绩效的内涵
2. 市政绩效的特点
3. 市政绩效的意义
（二）市政绩效管理
1. 市政绩效管理的原则和程序
2. 市政绩效评估的任务和方法
（三）市政绩效管理系统
1. 市政绩效管理的信息系统
2. 市政绩效管理的决策系统
3. 市政绩效管理的监督系统

二、自学要求

1. 掌握市政绩效的内涵，理解市政绩效的特点，了解市政绩效的意义。

2. 掌握市政绩效管理的原则，了解市政绩效管理的程序，理解市政绩效评估的任务和指标体系，了解市政绩效评估的方法和市政绩效评估报告。

3. 理解市政绩效管理信息系统的作用、任务和构成要素，理解市政绩效管理决策系统的任务和构成要素，了解市政绩效管理监督系统的工作目标和结构。

4. 本章重点：市政绩效的内涵与特点；市政绩效管理的原则和程序；市政绩效评估的任务；市政绩效管理的信息系统、决策系统和监督系统。

三、考核知识点及考核要求

（一）市政绩效概述

1．识记：市政绩效的内涵。

2．领会：(1)市政绩效的特点；(2)市政绩效的意义。

（二）市政绩效管理

1．识记：(1)市政绩效管理的工作程序；(2)市政绩效评估报告的内容。

2．领会：(1)市政绩效评估的任务；(2)市政绩效评估指标体系的设计。

3．简单应用：市政绩效评估的方法。

4．综合应用：市政绩效管理的原则。

（三）市政绩效管理系统

1．识记：(1)市政绩效管理信息系统的构成要素；(2)市政绩效管理决策系统的构成；(3)市政绩效管理监督系统的结构。

2．领会：(1)市政绩效管理信息系统的作用；(2)市政绩效管理决策系统的任务。

3．简单应用：市政绩效管理信息系统的任务。

4．综合应用：市政绩效管理监督系统的工作目标。

Ⅳ
关于大纲的说明与考核实施要求

一、制定自学考试大纲的目的及其作用

课程自学考试大纲是根据专业考试计划的要求,结合自学考试的特点制定的,目的是对个人自学、社会助学和课程考试命题进行指导和约定。

课程自学考试大纲明确了课程自学的内容和深度、广度,规定了课程自学考试的范围和标准,是编写自学考试教材的依据,也是进行自学考试命题的依据。

二、课程自学考试大纲与教材的关系

课程自学考试大纲是进行学习和考核的依据,教材是学习掌握课程知识的基本内容与范围,教材的内容是大纲所规定的课程知识和内容的扩展与发挥。课程内容在教材中可以体现一定的深度或难度,但在大纲中对考核的要求一定要适当。

三、关于自学教材

《市政学》,全国高等教育自学考试指导委员会组编,孙亚忠主编,高等教育出版社2010年版。

四、关于自学要求

自学要求指明了课程的基本内容以及对基本内容应掌握的程度。属于自学要求中的知识点构成了课程内容的主体部分。因此,自

学要求中的内容是自学考试考核的主要内容。自学要求中对内容掌握程度的要求，是依据专业考试计划和专业培养目标确定的。因此，自学考试将按自学要求中提出的掌握程度对基本内容进行考核。

自学要求对各部分内容掌握程度的要求，由低到高分为三个层次，依次为：了解、理解、掌握。

为了有效地指导个人自学和社会助学，各章的自学要求明确了自学的重点。

本课程共6学分。

五、自学方法指导

1. 本课程涉及面广，内容丰富，对自学考试者来说有一定的难度。自学应考者应认识到本门课程对提高自身素质，实现中国市政管理科学化、现代化的必要性和重要性，充分认识市政学的生动内容与现代城市的密切联系，在不断学习中逐步提高兴趣。同时要准备付出相当的努力，克服学习中遇到的各种困难，掌握市政学的系统知识。

2. 一般知识学习与重点内容深入学习相结合。自学应考者应在全面阅读教材的基础上，掌握市政学的一般理论和知识，识记应当掌握的基本概念、名词、知识和观点，并深入理解其内涵。自学应考者在阅读教材时，可以适当做些读书笔记，在教材上适当做些标记，标出关键词和主要内容。在全面系统学习市政学一般知识的基础上，有目的地深入学习重点内容，以掌握重点、突破难点。切忌在没有全面系统地学习教材的情况下单纯孤立地去抓重点，甚至猜题、押题。

3. 为了更好地理解市政学的基本概念和原理，自学应考者应注意如何从基本事实和典型现象形成概念和规律，重视知识形成的方法、背景和思路，注意总结所学知识的来龙去脉，在理解上下工夫，在理解基础上进行记忆，切勿死记硬背。

4. 理论联系实际。本课程阐述的内容来源于市政管理工作的实践，与中国的市政管理工作密切相关。自学应考者在学习中应十分重视理论联系实际，把学习市政学理论与分析中国市政管理工作的实践联系起来，特别是对中国现行市政管理中存在的问题以及中国市政管理体制改革的发展趋势应格外注意,以适应中国市政管理体制改革的发展,更深刻地领会教材内容,提高自己分析和解决实际问题的能力。

5. 制定好自学计划,愉快学习。建议自学应考者制定出周密详尽的计划,每天安排好适量的自学任务,定时定量自学,有意识地督促自己在所安排的时间范围内完成自学任务,这样每天都会感到很充实。

6. 适当做一些典型习题和真题,以加深对市政学内容的理解,熟练对市政学知识的运用,巩固学习成果;了解市政学自考命题的规律。

六、应考指导

1. 养成良好的生活习惯。首先要坚持运动,强身健心。健康的身心是做好任何一件事的前提和基础,每天适量的运动能使人保持积极乐观的心态。如果在考试期间因生病而影响发挥,岂不是得不偿失。其次,规律饮食。要保持良好的饮食习惯和膳食结构,不可偏食挑食,不可暴饮暴食,也不可饥肠辘辘。最后,保证充足的睡眠,不要熬夜,以保持良好的精神状态。

2. 放松心情,沉着应考。在考前复习阶段,自学应考者往往会产生信心不足、焦躁不安等不良的心理状况,为此,自学应考者首先可以用听音乐、唱歌、看电影、看小说等娱乐形式,转移自己的心理焦虑。娱乐很容易使人心情放松,缓解疲劳。其次,提前到考场,熟悉考场环境。自学应考者最好提前半小时到场,一方面可以熟悉考场周围的环境,放松自己考前心情;另一方面可以再回顾一下所学知识点,做到胸有成竹,增强自己的信心。再次,自我激励,做深呼吸。考前自我激励和做深呼吸是减轻心理压力行之有效的方法,告诉自己,这只是平时在家做练习题,以前可以做好,现在也一定可以的。最后,沉着应考。不慌不忙,保持一种平和的心态,尽自己所能,在考试中发挥自己的最佳水平。当然,积极准备是能够沉着应考的前提条件,只有在考前做了充分准备,才能做到胸有成竹,处变不惊。

3. 合理安排时间,保持卷面整洁。合理安排答题时间,千万不能在某一道题上耗费过多时间,遇到不会做的题目不要心慌,认真看题,读懂题目要考的知识点,实在做不出来,就做下一题。卷面整洁非常重要,特别是对非选择题的回答,字迹要工整、清楚,不要写得太细长;字距适当,行距不宜过密。注意答题位置,不要随意更改答题位置。卷面赏心悦目有助于教师评分,教师只能为他能看懂的内容打分。

4. 采用正确的答题方法和技巧。正确的答题技巧能起到事半功倍的作用。其中,做选择题有以下三种基本方法:一是回忆法,即直接从记忆库中提取要填空的内容;二是淘汰错误法,把选择题各选项中错误的答案排除,余下的便是正确答案;三是猜测法。有时你会碰到一些拿不准或是超出能力范围的题目,猜测可以为自学应考者创造更多的得分机会。对于非选择题,答案的组织首先要条目清晰、重点突出、主次鲜明;其次要分条、分点回答问题,即使题目没有要求分条、分点回答问题,自学应考者也应该有强烈的分条、分点答题意识;再次,每一道非选择题都有相应的采分点,要踩准这些采分点,自学应考者要具有很强的采分点意识。在每个采分点中,都会有决定得分的关键词,在答题时,就必须突出这些关键词。最后,简答题只要答到要点就行,不要展开论述。论述题、案例分析题既要答到要点,还要展开论述,但要把最重要的采分点写在前面,然后再展开论述。

七、对社会助学的建议

1. 社会助学的目的是帮助考生系统地学习本门课程,达到课程大纲规定的各项要求。社会助学者要熟知考试大纲对本课程总的要求和各章的知识点,准确理解各知识点要求达到的认知层次和考核要求,并在辅导过程中切实有效地帮助考生掌握这些要求,引导他们防止自学中的各种偏向,切忌随意增删内容和提高或降低要求。

2. 引导考生着重理解和掌握市政学的基本概念及其应用,培养和提高自学应考者认识、分析和解决实际问题的能力,从总体上提高考生的思维能力和综合素质。社会助学者不应把自学应考者引向猜题押题的方向,不应仅仅把通过考试作为辅导的唯一目的。

3. 社会助学辅导可依据本大纲所列的自学教材循序渐进进行。

八、关于命题考试的规定

1. 考试采用笔试,考试时间为 150 分钟,用蓝(黑)色圆珠笔或钢笔作答。

2. 本课程命题考试的范围为本大纲各章所列考核知识点规定的内容。命题要注意试题的覆盖面,并适当突出重点章节的内容,加大重点内容的覆盖密度。

3. 合理安排反映不同能力层次的试题。在一份试卷中对不同能力层次要求的分数比例约为:识记占 20%,领会占 30%,简单应用占 30%,综合应用占 20%。

4. 合理安排难度结构,做到难易适中。试题难易度分为易、较易、较难、难四个等级。每份试卷中四种难易度试题的分数比例一般为:易占 20%,较易占 30%,较难占 30%,难占 20%。

5. 本课程考试采用的题型主要有:单项选择题、多项选择题、简答题、论述题、案例分析题等。

6. 本课程考试满分为 100 分,达到 60 分者为合格,及格者得 6 学分,获得本课程的单科合格证书。

参考样卷

市政学试题

一、**单项选择题**(在每小题列出的四个备选项中只有一个是符合题目要求的,请将其代码填写在题后的括号内。错选、多选或未选均无分。本大题共25小题,每小题1分,共25分。)

1. 最早对城市进行观察和研究的是(   )。
   A. 经济学   B. 社会学   C. 地理学   D. 政治学
2. 城市最本源、最主要的特征是(   )。
   A. 社会性   B. 经济性   C. 系统性   D. 聚集性
3. 市政有广义、中义和狭义三种不同的含义,其中最为重要的区别是(   )。
   A. 市政体制   B. 市政主体范围
   C. 市政目标   D. 市政客体范围
4. 市政的双重性是指市政具有(   )。
   A. 自然属性和经济属性   B. 社会属性和经济属性
   C. 自然属性和社会属性   D. 政治属性和社会属性
5. 中国首次把城市基础设施建设作为设市的重要条件是在(   )。
   A. 1954年   B. 1955年   C. 1986年   D. 1993年
6. 下列不属于市政组织的是(   )。
   A. 城市政党组织   B. 城市政权组织
   C. 各类城市企业   D. 城市社会组织
7. 中国城市的国家权力机关是(   )。
   A. 中共市委员会   B. 市人民代表大会
   C. 市人大常委会   D. 中共市委常委会
8. 目前中国市民参政最正式、最权威的形式是(   )。
   A. 政治选举   B. 政治协商

C．政治结社 D．政治表达

9．英国各城市普遍实行的市政体制是( )。

A．议会市长制 B．市议会制
C．市长议会制 D．市经理制

10．中国特大城市是指城市的非农业人口有( )。

A．20万~50万 B．50万~100万
C．100万以上 D．1000万以上

11．在中国市政体制中处于领导核心地位的是( )。

A．市人大 B．市政府 C．市政协 D．中共市委

12．体现城市政府管理活动基本方向的是( )。

A．市政职能 B．市政主体
C．市政体制 D．市政过程

13．下列属于市政的传统职能的是( )。

A．城市规划 B．环境保护
C．公共服务 D．治安防御

14．首次提出城市化概念的是( )。

A．马克思 B．恩格斯 C．列宁 D．塞德

15．在城市规划理论的演变过程中,第一次把城市中的工业区、港口、铁路和居住区在用地布局上严格区分开的是( )。

A．昂温 B．夏纳尔 C．霍华德 D．格迪斯

16．中国城市总体规划的期限一般为( )。

A．10年 B．20年 C．30年 D．40年

17．城市基础设施必须有偿使用,这是因为城市基础设施具有( )。

A．公益性 B．排他性 C．承载性 D．生产性

18．中国特有的负责协调政府部门及社会团体广泛开展卫生工作的专门组织是( )。

A．红十字会 B．卫生防疫站
C．红新月会 D．爱国卫生运动委员会

19．城市政府采购的主要方式是( )。

A．公开招标 B．竞争性谈判
C．邀请招标 D．单一来源采购

20．城市地籍管理的核心是（　　）。
A．城市土地的分配问题 B．城市土地的经营问题
C．城市土地的权属问题 D．城市土地的交易问题

21．城市土地使用者转让土地使用权时，城市土地使用权出让合同和登记文件中载明的权利与义务随土地使用权一并转移。这种城市土地使用权转让原则属于（　　）。
A．房、地产一致原则 B．"认地不认人"原则
C．效益不可损原则 D．"认人不认地"原则

22．城市生态环境质量可以用多个尺度来衡量，但其中最基本、最重要的衡量尺度是（　　）。
A．城市资源质量 B．城市人群健康水平
C．城市生态状况 D．城市环境污染程度

23．生态城市的核心内容是（　　）。
A．和谐性　　B．区域性　　C．整体性　　D．高效性

24．学校、军营等由于人们从事某些专门的活动而在一定地域上形成的聚集区属于（　　）。
A．功能社区　　B．法定社区　　C．自然社区　　D．行政社区

25．中国开展最早、最为重视的一项社会保障制度是（　　）。
A．医疗保险　　B．失业保险　　C．养老保险　　D．工伤保险

二、**多项选择题**（在每小题列出的五个备选项中有二至五个是符合题目要求的，请将其代码填写在题后的括号内。错选、多选、少选或未选均无分。本大题共15小题，每小题1分，共15分。）

26．城市形成发展的条件包括（　　）。
A．交通地理位置 B．农业劳动生产率的提高
C．社会分工的扩大 D．商品生产和商品交换
E．自然条件和气候状况

27．中国城市的行政机关包括（　　）。
A．中共市委 B．市人民政府

C. 市辖区人民政府　　　　　D. 市、区人民政府的各职能部门
E. 不设区的市和区人民政府的派出机构

28. 市政的特征包括(　　)。
A. 公共性　　B. 历史性　　C. 系统性
D. 综合性　　E. 动态性

29. 中国共产党城市委员会的领导主要体现为(　　)。
A. 经济领导　　B. 政治领导　　C. 行政领导
D. 组织领导　　E. 思想领导

30. 市人民政治协商会议的基本职能是(　　)。
A. 政治协商　　B. 民主监督　　C. 政策制定
D. 参政议政　　E. 政治决策

31. 中国市政府的机构设置大致可以分为(　　)。
A. 综合管理部门　　　　　B. 内务管理部门
C. 监督管理部门　　　　　D. 社会管理部门
E. 安全保卫部门

32. 下列属于城市公益性组织的是(　　)。
A. 市工商联　　　　　　　B. 市红十字会
C. 市基金会　　　　　　　D. 市慈善总会
E. 市志愿者组织

33. 西方国家大城市政府与周围市镇政府开展合作的具体形式有(　　)。
A. 签订合作协议　　　　　B. 职能转移
C. 都市政府联合会　　　　D. 市县合并
E. 多功能都市行政区

34. 以产业和人口的流向为标准,城市化可以分为(　　)。
A. 积极型城市化　　　　　B. 消极型城市化
C. 集中性城市化　　　　　D. 分散性城市化
E. 过度型城市化

35. 城市详细规划可以分为(　　)。
A. 中心城市规划　　　　　B. 控制性详细规划

C. 城镇体系规划　　　　　D. 修建性详细规划
E. 总体规划纲要

36. 下列属于公共转移性支出的是(　　)。
   A. 政府采购商品的支出　　B. 社会福利支出
   C. 政府采购劳务的支出　　D. 社会保险支出
   E. 贫困救济支出

37. 中国城市土地管理机关主要有(　　)。
   A. 市司法局　　　　　　　B. 市国土资源局
   C. 市城乡建设委员会　　　D. 市规划局
   E. 市房产管理局

38. 中国城市环境管理制度中的"三同时制度",是指一切新建、改建、扩建项目中的防治污染设施必须与主体工程(　　)。
   A. 同时申报　B. 同时设计　C. 同时施工
   D. 同时验收　E. 同时投产使用

39. 城市人口管理的内容有(　　)。
   A. 户籍管理　　　　　　　B. 居民身份证管理
   C. 流动人口管理　　　　　D. 人口普查与预测
   E. 计划生育管理

40. 市政绩效的特点有(　　)。
   A. 公共性　B. 系统性　　C. 技术性
   D. 工具性　E. 人性化

三、简答题(本大题共4小题,每小题6分,共24分。)

41. 市政的内涵是什么?
42. 简述西方国家市政体制的基本特点。
43. 中国特色城市化战略应该坚持的原则是什么?
44. 城市社区管理的内容是什么?

四、论述题(本大题共2小题,每小题12分,共24分。)

45. 试述中国城市规划的编制原则。
46. 试述中国深化城市科技管理体制改革的主要途径。

五、材料分析题(本大题12分)

47. 1994年,北京市人大审议通过了《北京市征收城市容纳费条例》,出台了对常住人口迁入北京须交纳1万~10万元的城市容纳费,否则公安机关不予办理常住户口登记的政策。这项政策出台的背景是:北京市每年投入大量资金用于基础设施建设(1993年北京市用于城市增容的支出和各项财政补贴约为43亿元),但仍然无法缓解由于城市人口增长过快造成的住房、水、电、热、交通、教育、卫生等方面的紧张状况。但北京市征收城市容纳费的做法出台后,社会反响强烈。首先就遭到在京的中央单位的强烈反对和抵制,也遭到在京的其他用人单位和应届毕业生的不满与抵制。1998年7月22日,国务院发布了《国务院批转公安部关于解决当前户口管理工作中几个突出问题意见的通知》。出于维护社会主义法制统一的考虑,1999年3月,北京市人大通过了关于废止征收城市容纳费的决定。

运用市政体制的有关原理分析北京市人大废止《北京市征收城市容纳费条例》的原因。

参考样卷答案

市政学试题参考答案要点

一、单项选择题(本大题共25小题,每小题1分,共25分)

1. C 2. D 3. B 4. C 5. D
6. C 7. B 8. A 9. B 10. C
11. D 12. A 13. D 14. D 15. B
16. B 17. D 18. D 19. A 20. C
21. B 22. D 23. A 24. A 25. C

二、多项选择题(本大题共15小题,每小题1分,共15分)

26. ABCDE 27. BCDE 28. ABCDE 29. BDE 30. ABD
31. ABCDE 32. BCDE 33. ABC 34. CD 35. BD
36. BDE 37. ABDE 38. BCE 39. ABCDE 40. ABCD

三、简答题(本大题共4小题,每小题6分,共24分)

41. 根据中国的实际情况,市政是指城市行使公共权力的主体,为了实现一定的目标,用各种手段对城市各项公共事业和各类公共事务进行的管理活动。具体包含以下几点内涵:(1)市政的主体是城市公共权力的行使主体。(2)市政的目标是为了实现公共利益。(3)市政目标的实现需要借助各种手段。(4)市政客体或对象是城市各项公共事业和各类公共事务。

42. (1)西方国家市政体制的形式具有多样化的特点。(2)政党通过竞选的方式参与市政体制。(3)市长、市议员和市法官由选举产生,对选民负责,并相互制衡。(4)多数城市不辖区县,实行市县分离。(5)存在大量利益集团。

43. (1)城市化的速度要适度,实现城市化与工业化和现代化适度同步发展。(2)合理、集约利用资源,分类引导人口城市化。(3)坚持大中小城市和小城镇协调发展,形成合理的城市化空间格局。(4)走市场推动、政府导向的城市化道路,健全城市化发展的体制机制。

(5)实现城市发展方式的多样化和合理化,提高城市综合承载能力。

44．(1)社区服务管理。(2)社区卫生管理。(3)社区文化管理。(4)社区环境管理。(5)社区治安管理。

四、论述题(本大题共2小题,每小题12分,共24分)

45．(1)城乡统筹原则。(2)合理布局原则。(3)节约用地原则。(4)集约发展原则。(5)先规划后建设原则。

46．(1)继续促进企业成为技术创新主体,全面提高企业创新能力。(2)继续推动应用型科研机构和设计单位实行企业化转制,大力促进科技型企业的发展。(3)加快高新技术产业开发区建设,形成高新技术产业化集群和产业化基地。(4)支持发展多种形式的民营科技企业。(5)大力发展科技服务中介机构。

五、材料分析题(本题12分)

47．从本案例看,由于北京是全国的政治中心,中央各大部委及其所属事业单位、企业单位众多。这就使得北京出台的任何一项政策都可能与中央政府的利益相关而具有敏感性,从而产生执行方面的困难。在发生利益冲突的情况下,北京市政府虽然可以从中央政府得到某种形式的补偿,最终还要服从中央政府的安排。特别是中国是实行单一制的国家,北京市人大、市政府作为国家的一级地方政权,同中央的关系无疑是领导与被领导、管辖与被管辖、支配与被支配的关系。中央政府及其所属的综合部门与职能部门的行政规定,对北京市政府具有直接的约束力。由于《北京市征收城市容纳费条例》与中央各大部委的利益相冲突,与国务院的行政法规相抵触,所以必须废止。

后 记

《市政学自学考试大纲》是全国高等教育自学考试委员会根据公共管理类专业考试计划组织制定的。

《市政学自学考试大纲》的初稿由孙亚忠(南京大学教授)、陈晓原(复旦大学教授)、霍海燕(郑州大学教授)、范春辉(南京大学副教授)编写,由孙亚忠教授修改定稿。

2010年7月,全国考委公共管理类专业委员会召开审稿会,对本大纲进行审定。参加本大纲审稿的专家有:张永桃(南京大学教授)、黄强(厦门大学教授)、毕霞(河海大学教授)。张永桃教授担任主审。

全国高等教育自学考试指导委员会
公共管理类专业委员会
2010年7月

全国高等教育自学考试指定教材
行政管理专业（专科）

市 政 学

目 录

绪论 ··· 59
 第一节 城市的形成和发展 ·· 59
  一、城市的含义 ·· 59
  二、城市形成发展的条件 ·· 66
  三、城市发展的阶段 ·· 70
 第二节 市政的含义和特征 ·· 78
  一、市政的含义 ·· 78
  二、市政的沿革 ·· 82
  三、市政的特征 ·· 87
 第三节 市政学的研究对象和研究方法 ·· 90
  一、市政学的研究对象 ·· 90
  二、市政学的研究方法 ·· 91

第一章 市政主体 ·· 94
 第一节 城市政党组织 ·· 94
  一、中国共产党的城市党组织 ·· 94
  二、城市民主党派组织 ·· 96
  三、城市人民政治协商会议 ·· 98
 第二节 城市政权组织 ·· 101
  一、城市权力机关 ·· 101
  二、城市行政机关 ·· 104
  三、城市司法机关 ·· 107
 第三节 城市社会组织 ·· 112
  一、城市人民团体 ·· 112
  二、城市自治组织 ·· 114
  三、城市公益性组织 ·· 116
 第四节 市民参政 ·· 119

一、市民参政的方式 …………………………………………… 119
二、市民参政的条件 …………………………………………… 120
三、市民参政的意义 …………………………………………… 122

第二章　市政体制 …………………………………………………… 124
第一节　市政体制概述 ………………………………………… 124
一、市政体制的含义 …………………………………………… 124
二、市政体制与国家政体的关系 ……………………………… 126
三、市政体制的作用 …………………………………………… 128
第二节　西方国家的市政体制 ………………………………… 130
一、西方国家市政体制的基本特点 …………………………… 130
二、西方国家市政体制的类型 ………………………………… 132
三、大都市区的市政体制 ……………………………………… 137
第三节　中国的市政体制 ……………………………………… 141
一、中国市政体制的演变 ……………………………………… 141
二、中国市政体制的基本特征 ………………………………… 146
三、中国市政体制的改革与发展 ……………………………… 149

第三章　市政职能 …………………………………………………… 157
第一节　市政职能概述 ………………………………………… 157
一、市政职能的含义 …………………………………………… 157
二、市政职能的类型 …………………………………………… 159
三、市政职能的意义 …………………………………………… 162
四、市政职能的原则 …………………………………………… 163
第二节　西方国家的市政职能 ………………………………… 165
一、西方国家市政职能的发展演变 …………………………… 165
二、西方国家市政职能的主要内容 …………………………… 167
三、西方国家市政职能的实现方式 …………………………… 170
四、西方国家市政职能的基本特征 …………………………… 172
第三节　中国的市政职能 ……………………………………… 173
一、中国市政职能的主要内容 ………………………………… 173
二、中国市政职能的基本特征 ………………………………… 177
三、中国市政职能的改革与发展 ……………………………… 178
第四节　市政职能过程 ………………………………………… 181

一、市政决策 …………………………………………………… 181
　　二、市政执行 …………………………………………………… 183
　　三、市政控制 …………………………………………………… 186

第四章　城市发展战略 …………………………………………… 189
第一节　城市发展战略概述 …………………………………… 189
　　一、城市发展战略的含义和作用 ……………………………… 189
　　二、城市发展战略的内容和类型 ……………………………… 192
　　三、城市发展战略的制定和实施 ……………………………… 197
第二节　中国城市发展战略 …………………………………… 198
　　一、中国城市发展战略的沿革 ………………………………… 198
　　二、中国城市发展战略的依据和原则 ………………………… 202
　　三、中国大中小城市发展战略的特点 ………………………… 205
第三节　中国特色城市化战略 ………………………………… 207
　　一、城市化的含义、衡量指标和类型 ………………………… 207
　　二、中国特色城市化战略应坚持的原则 ……………………… 210
　　三、构建城乡经济社会发展一体化新格局 …………………… 214

第五章　城市规划管理 …………………………………………… 218
第一节　城市规划管理概述 …………………………………… 218
　　一、城市规划的含义和作用 …………………………………… 218
　　二、城市规划理论的演变 ……………………………………… 221
第二节　城市规划的内容 ……………………………………… 226
　　一、城镇体系规划 ……………………………………………… 226
　　二、城市总体规划 ……………………………………………… 228
　　三、城市详细规划 ……………………………………………… 230
第三节　城市规划的编制与实施 ……………………………… 232
　　一、城市规划的编制 …………………………………………… 232
　　二、城市规划的实施 …………………………………………… 235

第六章　城市基础设施建设与管理 ……………………………… 242
第一节　城市基础设施概述 …………………………………… 242
　　一、城市基础设施的含义、类型和作用 ……………………… 242
　　二、城市基础设施的性质 ……………………………………… 244
　　三、城市基础设施的供给方式 ………………………………… 250

第二节　城市基础设施建设 ……………………………… 252
　一、城市基础设施的规划 …………………………………… 252
　二、城市基础设施建设的投融资体制 ……………………… 255
第三节　城市基础设施管理 ……………………………… 259
　一、城市基础设施管理机构和职能 ………………………… 259
　二、城市基础设施管理体制 ………………………………… 263

第七章　城市公共事业管理 …………………………… 266
第一节　城市公共事业管理概述 ………………………… 266
　一、城市公共事业管理的含义 ……………………………… 266
　二、城市公共事业管理的效益关系 ………………………… 268
　三、城市公共事业的基础管理 ……………………………… 272
第二节　城市教育和科技管理 …………………………… 279
　一、城市教育管理的基本制度及主要内容 ………………… 279
　二、城市科技管理的意义及基本内容 ……………………… 282
　三、城市教育与科技管理体制改革 ………………………… 284
第三节　城市文化和体育管理 …………………………… 288
　一、城市文化管理的基本原则和内容 ……………………… 288
　二、城市体育管理的含义、内容及职能 …………………… 291
　三、城市文化与体育管理体制改革 ………………………… 294
第四节　城市公共卫生管理 ……………………………… 297
　一、城市公共卫生管理的内涵及意义 ……………………… 297
　二、城市公共卫生管理的组织机构与工作方针 …………… 299
　三、城市公共卫生管理的基本内容 ………………………… 301
　四、城市公共卫生管理体制改革 …………………………… 303

第八章　城市经济管理 ………………………………… 310
第一节　城市公共财政管理 ……………………………… 310
　一、城市公共财政的含义和职能 …………………………… 310
　二、城市公共收支管理 ……………………………………… 314
　三、城市政府采购制度 ……………………………………… 322
第二节　城市市场管理 …………………………………… 329
　一、城市市场管理的任务和原则 …………………………… 329
　二、市场结构管理 …………………………………………… 331

三、价格管理·· 336
　　四、质量监督·· 339
　第三节　城市土地管理·· 343
　　一、城市土地管理的含义和意义································ 343
　　二、城市土地管理机构和内容·································· 344
　　三、城市土地有偿使用·· 348
　　四、城市土地市场管理·· 351

第九章　城市生态管理·· 355
　第一节　城市生态系统·· 355
　　一、城市生态系统的含义和组成要素···························· 355
　　二、城市生态系统的特点和功能································ 359
　　三、城市生态环境的质量及其标准······························ 361
　第二节　中国城市生态环境问题及治理······················· 366
　　一、中国城市生态环境问题···································· 366
　　二、中国城市生态环境管理的指导思想和原则················ 374
　　三、中国城市生态环境管理的机构和制度······················ 379
　第三节　建设生态城市·· 386
　　一、生态城市的含义和基本特点································ 386
　　二、中国生态城市建设的基本条件和衡量指标················ 389
　　三、生态城市建设的内容、原则和措施························ 398

第十章　城市社会管理·· 402
　第一节　城市人口管理·· 402
　　一、城市人口管理的地位······································ 402
　　二、城市人口管理的内容······································ 405
　第二节　城市社区管理·· 409
　　一、城市社区管理的地位······································ 409
　　二、城市社区管理的内容······································ 413
　　三、城市社区管理的主体······································ 415
　第三节　城市社会保障管理·· 418
　　一、城市社会保障管理的地位·································· 418
　　二、城市社会保险管理·· 420
　　三、城市社会救济管理·· 423

  四、城市社会福利管理 ………………………………………… 426
第十一章　城市公共安全管理 ……………………………………… 429
 第一节　城市公共安全管理概述 …………………………………… 429
  一、城市公共安全管理的含义 ……………………………… 429
  二、城市公共安全管理的类型 ……………………………… 431
  三、城市公共安全管理的作用 ……………………………… 436
 第二节　城市公共安全管理的体制和手段 ………………………… 440
  一、城市公共安全管理体制 ………………………………… 440
  二、城市公共安全管理内容 ………………………………… 443
  三、城市公共安全管理手段 ………………………………… 450
 第三节　城市公共安全应急机制 …………………………………… 453
  一、城市公共安全情报机制 ………………………………… 453
  二、城市公共安全决策机制 ………………………………… 455
  三、城市公共安全通告机制 ………………………………… 456
  四、城市公共安全控制机制 ………………………………… 458
第十二章　市政绩效与管理 ………………………………………… 461
 第一节　市政绩效概述 ……………………………………………… 461
  一、市政绩效的内涵 ………………………………………… 461
  二、市政绩效的特点 ………………………………………… 463
  三、市政绩效的意义 ………………………………………… 464
 第二节　市政绩效管理 ……………………………………………… 465
  一、市政绩效管理的原则和程序 …………………………… 465
  二、市政绩效评估的任务和方法 …………………………… 470
 第三节　市政绩效管理系统 ………………………………………… 474
  一、市政绩效管理的信息系统 ……………………………… 474
  二、市政绩效管理的决策系统 ……………………………… 477
  三、市政绩效管理的监督系统 ……………………………… 480
主要参考文献 ………………………………………………………… 482
后记 …………………………………………………………………… 486

绪　　论

城市是一定地域的政治、经济、文化中心,是社会生产力发展的必然现象,是与农业劳动生产率的提高、社会分工的深化、商品经济的发展紧密联系在一起的。纵观不同的城市历史发展阶段,城市化业已成为经济社会发展的必然趋势,成为工业化、现代化的重要标志。当前,中国正处于城市化快速发展的时期,市政管理的重要性愈渐突出。完善和优化市政管理,有赖于相关学科理论的指导。市政学所研究的市政现象以及所揭示的市政规律,对促进中国城市化的健康有序发展具有重要的意义。

第一节　城市的形成和发展

一、城市的含义

无论是住在城市还是住在农村的人,似乎都知道什么是城市,因为在地域景观上,高耸而密集的建筑、稠密的人口、集中的工商业活动、活跃的政治与文化生活等这些城市的典型特征是显而易见的。可是要给城市下个科学的定义却不是那么容易。法国地理学家菲利甫·潘什梅尔就这样说过:"城市现象是一个很难下定义的现实;城市既是一个景观,一片经济空间,一种人口密度,也是一个生活中心和劳动中心;更具体地说,也可能是一种气氛,一种特征或者一个灵魂。"[①]

从城市的起源看,城市是"城"与"市"的统一体,其中"城"是指以

[①] [法]菲利甫·潘什梅尔:《法国》,漆竹生译,上海译文出版社1980年版,第18页。

一种永久性的高墙围起来、扼守交通要道、具有防卫意义的聚落,简言之,"城"是一种防御性的永久性建筑物。"市"指交换的场所,最早的市的位置在居民点的井旁,故有"市井之地"之称,后来市逐渐被吸引到人口比较集中、又有奴隶主贵族居住的地方,并有固定的位置,此时真正意义上的城市方才产生。① 因此,城市就是"城"与"市"的结合体,是筑有防御设施的交易场所。此外,从城市的起源看,"市"与"镇"原本有严格的区别,"有商贾贸易者谓之市,设官防者谓之镇"。② 原来镇以军事行政职能为主,到了宋代,镇摆脱了军事色彩,以贸易镇市出现于经济领域,成为介于县治与草市之间的一级商业中心,近现代逐渐延伸为一级政区单位和起着联系城乡经济纽带作用的较低级的城镇居民点。正因为"城市"与"城"、"市"具有发生学上的密切联系,到了近现代,城、市都成为乡的反义词而作为城市的简称。加上镇的介入,就出现了城市与城镇混用的局面。但在许多场合,城市与城镇这两个概念是有严格区分的。只有那些经国家批准设有市建制的城镇才能称为城市(city),不够设市条件的建制镇为称为镇(town),市和镇的总称才叫城镇或市镇。③ 理解这一点,对把握中国特色的城市化有重要的意义。

最早对城市进行观察和研究的是地理学。地理学把城市看做是人类对自然环境最重要的改造,是人类与自然环境发生联系的总后果的一个组成部分,认为城市是具有一定规模的工业、交通运输业、商业等非农产业的聚集地,是有一定人口规模并以非农业人口为主的居民聚集地,是相对于乡村而言的一种永久性大型聚落形态。

统计学把城市看做是与大规模人口及独特的组织制度和生活方式相联系的聚合体,通常以居住区的范围和居住的人数作为确立城市的主要方法。目前世界上大多数国家和地区以城市人口作为确定城市和划分城市的标准。如1993年,中国规定设立(县级)市的最低标准是

---

① 周一星:《城市地理学》,商务印书馆1999年版,第31页。
② 《唐会要》卷86。
③ 周一星:《城市地理学》,商务印书馆1999年版,第32页。

非农业人口不低于6万人,俄罗斯、芬兰、澳大利亚规定为2万人,日本规定为3万人,朝鲜规定为5万人,美国规定为2 500人。为了便于进行国家间的对比研究,联合国建议对集中居住的人口达2万以上的地点都以城市对待。①

城市社会学认为,城市是占据某一特定地区的人口群体,它拥有一套技术设施和机构、行政管理体系以及有别于其他集团结构的组织形式;城市是人类生存和发展的特殊社区,是由从事各种非农业劳动的密集人口所组成的具有共同文化维系力的特殊社会。

城市经济学强调城市经济活动的特征,认为城市是各种经济活动因素在地理上大规模集中的结果,是一个坐落在有限空间地区内的各种经济市场——住房、劳动力、土地、运输等相互交织在一起并与域外相互联系的网状系统。② 出于研究侧重点的不同,或者将城市视为一种经济景观,是从市场区角度描述的市场组织体系或经济空间秩序的最高现象,是一种空间经济体系格局的最高表现;③或者认为城市是具有相当面积,经济活动和住房集中,以致在私人企业和公共部门产生规模经济的连片地理区域;④或者将城市视为有限空间上大规模集中的经济系统。不管上述具体表述如何,都强调了城市的经济内涵,认为城市是经济活动及其空间集中的结果。⑤

城市政治学认为,城市不仅是市场中心的所在地和有法律规范的地域,更是不同团体确定政治关系的制度化共同体。

上述各种对城市定义的表述,从各个学科或不同角度揭示了城市的内在属性。综合这些表述,结合中国的实际,一般可以把城市定义为:城市是一定地域的政治、经济、文化中心,是一个非农业人口占绝对

---

① 叶孝理:《现代城市管理手册》,经济科学出版社1990年版,第1页。
② [英]K.J.巴顿:《城市经济学》,上海社会科学院部门经济研究所城市经济研究室译,商务印书馆1984年版,第14页。
③ [德]奥古斯特·勒施:《经济空间秩序》第六、十一章,王守礼译,商务印书馆1995年版。
④ [美]沃纳·赫希:《城市经济学》,刘世庆译,中国社会科学出版社1990年版,第6页。
⑤ 蔡孝箴:《城市经济学》,南开大学出版社1998年版,第18页。

多数的行政区域。首先,城市是一定地域的政治、经济、文化中心。列宁指出:"城市是经济、政治和人民的精神生活的中心,是前进的主要动力。"①城市是一定范围内社会经济网络的一个质点,是政治、经济、社会等变化发展的一个质点或发展极。任何一个城市都有向外缘地区扩散或辐射的大致界限,但由于各个城市的性质、规模不同,这个界限也就不同。其次,城市是绝对多数非农业人口的聚集地。城市与乡村的显著不同,表现在各种产业人口的分布比例上。自从农业与手工业、商业分离以后,城市就成为非农产业的聚集地和非农人口的聚居地。特别是从产业革命以后,随着工业化的发展,农业人口越来越多地转变为非农业人口,于是非农业人口的多少,成为区别城市和乡村的主要标志之一。总体上讲,第二产业和第三产业的就业人口占城市人口的绝大多数,而且第三产业人口所占比重会越来越大。最后,城市是一个行政区域。由于城市范围逐步向郊区扩展,有许多农村已归入城市,有些城市地区正在规划而尚未建设,有些城市内包括森林地域、自然保护地域等,有些地区在城市规划中规定为控制建设地区。所以说今天的城市并不完全指建成区,确切地说是指城市地域或城市化地带,它是国家的行政区域之一,是行使一定行政管理权限的特定地域。

城市的形成过程,是社会要素的聚集过程,是社会活动的分工过程,也是整体效益不断提高的过程。因此,城市与农村相比有以下本质特征:

1. 高度的聚集性

马克思和恩格斯指出:"城市本身表明了人口、生产工具、资本、享乐和需求的集中,而在乡村里所看到的却是完全相反的情况:孤立和分散。"②人是社会动物,聚集是他们的生物本性和行为方式的重要特征之一。因此,不论呈现哪种聚集形式,都表现为一定的聚集性,但城市

---

① 列宁:《列宁全集》第19卷,人民出版社1959年版,第264页。
② 马克思、恩格斯:《德意志意识形态》(1845—1846),《马克思恩格斯全集》第3卷,人民出版社1960年版,第57页。

区别于乡村的根本之点,在于它的高度聚集性。① 在有限的地域内,城市聚集了大量的人口、活动、设施、财力、物力、智力、信息等,城市成为人流、物流、信息流的高度聚集地,城市的这种特性,也被称为城市的"空间聚集性"。可以说,集聚是城市最本源、最主要的特征,其他各种特征都是由集聚衍生出来的。②

2. 社会性

首先,城市中聚集的人们不是由血统或宗族关系所组成的,而是构成一定的复杂的社会关系。其次,城市分工和协作的发展导致了城市的社会性。随着机器大生产的出现和商品经济的发展,城市的聚集规模越来越大,城市的社会分工越来越细,这种分工首先表现在生产领域,从每一种产品生产到产品的每一个零部件的生产,甚至产品的每一项工艺过程,都演化出了专门的、独立的生产部门,出现了产品专业化、零部件专业化、工艺专业化等。这种分工的第一个表现,就是为物质生产和人民生活提供一般条件的行业和部门,逐步从生产企业或生产单位中分离出来,成为社会的独立部门。这种分工的第二个表现是家务劳动社会化,人们的衣、食、住、行、娱乐等都在社会上形成了专业部门。分工使劳动者提高了工作技能,节省了时间,提高了效率;协作使单个劳动者的劳动紧密连接在一起,从而促进了社会经济各要素的紧密凝聚。城市是先进生产力的空间聚集,而分工和协作是生产力发展的客观要求,因此,城市活动的社会性也是城市的深层特征。

3. 经济性

城市能够产生整体性的高效益。首先,聚集为城市产生整体性的高效益创造了前提条件。因为城市聚集了先进生产力的诸要素:先进的劳动者——产业工人和科技人员;先进的劳动工具——现代大机器工业和信息产业;先进的劳动对象——各种新颖的人工材料,它们在城市中得到了高度的聚集。三者的有机结合,使城市产生了聚集效益,并

---

① 萧斌:《中国城市的历史发展与政府体制》,中国政法大学出版社1993年版,第29页。

② 刘歧、金良浚:《城市管理学》,浙江教育出版社1991年版,第7页。

进而产生了"化学反应",使城市整体的效益得到了极大提高。其次,社会性也是产生整体高效益的重要因素,社会经济活动的专业化和广泛的协作,有利于改进技术,提高劳动生产率和工作效率,有利于提高产品和服务的质量,能够做到较少活劳动和物化劳动的投入,取得更多物质产品和精神产品的产出。最后,城市是非农产业的聚集地,基本摆脱了对土地的依赖,较少受自然、气候等因素的影响,再加上众多的熟练工人、雄厚的资金投入和先进的科学技术,因而较之农村能获得更高的社会经济效益。

4. 系统性

城市是一个密集的空间地域社会经济系统。在城市内部,各城市要素相互制约、相互交织,构成了城市复杂的系统性、整体性运动。① 具体地说,作为一个由相互联系并不断运转的各个局部系统组成的有机整体的城市,其系统性集中表现在:首先,从城市的组合和结构看,城市是一个多维、多变量、多层次、多因素的动态的大系统,其组成既包括自然与人工相结合并以人工为主的复杂系统,又包括以人类社会为主体、以地域空间和各种设施为环境的生态系统。其中,城市作为一个生态大系统,其结构既包括社会结构和人工结构,又包括资源结构和环境结构,甚至还包括外部结构。现代城市只有实现这个大系统内部关系的协调和结构优化,才能实现城市系统整体功能的优化。② 其次,从物质形态上看,城市是由给排水设施、道路交通设施、能源设施、通信设施、教育文化设施、安全设施等各种功能设施组成的一个复杂的有机体系,它们之间的匹配程度及运行状况,直接决定了整个城市的运行状况。城市社会经济活动的顺利运转,都建立在上述城市系统顺利运行的基础之上。再次,从城市的产业结构看,城市主要是第二产业和第三产业等多种产业构成的综合体,如果专业化程度和协作水平高,则城市运行的整体系统性、协调性就强。城市的各种社会经济活动聚集在有限的空间地域内,必须相互协调、分工协作才能发挥其聚集优势,才能

---

① 蔡孝箴:《城市经济学》,南开大学出版社 1998 年版,第 34 页。
② 徐理明:《市政管理学》,科学出版社 1989 年版,第 22—23 页。

保证城市的顺利发展壮大。最后,从整体上看,城市的所有社会经济活动与为其服务的城市设施之间必须保持均衡。高密集性的社会经济活动必须有与之相对称的城市基础设施和公共服务,才能保证城市功能的正常发挥和整个城市的高效运转。总之,现代城市是由众多子系统组成的大系统,它的和谐运转,关键取决于各系统间的相互作用和协同配合。

5. 开放性

城市是商品经济发展的产物,是先进生产力的象征,而且现代社会分工越来越严密细致,社会联系日益广泛,城市对外界的依赖越来越强。因此,开放性已成为城市的一个重点特点。现代城市冲破了古代城市的城堡和围墙,城市的空间向周围农村延伸,城市的功能辐射到了周围城乡乃至全国和世界范围。现代城市已不再是"筑城以卫君,造廓以守民"的封闭系统,而是成为一个巨大的开放系统,需要每时每刻大量地与外界进行能量、物质、信息等方面的输入输出。城市只有在这种输入与输出中,才能吐故纳新、趋利避害。可以说,开放性是城市具有生命力、吸引力的源泉,也是城市富有生机和活力的体现。而且,城市的社会、政治、经济、文化等中心作用的发挥,与周围地区、全国乃至全世界的商品、信息、技术、资金、人口的相互流动以及经济上的分工合作都是密切相关的。没有与外部系统的分工协作,孤立的城市系统是难以运转的。唯有开放,城市才能充分发挥其政治、经济、文化中心的作用;而孤立和封闭,只会导致城市的停滞和衰亡。城市的开放性应该包括辐射出去和吸引进来两层含义,城市的中心作用能否充分发挥,主要取决于城市辐射面的大小和吸引力的强弱。

6. 复杂性

城市的复杂性首先源于城市构成上的异质性。① 城市构成上的异质性又称为城市的多样性,城市是由多种多样的众多个体构成的,这些城市个体与农村相比,其种族或民族构成、生产和生活方式、风俗与心理构成、语言与交往方式的构成,以及宗教信仰、道德观念和政治意识

---

① 蔡孝箴:《城市经济学》,南开大学出版社1998年版,第19—20页。

等的构成,都具有很强的异质性。这些具有很强异质性的个体之间的相互作用,导致了城市社会关系和经济活动的多样性,最终导致了城市的复杂性。此外,现代城市是一个多要素、多层次、多功能、多目标、多过程的纷繁复杂的大系统,系统构成复杂,各子系统之间和各子系统内部的各种关系纵横交错,盘根错节,极其复杂。

二、城市形成发展的条件

世界上最早的城市约产生于公元前3500年,人类城市的产生经历了一个漫长的过程。人是一种社会动物,聚集性是人类的一种天性,但人类以什么样的形式形成聚落,不是可以自由选择的,而是由人们所生活的那个历史时代的具体条件决定的,归根到底是由当时当地的社会生产力发展水平决定的。[①] 为了便于分析城市产生发展的条件,有必要先了解聚落的含义。

聚落是指人类各种形式的居住场所,是一个居民点。首先,聚落是一个作为聚居地的物质实体,它占有一定的空间,人们在这个空间上劳作和休息;作为支撑,这个空间必须有各类建筑物,有各种活动场所和各类生产用地。这些都是聚落空间的组成要素,这些要素的不同组合,形成了各种聚落景观。其次,聚落是一种社会实体,是一个社区,是人类进行生产、生活及其他社会活动的场所。只有人类出现以后,作为社区核心的具有稳定联系的人群出现以后,其活动的场所——聚落才真正出现。因此,聚落是人类社会独有的,是人类在地表集聚的空间组织形式。最后,随着社会的发展,聚落由低级走向高级,形成不同形式、不同规模、不同功能的居民点,构成聚落体系或居民点体系。聚落体系从低级到高级一般有:小自然村、村庄、镇、城市、大都市、大都市区、城市群、城市带。其中,小自然村和村庄为典型的农村型聚落;城市、大都市、大都市区、城市群和城市带为典型的城市型聚落;镇为农村聚落和城市聚落的交界点,在中国,镇分为集镇(乡镇、村镇)和建制镇,集镇

[①] 萧斌:《中国城市的历史发展与政府体制》,中国政法大学出版社1993年版,第31—32页。

属农村聚落,建制镇为城市型聚落的最低层次单元。①

考古发掘的资料证明,原始人大约从蒙昧时期开始,便产生了定居行为,也陆续组成了一些没有防御木栅的村落。到了野蛮时期的低中级阶段,人类不仅学会了在村落的周围绕以用做防卫的木栅,而且在村落中还出现了堡垒形的共同住宅。村落是人类定居后的第一种聚落形式。城市是由村落发展而来的第二种聚落形式。与村落相比,城市这种聚落形式复杂得多,也高级得多。城市虽然是村落的发展,但不是每个村落都可以发展为城市的,因为城市的产生是需要一定条件的。

首先,农业劳动生产率的提高和社会分工的扩大是城市产生的社会经济基础。

人类社会最初是没有城市的。在原始社会数十万年的漫长岁月里,生产力极端低下,人类使用简陋的生产工具,依靠狩猎、捕鱼、采集野果为生,过着穴居和巢居的生活,居住非常分散,而且很不固定,经常从一个地方迁移到另一个地方,因而还没有形成固定的居民点。到了新石器时代中期,原始人经过与自然界的长期斗争,学会了播种和有组织的采集。这样,随着生产工具的发明和逐步改进,以及人类对自然驾驭能力的提高,产生了农业耕作。由此在原始社会后期,逐步形成了人类社会的第一次社会大分工——农业与畜牧业的分离。由于农业耕作的出现,人类摆脱了对劳动对象绝对的依附性和流动性。依靠工具和技术生产出能满足需要的农产品,才有可能选择适合耕作的土地并在附近定居下来,于是在人类历史上形成了比较固定的居民点——聚落。这种人类为方便生产而形成的以农业为主的永久性聚落,主要分布在尼罗河、底格里斯河、幼发拉底河、印度河、黄河等冲积平原上,距今7 000~10 000年。这时的聚落还不是城市,但为城市的产生奠定了基础。

随着生产力的进一步发展以及农业与畜牧业的分离,人们产生了对农业生产工具和技术的更多、更高的需求,从而促进了工具和技术的巨大改进,出现了金属工具对石器的全面替代以及制造技术的不断改

---

① 崔功豪、王本炎、查彦玉:《城市地理学》,江苏教育出版社1992年版,第1—2页。

善,在客观上形成了使农民中原来兼做农业工具的手工匠人独立出来、成为专门从事工具生产的手工业者的条件,使他们的生产活动摆脱了土地的束缚和对土地的依赖,并与农业相分离,开始在一些地理位置适中、交通方便、利于加工和交换的地点集中居住,从事手工业生产劳动和对外交换。此外,农业劳动生产率的提高,使农民生产的农产品有了剩余,除了供自身及家庭生活需要外,还有一部分可以用来交换。也就是说,农业劳动生产率的提高,使农业能够满足手工业者和其他非农业人口对农产品的需求。因此,农业劳动生产率的提高,是城市出现的生产力基础。亚当·斯密认为,"乡村居民须先维持自己,才以剩余产物维持都市的居民。所以,要先增加农村产物的剩余,才谈得上增设都市"。"都市的增设,决不能超过农村的耕作情况和改良情况所能支持的限度"。[①] 由于手工业与农业的分离,产生了固定的商品生产和交换的居民点,这种手工业者集中居住的地点实际上已经成为城市的雏形。人类第一批城市诞生于距今 5 000~6 000 年间,如古埃及的孟菲斯城和中国的殷墟、商城。这是人类社会继农业革命之后的又一次伟大革命——城市革命,它对传播人类文明的贡献,仅次于文字的发明。[②] 显而易见,社会生产力发展而引起的社会分工,是城市产生的根本性原因和决定性因素。

其次,商品生产和商品交换促进了城市的进一步发展。

农业与手工业的分离,使手工业者成为专门的商品生产者,农业生产的剩余产品也成为商品,因此便发生了剩余产品之间、农产品与手工业品之间的交换。最初这种交换是偶然地、分散地、零星地进行的。随着商品量的扩大,交换频率的提高,交易人数的增加,原有的交换形式已不能适应,渐渐地集中到比较固定的地点,约定固定的时间,形成定期、不定期的集市,或形成比较固定的交易场所。这种交易场所一般选择在地理位置适中、交通方便、便于居住在周围的居民赶集和交易的地

[①] [英]亚当·斯密:《国民财富的性质和原因的研究》(上),商务印书馆1972年版,第346页。
[②] 沈玉麟:《外国城市建设史》,中国建筑工业出版社1989年版,第3页。

方。集市是城市的原始和低级形态,但它包含着城市最基本的内容和功能。① 集市虽然可以满足农民和手工业者少量的剩余产品交易的需要,但是,买卖双方在品种、数量和空间上的矛盾依然不能得到比较圆满的解决,需要向更加集中化、经常化和固定化的方向发展。特别是专门手工业者的增加和集中,生产出大量的作为商品的手工业产品之后,这种要求就更加明显。在社会生产力进一步发展、商品生产和商品交换急剧扩大的推动下,出现了第三次社会大分工,形成了专门从事商品交换的产业和阶级——商业和商人。

商业和商人的产生基本上完成了城市的产生过程。② 因为商业的经济活动性质决定了它必须以城市为依托,要以集中的城市作为活动中心和贸易中心。而城市通过商品买卖活动对周围地区产生了巨大的经济影响,从而加强了城市的吸引力和辐射力。马克思和恩格斯认为,"某一民族内部的分工,首先引起工商业劳动和农业劳动的分离,从而也引起城乡的分离和城乡利益的对立。"③紧接着马克思和恩格斯又明确指出:"分工的进一步扩大表现为商业和生产的分离,表现为特殊的商人阶级的形成。这种分离是在历史上保存下来的城市(顺便提一下,住有犹太人的城市)里继承下来的,并很快就在新兴的城市中出现了。"④"城市工业本身一旦和农业分离,它的产品一开始就是商品,因而它的产品的出售就需要有商业作为媒介,这是理所当然的。因此,商业依赖于城市的发展,而城市的发展也要以商业为条件,这是不言而喻的。"⑤总之,从中外城市发展的历史来看,城市的产生与商业的发展是紧密联系在一起的。

最后,自然条件、气候状况和地理位置也是城市产生的重要

---

① 杨重光、刘维新:《社会主义城市经济学》,中国财政经济出版社1986年版,第35—36页。
② 同上,第36—37页。
③ 马克思、恩格斯:《马克思恩格斯全集》第3卷,人民出版社1960年版,第24—25页。
④ 同上,第59页。
⑤ 马克思、恩格斯:《马克思恩格斯全集》第25卷,人民出版社1974年版,第371页。

条件。①

  在现实生活中,地球表面并不是均一的,各地的自然条件、气候状况等有很大的差异,从而城市的形成不可避免地会受人口和资源空间分布的影响,受到地理位置的影响。事实上,绝大多数城市都坐落在资源丰富、交通便利的特惠地点之上。城市是人口聚居的地方,为了维持城市居民的生活,促进城市的发展,城市总是建立在土地肥沃、水资源丰富、交通便利、气候温和的地区。因为土地的肥沃程度关系到动植物生长及人民的生活。土地肥沃,易于耕作,农业劳动生产率较高;水草丰茂,易于放牧牛羊,养殖鱼虾。水是人的基本生存条件,城市人口集中,对水的需求量大,因而水资源的丰枯与城市的兴衰密切相关。从历史上看,城市最初多建立于沿海及河流的两岸,因为这里有良好的生存和自然交通条件。到了近代和现代,铁路、公路、航空有了突飞猛进的发展,在交通地理位置好的地区,又迅速发展起一大批城市。总之,无论如何,城市的产生和发展,总是与交通运输的便利和发达联系在一起的。

  气候状况也制约着城市的产生和发展。气候状况主要是指日照、温度、气压、风向、雨量等状况。其中温度、雨量对城市产生和发展的影响最大。地理学家们曾把不同人种所适应的温度确定为:白种人 $12℃\sim21℃$、黄种人 $15℃\sim23℃$、黑种人 $18℃\sim27℃$。因此,今天世界的大城市如上海、北京、东京、伦敦、巴黎、纽约、柏林等,多属温带地区。雨量不仅关系到农作物的生长,而且直接关系到城市的供水及水资源的丰枯。

  总而言之,城市的产生和发展,是人类社会的巨大进步,是历史前进的产物,是社会生产力发展的必然现象。它是同农业劳动生产率的提高、社会分工的深化、商品经济的发展紧密联系在一起的。

三、城市发展的阶段

  城市发展是指城市演变和进化的过程。城市的发展,既有量的扩

---

① 刘歧、张跃庆、梅保华:《城市学》,北京燕山出版社1990年版,第51—53页。

张,还有质的飞跃。所谓城市发展量的扩张,是指城市数量的增加和城市规模的扩大;而城市发展质的飞跃,主要是指城市现代化的过程,包括城市的生产过程现代化、科学技术现代化、人的现代化以及城市基础设施的现代化、城市管理的现代化。从历史上看,无论是城市量的扩张还是城市质的飞跃,都受社会生产力水平和社会经济发展状况的制约。既然城市的发展,是量的扩张和质的飞跃相统一的过程,那么,城市的发展与任何事物的历史发展一样,也会显示出不同的历史发展的阶段性。①

根据城市自身在其发展过程中构成的形态、功能及其在社会经济发展中的作用,城市发展可以划分为以下四个历史时期:②

1. 早期城市

早期城市主要是指史前时期到4世纪前(封建社会初期)的城市。早期城市主要分布在利于农业灌溉和便于向周围征集农产品的地区,这些地区一般是人类文明的发祥地。据考古学家和历史学家考证,世界上最早的一批城市约于公元前3500年,出现在底格里斯河和幼发拉底河流域的美索不达米亚富庶的平原地带。当时在亚述和巴比伦帝国统治下,建立了世界上第一批城市,如乌尔苏姆尔、阿卡德、厄里都和吉什等。随后,在古埃及的尼罗河流域,出现了底比斯和孟菲斯两座埃及古城。在中国黄河流域中下游富庶的平原地区也相继出现了一批早期城市。

早期城市有以下一些特点:

第一,城市规模小,城市数量少,城市发展速度极其缓慢,城市在整个社会经济生活中处于从属地位。由于受当时生产技术水平不高、农业劳动生产率低下的限制,早期城市既小又少,发展极其缓慢。考古发现的早期城市,规模一般为3 000~4 000人,即使到10世纪,除俄国外的欧洲拥有5万人口以上的城市也只有4个。③ 中国奴隶社会的夏

---

① 刘歧、张跃庆、梅保华:《城市学》,北京燕山出版社1990年版,第60—63页。
② 萧斌:《中国城市的历史发展与政府体制》,中国政法大学出版社1993年版,第36—39页。
③ [法]保罗·贝洛克:《城市与经济发展》,江西人民出版社1991年版,第89页。

城、王城岗城址范围仅0.2平方公里;章丘城、子崖城址仅0.18平方公里;商城、郑州、安阳、殷墟城市范围也不过24~25平方公里。底格里斯河和幼发拉底河两河流域早期的城市乌尔,面积仅为0.8平方公里,人口只有2.4万人,一千年以后才增长到3.4万人。[1] 如果把城市规模的起点定为5 000人,10世纪时,整个欧洲城市人口占总人口的比重为7%~11%,在以后的7个世纪中,这一比重仅增加了几个百分点,为11%~14%。[2] 由于规模小,数量少,且发展速度极其缓慢,城市在整个社会经济生活中处于从属地位。

第二,城市是一个自给自足的农业聚居区,大部分居民从事农业生产。早期城市是从分散的游牧生活向定居生活转变的时期,各城市之间还没有形成严格的劳动地域分工。不同的城市,在其各自的自然环境中生产出自己需要的生产资料和生活资料,因而在城郭内,还有大片耕地、菜园和果园。在早期城市发展阶段,虽然商品生产已具有一定的规模,但商品交换仍是物物交换的简单交换形式,在整个社会生产中是无足轻重的。除少量生产工具外,大部分商品是满足统治者需要的奢侈品,整个城市呈现出自给自足农业聚居区的特点。这样,早期的城乡关系是城市乡村化。一方面,城市相对于乡村而言,是一个消费点,农业生产则围绕城市形成一个供给区域;另一方面,城市的市政设施还非常落后,生活方式与乡村并无明显的区别,也就是说,大部分居民仍从事农业生产,手工业、商业人口所占比重一般很少超过3%~4%。[3] 因此,在早期城市中,农民构成了城市人口的主体。[4]

第三,城市功能单一,城市的经济功能特别微弱,而政治功能、军事功能以及宗教色彩突出。早期城市通常以一个城市为中心,加上周围的村庄共同组成一个独立的国家或行政组织,它是奴隶主统治的中心和聚敛财富、享乐奢侈的地方。统治者为了确保在城市中享受特权、控制地盘和扩大疆域,在政治、军事、宗教等目的下,往往以宫室、教堂、宗

---

[1] 崔功豪、王本炎、查彦玉:《城市地理学》,江苏教育出版社1992年版,第53页。
[2] [法]保罗·贝洛克:《城市与经济发展》,江西人民出版社1991年版,第137页。
[3] 崔功豪、王本炎、查彦玉:《城市地理学》,江苏教育出版社1992年版,第51页。
[4] [法]保罗·贝洛克:《城市与经济发展》,江西人民出版社1991年版,第14页。

庙为中心,挖壕筑墙、造城设关,并按等级制度布置居住区和各阶层的活动范围,统治者与劳动者的居住地界限分明、等级森严。因此,早期城市的政治功能、军事功能以及宗教色彩突出。

2. 中世纪城市

中世纪城市主要是指处于封建社会时期的城市。在中国是指自秦汉以来至20世纪初长达2 300年的封建时期,在西方大致从476年罗马灭亡到1640年英国资产阶级革命开始的1 000多年间。

与奴隶社会相比,封建社会的生产技术、交通运输、建筑、商品交换水平都有了很大的提高,从而中世纪城市不论是在城市的外貌、形态、规模、功能,还是在城市扩展的速度、幅度和方式等方面,都具有以下新的特点:

第一,城市的经济功能加强,改变了早期城市单一的政治功能和军事功能的状态。由于城市在获得农副产品的主要途径上,由早期城市的野蛮掠夺和强制征收的方式,改变为贸易方式,城市手工业与农业、畜牧业的交换发达起来,促进了城市手工业的发展,从而使城市不再是单一的政治统治中心,而是在整个社会经济分工中担负着手工业产品生产、商品交换以及为统治者服务的职能,成为各种手工业生产的集中地和农产品的集散地。但是,中世纪城市的发展还主要取决于农业的繁荣,工商业所占的比重不大。

第二,城市形成的途径开始多元化,城市数量增多。早期城市主要是由政治或军事的原因产生的,而在封建社会时期,商业性农业的发展、手工业的繁荣以及交通的改善,导致了一批新兴城市的兴起。如在农业生产发达、矿产资源比较丰富的地区,产生了一批专业性城市;在水陆运输发达、商品贸易繁盛的地区和沿海港口地区,产生了一批工商业城市或商业城市。这就表明农业、手工业、商业的发展以及交通条件已开始成为城市产生发展的重要基础,再加上封建制度的加强,使中小城市的数量逐渐增多。

第三,个别城市的规模日趋扩大,但绝大多数城市的规模仍较小。如果说早期城市强烈的政治和军事功能表现了"城"的形象,那么日益兴隆的贸易功能使中世纪城市"市"的作用明显增强。由于贸易功能使城市能在一个更大的范围内发挥其影响力,对周围的人力、财力、物力产生了强烈的吸引力,以至人口和经济实力以前所未有的速度向城市集中,开始出现了一些百万人口以上的城市。如中国南朝的建康(今南京)、隋唐的长安(今西安)、北宋的汴梁(今开封)、南宋的临安(今杭州)等都曾经是百万人口以上的城市。① 但是,建立在自然经济和小农经济基础之上的城市不可能获取大量的商品粮来养活城市人口,因此,这一时期绝大多数的城市规模较小。如13—14世纪,伦敦人口为3.5万人、巴黎为5.9万人、威尼斯为7.8万人、米兰为5.2万人。②

第四,城市发展缓慢,城市未能成为整个社会经济发展的中心。在封建社会生产方式的制约下,土地所有权集中在封建地主手中,农民手中没有土地,广大农民受到地主阶级的残酷剥削和压迫,农业生产发展十分缓慢,这就阻碍了城市的进一步发展。例如,中东和欧洲的一些国家在进入封建社会以后,因社会经济发展缓慢,城市的规模和数量长期没有明显的扩大或增加。在中国长达2 300多年的封建社会时期,城市的发展曾盛极一时,但由于朝代更迭和连年战争的影响,城市也时兴时衰,发展缓慢,城市仍未能成为整个社会经济发展的中心。

第五,城市的消费性和城乡分离。这时期社会的财富主要是农村创造的,虽然城市中有手工业和商业,但其经济收益不足以维持居民和官府的消费,城市的消费主要是靠农村提供的地租和赋税支撑的。虽然城市的物质设施水平不高,与农村的差别不是很大,但统治者把城市置于高墙深壕之内,城市是封闭的,这就导致了城乡的分离。

3. 近代城市

近代城市是指18世纪中叶工业革命以后至20世纪初的城市。18世纪的工业革命,从根本上动摇了农业社会传统的物质生产结构,使城市发展进入一个新的历史时期。在这个时期中,城市发展之快,变化之

---

① 萧斌:《中国城市的历史发展与政府体制》,中国政法大学出版社1993年版,第36页。

② 谢文蕙、邓卫:《城市经济学》,清华大学出版社1996年版,第15页。

巨,超过了以往任何时期。

近代城市有以下特点:

第一,大工业城市迅速成长,城市数量猛增,城市规模不断扩张。1735年纺织机在英国诞生,揭开了工业革命的序幕。1784年蒸汽机的发明和广泛运用,为工业生产提供了集中的动力,使生产摆脱了完全依靠人力、畜力的状态,结束了城市中工场手工业的生产形式,代之以机器大工业的生产。工业革命也为城市地理位置的决定带来了新的要素:一方面,以铁路为代表的新型交通工具和运输方式在新城市的产生过程中发挥了重要作用;另一方面,以重工业为基础的城市,为了节省运输成本,择位于工业生产所需原材料的资源产地。这样,工业革命使一大批工业城市如雨后春笋般成长起来。从1800—1850年的半个世纪里,英国5 000人以上的城镇数由106个增至265个,平均每年新增3.2个城镇。美国东北部的工业城市也迅速发展,1790年,美国2 500人以上的城镇仅有24个,到1890年猛增至1 384个,平均每年增长13.6个。[1] 在工业城市数量增长的同时,城市规模也在不断扩大,一批村镇变成了小城市,而一些小城市又变成了大、中城市。据统计,1800—1900年的100年里,西方国家10万人以上的大中城市数,从28个增加到195个,平均每年增加1.7个。1800年时,伦敦人口仅为85万,到1900年达到660万,为当时世界上最大的城市。[2]

第二,城市的结构和功能发生了根本性变化。工业规模的扩大和在城市的聚集,使城市生产力水平空前提高,城市的性质也发生了变化,由原来以商品流通为主要功能的消费性、宗教性、行政性城市变为生产性、工业性城市,城市单位土地创造的价值大大超过了农村。机器大工业的生产方式,使城市的物质空间形式发生了巨大变化。不仅工厂成为城市物质空间的组成部分,高层建筑不断在城市崛起,而且整个城市内部空间也出现了显著的功能分区,即城市中出现了大片的商业区、工业区、仓库码头区、居住区等。由于各种工商业机构和金融机构

---

[1] 谢文蕙、邓卫:《城市经济学》,清华大学出版社1996年版,第17—18页。
[2] 同上,第18页。

进一步集中到市中心,城市特别是大城市成为工业中心、商业中心、金融中心、科技教育文化中心、信息中心、政治中心和交通枢纽等,以往城市功能单一的状况彻底得到了改变。

第三,城市集中了巨大的社会物质财富和生产力,真正成为国家或地区的经济中心和发展中心。城市集约化的经济活动和先进的生产手段创造出了前所未有的经济效益,工业生产、商业贸易活动创造了绝大部分的社会财富,这样,整个社会的财富不是分散在农村,而是主要集中在城市;工业在整个国民经济中所占比重较大,成为国民经济的主体,而城市是工业基地;商品经济占主导地位,而城市是商品经济的连接点和中心;在政治上,城市实行自治,进入了城市领导农村的时代。

第四,城市公用设施得到了普遍发展。蒸汽机的应用,出现了机动交通工具以及为它们服务的线路、车站、码头等,城市给排水、供电供热以及邮政通信状况也有了极大的改观。特别是城市公共交通运输进入了一个新的阶段,这个新阶段的主要标志是地下铁路的修建。1863年,伦敦建成了世界上第一条铁路,1890年,伦敦电气化地铁形成网络。在第一次世界大战前夕,世界上有12个城市修建了或大或小的地铁,逐步形成了名副其实的城市公共交通体系。[①] 城市公用设施的发展和完善,不仅为企业生产和其他经济活动提供了良好的条件,也为人们的生活提供了方便,提高了生活质量。

第五,城乡差距扩大,城乡关系对立。由于城市的迅猛发展,城市文明成为农村人口向往和追求的目标,城市替代农村成为一个国家经济的主体,而农村逐渐变为了城市粮食、工业原料的单纯供应者,并依附于城市的发展。城市设施不断改善,使农村相形见绌,差距越来越大。农村与城市的这种不平等关系愈演愈烈,最终如《共产党宣言》中所指出的那样,使"乡村屈服于城市的统治",[②]并导致城乡关系的对立。

第六,"城市病"的产生和蔓延。"城市病"的产生既与工业生产本

[①] [法]保罗·贝洛克:《城市与经济发展》,江西人民出版社1991年版,第187页。
[②] 马克思、恩格斯:《马克思恩格斯全集》第4卷,人民出版社1958年版,第470页。

身有关,也与工业化所带来的城市规模扩张有关。工业生产在城市的集中,污染了城市环境,破坏了城市的生态系统;城市人口的急剧增长,又导致交通拥挤和居住条件恶化。

4. 现代城市

现代城市有两种含义。① 就城市发展的阶段而言,现代城市是指从20世纪初开始,特别是第二次世界大战以后,世界普遍城市化时期的城市,简言之是进入"城市世纪"的城市。就城市本身的功能、作用、设施、运转等而言,现代城市通常是指20世纪50年代以后,后工业社会时期的城市,是具有高经济效率、高管理水平、高质量环境的城市。

现代城市发展有以下特点:

第一,城市发展呈现多样化,城市职能从综合性到专业性,出现了大批的科学城、大学城、旅游城等;城市规模从几万人口的小城市到千万人口的超级大城市,城市分布集中化与分散化并存,小城镇得到了广泛的发展;城市类型从单一城市发展到城市群、城市连绵带,有些城市连绵带已跨越了国界,形成了国际城市体系。超级城市、城市群和城市连绵带几乎控制了各国的经济命脉,在一个国家的政治、社会、经济生活中,往往起到十分重大乃至具有决定意义的作用。

第二,城市成为人类的主要聚居区。1950年,世界上只有28.4%的人住在城市里。到1980年,全球已有41.3%的人脱离了农村。到了1990年,世界上有50%以上的人生活在城市,发达国家更是有70%~90%的人口在城市中生活。② 这充分表明,城市已成为人类主要的聚居区域。

第三,城市成为第三产业的中心。现代城市的一个重要变化,是从工业生产中心转换为第三产业中心。第三产业的蓬勃发展,已使工业在城市中处于次要地位。一些主要发达国家的劳动力中就业于第三产业的比例已经超过了60%,有的甚至超过了70%,在一些主要城市这一比例更高。1993年,香港的第三产业产值占其生产总值的81.8%。

---

① 崔功豪、王本炎、查彦玉:《城市地理学》,江苏教育出版社1992年版,第57页。
② 谢文蕙、邓卫:《城市经济学》,清华大学出版社1996年版,第19页。

1987年,纽约的全部就业者中,只有10%在制造业就业,其余的90%均在第三产业供职。①

在一些发达国家和地区,出现了城乡一体化的趋势。随着社会生产力的发展和科学技术的进步,现代化的城市从物质和文化上为农村现代化提供了示范。农村的生产条件、技术手段、交通状况、生活服务设施等,都直追城市,城乡差别不断缩小,城乡逐步融合。

第二节 市政的含义和特征

一、市政的含义

市政是市政主体作用于市政客体的过程,这个过程涉及谁来管理、管理什么、怎样管理三个基本问题,具体涉及市政主体、市政客体、市政目标、市政体制等。② 一是市政主体,即谁来管理城市公共事务;二是市政客体或市政对象,即市政主体管什么,管哪些事务;三是市政主体怎样作用于市政客体,这涉及市政目标、市政体制等。市政目标是市政主体作用于市政客体所要达到的目的,市政体制是市政主体作用于市政客体,实现预定市政目标的各种具体制度、方式和手段的总和。

对市政主体和市政客体范围的不同理解,特别是对市政主体范围的不同理解,产生了以下三种含义的市政:

1. 广义的市政

广义的市政认为,市政主体包括城市全部政治力量和政治组织,即包括城市的整个城市政治系统,既包括城市国家权力政治系统,也包括城市非国家权力政治系统。中国的城市国家权力政治系统具体包括城市国家机关和各政党组织。其中城市国家机关包括市人民代表大会及其常务委员会、市人民政府、市人民法院和市人民检察院。在当代中国,作为执政党的中国共产党的市委及其组织体系,是城市国家机关的

---

① 蔡孝箴:《城市经济学》,南开大学出版社1998年版,第47页。
② 张永桃:《市政学》,高等教育出版社2006年版,第2页。

领导者;作为参政党的各民主党派及其组织体系,通过市人民政治协商会议这种组织形式,履行政治协商、民主监督、参政议政的职能。中国的城市非国家权力政治系统具体包括市民、市各人民团体和各类社区组织,它们都直接或间接地参与市政管理。

此外,广义的市政认为,市政客体包括城市各种公共事业的规划、建设和管理,与市民的物质生活和精神生活有关的各项公共事业和公共服务都是市政对象。市政客体还包括城市各类公共事务的管理,如城市的政治管理、经济管理、社会管理、文化管理等。

因此,广义的市政,是指城市全部政治系统为了实现城市社会经济的发展,用各种手段对城市各项公共事业和各类公共事务进行的管理活动。

2. 中义的市政

中义的市政认为,市政主体是城市的国家机关,具体包括城市的国家权力机关、行政机关和司法机关,在中国就是市人民代表大会及其常务委员会、市人民政府、市人民法院和市人民检察院。因此,中义的市政,是指城市的国家机关对城市各类公共事务进行的管理活动。

3. 狭义的市政

狭义的市政认为,市政主体是城市的国家行政机关。在中国,城市的国家行政机关包括市人民政府和市辖区人民政府、市人民政府和区人民政府的各职能部门、不设区的市和区人民政府的派出机构;市政客体主要是城市各级国家行政机关所承担的各项职能。因此,狭义的市政,是指城市的国家行政机关对城市各类公共事务进行的管理活动。

根据中国的实际情况,市政是指城市行使公共权力的主体,为了实现一定的目标,用各种手段对城市各项公共事业和各类公共事务进行的管理活动。显然,这属于广义的市政,它具体包含以下几点内涵:[①]

第一,市政的主体是城市公共权力的行使主体。在中国城市,行使公共权力的主体非常广泛,包括城市中的政党组织、国家机关、人民团

---

① 王佃利、张莉萍、任德成:《现代市政学》,中国人民大学出版社2004年版,第5页。

体、社会组织、市民等,必须注意中国市政主体及其相互关系的特点。① 首先,坚持、加强和完善共产党的领导,在中国共产党的领导下,实行多党派合作和政治协商制度,是中国政治制度的特点和优势。当代中国的市政,必须重视共产党市委这个处于领导地位的市政主体,要研究如何发挥、怎样改进和完善中国共产党的领导作用,要研究如何完善中国共产党领导的多党合作和政治协商制度。其次,中国的市政体制实行民主集中制的权力统一原则,即由市人民代表大会统一行使国家权力,市的国家行政机关、国家司法机关都由市人民代表大会产生,对它负责,受它监督。市人民政府是市人民代表大会的执行机关,又是国务院统一领导下的国家行政机关,它对城市的大量公共事务进行具体的管理。再次,随着社会主义市场经济体制的完善和社会主义民主政治的发展,各种社会组织和市民在城市众多公共事务的管理中,将发挥越来越大的作用。最后,中国城市有直辖市、副省级市、地级市、县级市各种不同的行政层次。不同行政层次城市的市政主体在国家管理中的地位是不同的,其管理城市公共事务的权限、职责也有较大差异。

第二,市政的目标是为了实现公共利益。市政是城市政府对城市居民公共需要的反应,目的是为了通过提高资源配置效率,增进社会福利,实现社会的公共利益,以符合政治文明和社会发展的要求。这里关键是必须正确界定公共利益,明确公共利益的内涵和特征。城市政府在界定公共利益时,要充分体现公共利益的公共性、合理性、正当性和公平性。② 首先,较私人利益而言,公共利益首先是一种公众利益,受益主体具有普遍性或不特定性;同时这种利益的实现主要依赖以城市政府为代表的公共选择机制。其次,要对局部公共利益与整体公共利益、短期公共利益与长期公共利益加以权衡;对可能减损的私人利益与可能增长的公共利益加以权衡;对实现公共利益的不同方式加以权衡。通过这些权衡,最大限度地避免因小失大。再次,公共利益事关广泛的公众利益,城市政府应当广泛听取、充分尊重公众意见,保证公共利益

---

① 张永桃:《市政学》,高等教育出版社 2006 年版,第 3 页。
② 袁曙宏:公共利益如何界定,《民主与法制周刊》2004 年 8 月 11 日。

界定基于广泛的民意之上。最后,如果公共利益的实现要减损少数人的私人利益,则城市政府必须给予必要的公平补偿和合理补偿。

第三,市政目标的实现需要借助各种手段。市政目标的实现,有赖于各种市政管理手段的运用。市政管理手段按其内容和作用方式的不同,主要可分为经济手段、法律手段、行政手段、道德手段。其中,经济手段是市政管理最为重要的手段,它是指城市政府运用经济杠杆,调整不同经济主体之间的经济利益关系,进而引导和调节城市运行的各种方法。法律手段是城市政府通过立法和司法来管理城市,具有强制性、规范性、稳定性、普遍的约束力等特点。法律手段实质上是一种超经济的国家强制力,它通过制定各种必须遵守的规则,肯定、支持或否定、纠正某些行为,从而达到市政的目的。行政手段是城市政府运用行政权力,按照行政方式管理城市的方法,包括行政命令、行政指导、行政决议、行政制度等。行政手段的实质是以行政权威的强制力来调控城市运行,具有强制性、垂直性、无偿性等特点。此外,在纷繁复杂的城市活动中,客观上存在着一些经济手段、法律手段、行政手段都调节不到的领域,这些领域需要道德的力量来发挥调节作用。

第四,市政客体或对象是城市各项公共事业和各类公共事务。在日常生活中,我们经常使用市政建设这个词,城市政府也设有负责市政公共设施建设的职能部门。这里的市政常被理解为市政工程、城市公用事业等,具体指有关城市道路、桥梁、公共交通、供水、供电、供气、供热、排水、防洪、园林绿化、市容卫生等方面建设的事务。这种从城市建设的角度对市政客体的理解,与市政的现代发展不相符,理解显然过于狭窄。实际上,城市本身包含着经济、政治、文化、教育、环境、建设、人口、社会保障、公共安全等公共事务,而且,随着城市经济社会的发展,城市的公共事务越来越纷繁复杂。此外,由于国情和体制等因素,中国的市政客体更具有广泛性。中国的市既具有专门市镇型行政建制的性质,又具有一般地域型行政建制的性质,因此,市政客体既包括城市地区的公共事务,也包括有些农村地区的公共事务。

二、市政的沿革

如果以城市自治政府的出现作为起点来追溯市政的历史沿革,西方市政的历史沿革大体上经历了传统市政、近代市政、现代市政三个发展阶段。①

从整个城市发展史来看,在中世纪末叶以前没有产生过单纯的城市政府,城市并没有作为一级地方政府在法律上得到确认,城市的道路、住房、公共安全等公共事务,通常是由中央政府有关部门或者是由统辖城乡的地方政府来进行管理。随着城市规模的扩大,以及城市在整个国家政治经济生活中作用的加强,面对城市日益繁多复杂的公共事务,城乡共治的模式已经不能适应城市发展的需求,独立的城市政府的产生具备了基本的社会条件。城市自治政府由此出现,它代表着严格意义上的市政的发端。

在公元前7世纪—公元前6世纪的罗马时代,城市已经设立了市政官员一职,市政官的职位并不一定由贵族担任,而由公民会议选举产生。这一时期,市政官的职责比较简单,主要是负责监督市场和街道饮水工作。11世纪,一大批新兴的城市如罗马、那不勒斯、热那亚、佛罗伦萨、威尼斯等相继出现。这些城市或为天主教的采邑,或为皇帝、国王及封建领主的采地,它们逐渐被国王赋予相当的自治权,发展成为城市自治政府。这是西欧封建时代自治城市的萌芽,是西欧大陆"城市自治"的原型,是传统市政的发端。

中世纪的英国,较大的城市很少,绝大多数人口散居于乡村地区,主要从事农业生产。当时的英国行政区划为郡—百人邑(区)—教区,只有少量的城市在国王的直接领导下由民间组织管理城市事务,国王发布的特许状是确定城市法律地位和权力大小的依据,郡执行官不能干预市区的事务。此时,英国的市制还未出现,市的法律地位并未得到完全的确认,市的权力仅限于司法和租税事务的范围内。1215年英国

---

① 夏书章:《市政学》,高等教育出版社1991年版,第28—36页。

颁布的大宪章,规定了城市的地位,承认其拥有自治权。① 1688年英国革命是近代市政发展的开端。18世纪末至19世纪初,英国各城市逐渐设立了各种专务机关和改革委员会。这些机关的成员大都由纳税人推选,负责城市的各项公共事务,并有一定的征税权。随着城市数量的增加、城市规模的扩大和城市经济实力的增强,城市商人利用经济和军事实力要求从国王那里取得特许状,建立自治市。这样,城市不再仅仅是地理上和经济上的实体,而成为一种地方行政建制,即在地方行政区划中开创了现代市制。为此,1835年英国议会通过《市团法案》,确立了市作为地方行政区划建制的法律地位,对市组织机构也作了全面改革。1888年英国修订《地方政府组织法》,规定一级政区建制包括郡和郡级自治市。1894年,英国又修订了《地方政府组织法》,规定郡级政区的下级政区建制包括非郡级自治市、市区、乡区(教区)。② 这样,市的法律地位进一步明确化,近代英国市政也发展到了成型阶段。

　　1789年法国大革命爆发后,制宪会议将全国划分为83个省,省下分为区,区下分为道,道下又分为市,省、区、市均设有直接民选的行政机关和议会,享有极高的地方自治权,中央对此几乎无法控制。法国大革命是法国近代市政发展的开端。1795年,法国调整了地方行政组织,废除了区制,省设立了五人行政委员会,省行政委员会和市行政长官均通过民选产生,但中央有权予以停职或免职。拿破仑执政时期,法国废除了地方自治制度,市成为主要的行政单位,市设市长、副市长及市议会,市议会议员由省长任命,市长和副市长由省长或中央任命,受省长指挥。1848年法国通过普选产生了市议会。此后,市政府也逐步享有相当的自主权。1882年,法国扩大了市议会的职权,市长也由市议会选举产生,并规定凡是市议会的议决案,非有法定事由不得撤销。1884年,法国对市的法律地位作了全面规定,规定市议会为地方自治机关,享有地方自治权,这标志着法国近代市政进入成型阶段。

　　美国的城市是在移民定居点基础上发展起来的。从殖民地时代到

---

① 戴均良:《中国市制》,中国地图出版社2000年版,第6页。
② 同上,第6—7页。

19世纪中叶,是美国城市发展的初级阶段,城市在很大程度上受传统农业社会的影响,古希腊的城邦、史前德国流浪部落的直接民主以及盎格鲁-萨克森的封建制度,皆在市政体系留下了痕迹。从1641年开始,美国有若干地区得到了英王颁布的城市特许状,实行与当时英国类似的市制。美国独立前夕,20多个特许成立的市镇政府构成了殖民地时期市政府的主结构。① 美国独立之后,市政体系逐渐摆脱英国的影响,民主程度有所提高。州议会行使颁布市宪章的权力,市区组织多根据合众国宪法精神,设立市长及两院议会。市长由选举代表会选举,下院由各选区普选产生,上院则由各选区选举一人组成,每年改选一次。1820年以后,市长改由市民直接选举产生,并废除了对选民的财产资格限制。1850—1870年,市的职能不断扩大,但州对市的控制有增无减,市议会的地位显著衰落。1870年以后,市长的权力增强,市议会的权力继续受到削弱,州对市的控制减弱。20世纪以后,市的法律地位、市政体制都由市宪章规定,具有相当的稳定性。随着城市人口的急剧增加,城市自治运动和市政体制变革逐渐扩展,出现了市委员会制、市经理制、强市长制等多种市政体制形式。至此,美国市政发展到了成型时期。

20世纪二三十年代以后,特别是第二次世界大战以后,市政进入了一个新的发展阶段。与传统市政、近代市政相比,现代市政从体制到职能、从内容到手段都发生了巨大的变化,呈现出全新的发展趋势。具体表现在以下几个方面:在市政管理体制上,由过去的单一、封闭走向多样、开放,城市行政机关在市政体制中的地位更加突出;在市政职能上,由过去的传统的、内向的、消极的、简单的市政职能,转变为现代、内向与外向相结合、消极与积极相结合、复杂的市政职能;在市政过程上,由以往的单轨、慢节奏,转变为多轨、快节奏,市政管理实现了法治化、民主化;在市政机构设置上,由以往的少而杂,转变为当今的多而专,市政管理机构复杂多样;在地域范围上,由以往单纯管辖城市市区,发展到除此之外还管辖周围广阔的乡村地区,出现了"城乡共治"局面。

---

① 周娴:美国市政的历史进程,《南开学报》1997年第1期。

中国的市政也经历了长期的演变过程。① 早在春秋战国时期,中国就出现了"市",这是一种交易场所即集市、市场,不是一级地方行政建制,不同于现代意义上的城市,它的管理者被称为"市令"、"市吏",后来改称为"市长",他们承担市场事务的管理职责。早期的"城"也都没有独立的行政管理体系,而是依附于其他的地方行政组织。封建社会时期,市镇作为一种基层的行政建制和基层的行政管理单位,已经在国家的行政管理体系中存在,并采取与乡村不同的管理方式。在隋唐的县组织中,设有市政主管官员——市令,负责掌管交通,治理市事。唐代基层行政组织中,乡称为"里",城区则称为"坊"。宋代也有以"城"、"镇"命名的县级行政单位,这说明封建社会时期中国在城与乡的管理体制上有一定的差异。

1905年,清朝派人到西欧、日本诸国学习近代资本主义国家的民主宪政和地方行政制度。1909年1月,清政府制定了《城镇乡地方自治章程》,第一次创立了城镇的规范,划城镇建制独立于乡村而实行城乡分治,拉开了近代城市建制的序幕;第一次规定了城镇自治的组织,标志着中国近代城市管理组织的诞生。《城镇乡地方自治章程》描绘了近代中国市制的基本框架,对中国近代市制的建立产生了重大影响。②

1911年11月,江苏省临时省议会制定了《江苏暂行市乡制》,这一法令基本沿袭了清末的旧制,但是将清旧制中的城、镇统称为市,可以称作是中国市制的开端。1921年2月,广州政府颁布了《广州市暂行条例》,广州市成为中国近代行政区域建制意义上的第一个市。1921年7月,北洋政府颁布了《市自治制》,创立了全国性的城市行政区划制度。这一时期是中国市政的初创阶段。

1928—1947年,是中国市政形成的重要阶段。1928年国民党政府公布了《特别市组织法》和《市组织法》,将市分为特别市和普通市,从法律上初步确认了中国现代城市政权的地位。但是由于这两部法律对

---

① 尹艳华:《现代城市政府与城市管理》,上海大学出版社2003年版,第23—28页。
② 戴均良:《中国市制》,中国地图出版社2000年版,第8—10页。

设市的标准规定过于严格,所以在1930年另行制定《市组织法》,将市分为直接隶属于行政院的市和直接隶属于省政府的市,市以下划分为区、坊、闾、邻四级。1943年和1947年,南京国民政府又两度对此进行修正,将设市的标准进一步简化,市的行政层次改为"市以下为区,区之内编为保甲";对市政府的职权进行了重新界定,确定市政府主要是执行上级政府未办事项和办理本市自治事项,在不抵触中央及上级政府法令范围内发布行政命令。至此,中国各级城市都设置了一级地方政权,并在法律上具有地方自治的性质,这标志着中国市政的成型。[①]

总的来说,新中国成立前28年是中国市政的创立和完善阶段,基本形成了比较完整的现代城市行政区划制度,在中国行政区划体系中增加了一种新的建制,主要体现在制定和颁布了比较完善的市制法律法规,设置了一定数量的建制城市,划分了市的不同行政区划建制,确立了城市内部的行政建制设置和管理组织体系。这些构成了中国现代市政的基本框架。

新中国成立后,形成了包括直辖市和省辖市(包括地级市和县级市)在内的新的市政管理组织体系。1949年12月颁布的《市各界人民代表大会组织通则》和1950年1月颁布的《市人民政府组织通则》规定,城市行使权力的机关是人民代表会议或市各界人民代表会议和市人民政府;市人民代表会议闭会期间,市人民政府即为行使政权的机关。1954年《中华人民共和国宪法》和《中华人民共和国地方各级人民代表大会和地方各级人民政府组织法》以及《中华人民共和国人民法院组织法》和《中华人民共和国人民检察院组织法》等,对各级地方政权机构的建设作了法律规定。1955年6月,国务院颁布了《国务院关于设置市、镇建制的决定》,明确了设立的标准,首次对市辖区的设置作出了原则规定。1955年11月,国务院颁布了《国务院关于城乡划分标准的规定》,明确了城乡的划分标准,改变了仅仅以人口和政治为标准设立市的观念,突出强调了设市的经济条件,明确了城镇与乡村不同的社会经济基础,突出了城市在政治、经济方面的中心作用。

---

① 夏书章:《市政学》,高等教育出版社1991年版,第31页。

1986年4月,国务院批转了《民政部关于调整设市标准和市领导县条件报告的通知》,分别就撤镇设市和撤县设市规定了标准,特别是把国民生产总值作为一项重要的经济指标,使设市的标准更加全面和具有操作性。同时降低了对非农业人口的数量要求,有利于小城市的发展。1993年3月,国务院批转民政部《关于调整设市标准的报告》,对县级市、地级市设置的标准作了具体的、全面的规定,比较好地体现了分类指导的原则,并首次把城市基础设施建设作为设市的重要条件。

三、市政的特征

市政的含义和市政的沿革决定了市政具有以下特征:

1. 历史性

从市政的历史沿革可知,市政是一个长期历史发展的过程,是个历史性范畴。市政的发展是与一个国家整个社会经济的发展和城市本身的发展密切相关的。从传统市政发展到近代市政,再发展到现代市政,市政主体、市政客体、市政目标和市政手段等发生了巨大的、深刻的变化。在一个国家不同的社会历史发展时期,市政的内容不断丰富和发展;在不同的经济体制和政治体制下,市政的范围、方式、手段、运行机制存在着较大的差别;即使是同处于一个社会历史发展时期的不同国家,由于历史传统和政治文化的不同,市政也有一定的差异性。因此,市政是具体的、历史的,绝对同一的市政是不存在的。因此,必须研究市政的历史发展过程,总结市政发展的历史轨迹、一般规律和经验,为我们研究当代市政提供启示和借鉴。

2. 公共性

市政的公共性主要体现在:市政的主体主要是行使公共权力的城市国家政权机关;市政的客体主要是城市各项公共事业和各类公共事务;市政目标是实现公共利益。其中,市政实现公共利益的程度体现政府合法性的程度,因此,市政必须以实现公共利益为其根本原则。所谓公共利益,从抽象的理论意义上讲,是特定范围内所有社会成员利益的共同部分,也就是说,公共利益不是单个社会组织或单个社会成员的某种特定利益,而是全体社会成员的共同利益。在价值构成上,公共利益具有多元并列性,包括生存、秩序、安全、效率、效益、正义、公平、民主等基本价值,这些价值是保障社会成员进行正常有序的共同生活所必需的。市政以实现公共利益为根本原则,具体体现在市政的公共服务原则上。一切市政活动都是为了更好地利用人民赋予的权力为人民的根本利益服务,为社会服务,为国家服务,为城市的发展服务。

3. 双重性

市政的双重性是指市政的自然属性和社会属性。一方面,市政是适应共同劳动的需要而产生的。为了使各种要素在城市有机结合起来,组织协调人们的活动,客观上要求正确处理人与自然的关系,合理地组织生产力,按照生产力的发展规律来组织和管理城市的社会经济活动。这是市政的自然属性或生产力属性,是市政的一般职能,表明市政具有继承性。社会主义国家的市政和资本主义国家的市政在这方面是一致的。另一方面,市政总是在一定的生产关系下进行的,它要反映某种生产关系的要求。这就是市政的社会属性或生产关系属性。特别是,市政实质上是国家管理活动的重要组成部分,体现着国家的利益和意志。国家管理的性质决定着市政的性质和发展方向。因此,市政已超越单纯的技术性、中介性和方法手段方面的问题而体现着社会集团的目的和利益,市政已被政治所渗透,成为"政治的一部分"或"一个政治过程"。市政的双重性使市政具有承上启下的特征,既要贯彻国家的法律法规,实行国家的有关政策,维护国家政令的统一,顾全国家的整体利益和全局利益,又要从城市的实际出发,制定和实施辖区内的方针政策,谋求和维护城市的合法权益。因此,市政要正确处理好中央与地方的关系。

4. 系统性

市政是一个由多系统、多要素、多环节组成的有机系统。首先,市政是由市政环境系统、市政体制系统、市政组织系统、市政职能系统等组成的大系统,每个分系统下面又有许多相互关联的子系统;其次,市政系统由制度要素、组织要素、人员要素、财政要素、行为要素等要素组成,每种市政要素内部又包括多种次级要素;最后,市政系统又是由决策、计划、组织、协调、控制等多项环节组成的系统过程。市政系统、市政要素、市政过程的各个环节之间,围绕着同一的市政目标,相互依赖、相互渗透、相互制约、相互维系,形成有机、有序的系统结构,发挥出市政系统的整体功能。

5. 综合性

市政是一种综合性很强的管理活动。城市作为经济、政治、文化中心,具有集中、开放、多元、有机等特点,这就决定了市政具有突出的复杂性和综合性。首先,市政的内容既包括对大量的社会公共事务和公共事业的管理,又包括对城市各项经济活动的规划和调控,对市民物质生活、精神生活的指导和协调等。其次,从市政所面对的社会阶层及其人员的结构看,有社会各行各业人员。凡一个国家存在的阶级、阶层及其所属人员,在城市中几乎都会存在,形成各种利益群体。市政必须调节和整合城市各社会阶层和各方面人员之间的利益关系。再次,市政管理既要遵循经济规律,又要遵循自然规律、科学技术规律、社会规律等,从而市政目标也必然要综合地反映这些规律的要求。最后,从市政管理绩效看,必须用经济发展水平、市民生活质量、市民教育程度和文化水准、城市生态环境、城市安全和公共秩序等十分复杂的指标体系,来综合评估和反映市政管理绩效。

6. 动态性

市政不仅是组织、制度、体制等方面的静态结构,也是一个有序运行的动态过程。由于市政是一种存在于城市并以城市事务为对象的管理活动,城市生活的快节奏、高速发展的科技、不断攀升的民主要求,使市政必须要迅速地回应社会,灵敏地调整市政理念、市政职能和市政手段。基于市政的动态性特点,在市政管理中必须注重市政过程的研究,用发展的观点来认识和对待市政。既要关注市政静态结构的内外环境变化,适时推进市政组织、体制等方面的改革;又要重视市政过程中各种要素、各个环节的适应性调整,有序推进市政的科学化、民主化。

第三节 市政学的研究对象和研究方法

一、市政学的研究对象

市政学是研究市政主体对市政客体如何进行有效管理的科学,涉及谁来管理、管理什么、怎样管理等基本问题。市政学的研究对象主要包括以下四个方面:

第一,市政主体。市政主体是体现城市政治关系的组织实体,是进行和参与市政活动的各种组织。在中国,城市的共产党组织和各民主党派组织,作为国家权力机关的市人民代表大会及其常务委员会,作为国家行政机关的市人民政府,作为国家司法机关的市人民法院和市人民检察院,作为城市中最主要的爱国统一战线组织,以及中国共产党领导的多党合作和政治协商重要机构——市人民政治协商会议,都是市政主体。此外,随着中国社会主义市场经济的发展和社会主义民主政治的推进,城市各类社会组织的不断发育和壮大,市民参政意识和能力的不断增强,他们在市政管理中发挥的作用愈来愈重要。市政学研究市政主体,必须研究这些市政主体的组织体系、权限职责、权利义务、运行规则与规范、活动方式等,研究这些市政主体之间的相互关系以及它们在市政过程中的地位和作用。为此,市政学必须研究市政组织、市政体制、市政职能、市政过程等具体问题。

第二,市政客体。市政学主要研究市政主体对城市公共事务和公共事业的管理。根据中国的国情和城市的市情,市政的内容主要包括城市发展战略管理、城市规划管理、城市基础设施建设与管理、城市公共事业管理、城市经济管理、城市生态管理、城市社会管理、城市公共安全管理等。在不同的国家,或在同一个国家社会经济发展的不同阶段,市政客体的具体内容及其相互关系、对各市政客体管理的程度和方式都会发生变化。市政学必须适应市政客体的各种变化,及时调整研究对象。

第三,市政目标、市政方式和市政手段。如果说市政主体和市政客体分别回答谁来管理、管理什么的问题,那么市政目标、市政方式和市政手段回答的就是怎样管理的问题。其中,市政目标是由经济、政治、文化、社会等多方面的因素决定的,主要是由一国的社会经济制度和执政党的性质、宗旨所决定的。市政目标是市政主体作用于市政客体的出发点和落脚点,具体体现和落实于一系列市政活动之中。市政目标规定着市政的方向、方式和手段,并对整个城市的发展与建设起着根本性的导向作用。

第四,市政规律。市政学是一门研究市政及其活动规律的科学。市政学并不是孤立地研究市政主体、市政客体、市政目标、市政方式和手段,而是要把这几个方面有机结合在一起,研究市政主体如何按照预定的市政目标,采用科学的方式和手段对市政客体进行有效管理,从而探索市政活动的一般规律。市政学作为一门科学,不能停留在对市政现象的一般描述上,而要探究市政现象内在的本质联系,即客观规律。市政现象的内在本质联系,寓于市政各系统、各要素、各环节以及它们的相互关系之中,因此,市政学要研究市政各系统、各要素和各环节以及它们之间的内在联系,揭示市政活动中带有规律性的东西,以指导市政管理实践,提高市政管理水平,实现市政管理的科学化、现代化。

二、市政学的研究方法

对市政问题的研究,必须采用科学、适当的方法。首先,马克思主义的辩证唯物主义和历史唯物主义,是我们研究市政学的根本性的方法论,为我们研究市政学确立了科学的世界观。其次,市政学的研究还要采用以下一些具体的研究方法:

1. 规范研究和实证研究相结合

规范研究是以一定的价值判断为基础,提出某些行为标准作为分析处理市政问题的指南,作为制定各项市政政策的依据,并研究如何才能符合这些标准,旨在回答"应该怎么样"的问题,力图按照特定的价值取向调整或改变市政现实。这里的价值判断是对市政事务社会价值的判断,即对市政事务是有积极意义还是有消极意义的判断,具有强烈的阶级性和主观性。基于不同理论的规范研究,由于带有不同的价值判断,其结果也不同。市政学的规范研究方法,就是要通过对纷繁复杂的市政现象进行深入、反复的研究,概括出一定的市政原理、市政原则、市政规律,作为指导处理和解决市政问题的理论。

实证研究是用市政理论对各种市政活动或现象进行解释、分析、证实或预测,旨在回答"是什么"的问题。实证研究大都是与市政事实相关的分析,强调市政理论要客观描述市政事实。实证研究分析市政事务本身的客观规律和内在逻辑,分析市政各种变量之间的因果关系,既要反映或解释已观察到的市政事实,还要根据规律分析和预测有关现象将来会出现的市政情况。实证研究所得出的结论可以通过市政事实进行检验,内容具有客观性、可验性。实证研究有联系实际、针对性强、因事制宜等长处,利于指导和解决实际的市政问题。

无论是规范研究还是实证研究,都与市政目标问题有关。一般来说,市政目标是分层次的,越是高层次的市政目标或越带有决策性的问题,越具有规范性;越是低层次的市政目标或越是具体的问题,越具有实证性。从这个意义上说,实证研究和规范研究并不是绝对排斥的。规范研究要以实证研究为基础,实证研究离不开规范研究的指导,即使是最彻底的实证研究,也不可避免地带有以效率为准绳的价值判断。实证研究和规范研究各自在不同的市政领域内,用不同的方法进行研究,其结果是相互补充的。因此,规范研究和实证研究要互为参照、相互渗透,既防止规范研究走向崇高的虚幻,又防止实证研究的狭隘肤浅和人文精神的匮乏。

2. 静态研究和动态研究相结合

静态研究是一种以制度性和体制性要素为分析对象的研究方法,它注重组织结构、法律制度等方面的研究。市政学研究的重要内容之一就是市政组织结构、市政制度、市政体制等方面的研究。采用静态研究方法,对于深刻理解和把握各种市政静态要素的结构和功能,促进市政组织、市政制度、市政体制的完善和发展,具有重要的意义。

动态研究着眼于发展过程和组织中人的行为、关系的分析。市政学的研究,同样要立足于人,注重研究市政主体的行为,注重市政环境因素和市政过程的发展变化,从而促进市政管理的民主化、科学化。

3. 系统研究和具体分析相结合

市政是一个由多系统、多要素、多环节有机组成的复杂的庞大系统,因此,对它的研究应采用系统研究的方法。市政学的系统研究方法,就是运用系统工程的方法和理论来研究市政现象、市政过程,把市政的各个系统、各个构成要素以及各个环节,都当作一个相互关联的系统整体进行全面的考察和分析,对市政内部与外部的各种关系进行综合研究和分析比较。这种系统的研究方法,注重系统的环境适应性、系统的整体协调以及系统整体功能的优化。所以,采用这种研究方法,有助于发挥市政系统的整体功能和整体效益,实现市政管理的整体目标。但是,对市政的系统研究,不能取代对市政各分系统、各要素、各环节的具体分析,这些具体分析能弥补对市政这个大系统进行整体研究的不足,增强研究的针对性。

4. 纵向比较和横向比较相结合

不同历史时期的市政发展是不一样的,在同一历史时期不同国家、不同城市之间的市政发展也是有差异的。因此,应通过纵向的即历史的比较分析,研究市政的起源和发展,总结不同历史时期市政发展的经验教训,探索市政发展的动因和规律,以指导当代中国市政管理的实践;同时,也应通过对同一历史时期不同国家、不同城市之间市政发展的横向比较分析,探索市政发展的共性和个性,积极吸取其他国家和其他城市市政管理中一切有益的东西,来不断完善和优化中国的市政管理。

第一章 市政主体

市政主体是城市公共权力的行使主体。中国的市政主体包括城市政党组织、城市政权组织、城市社会组织等。随着城市规模的扩大,市政管理理念的更新,市政管理的主体也在不断扩大。市政主体的组织体系和地位不同,在市政管理中发挥的作用也不同。

第一节 城市政党组织

一、中国共产党的城市党组织

中国共产党是中国工人阶级的先锋队,同时也是中国人民和中华民族的先锋队,是中国特色社会主义事业的领导核心,代表中国先进生产力的发展要求,代表中国先进文化的前进方向,代表中国最广大人民的根本利益。为了实现党的正确有效领导,中国共产党按照民主集中制的原则,自上而下地建立了各级领导机关,构成了一个由党的中央组织、地方组织和基层组织组成的完整的组织系统。

中国共产党的城市党组织是中国共产党设在市一级的地方领导机关,其市级组织机构由以下几部分组成:

市党代表大会。市党代表大会由选举产生的党员代表组成,其职权是:听取和审查市委员会的报告;听取和审查市纪律检查委员会的报告;讨论本市的重大问题并作出决议;选举市委员会、市纪律检查委员会。直辖市、设区的市、不设区的市、市辖区的党代表大会,每五年举行一次。

市委员会。市委员会是市党代表大会闭会期间党的领导机关。市委员会由市委委员和候补委员组成,在每一届市党代表大会上选举产生。直辖市、设区的市、不设区的市、市辖区的委员会,每届任期五年。市委员会全体会议每年至少召开两次。市委员会在党的代表大会闭会期间,执行上级党组织的指示和同级党代表大会的决议,领导本市的工作,定期向上级党的委员会报告工作。

市委常务委员会。市委常务委员会是主持市委日常工作的领导核心,由市委书记、副书记和市委常务委员组成。市委常务委员会组成人员在市委员会全体会议上选举产生,并报上级党的委员会批准。市委常务委员会在委员会全体会议闭会期间,行使委员会职权,贯彻委员会全体会议的决议,定期向委员会报告工作,接受监督。

市纪律检查委员会。市纪律检查委员会是中国共产党在城市维护和执行党的纪律的专门机关。市纪律检查委员会由每届党的市代表大会选举产生,每届任期为五年。市纪律检查委员会在市委和上级党的纪律检查委员会的双重领导下进行工作。市纪律检查委员会的主要任务是:维护党的章程和其他党内法规,检查党的路线、方针、政策和决议的执行情况,协助党委加强党风建设和组织协调反腐败工作。

中国共产党的城市党组织除了市级组织机构以外,直辖市和设区的市还设立区党代表大会、区委员会、区常务委员会、区纪律检查委员会,它们的职责与党的市级组织机构相同。此外,城市的工厂、商店、学校、机关、街道等基层单位,凡是有正式党员三人以上的,都成立了党的基层组织。根据工作需要和党员人数的多少,党的基层组织经上级党委批准,分别设立党的基层委员会、总支部委员会、支部委员会。城市党的基层组织是党联系广大党员和人民群众的桥梁。

市委根据少而精的原则,一般设置相应的工作部门,主要有:市委办公室(厅)、组织部、宣传部、统战部、政法委员会、政策研究室等。

中国共产党是城市政权的领导者,在城市政治中居于领导核心地位。市委的领导主要体现为政治领导、思想领导、组织领导三个方面。

政治领导是指政治原则、政治方向、重大决策的领导。市委要贯彻执行中央和上级党委的路线、方针、政策,制定符合本市实际、代表城市人民群众根本利益的政策,并通过一定的法律程序把它们转化为城市国家机关的决议、命令、规章、条例等。市委的政治领导,从根本上说就是要代表人民的利益,执行人民的意志,组织、引导和支持人民群众当家做主,为实现自己的根本利益而努力奋斗。

思想领导是指意识形态、舆论导向方面的领导。市委要用马克思主义、毛泽东思想、邓小平理论,"三个代表"以及科学发展观教育广大党员和人民群众,使他们树立正确的立场、观点和方法。同时,通过各级党组织深入细致的思想政治工作,统一思想,统一认识,最大限度地调动人民群众的积极性和创造力。

组织领导是指按照党管干部的原则,制定正确的组织路线,把德才兼备的优秀干部推荐到各级领导岗位上去,从组织上保证党的路线、方针、政策的贯彻执行。

市委的政治领导、思想领导和组织领导是一个统一的不可分割的整体。其中,政治领导是核心;思想领导是政治领导和组织领导的前提和基础;组织领导是政治领导和思想领导的保证。

二、城市民主党派组织

民主党派是接受中国共产党领导、参加爱国统一战线的各政党的统称。中国目前共有八个民主党派,即中国国民党革命委员会、中国民主同盟、中国民主建国会、中国民主促进会、中国农工党、中国致公党、九三学社、台湾民主自治同盟。

中国各民主党派都是从民主革命时期发展过来的。在民主革命时期,各民主党派与中国共产党同甘共苦,共同奋斗,为中国的民族解放和新中国的建立作出了贡献。现在,各民主党派是各自所联系的一部分社会主义劳动者和一部分拥护社会主义爱国者的政治联盟,是在中国共产党的领导下为社会主义服务的政治力量。坚持和完善中国共产党领导的多党合作制度是中国政治制度的一大优势和特色。中国共产党和各民主党派合作的基本方针是:长期共存、互相监督、肝胆相照、荣辱与共。

目前,中国各民主党派在直辖市、设区的市和部分不设区的市都设有组织——市代表大会和委员会。此外,凡有三名党员以上的单位、业务系统和地区,设立民主党派的基层组织,包括党小组、支部委员会和总支部委员会。各民主党派的市代表大会每五年举行一次,其职权为:贯彻执行全国代表大会、中央委员会和上级组织的决议和决定;听取和审议同级委员会的工作报告;讨论并决定同级委员会的重要事项;选举同级委员会。

各民主党派的市委员会由市代表大会选举产生,一般由主任委员、副主任委员、委员(包括常务委员)和秘书长组成,任期与同级代表大会相同。市委员会向同级党的代表大会及上级组织负责并报告工作,实行集体领导和个人分工负责相结合的制度。市委员会可以根据工作需要设立必要的工作部门,其负责人选由同级委员会决定。

中国各民主党派作为参政党在城市社会政治生活中发挥着以下重要的作用:

第一,积极参政议政,实行民主监督。各民主党派作为参政党积极参与城市大政方针和市政领导人选的协商,参与城市事务的管理,参与城市政策、法律规范的制定与执行。各民主党派还推荐其优秀成员参加城市国家机关的工作,其中一部分人担任了领导职务。各民主党派作为中国共产党的亲密友党,赤诚相见,广开言路,对城市的各项工作提出意见和建议,积极发挥监督作用。

第二,发展城市社会主义民主。社会主义民主的核心是人民当家作主,要使人民当家作主就必须为人民群众提供更多的政治参与的方式与渠道。城市各民主党派分别联系和代表着一部分人民群众,他们积极向市委、市政府反映所代表群众的要求和意见,维护其成员的合法权益,成为党联系人民群众的桥梁和纽带。市委、市政府也往往通过召开座谈会的形式,与民主党派进行民主协商,听取他们关于城市建设、本市人民群众关心的重大事项的意见。

第三,为城市现代化建设献计出力。各民主党派的智力结构具有多学科、多方面、多层次的特点。他们充分利用自身的各种有利条件,努力为城市建设服务。各民主党派经常深入基层就城市经济、文化、教育、科学技术等重大问题进行专题调查研究,收集信息,向市有关部门反映情况,提出意见和建议,其中许多意见和建议被城市政府所采纳。此外,他们通过各种方式,为城市建设引进所需要的资金、技术、设备和人才穿针引线,铺路搭桥。

第四,协助城市有关部门积极开展对外交流工作,加强和巩固爱国统一战线。城市各民主党派有着广泛的社会联系,他们中的许多成员同海外华侨、港澳同胞、台湾同胞有着各种各样的社会历史关系。各民主党派可以充分利用其广泛的社会联系,协助城市有关部门介绍祖国大陆的情况和建设成就,增进相互了解,争取团结更多的海外爱国人士,扩大和巩固爱国统一战线。另外,民主党派还可以通过亲朋故旧的关系,用乡情、亲情、友情鼓励港澳同胞、海外侨胞和台湾同胞来本市探亲访友、参观访问、投资办厂。民主党派在实现祖国统一、加强对外交流方面发挥着不可替代的作用。

三、城市人民政治协商会议

城市人民政治协商会议是中国城市的爱国统一战线组织,是在共产党市委领导下和全国政协指导下,实现党派合作的形式,也是城市中发展社会主义民主,实现政治协商、民主监督的重要形式。

直辖市、设区的市和不设区的市一般都设立中国人民政治协商会议的地方委员会。市政协作为城市爱国统一战线组织,其成员具有代表性。市政协委员由中国共产党的城市党组织、城市各民主党派组织、无党派知名人士、市人民团体、各少数民族和全市各界的代表以及台湾同胞、港澳同胞、海外侨胞的代表组成。凡赞成人民政协章程的党派、团体和个人,经人民政协市委员会常务委员会协商同意或邀请,都可参加人民政协市委员会。直辖市、设区的市和不设区的市的政协委员会,每届任期为五年。

市政协设主席、副主席、秘书长和常务委员,组成常务委员会主持会务。常务委员会候选人由参加政协市委员会的各党派、各人民团体、各民族和各界人士协商提名,经市委员会全体会议选举产生。市政协主席、副主席、秘书长组成主席会议,处理常务委员会的日常工作。市政协根据当地实际情况和工作需要,设置相应的工作机构。

市政协的主要职能是政治协商、民主监督、参政议政。政治协商是对城市的大政方针以及政治、经济、文化和社会生活中的重要问题在决策之前进行协商，和就决策执行过程中的重要问题进行协商。民主监督是对国家宪法、法律和法规的实施，重大方针政策的贯彻执行，城市国家机关及其工作人员的工作，通过建议和批评进行监督。参政议政是对城市政治、经济、文化和社会生活中的重要问题以及人民群众普遍关心的问题，开展调查研究，反映社情民意，进行协商讨论。通过调研报告、提案、建议案或其他形式，向市委和城市国家机关提出意见和建议。政治协商、民主监督、参政议政是各党派团体、各族各界人士在中国政治体制中参与国事、发挥作用的重要内容和基本形式，体现了人民政协的性质和特点，是人民政协区别于其他政治组织的重要标志。

市政协开展工作的主要方式有：

第一，召开会议。召开会议是市政协履行职能的主要形式，为此，市政协建立了相应的会议制度。市政协的主要会议有：全体会议、常委会议、主席会议等。此外，市政协还根据需要召开各种形式的协商座谈会、论证会、意见听取会等。

全体会议每年至少举行一次。政协市委员会全体会议的职权是：选举地方委员会的主席、副主席、秘书长和常务委员；听取和审议常务委员会的工作报告；讨论并通过有关的决议；参与对国家和地方事务重要问题的讨论，提出建议和批评。

常委会议在全体会议闭会期间根据需要举行。市政协常委会的职权是：召集并主持市委员会全体会议；组织实现中国人民政治协商会议章程规定的任务和全国委员会所作的全国性的决议，以及上级地方委员会所作的全地区性的决议；执行市委员会全体会议的决议；市委员会全体会议闭会期间，审议通过提交市人民代表大会及其常务委员会或市人民政府的重要建议案；根据秘书长的提议，任免市委员会的副秘书长；决定市委员会工作机构的设置和变动，并任免其领导成员。

主席会议由政协主席、副主席、秘书长组成，负责处理常务委员会的重要日常工作。主席会议由主席或主席委托的副主席召集并主持，议题由主席或副主席、秘书长提出，由主席或主席委托主持会议的副主席确定。主席会议一般每月举行一次,必要时可临时召开。主席会议须在全体组成人员过半数出席时方能举行。主席会议决定问题时,一般以分项审议方式通过,必要时也可以合并审议通过。

第二,提出提案。提案是市政协委员、参加市政协的党派团体等向市政协全体会议或常务委员会提出的、经审查立案后由承办单位办理的书面意见和建议。提案的提出一般有四种形式:一是政协委员可以个人或者联名方式提出提案。二是政协全体会议期间可以界别小组或者联组名义提出提案。三是参加政协的各党派和人民团体,可以本党派、团体名义或者联名方式提出提案。四是政协各专门委员会可以本专门委员会名义或者联名方式提出提案。对政协提案,承办单位按照有关规定认真办理后,在一定时限内给予书面答复。

第三,视察。视察是市政协委员履行职能的一项基础性工作,是委员了解情况、检查工作、研究问题、议政建言的重要途径,是委员行使民主权利、开展民主监督的重要渠道。市政协每年都围绕城市的中心工作,有计划地组织政协委员深入城市各单位开展视察活动。

第四,专题调研。开展专题调研、建言立论是市政协发挥优势参与国是的重要途径。专题调研一般以课题为纽带,联合、组织各行各业的专家学者,围绕城市的中心工作,有重点地进行调查研究,提出切实中肯的意见和建议。

第五,反映社情民意。了解和反映社情民意是市政协履行职能的重要基础和关键环节。市政协要求政协委员同各方面群众保持密切的联系,广泛、及时地反映群众的意见呼声,为各级领导机关把握形势、正确决策提供重要依据,并推动一些实际问题的解决。

第六,促进祖国统一。市政协加强与有关单位的协调和配合,拓展与港澳台侨各界人士的联系渠道,广泛开展各种形式的联谊活动,努力团结港澳台侨各界人士,为实现祖国的完全统一作出贡献。

市政协作为城市的爱国统一战线组织,与市的国家权力机关和行政机关有所不同,但是,市政协与城市国家机关有着十分密切的联系。具体表现为:市人大、市政府在作出重大决策前,一般要举行座谈会,征求市政协的意见;市人大和市政协同时召开会议,共同讨论和协商城市建设中的各项重大问题;市政协委员可以列席市人民代表大会会议;市人大常委会和市政协常委会举行联席会议,商讨有关重大问题;市人大代表和市政协委员一起进行视察工作。

第二节 城市政权组织

一、城市权力机关

城市人民代表大会是城市的国家权力机关。城市的行政机关、司法机关都由城市人民代表大会选举产生,对城市人民代表大会负责,并接受其监督。

城市人民代表大会的代表由间接选举或直接选举产生。直辖市、设区的市的人民代表大会的代表由间接选举产生,即由下一级人民代表大会选举产生。不设区的市、市辖区的人民代表大会的代表由选民直接选举产生。直辖市、市、市辖区人民代表大会每届任期为五年。

城市人民代表大会拥有下列职权:

第一,在本行政区域内,保证宪法、法律、行政法规和上级人民代表大会及其常务委员会决议的遵守和执行,保证国家计划和国家预算的执行。

第二,审查和批准本行政区域内的国民经济和社会发展计划、预算以及执行情况的报告。

第三,讨论、决定本行政区域内的政治、经济、教育、科学、文化、卫生、环境和资源保护、民政、民族等工作的重大事项。

第四,选举市人民代表大会常务委员会的组成人员;选举市长、副市长;选举市人民法院院长和市人民检察院检察长,选出的市人民检察院检察长,须报经上一级人民检察院检察长提请该级人民代表大会常务委员会批准。

第五,听取和审查本级人民代表大会常务委员会的工作报告;听取和审查本级人民政府和人民法院、人民检察院的工作报告。

第六,改变或者撤销本级人民代表大会常务委员会不适当的决议;

撤销本级人民政府不适当的决定和命令。

第七,保护社会主义全民所有财产和劳动群众集体所有财产,保护公民私人所有的合法财产,维护社会秩序,保障公民的人身权利、民主权利和其他权利;保护各种经济组织的合法权益;保障少数民族的权利;保障宪法和法律赋予妇女的男女平等、同工同酬和婚姻自由等各项权利。

城市人民代表大会有权罢免本级人民政府的组成人员;有权罢免本级人民代表大会常务委员会的组成人员和由它选出的人民法院院长、人民检察院检察长。罢免人民检察院检察长,须报经上一级人民检察院检察长提请该级人民代表大会常务委员会批准。

在城市人民代表大会举行会议期间,城市人民代表大会代表十人以上联名,可以向本级人民代表大会提出属于本级人民代表大会职权范围内的议案,也可以书面提出对本级人民政府和它所属各工作部门以及人民法院、人民检察院的质询案。质询案由主席团决定交由受质询机关在主席团会议、大会全体会议或者有关的专门委员会会议上口头答复,或者由受质询机关书面答复。质询案以口头答复的,应当由受质询机关的负责人到会答复;质询案以书面答复的,应当由受质询机关的负责人签署,由主席团决定印发会议或者印发提出质询案的代表。在市人民代表大会审议议案的时候,代表可以向有关国家机关提出询问,由有关机关派人说明。

在城市人民代表大会举行会议时,城市人民政府组成人员和人民法院院长、人民检察院检察长,可以列席本级人民代表大会会议。

城市人民代表大会常务委员会是市人民代表大会的常设机关,在城市人民代表大会闭会期间行使城市国家权力机关的职权。市人大常委会对本级人民代表大会负责并报告工作。

直辖市、设区的市的人大常委会由主任、副主任、秘书长、委员若干人组成。不设区的市的人大常委会由主任、副主任和委员若干人组成。根据中国地方组织法的规定,城市人民代表大会常务委员会的组成人员不得担任国家行政机关、审判机关和检察机关的职务。如果担任上述职务,必须向常务委员会辞去常务委员会的职务。市人大常委会每届任期与本级人民代表大会任期相同。

城市人民代表大会常务委员会行使下列职权：

第一，在本市行政区域内，保证宪法、法律、行政法规和上级人大及其常委会决议的遵守和执行。

第二，领导和主持市人大代表的选举；召集本级人民代表大会会议；在市人民代表大会闭会期间，补选上一级人民代表大会出缺的代表和罢免个别代表。

第三，讨论和决定本市的政治、经济、教育、科学、文化、卫生、环境和资源保护、民政、民族等工作的重大事项；根据市人民政府的建议，决定对本市国民经济计划和社会发展计划、预算的部分变更，决定授予地方荣誉称号。

第四，监督市人民政府、人民法院和人民检察院的工作，联系本级人民代表大会的代表，受理人民群众对上述机关和国家工作人员的申诉和意见；撤销下一级人民代表大会及其常委会的不适当的决议；撤销本级人民政府的不适当的决定和命令。

第五，在市人大闭会期间，决定副市长的个别任免；在市长和市人民法院院长、市人民检察院检察长因故不能担任职务时，从本级人民政府、人民法院、人民检察院副职领导人员中决定代理的人选。决定代理检察长，须报上一级人民检察院和人民代表大会常务委员会备案。

第六，根据市长的提名，决定市政府秘书长、厅长、局长、委员会主任、科长的任免，报上一级人民政府备案；按照人民法院组织法和人民检察院组织法的规定，任免人民法院副院长、庭长、副庭长、审判委员会委员、审判员；任免人民检察院副检察长、检察委员会委员、检察员；批准任免下一级人民检察院检察长；直辖市人大常委会根据主任会议的提名，决定在直辖市内设立的中级人民法院院长的任免；根据直辖市人民检察院检察长的提名，决定人民检察分院检察长的任免。

第七，在市人大闭会期间，决定撤销个别副市长的职务；决定撤销由它任命的本级人民政府其他组成人员和人民法院、人民检察院的组成人员。

直辖市的人民代表大会常务委员会在本级人民代表大会闭会期

间,根据本行政区域的具体情况和实际需要,在不同宪法、法律、行政法规相抵触的前提下,可以制定和颁布地方性法规,报全国人民代表大会常务委员会和国务院备案。省、自治区人民政府所在地的市和经国务院批准的较大的市的人民代表大会常务委员会,在本级人民代表大会闭会期间,根据本市的具体情况和实际需要,在不同宪法、法律、行政法规和本省、自治区的地方性法规相抵触的前提下,可以制定地方性法规,报省、自治区的人民代表大会常务委员会批准后施行,并由省、自治区的人民代表大会常务委员会报全国人民代表大会常务委员会和国务院备案。

市人大常委会根据民主集中制的原则,通过召开会议的形式集体行使上述职权。市人大常委会的会议分为全体会议和主任会议。直辖市、设区的市的人民代表大会常务委员会由主任、副主任和秘书长组成主任会议;不设区的市、市辖区的人民代表大会常务委员会由主任、副主任组成主任会议。主任会议处理常务委员会的重要日常工作。市人大常委会全体会议由主任召集,每两个月至少举行一次。市人大常委会全体会议的决议,以全体组成人员的过半数通过。

直辖市、设区的市的人民代表大会根据需要,可以设法制委员会、财政经济委员会、教育科学文化卫生委员会等专门委员会。各专门委员会受本级人民代表大会领导;在大会闭会期间,受本级人民代表大会常务委员会领导。各专门委员会在本级人民代表大会及其常务委员会领导下,研究、审议和拟订有关议案;对属于本级人民代表大会及其常务委员会职权范围内同本委员会有关的问题,进行调查研究,提出建议。

根据工作需要,市人大常委会还设立了代表资格委员会、特定问题调查委员会、综合办事机构、研究机构等。

二、城市行政机关

城市人民政府是市人民代表大会的执行机关和城市的国家行政机关,向城市人民代表大会及其常委会和上一级国家行政机构负责,并报告工作。城市人民政府的这种双重性质和地位,既保证了中央和上级行政机关对城市行政事务的统一领导,保证了全国政令的统一,又有利于市人民政府因地制宜地发挥主动性和积极性。

直辖市、设区的市的人民政府分别由市长、副市长、秘书长、厅长(局长)、委员会主任等组成。不设区的市、市辖区的人民政府分别由市长、副市长,区长、副区长和局长、科长等组成。直辖市、设区的市、不设区的市和市辖区人民政府每届任期5年。

城市人民政府实行市长负责制。市长负责制的主要特征是市长在市政府工作中处于核心地位,有权行使市政府职权范围内的最高行政权,并就市政府工作承担主要个人责任。市长负责制具有权力集中、责任明确、行动迅速、效率较高的优点,比较符合行政机关的性质。市长作为市人民政府的最高行政首长,在工作中主要拥有5项权力,即市的最高行政决策权、最高行政指挥权、市政府工作的统一协调权、人事提名和任免权、市的最高代表权。市长的法律地位决定了市长在城市建设和管理中具有十分重要的作用。

城市人民政府设有全体会议和常务会议,全体会议由本级人民政府全体成员组成。直辖市、设区的市的人民政府常务会议,分别由市长、副市长和秘书长组成。不设区的市、市辖区的人民政府常务会议,分别由市长、副市长、区长、副区长组成。市长召集和主持本级人民政府全体会议和常务会议。市政府工作中的重大问题,须经市政府常务会议或者全体会议讨论决定。

根据宪法和地方组织法的规定,中国的城市人民政府行使下列职权:

第一,执行城市人民代表大会及其常务委员会的决议,以及上级国家行政机关的决定和命令,规定行政措施,发布决定和命令。直辖市的人民政府可以根据法律、行政法规和地方性法规,制定规章,报国务院和市人民代表大会常务委员会备案。省、自治区的人民政府所在地的市和经国务院批准的较大的市的人民政府,可以根据法律、行政法规和本省、自治区的地方性法规,制定规章,报国务院和省、自治区的人民代表大会常务委员会、人民政府以及市人民代表大会常务委员会备案。

第二,领导所属各工作部门和下级人民政府的工作;改变或者撤销所属各工作部门的不适当的命令、指示和下级人民政府的不适当的决定、命令；依照法律的规定任免、培训、考核和奖惩国家行政机关工作人员。

第三，执行国民经济和社会发展计划、预算，管理本行政区域内的经济、教育、科学、文化、卫生、体育事业、环境和资源保护、城乡建设事业和财政、民政、公安、民族事务、司法行政、监察、计划生育等行政工作。

第四，保护社会主义全民所有财产和劳动群众集体所有财产，保护公民私人所有的合法财产，维护社会秩序，保障公民的人身权利、民主权利和其他权利；保护各种经济组织的合法权益。

第五，保障少数民族的权利和尊重少数民族的风俗习惯，帮助本行政区域内各少数民族聚居的地方依照宪法和法律实行区域自治，帮助少数民族发展政治、经济和文化的建设事业。

第六，保障宪法和法律赋予妇女的男女平等、同工同酬和婚姻自由等各项权利。

第七，办理上级国家行政机关交办的其他事项。

城市人民政府根据工作需要和精干的原则，设立必要的工作部门。城市人民政府的工作部门是指在市人民政府统一领导下，负责管理城市某一方面或某些方面行政事务的职能机构，其名称为委员会、局、办公室。各工作部门的行政级别，比本级人民政府低一级，而同下一级人民政府平级。直辖市人民政府的厅、局、委员会等工作部门的设立、增加、减少或者合并，由市人民政府报请国务院批准，并报本级人民代表大会常务委员会备案。设区的市和不设区的市人民政府的局、科等工作部门的设立、增加、减少或者合并，由本级人民政府报请上一级人民政府批准，并报本级人民代表大会常务委员会备案。为了办理临时性事务，市政府还设置了一些临时性机构。临时机构的设立、增加、减少、合并由市人民政府自行决定。

作为一级人民政府，市政府管理范围广泛，涉及城市政治、经济、科技、教育、文化、卫生、民族、宗教、社会事务等诸多领域。市政府的机构设置大致分为以下几类：

一是综合管理部门。如市发展和改革委员会、市财政局等。

二是专业经济管理部门。如市商务局、市交通运输局、市国有资产管理局、市国土资源局、市农林局等。

三是监督管理部门。如市审计局、市统计局、市质量技术监督局、市工商管理局、市国家(地方)税务局、市监察局等。

四是社会管理部门。如市教育局、市科委、市文化局、市体育局、市人力资源和社会保障局、市民政局、市卫生局、市环境保护局、市规划局、市人口与计划生育委员会、市民族宗教事务委员会等。

五是安全保卫部门。如市公安局、市司法局、市安全局等。

六是内务管理部门。如市办公厅(室)、市档案局等。

不设区的市、市辖区的人民政府,经上一级人民政府批准,可以设立若干街道办事处,作为它的派出机关。街道办事处的任务是:办理市、市辖区人民政府交办的有关居民工作的事项;指导居民委员会工作;反映居民的意见和要求等。

三、城市司法机关

1. 城市人民法院

城市人民法院是设在市的地方国家审判机关,代表国家行使审判权。城市人民法院的任务是审判刑事案件、民事案件、经济案件、行政案件,并且通过审判活动,惩办一切犯罪分子,解决民事纠纷,以维护社会主义法制和社会秩序,保护社会主义全民所有财产、劳动群众集体所有财产,保护公民私人所有的合法财产,保护公民的人身权利、民主权利和其他权利,保障城市的社会主义现代化和改革开放事业的顺利进行。市人民法院通过其全部活动,教育本市公民忠于社会主义祖国,自觉地遵守宪法和法律。

直辖市设高级人民法院、中级人民法院、基层人民法院;设区的市设中级人民法院、基层人民法院;不设区的市和市辖区设基层人民法院。各级市人民法院一般由院长、副院长、庭长、副庭长和审判员组成。院长由本级人民代表大会选举产生,其他组成人员由本级人民代表大会常务委员会任免。直辖市内设立的中级人民法院院长,由直辖市人民代表大会常务委员会根据主任会议的提名决定任免,副院长、庭长、副庭长和审判员由直辖市高级人民法院提请直辖市人民代表大会常务委员会任免。鉴于审判工作是极其严肃的工作,要求具有一定的工作经验和业务能力,各级法院的院长、副院长、庭长、副庭长、审判员和助理审判员必须是年满23岁的有选举权和被选举权的中华人民共和国公民。市人民法院的任期每届五年,与本级人民代表大会任期相同。

城市各级人民法院一般设有刑事庭、民事庭、经济庭、执行庭以及其他审判庭和办公室等工作部门。市各级人民法院分别行使不同的职权。

直辖市高级人民法院的职权为:法律、法令规定由它管辖的第一审案件;下级人民法院移送审判的第一审案件;对下级人民法院判决和裁定的上诉案件和抗诉案件;人民检察院按照审判监督程序提出的抗诉案件。

城市中级人民法院的职权为:法律、法令规定由它审判的第一审案件;基层人民法院移送审判的第一审案件;对基层人民法院判决和裁定的上诉案件和抗诉案件;人民检察院按照审判监督程序提出的抗诉案件。市中级人民法院对它所受理的刑事和民事案件,认为案情重大应当由上级人民法院审判的时候,可以请求移送上级人民法院审判。

城市基层人民法院的职权为:审判法律规定的刑事和民事的第一审案件;处理不需要开庭审判的民事纠纷和轻微的刑事案件;指导人民调解委员会的工作;基层人民法院对它所受理的刑事和民事案件,认为案情重大应当由上级人民法院审判的时候,可以请求移送上级人民法院审判。

城市各级人民法院在行使审判权时遵循的原则主要有:

第一,独立审判原则。市各级人民法院依照法律规定独立行使审判权,不受行政机关、社会团体和个人的干涉。

第二,适用法律一律平等原则。市各级人民法院审判案件,对于一切公民,不分民族、种族、性别、职业、社会出身、宗教信仰、教育程度、财产状况、居住期限,在适用法律上一律平等,不允许有任何特权。

第三,公开审理原则。市各级人民法院审理案件,除涉及国家机密、个人隐私和未成年人犯罪案件外,一律公开审理。

第四,允许使用本民族语言文字进行诉讼的原则。按照中国法律规定,各民族公民都有用本民族语言文字进行诉讼的权利。在少数民族聚居或者多民族杂居地区,市各级人民法院应当用当地通用的语言进行审判,用当地通用的文字发布判决书、布告和其他文件。

城市各级人民法院审判案件,实行两审终审制。市人民法院第一审案件的判决和裁定,当事人可以按照法律规定的程序向上一级人民法院上诉,人民检察院可以按照法律规定的程序向上一级人民法院抗诉。市人民法院第一审案件的判决和裁定,如果在上诉期限内当事人不上诉、人民检察院不抗诉,就是发生法律效力的判决和裁定。市中级人民法院、高级人民法院和最高人民法院审判的第二审案件的判决和裁定,最高人民法院审判的第一审案件的判决和裁定,都是终审的判决和裁定,也就是发生法律效力的判决和裁定。

城市人民法院是独立行使审判权的专门机关,其地位从属于市人民代表大会及其常委会,由市人民代表大会选举产生,受市人民代表大会监督,对市人民代表大会及其常委会负责并报告工作。市人民法院在上级人民法院监督下进行工作。上级人民法院可以通过受理上诉、抗诉、申诉等渠道,监督市人民法院的审判活动,纠正错误判决和裁定,或对于市人民法院已经发生法律效力的错误判决和裁定进行提审或指定市人民法院再审。但是,上级人民法院不能具体干涉市人民法院依法进行的审判活动。

2. 城市人民检察院

城市人民检察院是设在市的国家法律监督机关,代表国家独立行使检察权。市人民检察院通过对市国家机关、团体、公民是否遵守宪法和法律的行为进行监督,保证国家法律在本行政区域内的统一实施。

城市人民检察院的基本任务是,通过行使检察权,镇压一切叛国的、分裂国家的和其他反革命活动,打击反革命分子和其他犯罪分子,维护国家的统一,维护社会主义法制,维护城市社会秩序、生产秩序、工作秩序、教学科研秩序和人民群众生活秩序,保护社会主义全民所有财产和劳动群众集体所有财产,保护公民私人所有的合法财产,保护公民的人身权利、民主权利和其他权利,保卫城市社会主义现代化建设的顺利进行。人民检察院通过检察活动,教育公民忠于社会主义祖国,自觉地遵守宪法和法律,积极同违法行为作斗争。

直辖市设市人民检察院、人民检察分院和市辖区人民检察院;设区的市设市人民检察院和市辖区人民检察院;不设区的市设市人民检察院。市各级人民检察院由检察长、副检察长、检察委员会委员和检查员若干人组成。直辖市人民检察院检察长和人民检察分院检察长由直辖市人民代表大会选举和罢免,其他组成人员由直辖市人民检察院检察长提请本级人民代表大会常务委员会任免。直辖市人民检察院检察长的任免,须报最高人民检察院检察长提请全国人民代表大会常务委员会批准。设区的市、不设区的市检察院的检察长由本级人民代表大会任免,其他组成人员由检察长提请本级人民代表大会常务委员会任免,市人民检察院检察长的任免,须报上一级人民检察院,由上一级人民检察院的检察长提请该级人民代表大会常务委员会批准。市人民检察院的任期每届五年,与本级人民代表大会任期相同。

城市人民检察院行使下列职权:

第一,对于叛国案、分裂国家案以及严重破坏国家的政策、法律、法令、政令统一实施的重大犯罪案件,行使检察权。

第二,对于直接受理的刑事案件进行侦查。

第三,对于公安机关侦查的案件进行审查,决定是否逮捕、起诉或者免予起诉;对于公安机关的侦查活动是否合法,实行监督。

第四,对于刑事案件提起公诉,支持公诉;对于人民法院的审判活动是否合法,实行监督。

第五,对于刑事案件判决、裁定的执行和监狱、看守所、劳动改造机关的活动是否合法,实行监督。

城市人民检察院依法保障公民对于违法的国家工作人员提出控告的权利,追究侵犯公民的人身权利、民主权利和其他权利的人的法律责任。市人民检察院行使检察权,对于任何公民,在适用法律上一律平等,不允许有任何特权。市人民检察院依照法律规定独立行使检察权,不受其他行政机关、团体和个人的干涉。

城市人民检察院作为国家法律监督机关,在办理刑事案件中与市审判机关、市公安机关分工负责、相互配合、相互制约,做到不枉不纵,共同完成打击和惩治罪犯的任务。其行使职权的程序为:市人民检察院发现并且认为有犯罪行为时,应当依照法律程序立案侦查,或者交给市公安机关进行侦查。侦查终结,市人民检察院认为必须对被告人追究刑事责任时,应当向市人民法院提起公诉;认为不需要追究刑事责任时,应当将原案撤销。对于任何公民的逮捕,除市人民法院决定的以外,必须经市人民检察院批准。市人民检察院对于市公安机关要求起诉的案件,应当进行审查,决定起诉、免予起诉或者不起诉。对于主要犯罪事实不清、证据不足的,可以退回市公安机关补充侦查。市人民检察院发现市公安机关的侦查活动有违法情况时,应当通知市公安机关予以纠正。市人民检察院对于市公安机关移送的案件所作的不批准逮捕的决定、不起诉或者免予起诉的决定,市公安机关认为有错误时,可以要求市人民检察院复议,并且可以要求上级人民检察院复核。上级人民检察院应当及时作出决定,通知下级人民检察院和公安机关执行。市人民检察院提起公诉的案件,由检察长或者检察员以国家公诉人的身份出席法庭,支持公诉,并且监督审判活动是否合法。市人民检察院起诉的案件,市人民法院认为主要犯罪事实不清、证据不足,或者有违法情况时,可以退回市人民检察院补充侦查,或者通知市人民检察院予以纠正。市人民检察院认为本级人民法院第一审案件的判决和裁定有错误时,应当按照上诉程序提出抗诉。市人民检察院发现刑事判决、裁定的执行有违法情况时,应当通知执行机关予以纠正。市人民检察院发现监狱、看守所、劳动改造机关的活动有违法情况时,应当通知主管机关予以纠正。

城市人民检察院实行双重领导体制,一方面市人民检察院接受本级人民代表大会及其常务委员会领导,向市人民代表大会及其常务委员会负责,并报告工作,接受其监督;另一方面接受上级人民检察院的领导。下级人民检察院在办理案件时,如遇到特别复杂的情况和特殊的困难时,上级人民检察院可以及时予以指示和支持,在必要时也可以把案件调上来自己处理。检察权的集中,可以保证法律的贯彻实施,保证检察机关依法独立行使检察权。

第三节 城市社会组织

一、城市人民团体

城市人民团体是一种有中国特色的、独特的社会团体,是指参加人民政治协商会议的群众团体。[①] 根据中国《社会团体登记管理条例》的规定,人民团体属于免于登记的社会团体。城市人民团体主要有:市总工会、市妇联、市共青团、市工商联等。

1. 市总工会

市总工会是全国总工会的一部分,是中国共产党领导的城市职工自愿结合的工人阶级群众组织,是党联系职工群众的桥梁和纽带,是国家政权的重要社会支柱,是会员和职工权益的代表。

根据《中华人民共和国工会法》的规定,在中国境内的企业、事业单位、机关中以工资收入为主要生活来源的体力劳动者和脑力劳动者,不分民族、种族、性别、职业、宗教信仰、教育程度,都有依法参加和组织工会的权利。市总工会按照产业分工或产业性质设立相应的市级产业工会,市总工会具有社会团体法人资格。市总工会的基本职责是维护职工的合法权益。通过各种途径和形式,组织职工参加民主管理和民主监督,参与管理国家事务。

直辖市、设区的市和不设区的市的工会代表大会,由同级总工会委员会召集,每五年举行一次。市总工会委员会在代表大会闭会期间,执行上级工会的决定和同级工会代表大会的决议,领导本地区的工会工作,定期向上级总工会委员会报告工作。市总工会由主席、副主席、常务委员若干人组成常务委员会主持市总工会的日常工作。

2. 市妇联

市妇联是全国妇联的地方组织,是中共市委领导下的全市各界各

[①] 王名、刘国翰、何建宇:《中国社团改革》,社会科学文献出版社2001年版,第167页。

族妇女的群众团体,是党和政府联系妇女群众的桥梁和纽带。

市妇联的基本职能是:代表和维护妇女的合法权益,促进男女平等。市妇联每五年举行一次妇女代表大会,选举产生市妇联执行委员会。执行委员会选举主任、副主任、常务委员组成常委会,领导市妇联的工作。市妇联根据工作需要下设权益部、儿童部、城乡服务部、联络部、宣传教育部、组织部等业务工作部。市妇联实行团体会员制度。城市里的企业、事业、机关、团体等单位的工会女工工作委员会等,都是市妇联的团体会员。

市妇联的工作任务是:团结、动员妇女投身改革开放和社会主义现代化建设,促进经济发展和社会全面进步;教育、引导广大妇女,增强自尊、自信、自立、自强的精神,全面提高素质,促进妇女人才成长;代表妇女参与国家和社会事务的民主管理、民主监督,参与有关妇女儿童法律、法规、规章的制定,维护妇女儿童合法权益;为妇女儿童服务;加强与社会各界的联系,协调和推动社会各界为妇女儿童办实事;巩固和扩大各族各界妇女的大团结,积极发展同其他地区妇女的友好交往,增进了解和友谊。

3. 市共青团

中国共产主义青年团是中国共产党领导的先进青年的群众组织。共青团市代表大会选举产生市委员会,团市委是在中共市委和上级团委领导下负责全市共青团工作的领导机关。团市委根据工作需要,设立适当的工作部门,一般有办公室、组织部、宣传部、文体部、青工部、大学中专部、中学部等。

团市委的基本任务是教育青年,帮助青年,用马克思主义、中国特色社会主义理论和现代科学文化知识武装自己,引导青年在社会主义现代化建设的实践中,锻炼成为有理想、有道德、有文化、守纪律的共产主义事业接班人。

4. 市工商联

市工商联是城市工商业联合会的简称,是中国共产党领导的城市工商界组成的人民团体和民间商会,是党和政府联系非公有制经济人士的桥梁和纽带,是政府管理非公有制经济的助手。凡承认中国工商业联合会章程,履行会员义务的企业、团体和个人,均可以成为中国工商业联合会的企业会员、团体会员和个人会员。

市工商联的最高权力机关是市会员代表大会。市会员代表大会每五年举行一次,市会员代表大会选举产生市工商联执行委员会,负责领导市工商联的工作,执行委员会会议每年召开一次。市工商联执行委员会可以选举会长、副会长、常务委员若干人组成常务委员会。市工商联也可以不设常务委员会,由市工商联执行委员会选举会长、副会长若干人组成会长会议,研究决定重要事项。市工商联可设立若干工作部门和专门委员会。

市工商联的主要职能与任务是:参与城市重要问题的政治协商,发挥民主监督作用,积极参政议政;引导会员自觉地把自身企业的发展与国家的发展结合起来,积极参加国家经济建设;承担工商界代表人士政治安排的推荐工作;进行自我教育;代表和维护会员的合法权益,反映会员的意见、要求和建议;为会员提供各种服务;承办政府和有关部门委托事项。

城市社会团体的出现与发展是城市政治民主发展、政治文明进步的体现。中国城市社会团体作为城市一定社会群体的共同意愿或利益的代表者,积极反映所代表群体的利益要求和呼声,成为政府与社会各界相互沟通和联系的桥梁。城市社会团体为实现社会成员的共同意愿而开展各种公益性活动,为城市社会发展作出了贡献。城市社会团体负有一定的社会行为规范职能,通过开展一系列的活动,对其成员进行自我教育,不断提高成员的政治思想觉悟,有效协调和化解各种矛盾。城市社会团体积极参政议政,协助政府参与城市管理,在城市的政治民主建设、经济发展、社会稳定方面发挥着重要的作用。

二、城市自治组织

城市居民委员会是社区居民进行自我管理、自我教育、自我服务的基层群众性自治组织。不设区的市、市辖区的人民政府或者它的派出机关对居民委员会的工作给予指导、支持和帮助。居民委员会协助不设区的市、市辖区的人民政府或者它的派出机关开展工作。

居民委员会根据居民居住状况,按照便于居民自治、一般在100～700户的范围内设立。居民委员会的设立、撤销、规模调整,应经居民会议讨论,由不设区的市、市辖区人民政府决定。

居民委员会由主任、副主任和委员若干人组成。居民委员会主任、副主任和委员,由本居住地区全体有选举权的居民选举产生,或者由每户派代表选举产生;根据居民意见,也可以由每个居民小组选举代表2～3人选举产生。居民委员会每届任期三年,其成员可以连选连任。

居民委员会根据需要设人民调解、治安保卫、公共卫生等委员会。居民委员会成员可以兼任下属的委员会成员。居民较少的居民委员会可以不设下属的委员会,由居民委员会的成员分工负责有关工作。

此外,根据《中华人民共和国城市居民委员会组织法》的规定,城市社区还设有居民会议。居民会议由全体18周岁以上的居民参加,或者每户派代表参加。也可以由每个居民小组选举代表2～3人参加。居民会议由居民委员会召集和主持。居民委员会是为居民服务的办事机构,受居民会议的委托,处理一切日常事务,向居民会议负责并报告工作。居民委员会可以分设若干居民小组,小组长由居民小组推选。

城市居民委员会作为基层群众性的自治组织,其主要任务有六项:一是宣传宪法、法律、法规和国家的政策,维护居民的合法权益,教育居民履行依法应尽的义务,爱护公共财产,开展多种形式的社会主义精神文明建设活动;二是办理本社区居民的公共事务和公益事业;三是调解民间纠纷;四是协助维护社会治安;五是协助人民政府或者它的派出机关做好与居民利益有关的公共卫生、计划生育、优抚救济、青少年教育等工作;六是向人民政府或者它的派出机关反映居民的意见、要求和提出建议。

城市居民委员会的特点是:

第一,自我管理。管理是指人们为了实现共同的目标而进行的计划、组织、指挥、协调、控制的活动过程。居民委员会的自我管理主要指居民既是管理者,又是被管理者。每一个成员对本居住地区的集体活动、社会事务、公益事业、福利事业都有直接表达个人意愿的权利,都有监督和实施的权利和义务。居民委员会通过组织各种有益的活动,创造一个良好的居住环境和和谐的人际关系。

第二,自我教育。居民委员会是基层群众性自治组织,没有行政强制权力,居民委员会主要依靠说服教育的方法开展工作。居民委员会在民主讨论的基础上制定居民公约,来规范居民的行为,使之遵守法律、法规、政策和公共秩序。居民公约由居民委员会监督执行。居民委员会还开展一些读报活动、科普活动、普法活动、家庭教育讲座等,教育居民遵纪守法。

第三,自我服务。居民委员会可以开展便民利民的社区服务活动,可以兴办有关的服务事业。居民委员会通过举办一些公益性活动,提倡社区居民互帮互助,为区域内居民提供良好的服务,解除他们的后顾之忧。

居民委员会是城市居民实行自我管理的一种重要形式。随着居民的政治参与性和自我管理能力的增强,政府管理与社会管理将逐步分解,有越来越多的社会管理职能交回社会,由社会自己管理。居民委员会作为基层群众性自治组织将在发扬社会主义民主、服务社会、管理社会方面发挥越来越重要的作用。

三、城市公益性组织

城市公益性组织是指为城市困难群体或特定群体提供自愿或无偿服务的城市社会民间组织。城市公益性组织的主要特点是为组织之外的其他成员服务,而不是为组织内的成员服务。城市公益性社会组织充分体现了民间组织的非营利性和志愿性。在中国,城市公益性组织可以分为两类:一类是由政府发起成立的,如市红十字会、市慈善总会;另一类是由民间发起成立的,如志愿者组织。

1. 市红十字会

市红十字会是全国红十字总会的地方分会,是在城市从事人道主义工作的社会救助团体。市红十字会遵循国际红十字运动的基本原则和《中华人民共和国红十字会法》,以保护人的生命和健康、发扬人道主义精神、促进和平进步事业为宗旨,协助政府开展人道领域的工作。

市红十字会设立理事会负责日常工作,理事会由会长、副会长、常务理事等组成。理事会成员由会员代表大会民主选举产生。在红十字会会员代表大会闭会期间,由理事会执行会员代表大会的决议。理事会向会员代表大会负责并报告工作,接受其监督。市红十字会在上级红十字会指导下开展工作。

市红十字会的职责是:第一,开展救灾的准备工作,在自然灾害和突发事件中,对伤病人员和其他受害者进行救助。第二,普及卫生救护和防病知识,进行初级卫生救护培训,组织群众参加现场救护。第三,参与输血献血工作,推动无偿献血;开展其他人道主义服务活动。第四,接受社会捐款捐物,参加人道主义救援工作,完成人民政府委托事宜。

市红十字会为了开展工作,还设置了相应的工作部门,主要有:办公室、业务部、赈济部、宣传部、联络部等。

2. 市慈善总会

市慈善总会是由热心慈善事业的城市公民、法人及其他社会组织志愿参加的非营利性社会团体。市慈善总会的宗旨是:发扬人道主义精神,弘扬中华民族扶贫济困的传统美德,帮助社会上不幸的个人和困难群体,开展多种形式的社会救助工作。

市慈善总会由理事会负责日常工作,理事会由会长、副会长、常务理事(设区的市设秘书长)等组成。理事会成员由会员代表大会民主选举产生。市慈善总会的职责是:第一,筹募善款。接受自然人、法人及其他组织的捐赠;组织各种形式的募捐活动,为困难群体提供物质扶助和精神抚慰。第二,赈灾救助。协助或受政府委托开展救灾赈济工作;接收、分配、调拨通过本会捐赠的赈灾款物;接受政府委托并根据实际需要生产、储运、发放救灾物资;抚慰救灾勇士。第三,扶贫济困。组织各种社会活动,扶助困难群体,开展扶贫救济工作。第四,慈善救助。开展安老、抚孤、助残、助医、助学等各种慈善救助活动。第五,公益援助。参加和推动文化、教育、卫生等其他社会慈善公益援助事业;组织热心支持和参与慈善事业的志愿者队伍,开展多种形式的慈善公益活动。市慈善总会的主要工作部门有:办公室、募捐部、项目部、宣传部等。

3. 市基金会

市基金会是指利用自然人、法人或者其他组织捐赠的财产,以从事公益事业为目的的非营利性民间组织。市基金会分为两类:一是面向公众募捐的基金会(简称公募基金会)。公募基金会按照募捐的地域范围,分为全国性公募基金会和地方性公募基金会。省、自治区、直辖市人民政府民政部门负责本行政区域内地方性公募基金会的登记管理工作。如中国教育发展基金会、中国扶贫基金会、中国儿童和少年基金会、北京市水资源保护基金会、深圳市见义勇为基金会、广州市残疾人福利基金会、珠海市禁毒基金会、重庆市青年创业就业基金会等。二是非面向公众募捐的基金会(简称非公募基金会)。这些基金会通常以私人财产设立,以个人或捐赠者组织的名字命名,如深圳市新浩爱心基金会、广州市番禺区何贤社会福利基金会、温州市华福慈善基金会等。公募基金会与非公募基金会最大的区别是:前者可以面向公众开展募捐活动;而后者不存在面向公众募捐的问题。

基金会设理事会,理事会由 5~25 人组成,是基金会的决策机构。通常从理事中选举产生理事长、副理事长和秘书长主持基金会的工作。理事任期由章程规定,每届任期不得超过五年,可以连选连任。近几年,随着中国经济的发展,热心慈善事业、创办非公募基金会的民营企业家逐步增多,市基金会呈现良好的发展势头。截至 2009 年年底,国内已有慈善基金会 1 500 多家,其中在地方登记的非公募基金会已超过 600 家,北京、上海、广东三省市非公募基金会增量在 40 家以上。①

4. 市志愿者组织

市志愿者组织是指民间自发组织的为特定群体或特定项目提供无偿服务的公益性组织。

市志愿者组织的主要特点是:自愿参加、关爱他人、义务服务、不计报酬。除一些志愿服务有特别的要求之外,原则上志愿者没有特殊的年龄限制,人们可以根据自身情况参与不同层次及能力要求的志愿行

---

① 殷正明:非公募基金会已逾 600 家,http://news.sina.com.cn/c/2010-01-13/074016924016s.shtml。

动。市志愿者组织种类繁多,有以老年人、未成年人、外来务工人员、下岗失业人员、残疾人和低收入家庭为重点服务对象的志愿者组织;有以社会救助、慈善公益、优抚助残、敬老扶幼为服务领域的志愿者组织;有以治安巡逻、环境保护、社区矫正和法律援助等作为重点服务领域的志愿者组织;有服务于大型会议的志愿者组织,如北京奥运会志愿者组织、上海世博会志愿者组织等。志愿行动是多元的,其中有短期性的也有长期性的,有辅助性质的工作岗位,也有负责独立领导的工作岗位。随着中国公民社会的发展,参加城市志愿者组织的人员会越来越多,志愿服务的领域会不断延伸和扩展。

第四节　市民参政

一、市民参政的方式

市民参政,亦称市民政治参与,是指市民个人或群体通过一定的途径和方式参与城市政治生活,影响城市政治体系的构成、运行方式和政策过程的行为。市民参政是市民政治权利得以实现的重要方式,是城市政治民主建设的重要内容。

目前,中国市民政治参与的主要方式和途径有:

第一,政治选举。政治选举主要指市民通过选举人民代表大会代表来行使管理城市公共事务的民主权利。可以说,这是目前中国市民参政最正式、最权威的形式。依照宪法和地方组织法的规定,中国不设区的市、市辖区的人大代表由选民直接选举产生,直辖市、设区的市的人大代表由下一级人民代表大会选举产生。选民在拥有选举权的同时也拥有罢免权。市民还可以通过人大代表来表达自己的利益要求,监督国家政治权力的行使。中国一些城市还允许市民旁听人大会议,监督人大代表工作。

第二,政治协商。政治协商主要指市民通过政治协商制度参与城市政治生活。政治协商制度的重要组织形式是中国人民政治协商会议,它是由城市各党派、各人民团体、各界爱国人士组成的。市政治协商会议的主要功能是政治协商、民主监督、参政议政。城市市民可以与各级政协委员接触,反映自己的意见建议。

第三,政治结社。《中华人民共和国宪法》规定,"中华人民共和国公民有言论、出版、集会、结社、游行、示威的自由。"这里所讲的政治结社是指市民可以参加城市社会团体,通过社会团体反映自己的利益诉求。社会团体是由中国公民自愿组成,为实现会员共同意愿,按照其章程开展活动的非营利性社会组织。按照社会团体的属性不同,城市社会团体可以分为两大类:一类是市人民团体,如工会、妇联、共青团等;另一类是城市非营利性民间组织,如各种学会、协会、商会等。通过城市的社会团体影响城市政治生活是中国市民参政的重要方式。据了解,单中国工会、共青团、妇联等八大人民团体的基层组织数量就达到了5 378 424个。①

第四,政治表达。政治表达是指市民通过一定的渠道或方式向决策者表达政治态度,从而影响政府决策。目前中国城市市民主要的政治表达方式是通过听证制度影响政府决策。中国许多城市都实行了重大决策听证会制度,对涉及经济社会发展全局的重大事项以及同市民利益密切相关的重大问题,实行公示和听证,认真听取市民意见,充分进行协商和协调。

第五,政治接触。政治接触是指市民通过与决策者接触,表达其政治观点和要求,影响政府决策。目前中国城市比较正规的政治接触是座谈会和市长接待日等。一些城市政府在作出重大决策之前,往往会举行各种座谈会,听取各界市民的意见。也有一些城市定期或不定期地举行一些市长接待日,直接听取市民的意见,加强与市民的沟通。

近几年,随着中国城市政治民主化的发展,市民参政的方式不断拓展,市民在城市管理中的作用越来越突出。

二、市民参政的条件

市民政治参与需要一定的条件和制度做保障。

---

① 俞可平:中国公民社会研究的若干问题,《中共中央党校学报》2007年第6期。

第一,透明的市政决策。市民参政首先要知情,知情才能参政。市民的知情权是指市民了解城市各项政务活动及其过程的权力。保障市民享有充分的知情权必须提高市政决策的透明度。政府要"阳光作业",改变信息不对称现状。对涉及城市经济社会发展全局的重大事项,对同群众利益密切相关的重大问题,要实行公示、听证制度,认真听取市民意见。市民只有了解市政权力的运作,了解市政过程,才能议事参政。只有提高市政透明度,市民才能真正参与到城市政治生活中来。

第二,高素质的市民。市民素质是指市民的价值信仰、道德心理、知识能力等因素复合而成的一种集体人格状态。市民素质与市民参政有着密切的关系。可以说,市民素质的高低直接决定着市民的参政能力。因为,市民对城市经济建设发展和管理的关注程度,在很大程度上与市民的价值信仰、道德心理和对城市的热爱程度有关。市民参与城市政治生活,需要一定的知识、能力与技能,而这些都与市民素质有关。提高市民的参政能力首先要提高市民的素质。一方面要加强宣传教育,培养市民的参政意识,提高市民的参政技能。另一方面要开展一系列活动,提倡城市文化,塑造城市精神,增强市民对城市的归属感。

第三,多元的参政途径。市民参政既需要健全的机制和制度作保障,又需要完善的组织代理和充足的输入管道。随着中国城市化和城市现代化程度的不断加深,广大市民参政意识的不断提高,市民参政的途径与方式也要不断创新。一是充分发挥市人大代表和市政协委员的作用。加强他们与所代表的群体之间的联系,反映所代表群体的利益要求,使之成为政府联系市民的桥梁和纽带。二是加强市民参与的组织建设。在当前中国利益格局不断分化、社会群体利益需求趋于多样化、市民参政意识日益增强的情况下,要大力发展非政府公共组织,发展各种社会利益团体,加强政府与非政府公共组织的沟通与合作,使之成为市民利益表达的重要渠道和组织载体,以满足广大市民政治参与的诉求。三是创新市民参政方式。随着时代的发展,一些新的参政方式也在不断涌现,如网络问政。

三、市民参政的意义

市民参政对城市的政治、经济、社会发展具有重要的意义。

第一,市民参政是城市政治民主发展的重要内容。城市政治民主化是社会主义民主政治建设的本质要求,也是市政管理现代化的基本标志之一。民主是在特定的经济关系和利益关系基础上,保障公民权利得到平等实现的政治形式。① 城市政治民主的核心是给市民提供更多的政治参与机会,保障市民的各项政治权利得以广泛、真实、平等地实现,从而充分调动市民的积极性、主动性、创造性,不断把市民的智慧和力量转化为推动城市建设发展的强大力量。市民参政可以有效地促进城市政治民主发展,推动政府不断健全民主制度,丰富民主形式,为市民有序进行政治参与提供更多的机会与渠道,保证市民依法实行民主选举、民主决策、民主管理、民主监督。

第二,市民参政是市民当家做主的集中体现。市民是城市的主人,"人民城市人民建,人民城市人民管"历来是中国城市管理的理念。社会主义国家的本质就是要保障人民当家做主,而市民当家做主的关键在于市民广泛的政治和社会参与。市民通过一定的方式和途径向政府提出各种要求和建议,阻止或促成某项政策,从而影响政府决策和公共利益分配,通过政治权力最终实现自己的利益诉求。政府通过市民参政的方式,可以集中市民的智慧,更全面地了解市民的利益要求,使决策真正建立在科学、民主的基础之上,从而提高市民的政治认同感,使广大市民理解和支持政府政策。只有市民参政,才能把市民当家做主落到实处。同时,市民依照法定程序积极参与城市政治生活,也有助于激发市民建设和管理城市的热情,增强市民主人翁的责任感。

第三,市民参政是建设服务型政府和廉洁政府的保证。构建服务型政府的实质就是政府权力向社会回归,给公民更多的参与权和选择权。市民参政有利于政府与市民沟通,了解市民的需求,为市民提供高效满意的服务。市民参政也有利于政府的勤政廉政建设。市民参政是

---

① 王浦劬:《政治学基础》,北京大学出版社1995年版,第417页。

立法建制的民意基础,是监督政府依法行政的重要政治力量。市民参政的过程也是对政府行使监督权的过程。市民依法对国家机关工作人员的违法违纪行为进行揭发、检举、控告,可以形成强大的外部压力和良好的廉政环境,促使市政府工作人员廉洁奉公,勤勤恳恳地为市民服务。

第二章
市政体制

市政体制是国家政体在城市的延伸,其本质是处理统治阶级联盟的内部关系,因此可以用来分析和规范城市中国家机构之间的关系,以及城市中的政党组织与国家机构之间的关系。中国的市政体制与西方国家的市政体制既存在着较大的区别,同时也有某些类似之处。中国市政体制改革是城市化发展的必然要求,应在积极借鉴西方成功经验的基础上,在内容上不断完善,在具体形式上适当地多样化,以适应社会主义市场经济体制和社会主义民主政治发展的要求。

第一节 市政体制概述

一、市政体制的含义

市政体制是国家政体在城市的延伸,即城市政权的组织形式,它是规范城市内代议机构、行政机构和司法机构之间、城市的政党组织与国家机构之间,以及城市的国家机构上下级之间关系的各种法律、规章和惯例的总称。

尽管因政治、经济、文化差异,各国市政体制在形式上各有不同,但就其本质来说却是相同的。市政体制的本质是处理城市中统治阶级内部的关系,即根据统治阶级内部阶层、社会集团力量对比的变化,以及经济发展水平、政治体制和历史传统等的变迁,调整和选择市政体制的特定形式,以适应处理统治阶级内部关系新情况的需要。

市政体制的核心是城市权力在国家机构、政党组织之间的配置及其相互制约的关系。市政体制规范城市中的国家机构之间、政党组织与国家机构之间以及国家机构上下级之间的关系,涉及许多方面,如决策审批、人事任免、经费分配、业务指导和工作联系等。其权力配置的形式表现为各种公共政策的决策权、执行权和监督权在城市的国家机构、政党组织之间的分权与制衡。

就内容来看,市政体制主要包括三个方面:① 城市的代议机构、行政机构、司法机构之间的关系,三者之间应该是立法、执法、护法的分工协作关系;② 城市的国家机构与政党组织、社会团体之间的关系;③ 市级国家机构与所辖区、县国家机构之间的关系,它包含市级国家机构、政党组织与区县级国家机构、政党组织之间的关系,是城市政权组织形式的重要组成部分,因而是市政体制的重要内容。在这三个方面的内容中,城市的政党组织与国家机构、城市的代议机构与行政机构是两对基本的关系,它们决定着市政体制的其他关系。在社会主义国家,共产党的城市委员会与城市的国家机构之间的关系是市政体制的主要关系,主导和决定着市政体制的其他关系。城市人民代表大会与城市政府之间的关系,仅次于市委与城市国家机构之间的关系,它对市政体制的其他关系也具有重要的制约作用。

近代以来,市政体制的发展变化是与市场经济的发展相适应的,因而制度化和系统化是对市政体制的基本要求。① 市政体制的制度化。市政体制制度化的核心是将城市的政党组织、国家机构之间的职权划分法制化,使这种划分稳定下来,不因长官意志的变化而变化,通过司法程序解决相互之间的权限纠纷。市政体制的制度化还包括用法律规定城市的政党组织、国家机构之间的组织人事、决策审批和工作监督等方面的关系。实现市政体制制度化的关键在于司法保障机制,即由司法机构保障市政体制各种法律规范的实施。② 市政体制的系统化。市政体制的系统化就是要对所涉及的国家机构、政党组织和社会团体进行系统规划,使它们能够在关系上相互平衡,在功能上相互协作,实现责、权、利的有机统一,发挥整体效能。实现市政体制系统化的主要途径是通过完善市政运行机制,建立领导、协调、管理和监督相互配合的系统运作机制。

二、市政体制与国家政体的关系

市政体制是国家政体在城市的延伸,因此,市政体制与国家政体之间存在着密切的联系,具体体现在以下几方面:

1. 市政体制与国家政体具有内在的统一性

国家政体的内容决定着市政体制的内容,市政体制的形式必然与国家政体的形式相统一。这首先是因为国体与城市政权性质的统一性,规定了国家政体与市政体制的统一性。例如,西方资本主义民主政治的本质属性,就要求建立以分权制衡原则为基础的市政体制与其政体相适应。而社会主义民主政治广泛的社会基础,也需要有以人民代表大会为主要特征的国家政体与市政体制相适应。其次是因为国家政体和市政体制都具有共和制的特征。近代以来的国家政体主要是共和制,它与作为奴隶社会、封建社会国家政体的君主制的根本区别,在于国家权力机构和国家元首由选举产生。作为国家政体在城市的延伸,城市的权力机构和市长也是由选举产生的。最后是因为统治阶级遵循在国家和城市处理本阶级内部关系的政权组织形式的统一性。在统治阶级内部实行民主,是国家政体和市政体制保持统一性的基础。多数国家的中央政府首脑和市长,或者由国家议会或城市议会选举产生,对国家议会或城市议会负责;或者由选民选举产生,但受到国家议会或城市议会的制衡,因此从统治阶级内部关系的角度来看,多数国家的政体与市政体制之间存在着内在的统一性。

2. 市政体制比国家政体具有更多灵活性和多样性

市政体制一方面与国家政体具有统一性,另一方面又比国家政体具有更多的灵活性和多样性。市政体制的基本特征与本国政体相一致,这是基本的一面,但市政体制的其他特征又往往与本国政体不一致,这是由于市政体制的内容和形式虽然取决于国家政体,但也受到诸如生产力发展水平、自然禀赋条件、历史传统、文化心理等多种因素的影响。如美国的政体是总统制,但其市政体制却有多种类型,除了市长议会制与总统制有些相似之外,市议会经理制和市委员会制都不遵循三权分立原则。中国的政体是人民代表大会制,全国人大选举产生国务院总理,并根据总理的提名,投票决定国务院的组成人员;在城市,市人大选举产生市长,而由市人大常委会根据市长的提名,投票决定市政府的组成人员。

3. 市政体制具有巩固和发展国家政体的作用

城市政权是国家政权的重要基础,国家政权的巩固有赖于城市政权的巩固。首先,市政体制通过调整统治阶级内部的关系,使城市政权更好地发挥统治和管理城市社会的作用,有利于巩固国家的政权和政体。其次,由于国家政权与城市政权之间是上下级关系,城市的代议机构、行政机构和司法机构分别有职责执行中央的代议机构、行政机构和司法机构的法律、命令和判决,因此城市国家机构之间有效的分工和协作,也有利于提高国家政体的运行效率。最后,城市政权是国家政权的组成部分,因此,市政体制也是国家政体的组成部分,是国家政体的具体化。国家政体是否适应调整统治阶级内部关系的需要,进而是否适应国体即处理与被统治阶级之间关系的需要,这方面的矛盾会首先在市政体制中反映出来;解决这种矛盾的改革,也往往首先在市政体制中试验,待比较成熟后,再运用到国家政体中去。

国家政体不仅起源于市政体制,而且不断从市政体制的发展中汲取营养。近代以来西方的国家政体起源于市政体制,这主要是因为资产阶级首先在城市夺取政权,然后在全国确立其统治地位。在中世纪晚期,市民阶层在城市经济中逐渐占据统治地位,作为资产阶级的前身,开始萌发对政治权力的要求。他们通过各种形式的斗争,逐步争取在自由贸易、行会事务和城市管理等方面的自治权,直至选举产生市议会,组织市政府,形成市政体制。市民阶层在中世纪末期创立市政体制的实践,为资产阶级在夺取国家政权后确立国家政体,从思想上、制度上和人员上奠定了基础。中国自改革开放以来,一些城市的国家机构在完善市政体制方面进行了不少有益的探索,包括差额选举城市国家机构领导人员;市人大常委会每年下半年检查城市的计划和预算执行情况;市人大常委会对"一府两院"(即人民政府、人民法院与人民检察院)等开展专项执法检查等。这些措施先后被全国人大及其常委会采纳和吸收,促进了国家政体的发展。

三、市政体制的作用

市政体制是特定政治、经济和文化发展阶段的产物,对于维护国家政权稳定、推动城市管理工作的有效运转、促进城市社会经济有序发展具有极其重要的作用。

1. 市政体制有利于巩固和维护国家政权

城市政权是现代国家政权的重要基础,市政体制的良好运转,能够使城市政权更好地发挥治理作用,有利于国家政权的巩固和维护。市政体制对国家政权的巩固和维护作用主要表现在三个方面:① 市政体制通过调整统治阶级的内部关系,增强统治阶级内部的团结,调动统治阶级成员参政议政的积极性,进一步巩固统治阶级的执政地位。② 市政体制通过协调城市的政党组织、代议机构、行政机构和司法机构之间的关系,不断调整城市政权的组织形式,从而使城市政权的组织形式能够不断适应环境的变化,并进一步巩固统治阶级在城市的统治地位。③ 科学合理的市政体制,能够为城市发展创造出更为广阔的发展空间,使城市政府和城市中的全体社会成员充分发挥主动性和积极性,积极参与城市建设,达到较高程度的社会认同,有助于提升城市政权的合法性基础,进一步巩固和维护国家政权。

2. 市政体制是组织和开展市政管理活动的依据

市政管理活动适应了城市政权行使统治和管理职能的需要,因此城市政权的统治和管理职能决定了市政体制的性质,有什么样的城市政权统治和管理职能,也就有什么样的市政体制。同时,市政体制也是城市管理活动的起点和基本依据,市政组织的建设、市政职能和权力的架构、市政管理方式的选择,都要以市政体制为基本前提。城市政府拥有什么样的权力、发挥什么样的作用以及怎样发挥作用,都取决于市政体制。此外,市政体制也对市政管理权力发挥着重要的制约作用。城市公共权力必须受到一定的节制,否则它必然走向反面,违背城市公众的意愿,损害公共利益。① 通过对城市公共权力授予方式的规定,如以民主选举的方式产生城市权力机关,以及对市政组织各权力主体相互之间的关系等方面的规定,市政体制可以使城市公共权力的行使受到制约和监督,确保市政管理活动致力于城市公共利益。

3. **市政体制的变革对城市发展具有积极的推动作用**

市政体制适应时代发展的需要而进行的改革和自我完善,不仅能够缓解统治阶级内部的矛盾,加强统治阶级内部的团结,而且能够有效地推进和强化市政管理,缓和社会矛盾。科学合理的市政体制,表现为市政权力配置得当,权力关系顺畅,权责划分明确,沟通渠道通畅,从而提升市政管理过程的效益,推动城市的建设和发展,使城市发挥出巨大的辐射作用,对区域甚至整个国家的发展作出重要贡献。因此,市政体制的先进性、科学性、合理性和民主化,直接影响着城市的发展和建设,影响着城市作用的发挥。

4. **市政体制的变革推进城市经济体制和社会生产力的发展**

经济基础决定上层建筑,上层建筑反作用于经济基础。市政体制属于政治上层建筑,因此它必须与相应的社会生产力发展水平和经济体制相适应,否则将对其产生阻碍作用。以中国为例,改革开放以来,随着经济体制改革的深入,社会生产力获得了极大的发展,但政治体制改革还稍显滞后,在一定程度上限制了城市社会经济发展。近年来,部分城市积极尝试和推进对传统市政体制的改革,如吸纳部分个体经济和民营经济的代表人物进入城市权力机关,使非公有制经济成分的利益要求得到了一定程度的重视和体现,调动了更广大的社会成员参与到了城市经济建设和社会发展过程中来,这一方面为中国的城市化进程奠定了坚实的社会基础,另一方面也推动了市政职能的转变,有利于社会主义市场经济体制的完善和社会生产力的发展。

---

① 尹艳华:《现代城市政府与城市管理》,上海大学出版社2003年版,第39页。

第二节 西方国家的市政体制

一、西方国家市政体制的基本特点

由于国体和制约市政体制的具体国情不同,西方国家的市政体制具有不少区别于中国市政体制的特点。

1. 形式多样化

西方国家市政体制的具体形式表现多样,各不相同。如英国的市议会就是市政府;法国的市长和市政府在办理中央事务方面不受市议会的监督,作为中央政府的代表,市长反而拥有若干监督市议会的权力;美国市政体制的形式有市长议会制、市委员会制和市议会经理制等;德国的市政体制除了有美国的部分形式之外,还有市议会参事会制、市议会监督委员会制等。西方国家市政体制多样化的表现形式,是由历史传统、国家结构以及自治程度等多种因素决定的。首先,各国的历史传统不同。如英国具有议会制的历史传统,因而在其市政体制中,就由市议会来独揽议决权和行政权;而法国历来是以中央集权为主的国家,故而它的市政体制也带有中央集权的色彩。其次,国家的结构形式差异。像美国这样的联邦制国家,领导地方政府是州政府的专有权力,联邦政府无权干预,各州有权规定各自的市政体制,因此各州的市政体制也各不相同。最后,自治程度不同。西方国家大多实行地方自治,在地方自治事务范围内,市议会有权决定与市政府的职权划分、市政府的机构设置和监督市政府的方式等。当然,由于自治权限的大小不同,市议会与市政府的职权划分、市政府的组织体系等也各不相同。

2. 政党通过竞选的方式参与市政体制

与中央政府相似,西方国家绝大多数的市长和市议员,都属于某一政党,并且通过竞选任职。由于市长和市议员一般都代表各自的党派执政,因而他们的言行自然会受到所在党派的纲领、组织和纪律的影响和约束。表面上看,通过竞选,市长和市议员能否当选是由选民决定的,但实际上由于受竞选资金、媒体的舆论导向、所有制结构以及信息不对称等因素的影响,一般市民很难作出符合自己利益的选择,甚至有可能因选举而损害自己的利益,一般市民的利益与权利并不能得到很好的体现与保证。因此,虽然西方的民主程度很高,但公众的政治参与程度并不高。①

3. 市长、市议员和市法官由选举产生,对选民负责,并相互制衡

西方国家的市长和市议员一般通过选民的直接选举产生,直接对选民负责。市议会和市政府可能掌握在两个政党或政党联盟手中,可以有效地防止一党专权所产生的弊端。为了遵循所谓的司法独立原则,西方国家城市的法官大多也是由市民选举产生的,这样,城市的议决权、行政权和司法权相互制衡,符合不受制约的权力会走向腐败的政治规律。

4. 多数城市不辖区和县,实行市县分离

在西方国家,除了极少数大城市辖区外,绝大多数城市都不辖区和县。之所以不辖区和县,首先是因为多数城市的人口规模不大,在几万人至几十万人之间,没有必要设市辖区。其次是因为少数大城市随着人口规模的扩大,市区人口向郊区迁移,大城市的卫星城镇增加,这些卫星城镇的人口达到一定规模以后,就单独设置市或镇,与大城市的行政区域脱离。例如,法国巴黎地区自20世纪60年代起推动新城镇建设,目前已拥有5座卫星城,每个新城的人口规模平均达到30万人;最早建设卫星城的英国,目前仅伦敦地区就拥有8座卫星城;日本在20世纪50—60年代末,在距首都东京25~60公里的郊区,沿铁路或高速公路干线修建了7座新城,从而形成了今天的东京大都市圈②。最后是因为地方自治的传统。从历史的角度看,县先于市而存在,县有传统的地方自治权限。随着城市化的发展,县的辖境内不断有市镇出现,脱离县的管辖,但县仍然主要代表农村居民的利益,往往不愿因受市管辖而缩小原有的地方自治权限。

5. 存在大量利益集团

---

① 王佃利、张莉萍、任德成:《现代市政学》,中国人民大学出版社2004年版,第89页。
② 王圣学:《大城市卫星城研究》,社会科学文献出版社2008年版,第53—59页。

由于西方国家允许利益集团向市议会和市政府开展游说活动,因此在西方国家的市政体制中存在着大量的利益集团。利益集团对西方国家市政体制的作用表现在:向政党组织和国家机构反映自身的利益诉求;动员选民支持政党组织的候选人竞选市长、市议员和市法官;引导利益集团的成员拥护和支持符合自身利益的市议会决议、市政府命令和市法院判决;组织成员用各种形式抗议不符合自身利益的城市国家机构的决定等。利益集团的种类很多,形式多样,但本质上都是企图通过各种方式影响政党与国家机构,从而维护和谋取自己的利益。利益集团在一定程度上可以起到缓和社会矛盾的作用,但也会导致城市权力控制在少数人手里,损害社会公众利益。

二、西方国家市政体制的类型

近代社会以来各国的市政体制作为上层建筑的一个部分,受制于社会化大生产,具有统一的一面,有许多共同的因素,如都建立在普选制的基础之上;普选制与政党制度相结合;城市的国家机构分设代议机构、行政机构、司法机构三种;利益集团通过政党或直接向城市的国家机构进行利益表达等。另一方面,各国的市政体制也有多样化的一面,存在着众多不同的特征。首先,不同的国体决定了不同的市政体制;其次,生产力发展水平、自然地理条件、历史传统、民族风俗、文化心理等多种具体的国情和市情也会对市政体制产生制约作用。因此,即使同为资本主义国家,欧美国家在市政体制上也表现得大相径庭。

1. 市议会制

市议会制是市议会兼行议决权和行政权的市政体制,市议会就是市政府。在西方国家中,英国各城市普遍实行这种市政体制,加拿大多数城市和德国巴登-符腾堡州中符腾堡地区的城市也采用市议会制,这是基于"议会主权"的历史传统。市议会制的基本特征是:

第一,由市民直接选举的市议员组成市议会。市议会行使立法权、议决权、人事任免权、城市预算权以及监督行政权等。

第二,由市议员从议员中选举议长,即市长。市长只有一些礼仪性的职权,而没有领导市政府工作的实权。市长在市议会表决时,一般不投票,但在可否票数相等时,可以投决定性的一票。市长既没有市政府决策的决定权,也没有市政府行政管理的统一指挥权。

第三,市议会的委员会相当于市政府的工作部门。它既行使一般的市议会委员会的职权,如审查议案、调查问题、召开听证会等,又行使市政府工作部门的行政决策权。

第四,市议会选举任免若干行政长官,聘任一些行政职员。行政长官以及行政职员与委员会对口设置,与委员会一起构成市政府的工作部门,他们行使行政执行权。行政长官对市议会负责,与委员会分工协作。行政长官有市秘书、司库、教育官、医官、卫生视察员、测量员等。

市议会制的优点是有利于维护市议会的权威性;有利于市议会对城市管理的监督;有利于减少议决机构与行政机构的矛盾,提高管理效率。而其缺点则是缺乏一个统一指挥市政府各部门工作的、有实权的市长,这不利于协调各部门的工作并领导执行系统高效率运转。

2. 议会市长制

议会市长制是城市的议决机构和行政机构分设,但市议会在与市长的关系上处于优势地位的市政体制。在西方发达国家中,日本的各城市都实行这种市政体制;美国的部分小城市和少数大城市(如芝加哥、洛杉矶等)也采用这种体制,称其为"弱市长制";德国黑森州居民人数在3 000人以下的城市,也多采用这种体制。议会市长制的基本特征是:

第一,市议员和市长分别由市民选举产生,市长不得兼任市议员。

第二,市议会拥有不顾市长反对而通过预算、地方性法规和决议的权力。市议会通过这些文件后,如果市长有不同意见,可以要求复议,但在市议会以2/3的人数比例重新通过后,市长必须接受。

第三,市议会拥有对市长任免市政府一部分工作部门首长的同意权。市政府工作部门的这些首长包括属于一般行政机关的首长如市长助理、出纳长等,属于特别行政机关的首长如监察委员等。

第四,市议会对市长和市政府的工作有建议权。这些建议分为三类:强制性建议,即针对市议会有权议决的,且属于城市自治权限内的事项,市长和市政府必须执行;建议性建议,即针对执行中央和上级政府决定的事项,市长和市政府可以执行,也可以不执行;参谋性建议,即针对应市长和市政府的要求提出建议的事项,市长和市政府可以听从,也可以不听从。

第五,市议会对市长和市政府的工作有调查权。市议会行使这种调查权具有准司法性质,即市议会在调查中,要求市长和市政府有关人员必须服从,否则市议会可以向法院起诉,由法院作出罚款或判刑等决定。

第六,市议会拥有通过不信任议案要求市长辞职的权力。

第七,属于市政府工作部门序列的特别行政机关对市长和市议会双重负责。特别行政机关包括诸如教育委员会、人事委员会、公安委员会、固定资产评价审查委员会、选举管理委员会、监察委员会等。由于这些机关所管理的事务涉及市民的切身利益,或涉及财产,容易引起徇私舞弊,有必要加强监督,所以实行双重负责的机制。它们的成员由市长提名,经市议会表决同意后,再由市长任免。特别行政机关有责任直接向市议会汇报工作,并对市长保持相对的独立性。

议会市长制的优点在于有利于市议会监督市政府的工作;作为市政府工作部门的特别行政机关对市长和市议会双重负责,在西方国家的市政管理中是比较独特的。而其缺点则在于市议会对市政府工作不适当的监督,有可能会降低市政管理的行政效率。

3. 市长议会制

法国的城市和美国多数大城市如纽约、底特律和波士顿等都实行市长议会制的市政体制,在美国,它被称为"强市长制"。市长议会制的主要特征是市的议决机构和行政机构分设,但市长在与市议会的关系上处于优势地位。这种市政体制适应了由于大城市管理事务庞杂、要有一位强有力的市长实行统一指挥的需求。①

综合分析法国和美国的市长议会制,可以看出这种市政体制有如下基本特征:

第一,市长由选举产生。法国的市长由市议会选举一位市议员担

---

① 张永桃:《市政学》,高等教育出版社2006年版,第99页。

任,并兼任市议会议长,有权主持市议会会议、安排市议会议程、召集市议会的特别会议等;而美国的市长则是由市民选举产生,市长和市政府工作部门的首长不得兼任市议员,市长有权独立任免市政府工作部门的首长。

第二,市长有立法权。法国市长的立法权力来源于法国各级政府首长所固有的警察权,即他们有职责维护本地的治安和秩序,为此有权制定行政规章,经上级政府首长批准后生效,具有法律效力;美国市议会审议并通过的地方性法规议案,多数由市长提出,对市议会已经通过的地方性法规,市长有权否决,但如果市议会以2/3多数重新通过,市长只能接受。

第三,市长有一定的执行权。在法国,市长在执行市议会决议方面有一定的自由裁量权,这种权力来源于市长的双重身份,即他一方面是市政府的首长,另一方面也是中央政府的代表。市议会就城市自治权限的事项通过决议,只能作原则性规定,并委托市长负责制定详细的实施办法,市长有权依据法律对市议会的决议意见做适当的修改;而在美国的部分城市,市长则具有准司法权。市长有权赦免触犯城市地方性法规的人。

第四,在美国的部分大城市,从强市长制还演化出一种首席行政官强市长制,即由市长任命一位首席行政官,他根据市长的授权,领导市政府日常的行政管理工作,对市长负责,其职责包括准备预算、安排一般人事、协调各部门工作、监督较重要的行政事务、向市长提供专业技术的咨询意见等。如此,市长就能够集中精力处理重要问题。

市长议会制的优点是作为城市管理执行系统的市政府,由于有强有力的行政首长的统一指挥,有利于提高行政效率;首席行政官强市长制是强市长制的进一步完善,对于大城市,既要处理政治关系,又要搞好行政管理,比较实用。它的缺点则是由于市长大权在握,市议会的制约较弱,容易引起市长专权;如果市长不尊重议会,二者极易产生矛盾。

4. 市委员会制

市委员会制的主要特征是市委员会既是市议会,又是市政府,它兼行市的决议权和行政权。美国较多的中等城市和少数大城市如华盛顿哥伦比亚特区实行这种市政体制。市委员会制的基本特征是：

第一，由市民选举产生市委员，组成市委员会，市委员会集体对选民负责。

第二，市委员会产生后的第一次会议上，由市委员们推选一位委员为主席，主持会议，即为市长。有些市委员会采取市委员轮流主持会议的做法，市长就由委员轮流担任。在进行表决时，市长与其他委员平等，也只有一票表决权。市长只有一些礼仪性的职权，没有领导市委员会工作的实权。

第三，每个市委员兼任一个或几个工作部门的首长。这样，市委员既是市议员，又是市政府工作部门的首长。

第四，市委员会表决任免若干位较重要的行政长官，包括市秘书、市司库、市审计员、市检察官和市学务委员会委员等，他们对市委员会负责。市委员有权任免自己任首长的工作部门的行政长官和职员。

市委员会制与市议会制相类似，它的优点是有利于精简机构和人员；有利于议决权和行政权的统一；有利于提高城市管理的效率。它的缺点是缺乏一位行政首长统一指挥市政府各部门的工作；由于市委员兼任工作部门首长，有时较难处理二者的矛盾关系。

5. 市经理制

市经理制的主要特征是市议会聘任一位市经理，把行政权授予市经理行使，市经理对市政府和城市实行专业化管理。美国的一部分中等城市和多数小城市都实行这种市政体制。这种市政体制在较大程度上体现了企业管理经验在城市公共管理中的运用，专业化、企业化管理是市经理制的一大特色。① 市经理制的基本特征是：

第一，市民选举的市议员组成市议会，市议会行使议决权。

第二，市议会公开招聘一位专业人士担任市经理，市经理对市议会负责，必须执行市议会通过的地方性法规和决议。作为市政府的行政首长，市经理具有统一指挥市政府工作的全权，个别市议员无权对市经

---

① 王旭：《美国城市发展模式：从城市化到大都市区化》，清华大学出版社 2006 年版，第 361 页。

理发号施令,也无权越过市经理干预市政府工作部门的具体事务。

第三,市议会议长兼任市长,但市长只有一些礼仪性的职权,也无权干预市经理的工作。

市经理制的优点是有利于引入市场竞争机制,可以在更大范围内招聘市政管理的专业人才;有利于对市政府和城市实行专业化管理,提高市政管理的效率;有利于把政治矛盾与市政管理相对分开,市议会负责处理政治矛盾,而市经理则集中精力解决专业和技术问题。它的缺点是当市议会难以处理政治矛盾并与市政管理交织在一起时,市经理往往无能为力。

三、大都市区的市政体制

大都市区是随着世界城市化发展进程而出现的,也是城市化发展到特定阶段的产物。1910年,美国预算总署(后更名为美国管理与预算总署)在进行人口统计时最早使用了大都市区这一概念。所谓大都市区,是指人口在10万及10万以上的城市,及其周围10英里范围内的郊区人口或与中心城连绵不断、人口密度达150人/平方英里的地区。① 随着城市化进程广度和深度的不断延伸,大都市区这个概念早已超越了人口统计学的范畴,而演变为描述城市化发展阶段的专门术语。今天的大都市区是指中心城市与周边市镇具有内部关联、空间层次、地域分工和连带景观的巨型地域综合体,②其主要特征是以大城市为核心,由周围市镇环绕的网状结构。就世界大都市区发展现状来看,目前已经形成了以日本首都东京、美国纽约、英国首都伦敦、韩国首都首尔、美国洛杉矶、日本大阪、中国香港、美国芝加哥、加拿大多伦多和墨西哥首都墨西哥城为中心的10个大都市区。

尽管大都市区在发展过程中也产生了一系列的社会问题,但它为城市社会经济发展提供了基础设施和基本的经济、社会和体制等方面

---

① 王旭:《美国城市发展模式:从城市化到大都市区化》,清华大学出版社2006年版,第305页。

② 杨宏山:《市政管理学》,中国人民大学出版社2005年版,第79页。

的条件,其综合性和整体性优势明显。首先,与传统的城市体系相比,大都市区的经济活动在空间上更集中,一体化程度更高,形成了独特的经济环境,这有利于促进新兴工业的产生,加速信息的传播,推动研发工作,增加产业门类和产品数量,并形成诸如美国硅谷这样的产业集群。其次,大都市区有更大的商品和服务市场,更专业化的劳动力,更全面而复杂的交通和电信网,从而使其成为推动经济增长和提升地区竞争力的主导力量。最后,大都市区内多中心局面的形成,实际上是中心城市和郊区经济结构的转型和角色的部分置换所出现的一些新的次中心,与原有的中心城市构成新的复中心结构,有助于缓解中心城市在人口、交通、环境、就业、住房等方面的压力,同时充分发挥了各个次中心的相对优势,与中心城市构成互补关系,从而在整体上提高了大都市区经济运行的效率。

由于西方国家的城市不辖区或县,市政府与周围的乡镇政府也没有隶属关系,因此大都市区的出现和发展也对西方国家原有的市政体制提出了新的挑战。如:大都市区中的一部分基础设施和公用事业具有规模经济效益,需要跨地区提供服务;某些公共行政事务如社会治安等需要市县乡镇政府合作处理;市县乡镇还面临一些共同的问题,如环境保护等。这些跨地区的公共管理和公共服务的需要,同原有的市县乡镇相互分割的管理体制之间,产生了突出的矛盾。西方国家为了解决这些矛盾,也为了适应大都市区发展的需要,同时兼顾各市镇的利益,纷纷在大都市区进行管理体制改革。总体来看,其改革途径主要有:

1. 市政府下设市辖区政府

少数大都市区建有统一的大都市政府,实行市政府下辖区政府,彼此分工协作管理城市公共事务。如美国的纽约,法国的巴黎、马赛和里昂,日本的东京和其他12个政令指定都市[①]如横滨、大阪、名古屋等都

---

① 政令指定都市是日本的一种行政区制。当一个都市人口超过500 000人(不过实际受认定者大多为人口超过1 000 000人的都市),并且在经济和工业运作上具有高度重要性时,该都市就可能被认定为日本的"主要都市"。政令指定都市享有一定程度的自治权,但原则上仍隶属于上级道、府、县的管辖。

设有市辖区。

纽约的市议会和区议会分别由市民选举产生。纽约州议会的立法和纽约市议会的补充立法划分市、区议会的议决权限。市政府主要负责城市规划、基础设施、交通管理、环境保护和社会治安等；区政府主要负责环境卫生、社区管理和小区绿化等。区长在执行区议会决议的同时，也有职责办理一部分属于市政府权限的事务。市级法院包括民事法院、刑事法院、家庭法院和地方法院，它们在各区设立分院。

巴黎共划分为20个区，市民分别选举市议员和区议员，区议会由本区选出的市议员和区议员组成。区议会主席兼区长，由区议会选举一位本区的市议员担任，区长具有双重身份，既要执行区议会的决议，又要办理国家和市长委托的事务。区议会就本区事务向市长提出书面意见，市长不答复时，这些意见就列入市议会的议程；市议会的议案涉及区的利益时，必须征求区议会的意见。市议会在区内的社会、文化和体育设施的管理，由区议会决定。

日本首都东京有23个特别区。特别区政府的职能是逐步扩大的，包括对中小学、公共浴室、零售市场、区内道路及绿化、医疗诊所、图书馆、小规模土地整治、小规模的建筑物、区域的城市规划和公营住宅的管理等。特别区具有双重性质，既是行政区，又是自治体，所以，实行准公选制选举区长，即先由居民选举几位区长候选人，然后由区议会选举产生区长，最后经东京都知事同意后上任。在特别区下又设有出张所，它们是区政府的派出机关，分管一部分区长权限内的事务。东京还设有都区协议会，其性质是咨询机关，会长由东京都知事担任，具体事务由东京都知事指定的都厅官员分管。在都区调整条例、都区财政调整条例和事务委任方面的条例制订或废止时，东京都知事必须事先听取都区协议会的意见。都区协议会日常的主要工作是审议各年度都区之间财政调整、人事调整等方面的计划，以及区内公共设施建设的规划等。

2. 市政府与市镇缔结联盟

市政府与市镇缔结联盟的市政管理体制有如下几种具体形式：

（1）大都市兼并周围的郊区。这种兼并不仅要经过郊区居民表决同意,而且要通过市区居民投票赞成。郊区的市镇议会保留大部分原有的自治权力,只把一部分适宜由大都市政府统一提供的服务,如水电供应、垃圾处理和道路建设等移交出去,并为此承担相应的税收和行政义务。

(2)市县合并。合并后,县的政权机构可以并入市的政权机构,也可以保留部分职能和人员,尤其是传统的司法职能和人员。原来县内的乡镇可以自行决定是否并入市的行政区域。对于并入市的乡镇,市政府根据提供服务的多少,把它们划分为不同的区域,如果需要提供的服务较多,则征收较多的税款。

(3)多功能都市行政区。美国部分州如加利福尼亚州和华盛顿州的法律,授权大都市议会通过与都市地区乡镇议会协商,建立多功能都市行政区,凡是被列入都市行政区功能的事务,均由大都市政府统一管理,在这些事务方面,乡镇政府受大都市政府的领导。

3. 市政府与市镇分立合作

有些大都市区的市镇居民不愿意放弃自治权,不同意市镇并入大城市的行政区域,而是支持市镇政府在适宜由大城市政府统一管理和提供服务的领域,与大城市政府开展不同形式的合作。大都市地区的县乡镇居民之所以不愿意成为大都市的市民,主要是基于经济利益和行政效率方面的考虑,如:大都市的公共支出高于县乡镇,因而大都市市民的税收负担也高于县乡镇居民;并入大都市,县乡镇会丧失许多自治权力;政府管理的范围随之扩大,但行政效率和回应性却有可能也随之降低。但是,随着现代化和城市化的发展,有一部分公共管理和公共服务职能的确是县乡镇政府难以承担的。也正是基于此,大都市政府与周围的市镇政府开展合作,已经成为西方大都市区市政管理体制改革的主流。其具体的合作形式有:

(1)签订合作协议。合作协议可以分为非正式和正式两种。非正式协议如社会福利部门之间交换信息资料、警务部门在侦查刑事案件方面的合作、消防部门在发生特大火灾时的相互支援等。正式协议是市政府与县乡镇政府之间签订正式的合作合同,如县乡镇购买市政府提供的服务;规定政府间共同维持交界地区街道的秩序,共同管理交界地区的公园等;两个政府共同举办某一项事业等。

（2）职能转移。州议会在征求地方政府意见的基础上,通过立法,把县乡镇政府的某些职能转移给市政府,或把市政府的某些职能转移给县乡镇政府。它们相互之间有义务在本地区为对方行使转移后的职能提供便利。

（3）都市政府联合会。美国多数大都市区都设有名称和形式各异的都市政府联合会,其性质是协商和咨询组织。其成员包括市县乡镇的行政首长、议长和其他政府代表,他们就共同面临的问题定期召开会议,并有常设的规划机构协调成员政府联合开展日常的调查研究。联合会无权强制成员政府执行它的决议,只能依靠成员政府自愿地遵守,但联邦政府的地区规划基金鼓励联合会开展卓有成效的合作,资助规划机构的工作。

第三节 中国的市政体制

一、中国市政体制的演变

作为世界文明古国,中国的城市发展具有悠久的历史,然而市政体制却经历了曲折的发展历程,直到清朝末年,才仿效西方国家的地方治理制度,设置了市建制的行政管理体制。1949年新中国成立后,随着党的工作重心由农村转向城市,党和政府加强了对城市的领导和管理,逐步形成了具有中国特色的市政体制。

1949年新中国成立之前,中国共产党在苏区、边区和解放区等不同时期的革命根据地开始了组织市镇政权的尝试。1933年江西苏区公布的《中华苏维埃共和国地方苏维埃暂行组织法(草案)》,规定苏区城市分中央直属、省属、县属、区属等四类。市苏维埃为全市的最高政权机关,由全市选民选举代表组成。市苏维埃下设扩大红军委员会、工农业委员会、国有财产委员会、教育委员会、选举委员会、工农检查委员会等20多个机构。1943年陕甘宁边区公布的《陕甘宁边区各乡市政府组织暂行条例草案》,规定边区市制设县级市、区级市和乡级市三级,均设参议会,按照"三三制"的原则分配议员。这些条例和市政体制的探索,为新中国的市政体制建设奠定了良好的基础。

1949年新中国成立以来,新中国市政体制的历史演进经历了建制发展、调整收缩、停滞倒退、全面发展的曲折过程。①

1949年12月,中央人民政府颁布了《市各界人民代表会议组织通则》,随后又于1950年1月颁布了《市人民政府组织通则》。《市人民政府组织通则》规定:市人民行使政权的机关为市人民代表大会(或市各界人民代表会议)和市人民政府。在市人民代表大会闭会期间,市人民政府即为市的行使政权的机关。市各界人民代表会议的参加单位及代表名额的分配,由军管会、市人民政府和上届市各界人民代表会议协商委员会共同商定。在军事管制初期,市各界人民代表会议是军管会和市人民政府传达政策、联系群众的协议机关,主要起咨询、建议作用。市人民政府是事实上的一级政权机关,兼行立法和行政职能。市人民政府实行委员会制,市人民政府委员会由市长、副市长和委员若干人组成,市长为委员会主席。市人民政府委员会根据市区大小和工作需要,设立若干行政管理机构以及市人民监察委员会、市人民法院、市人民检察署。另外,中国共产党市委还设立秘书处、组织部、宣传部、政研室等工作机构和工会、农会、青年团和妇联会等群众团体。

1954年,第一届全国人民代表大会通过的《中华人民共和国宪法》和《中华人民共和国地方各级人民代表大会和地方各级人民政府组织法》以及《中华人民共和国人民法院组织法》和《中华人民共和国人民检察院组织法》等,对地方各级政权机构作出了明确规定。市人民代表大会是市的国家权力机关,市人民委员会即市人民政府,既是市人民代表大会的执行机关,又是市国家行政机关;市人民委员会对本级人民代表大会和上一级国家行政机关负责并报告工作。市长负责主持市人民委员会的工作。按照管理需要,市可设立若干工作部门以及市政建设和公用事业等机构。市辖区和不设区的市的人民委员会在必要的时

---

① 杨宏山:《市政管理学》,中国人民大学出版社2005年版,第89—91页。

候,经上一级人民委员会批准,可以设立若干街道办事处,作为其派出机关。这也是新中国第一次以法律的形式对街道办事处的性质作出明确规定。1954年12月,全国人民代表大会常务委员会又通过了《城市街道办事处组织条例》和《城市居民委员会组织条例》。此后,市政体制在一段时间内处于相对稳定的阶段。

20世纪50年代初,为了保证城市的蔬菜和副食品供应,少数大城市开始实行市领导县体制。1959年9月,第二届全国人大常委会第九次会议决定,直辖市和较大的市可以领导县和自治县,第一次以法律形式确认了市领导县体制。从此,市领导县体制在全国大规模推行,当时全国市领导县数达243个,占全国县总数的1/8。1961年中央决定调整市镇建制,缩小城市郊区,市领导县体制停止推行。1962年中央又进一步调整了市镇建制标准,撤销了10万人以下的市建制。到1966年年底,全国只有25个城市继续实行市领导县体制,总共领导72个县。[1]

1966年开始的十年"文化大革命"使各级国家机关受到冲击,市政体制也遭到了严重破坏,市人大和区人大名存实亡,市政府和市辖区政府被革命委员会所取代。原来的许多市级机关和市辖区机关被撤销,大批干部被揪斗或下放劳动,城市的各项日常工作处于停顿或半停顿状态。1975年的宪法规定,市和市辖区革命委员会既是市和市辖区的人民代表大会的常设机关,又是市和市辖区的国家行政机关即人民政府。同时还取消了检察院,检察机关的职权由公安机关行使。

中共十一届三中全会以后,中国进入了快速发展的历史新时期,市政体制也得到了健全和发展,市政组织结构得以进一步完善。1979年9月,全国人大常委会决定将地方各级革命委员会改为地方各级人民政府。同年,市委和市政府机构开始分署办公。1982年第五届全国人大五次会议通过的新宪法和《中华人民共和国地方各级人民代表大会和地方各级人民政府组织法》,规定市和区设人民代表大会和人民政

---

[1] 顾朝林:《中国城镇体系——历史、现状、展望》,商务印书馆1992年版,第171页。

府。市和区人民代表大会是地方国家权力机关,市和区人民政府是地方国家行政机关。市和区人民政府实行首长负责制。直辖市和设区的市的人民政府每届任期五年,不设区的市和市辖区的人民政府每届任期三年。《中华人民共和国地方各级人民代表大会和地方各级人民政府组织法》还规定,直辖市人大根据本行政区域的具体情况和实际需要,在与国家宪法、法律、政策、法令、政令不抵触的前提下,可以制定和颁布地方性法规,并报全国人大常委会和国务院备案。市辖区、不设区的市的人民政府,经上一级人民政府批准,可以设立若干街道办事处,作为它的派出机关。

1982年,中共中央、国务院决定在经济发达地区改革地区行政公署体制,实行地市合并、市领导县体制。1986年,全国人大常委会再次修改《中华人民共和国地方各级人民代表大会和地方各级人民政府组织法》,对地方各级人大和人民政府的组织、职权等作出了更为明确的规定。该法赋予省、自治区人民政府所在地的市和国务院批准的较大的市的人大及其常委会拥有制定地方性法规的权力,可以根据本市的具体情况和实际需要,在不同宪法、法律、行政法规和本省、自治区的地方性法规相冲突的前提下,制定地方性法规,报省、自治区的人大常委会批准后施行,并报全国人大常委会和国务院备案。直辖市以及省、自治区人民政府所在地的市和国务院批准的较大的市的人民政府,可以根据法律和国务院的行政法规,制定规章。1995年,全国人大常委会对该法进行了再次修改,将不设区的市和市辖区的人大和人民政府的每届任期由三年改为五年。2004年12月,第十届全国人大常委会第十二次会议又对《中华人民共和国地方各级人民代表大会和地方各级人民政府组织法》进行了第四次修改,将地方各级人大和人民政府的每届任期统一改为五年。

目前,中国已经形成了具有以下四个层次的城市行政等级制度:

1. 直辖市

所谓直辖市是直接隶属于中央政府的地方行政建制,直辖市在城市行政区中的地位最高、规模最大。从理论上来说,直辖市的行政级别与省和自治区平级。但在中国的政治实践中,直辖市的政治地位要高于省和自治区,在国家政治和经济生活中具有举足轻重的地位。目前,中国共有北京、上海、天津和重庆4个直辖市。直辖市的行政区划体系,在城市为市—区—街道,即"两实一虚"制,在郊区为市—区—乡(镇)三级制,在郊县为市—县—乡(镇)三级制。直辖市政府下辖的区政府、县政府的行政级别,比一般的区政府、县政府要高一级,与地级市政府的级别相同。

2. 副省级市

副省级市在制定和执行国民经济和社会发展计划方面,享有相当于省级的权限。1994年,国务院决定将沈阳、长春、哈尔滨、南京、杭州、济南、武汉、广州、成都、西安、重庆、大连、青岛、宁波、厦门和深圳16个城市的行政级别定位为副省级。由于重庆于1997年升格为直辖市,目前全国共有15个副省级城市。其中,又对大连、青岛、深圳、宁波、厦门5个城市实行计划单列,称为计划单列市。副省级城市仍旧隶属于所在的省政府;市直工作部门定为副厅级,内设机构为处级;市辖区及其工作部门的级别比照市直机关相应的级别确定;市辖县和代管的县级市的级别仍为处级。

3. 地级市

地级市是指行政级别介于省和县之间、行政地位与地区行署相当的地方行政建制。1983年,国务院批复的国家劳动人事部、民政部《关于地市结构改革中的几个主要问题的请示报告》中,按行政地位将市分为地级市和县级市,正式开始使用地级市的名称。至2006年为止,全国共有地级市283个,占333个地级区划数的85%,仅有50个尚未成为地级市的地级行政单位。[①] 地级市在法律上属于省(自治区)辖市的范畴。经国务院批准的较大的地级市,有权制定地方性法规和规章,在管理上享有较大的自主权。

4. 县级市

在中国的城市体系中,县级市属于基础城市,在行政级别上相当于

---

① 牛凤瑞、潘家华、刘治彦:《中国城市发展30年(1978—2008)》,社会科学文献出版社2009年版,第29页。

县。县级市接受地级市的领导,不再下设区,下辖有若干乡镇。随着改革开放和社会经济的全面发展,中国县级市得到了快速的发展。改革开放初期全国只有不到30个县级市,而到2006年全国共有县级市369个,大多为人口在20万~50万的中小城市,占城市总数的56%。① 县级市是由撤县设市、撤县改市形成的,辖区内有大片农村地区,农业人口占比较高。随着一些大中城市经济实力的增强,城市规模不断扩展,其周边的县级市被并入市区,成为市辖区。

另外,根据人口规模,也可以将中国的建制市划分为以下四个级别:① 特大城市。是指城市非农业人口在100万以上的城市。新中国成立初期,全国只有5个特大城市;2007年中国城市市辖区人口(不包括市辖县)200万以上的城市达到36个,100万~200万人口的城市达到83个。② ② 大城市。是指市区非农业人口在50万~100万的城市。1949年全国大城市仅有7个,1989年达到28个,2006年年底达到106座。③ ③ 中等城市。是指市区非农业人口在20万~50万的城市。④ 小城市。是指市区非农业人口在20万以下的城市。1949年全国中小城市总数为150个,2001年年底有中小城市570个,到2006年年底,虽然中小城市数量随大城市化进程有所减少,但仍然达到了432个,占城市总数的66%。④

二、中国市政体制的基本特征

中国的市政体制是市人民代表大会制,其主要内容包括:① 城市中的中国共产党组织在市政体制中处于领导地位。② 市政协是中共

---

① 牛凤瑞、潘家华、刘治彦:《中国城市发展30年(1978—2008)》,社会科学文献出版社2009年版,第28—29页。
② 国家统计局:改革开放30年报告:城市社会经济建设发展成绩显著,http://www.gov.cn/gzdt/2008-11/04/content_1139530.htm。
③ 刘君德、汪宇明:《制度与创新——中国城市制度的发展与创新新论》,东南大学出版社2000年版,第8页;牛凤瑞、潘家华、刘治彦:《中国城市发展30年(1978—2008)》,社会科学文献出版社2009年版,第29页。
④ 牛凤瑞、潘家华、刘治彦:《中国城市发展30年(1978—2008)》,社会科学文献出版社2009年版,第27—29页。

市委与各民主党派在城市的组织实现党派合作的组织形式。中共市委和民主党派在城市的组织分别作为组成团体参加市政协,中共市委在市政协就重大的政治问题与各民主党派组织进行政治协商,并接受民主党派组织的民主监督。市政协会议和市人大会议同时召开,有利于民主党派组织参政议政,参与讨论市人大的重要议程和文件草案,中共市委听取民主党派组织的建议和意见。民主党派组织所推荐的候选人经中共市委同意后,由市人大及其常委会选举担任城市国家机构的领导职务。③ 市人大选举组成城市的政府、法院和检察院,它们对市人大负责,向其报告工作,并受其监督。④ 市辖区、县的中共区委、县委、国家机构受中共市委、市级国家机构的领导。中共市委领导中共市辖区委、县委的工作,中共市辖区委、县委统一领导市辖区、县国家机构的工作。⑤ 各种社会团体向城市的政党组织、国家机构表达利益。社会主义市场经济的发展导致市民出现了一定的利益分化,市民通过一定的方式,向城市的政党组织、国家机构进行利益表达。

一方面,人民民主专政的国体和人民代表大会制的政体决定了中国市政体制的先进性,必须继续坚持和完善这种先进性;另一方面,目前中国的市政体制又受制于社会主义初级阶段和社会主义市场经济的具体国情,只有通过改革,才能不断适应城市生产力和经济体制发展的需要。这是认识中国市政体制基本特征的根本指导思想。中国市政体制的基本特征主要表现在以下几方面:

1. 中共市委在市政体制中处于领导核心地位

中共市委虽然不是城市国家机构的组成部分,但它对城市国家机构却发挥着领导核心的作用,这是由中国共产党在全国的领导地位决定的。目前,中共市委对城市国家机构的领导作用表现在:① 中共市委依法确定城市国家机构之间的职权划分;② 中共市委常委会讨论决定城市国家机构工作中的重大问题;③ 中共市委向市人大及其常委会推荐城市的政府、法院和检察院的重要领导人员的候选人;④ 中共市委通过设在市人大常委会、市政府、市法院和市检察院的中共党组,领导城市国家机构的日常工作;⑤ 市长兼市委副书记,从组织上保证直接贯彻市委的决定;⑥ 中共市委的政法委员会领导城市的法院、检察院、公安局和司法局的工作;⑦中共市委通过在城市国家机构工作的中共党员,保证城市国家机构工作的社会主义方向,并带领其他工作人员为人民服务。

2. 全国城市的市政体制具有同一性

中国的市政体制是人民代表大会制的政体在城市的延伸。城市政权由市人民代表大会、市政府、市法院、市检察院组成。市人大及其常委会是城市的权力机关,市政府、市法院和市检察院均由市人大及其常委会产生,市政府、市法院和市检察院对市人大及其常委会负责并报告工作。市人大及其常委会具有监督市"一府两院"的权力。全国所有城市的市政组织体制具有高度的同一性。市辖区的基层政权也是按照人民代表大会制设置的。从城市的纵向政权系统来看,市级政权机关全面领导区、县政权机关的工作。其中,中共市委全面领导区委和县委的工作;市人大指导区、县人大的工作;市政府领导区、县政府的工作;市法院监督区、县法院的工作;市检察院领导区、县检察院的工作。

3. 市政法律地位具有非自治性

依据宪法和地方政府组织法的相关规定,中国地方各级政府都是国务院统一领导下的国家行政机关,都服从国务院的统一领导。建制市不是独立自治的政治实体,而是享有一定自主权的地方行政单位。建制市的行政建制具有双重性,它们既具有一般地域型行政建制的性质,又具有专门市镇型行政建制的性质。西方国家的市则是设置在城镇地区的专门性的地方行政建制,一般不管辖农村地区。中国由于推行市领导县和撤县设市体制,市的行政区域还包括了广大农村地区,管辖人口中的农业人口占比较高,某些地区甚至高达80%。① 这无疑改变了市建制作为地方自治团体的性质,从而成为普通地域型地方行政建制,市政府不仅要对辖区内的城市实施专门管理,而且还要对辖区内的农村进行一般管理。

4. 工会、共青团、妇联等社会团体在市政体制中发挥着重要作用

在市政体制中,工会、共青团、妇联等社会团体是中共市委联系城

---

① 杨宏山:《市政管理学》,中国人民大学出版社2005年版,第120页。

市居民的桥梁和纽带,是在市人大中各自所联系群众的代表者,也是带领各自成员配合行政执法和司法执法的组织者。随着民主政治和社会主义市场经济体制的发展及完善,各种社会团体在市政体制中日趋活跃,社会团体采用多种形式向城市各国家机关表达利益,并更多地参与宣传和执行城市国家机关所制定的公共政策等。

5. 市政职能具有全能性

中国目前城市政府的管理职能脱胎于计划经济,因此职能范围十分广泛,城市政府不仅要管理城区的各种公共事务,还要管理郊区和农村地区的社会经济问题。政府过多地参与和干预了许多本来应该由市场机制调节的生产和交换活动,导致在经济领域和社会领域的微观管制过多。这种不考虑政府与市场、政府与社会合理分工的全能型管理模式,使得市政组织体系规模庞大,而各城市政府受制于烦琐复杂的社会经济事务之中,在公共产品和公共服务的供给上就显得效率低下。因此,社会主义市场经济体制的不断发展和完善,客观上要求城市政府应该从大量具体的经济建设事务中摆脱出来,集中精力做好城市规划、基础设施建设、公共经济管理、公共事业管理、公共住房管理、环境保护管理、人口治安和社会管理等分内的工作。

三、中国市政体制的改革与发展

改革开放以来,随着生产力水平的不断提高和社会经济的飞速发展,工业化和城市化进程为中国城市带来了日新月异的变化,主要表现在城市数量急剧增加,城市规模不断扩大,城市在国家的政治、经济和社会发展中发挥着主导作用。与此相适应,中国的市政体制改革也取得了明显成效,经过改革开放以来不同历史阶段的改革历程,已初步建立了综合执法体系和城市基层管理体制。然而,由于脱胎于计划经济体制并受到社会经济发展不均衡等客观因素的限制,中国市政体制仍然存在诸多问题,并严重阻碍了市政管理的有效运转。只有继续深化市政体制改革,加快市政职能转变,提高市政综合运行效率,完善市政服务功能,才能实现市政管理的规范化、科学化和法治化,推动城乡统筹发展、社会综合配套改革与社会主义和谐社会的建设。

1. 改革开放以来中国市政体制的改革历程

纵观改革开放以来中国市政体制的改革历程,大致可以划分为如下三个阶段:①

(1) 起步阶段。中国市政体制改革的起步阶段大致为1978—1992年。党的十一届三中全会之后,中国政府将工作重点确定为以经济建设为中心的社会主义现代化建设,这一决定促进了农村经济体制改革,也为城市的发展创造了条件。十二届三中全会以后,随着城市经济体制改革成为重点,城市建设进程加快,为配合城市化发展,各地区开始推行市政体制改革。这一时期的改革重点主要体现在精简政府机构和建立市管县体制两个方面。在当时的背景下,改革对于密切城乡关系、促进城乡一体化进程发挥了巨大的推动作用。然而,改革实践也固化了市管县的行政体制及财政体制,增加了政府层级,导致城市政府运行效率降低,并成为后来推动区域经济均衡发展的一大障碍。

(2) 拓展阶段。1993—2002年为中国市政体制改革的拓展阶段。随着社会主义市场经济体制的初步确立,中国城市化的进程也进入了新的发展时期。与此相适应,市政体制改革也得以不断推进深入。以1993年和1999年的两次机构改革为代表,这一时期的市政体制改革取得了明显的成效,市管县体制全面推进,不断加大审批制度和投融资体制改革,基本建立了综合执法队伍,集中行使行政处罚权,初步改变了多头执法的现象,改善了市政管理在群众心目中的形象。但政府的职能并未因改革而得到切实转变,仍然是以城市经济发展为工作重心,公共服务意识相对落后,对包括住房、交通、社会保障、教育、环境等在内的促进社会全面发展方面的工作重视不足。同时,随着市管县体制在全国范围的普遍确立,也逐渐暴露出阻碍区域经济联系和城乡统筹发展的弊端。

(3) 深化阶段。2003年以来,中国市政体制改革进入了深化阶段。随着社会主义市场经济体制的不断完善和经济全球化趋势的增

---

① 牛凤瑞、潘家华、刘治彦:《中国城市发展30年(1978—2008)》,社会科学文献出版社2009年版,第450—452页。

强,城市作为区域经济发展的中心,其作用和地位都受到了前所未有的重视,城市化战略也成为国家经济和社会发展"十五"规划的重点发展战略之一。为了适应城市化发展的需要,全国各城市在加快推进市政职能转变的同时,进一步推动了城市综合执法体系改革,完善了城市执法监督体系,初步确立了城市基层管理体系,创建了一些具有中国特色的城市社区管理模式,逐步理顺了政企关系和政社关系,强化了城市政府的宏观调控职能和基本公共服务的供给能力,加快了户籍、财税、就业、社会保障等配套制度的改革,继续坚持和发挥市人大在市政体制中的主导地位,使城市治理水平得到了很大程度的提升。

2. 中国原有市政体制的弊端

中国的市政体制脱胎于计划经济体制,尽管经过多次改革,但仍旧带有较为浓厚的计划经济色彩,特别是随着改革开放的不断深入和社会主义市场经济体制的不断完善,原有的市政组织模式和市政运行机制已经显得越来越不适应,暴露出了越来越多的问题和弊端,甚至严重阻碍着城市经济和社会的发展。具体表现在:

(1) 市政职能转型不到位。一般来说,城市是社会生产力最发达的地方,市场发育程度比较高,社会自组织和管理能力较强。[①] 而在计划经济体制下,城市政府采用行政指令的手段直接管理所有的社会经济活动,管理了很多不该管、管不好、管不了的事,[②] 不仅限制了各种市场主体和社会组织的积极性,不利于解放和发展社会生产力,而且增加了公共财政负担,降低了市政体制的运转效率。虽然经过多次改革,但目前中国的市政职能转型仍不到位,这主要表现在两个方面:一是政府与市场关系不顺,政企不分。就现阶段的情况来看,城市政府虽然在投资、创业、准入、企业运营等政府规制和管理方面,对企业审批项目进行了大幅度的清理,但创业准入的门槛高、环节多、时间长的问题仍然存在,无形中增加了企业的运营成本。二是政事不分、政社关系不畅。政府与事业单位之间职能划分模糊,政府机关通过各种途径和手段控制

---

① 杨宏山:《市政管理学》,中国人民大学出版社2005年版,第109页。
② 邓小平:《邓小平文选》第2卷,人民出版社1994年版,第328页。

事业单位,包揽了许多应由事业单位行使的权力和职能,而事业单位也承担了大量本属于政府机关的执法、监督职能。与此同时,城市政府还包揽了大量本应由社会组织和个人履行的职责,习惯于直接从事各种社会服务和公益性事务,对各种非政府和非营利的社会服务团体也缺乏必要的政策和资金支持。

(2)市政机构设置不合理。市政机构设置不合理的根源在于市政职责不清、上下关系不顺,其主要表现则是政府部门林立,机构设置臃肿。其中,经济管理部门设置过多;行使地方政府职能的机构偏多,而承担市政专门职能的机构偏少;非常设机构设置过多,削弱了常设机构的管理职能,不利于常设机构功能的充分发挥;部门内设机构较多,组织结构不合理,尤其是辅助性机构和自我服务机构设置过多。机构设置过多,必然导致分工过细、职能交叉、职责不清、扯皮推诿和效率低下等弊端。而内设机构过多又导致机关人员比例失调,形成"官多兵少"、"辅助人员多而业务人员少"等现象,不利于真正发挥市政职能部门的作用。

(3)城市行政区划不够优化。[1] 宪法规定中国的行政区划分为省(自治区、直辖市)、县(自治县、市)、乡(自治乡镇)三级,但随着市管县体制的确立,城市行政层次转变为省—市—县(市)—乡(镇)四级。在计划经济体制下,市管县体制不仅推动了城市工业向县域的辐射和转移,而且有利于县域利用中心城市的文化和城市品牌提升自身的形象,有效地推动工业化、城镇化的快速发展。但随着社会主义市场经济体制的日趋完善,以及工业化、城市化和国际化的深入发展,市管县体制的弊端也越来越突出。一是增加了行政运作成本与管理成本,导致行政效率降低。二是造成"小马拉大车"的问题,除传统的省会城市和一些中等发达城市之外,一些经济基础薄弱甚至是由县级升为地级规格的城市,很难有力量来带动县级和乡村的发展。三是导致市县利益矛盾突出,城乡发展不协调。四是造成虚假城市化现象,许多城市已成

---

[1] 牛凤瑞、潘家华、刘治彦:《中国城市发展30年(1978—2008)》,社会科学文献出版社2009年版,第459页。

为以广大农村为主体的区域型行政区,城市中农业人口依旧占绝对多数,各种经济关系和社会关系依然带有乡村结构的特征,与真正意义上的城市存在着很大的差距。

(4)城市基层管理体制不合理。目前中国城市基层管理大多沿用计划经济体制下形成的"街居制"模式,但在这种模式下,街道办事处和社区居民委员会在职能划分和职能定位上并不明确。依据《中华人民共和国地方各级人民代表大会和地方各级人民政府组织法》的规定,街道办事处是政府的派出机关,其权力只限于管理与社区居民有关的公共行政事务,主要负责对居委会的工作进行指导,完成上级政府职能部门布置的任务等。但实践中居委会却是政社合一、政事合一、政企合一的全能型基层小组织大政府,街道办事处与居委会之间也不是指导与被指导的关系,而是领导与被领导的关系。[①] 居委会则从群众自治性的组织转变为街道办事处的办事处,失去了自我管理、自我教育、自我服务的社区自治功能,加深了社区的行政化趋势。另外,街道和社区建设资金的匮乏和服务体制的落后,也在一定程度上制约了城市基层管理体制的发展。

(5)配套制度改革不深入。由于受生产力发展水平和制度惯性的制约,市政体制配套制度的改革与中国城市化进程还存在着不相适应之处,如受城乡二元户籍制度、劳动就业制度、社会保障制度和公共服务体制的限制,农民工在融入城市的过程中仍然面临诸多问题;城市执法体制不健全,导致城管执法体制混乱、城管执法机构不独立、缺乏执法依据、执法人员素质不高以及执法监督机制不健全等问题;此外,中国绝大多数城市的总体公共服务仍处于较低水平,尤其体现在社会保障、环境保护、基础设施和公共安全管理等方面。这些配套制度改革的不深入,极大地制约着市政体制改革的成效,也阻碍了中国城市化和现代化建设的进程。

3. 中国市政体制改革与发展的基本方向

[①] 牛凤瑞、潘家华、刘治彦:《中国城市发展30年(1978—2008)》,社会科学文献出版社2009年版,第460页。

社会主义市场经济体制改革和城市化进程的不断深入,为中国市政体制的改革与发展提出了新的要求。因此,新时期中国市政体制的改革与发展,应以推进社会主义和谐社会建设、适应经济全球化和民主政治发展的基本趋势为基本方向,积极借鉴西方国家的成功经验,在内容上不断完善,在具体形式上适当地多样化,在加快市政职能转型的基础上,科学设置市政机构,合理设置市政体制层级结构,完善基层市政管理体制,实现市政管理的法治化。中国市政体制改革与发展的基本方向是:

(1)加快市政职能转型。市政职能转型,是推动中国城市化持续、快速、健康、和谐发展的内在要求。加快市政职能转型,也就是使市政职能从单纯的经济管理转变到社会管理、生态管理和公共服务上来。具体来说,一是要继续深化机构改革和审批制度改革,切实理顺政企、政社和政事之间的关系;二是要不断深化配套制度改革,建立健全流动人口管理机制,真正实现城市基本公共服务的均等化;三是要对城市的功能进行准确定位,制定科学的城市发展规划,大力发展城市各项社会事业,提高人口的综合素质;四是要大力推进市政管理的社会参与,增强广大市民参与市政管理和决策的意识和能力;五是要指导和扶助城市社区组织建设,充分发挥基层社区的民主自治和互助功能;六是要加强城市社会治安综合治理,保护市民的生命财产安全,维护社会稳定;七是要依法保护城市的各类资源和生态环境,努力实现城市的可持续发展;八是要科学调整城市布局和结构,塑造良好的城市形象,提高城市吸引力、竞争力、凝聚力和市民的自我约束力。

(2)科学设置市政机构。科学设置市政机构是市政体制高效运转的基本保证。与西方发达国家相比,中国的市政机构在规模上要庞大得多。市政机构改革首先要撤销那些因职能错位而设置的专业经济管理部门,其他市政机构也要进行削减撤并,以缩小政府规模,减轻财政负担。要根据精简、统一、效能的原则,按照大部制改革的基本要求,建立小政府、大社会的市政组织体系,但同时也要强化市场管理、质量监督、审计监督、环境保护、社会保障等部门,以维护市场经济秩序,鼓励公平竞争和合法经营,保护城市生态环境,救济和扶助弱势群体,以促进城市社会的和谐发展。

(3) 合理设置市政体制层级结构。合理设置市政体制层级结构是完善市政管理体制、节约市政管理成本、提升市政管理效能的前提条件。要合理设置市政体制的层级机构,首先应在城乡分治的现实条件下,实行市县分治,取消市县之间的行政隶属关系,各自管理本辖区范围内的事务;其次应进一步推进中心城市行政区划改革,扩大城市政府的自主权,积极发挥区域经济的协同效应;再次应大力整合县级行政区的规模和结构,优化和调整县域政区架构,推进建制城市设置标准和模式的创新与改革,适度整合县域政区的管辖规模;最后还应积极稳妥地推进省直管县(即省直接管理县)改革。省直管县改革的目的在于推进城市发展、壮大县域经济和城乡区域经济的协调发展。20世纪90年代初期以来,中国部分地区就一直在探索省直管县体制。目前,全国共有河北、山西、海南、辽宁、吉林、黑龙江、江苏、浙江、安徽、福建、江西、山东、河南等18个省份和北京、上海、天津、重庆4个直辖市实行了财政省直管县。① 2009年中央一号文件也明确指出,推进省直接管理县(市)财政体制改革,将粮食、油料、棉花和生猪生产大县全部纳入改革范围。稳步推进扩权强县改革试点,鼓励有条件的省份率先减少行政层次,依法探索省直接管理县(市)的体制。但鉴于国情,实行"省直管县"体制不能采取"一刀切"的办法,要根据各地的具体情况,因地、因时制宜,灵活稳妥地推进。

(4) 完善基层市政管理体制。完善基层市政管理体制,是协调政府社会管理与社区自治组织、民间组织自我管理的基本出发点。因此,必须进一步理顺街道办事处、市政职能部门与社区居委会之间的关系,努力实现市政管理与社区自我管理的有效衔接,提高居民参与社区工作的积极性,逐步完善各类民主议事和民主监督机制,保障居民的参与权和监督权。此外,还应积极推动社区公共服务的多元化发展,完善各类公共服务体系,并建立财政保障机制,拓展筹资渠道,加强社区基础设施建设,强化社区工作者的专业化培训,促进基层市政管理的专业化

---

① 张占斌:《省直管县体制改革的实践创新》,国家行政学院出版社2009年版,第3页。

和民主化建设。

（5）实现市政管理的法治化。依法治市是市政管理现代化的重要标志。实现市政管理的法治化，首要的任务是切实落实市人大及其常委会的职权，真正发挥代议机关的议决功能，加强市人大及其常委会对市政府、市法院和市检察院的监督。同时，要加强市政管理法制建设，把市政机关的组织、职能、编制、工作程序纳入法制化的轨道。全国人大应尽快制定专门的市政府组织法，对市制设置、市政性质、机构设置等问题作出规定，做到有法可依、有章可循、依法管理。城市政府还应建立健全地方性法规和规章，建立起从市长到一般市政工作人员的工作责任制，做到各司其职、各负其责。市政职能部门也应加强制度化建设，健全行政综合执法机制，实现市政管理的制度化和规范化。

第三章 市政职能

市政职能,是城市政府职责和功能的总称,它一方面反映了城市政府的法定职责,另一方面体现了城市政府的作用。随着生产力的发展,城市政府的职能呈现出逐渐扩大的趋势。在社会主义市场经济条件下,如何科学合理地界定城市政府的职责和功能,直接关系到城市政府管理的绩效和城市的兴衰。在城市发展过程中,根据经济和社会发展的需要,及时有效地调整市政职能范围和内在结构,实现城市政府职能的转变,建立科学的市政职能体系,是城市社会经济体制和行政改革的重要内容,同时也是市政学研究的重要课题。

第一节 市政职能概述

一、市政职能的含义

一般说来,市政职能是指城市政府在城市公共管理过程中依法履行的各项职责和功能的总称,是城市政府管理活动的基本方向。

政府概念在中国的现实语境中有广义和狭义之分,城市政府中的政府通常是指狭义上的政府,即城市人民政府或城市行政管理机关。作为一个城市的人民政府,又具有双重职能。首先,作为一级地方政府,城市人民政府是中央人民政府的执行机关,承担着一定的国家职能;其次,作为城市人民代表大会的执行机关,城市人民政府又具有一定的地方职能。所以,市政职能同样也有广义和狭义之分。

广义的市政职能包括国家在该行政区域内的政治、经济、文化和社会管理方面的事务,是城市政府的重要职责和功能,在市政管理过程中体现为对法律、法规和上级政府决定的执行。狭义的市政职能主要是指城市政府在城市环境、城市规划、城市建设、城市服务和城市管理等方面的职责和功能,同时也包括组织本辖区的政治、经济、文化和社会活动,管理地方公共事务,为城市居民提供优质高效的公共服务。由此可见,市政职能是受中央和上级政府领导的,由法律法规所规定的,城市行政区域内国家机构尤其是行政机构统治和管理社会的各项职责的总和。

正确理解和把握市政职能的概念,需要注意以下几个方面的问题:

(1) 市政职能状况取决于一个国家的性质和城市政府在国家政权体系中的地位,不同国家的城市有着不同的市政职能。

(2) 市政职能是历史的产物,不同历史时期的城市政府有着不同的市政职能。因此,市政职能会随着城市的发展而不断发展变化,是国家职能社会化的缩影。在不同国家和同一国家的不同历史时期,市政职能具有不同的内涵和特征。

(3) 市政职能的主体是城市政府。一个城市的市政管理往往是该城市立法机关、司法机关、行政机关的复合行为,但在法理上和具体的管理分工中,城市政府无疑是确定、调整和实现市政职能活动的主体。

(4) 市政职能的客体是城市公共事务。城市公共事务是地方公共事务的重要组成部分,由于人口聚居所产生的公共服务需求,造成了公共机构、公共设施、公共产品和公共服务的高度集中,因而,与其他地方行政事务相比,城市行政事务更加具有公共性质。

(5) 实现市政职能的主要途径和方式是法制化、科学化、现代化的公共管理。政府职能的实现必须做到有法可依,按照既定的规则来进行。这就要求城市行政法规和制度必须符合科学管理规范,反映现代化的需要。

由于城市社会集聚了大量而复杂的城市公共事务,从而使城市规划、建设、管理和服务工作产生了规模效应,形成了现代城市政府特有的职能结构。与此相适应,市政职能也具有广泛性、服务性、规范性、自主性和多样性等特征。

第一,广泛性。由于城市公共事务复杂多样,分工细致,涉及城市生活的方方面面,所以,从邻里关系、社区卫生、居民福利、商业网点、公共设施到整个城市的规划和建设事务,都要纳入政府的管辖范围,从而使城市政府职能要比其他地方政府职能更加广泛多样。

第二,服务性。与乡村社会不同,城市市民的衣食住行等,样样都离不开政府提供的支持和援助,离不开政府或公营机构所提供的公共服务。因此,与其他地方政府职能相比,市政职能的公共服务性特征更为突出。公共服务职能也体现了城市政府的本质,服务是城市政府的天职。

第三,规范性。随着城市化的迅速发展,城市政府管理现代化的主要标志就是法制化和科学化,而法制化的首要任务就是将城市政府的职能范围、权责关系和政府职能实现方式纳入法治的轨道,保证各种城市事务间的相互协调和整合,做到依法循制来确定、调整和发展各项政府职能,从而确保市政职能的规范性和稳定性。

第四,自主性。城市政府在其职能范围内享有较大的自治权,具有自主性特征。在现代社会,城市是国家或区域社会经济、政治和文化生活的中心,在国家行政体制中发挥着独特的作用,其职能的实现也具有相对独立性。同时,城市社会自成一体,城市社会关系和城市事务也有其特殊性,无论从时间和经济上,还是从效果上来看,城市事务中的各个环节都自成体系,具有较大的独立性,适合由城市政府自主地实施管理。

第五,多样性。现代城市政府职能范围广、跨度大,城市公共事务结构复杂,功能多样,加之行政环境的剧烈变动和行政技术的飞速发展,以至政府在管理公共事务、实现各项职能时,不得不采用多种手段、途径和方式,以适应不断变化的新情况和新问题,保证城市政府的各项职能得到顺利实施。

二、市政职能的类型

根据不同的标准对市政职能进行分类,其意义在于正确处理执行上级政府决定与自主决定的关系,处理保障市民生存需要与提高生活水平的关系,处理管制性需求与服务性需求的关系。

首先,按照历史线索,以各种职能产生的先后顺序为标准,可以将市政职能划分为传统职能和现代职能;其次,根据市政职能的性质和实现方式,可以把市政职能划分为防御职能和建设职能;最后,根据现代城市事务的主要内容、特点和市政管理的实际情况,可以把市政职能划分为一般职能和专门职能。

1. 传统职能与现代职能

传统职能主要是指近代以前的城市政府职能,这些职能从城市政府产生初期一直延续至今,具有较强的生命力和文化再生能力。尽管其形式、内涵和规模随着城市的发展而不断变化、更新,但这些职能的公共性质至今没有大的变化。例如治安防御、道路交通、卫生健康、供水照明、住宅消防、商贾消费、文化教育等。这些职能主要产生在古代和近代消费型城市,各项职能都与市民生活息息相关。而现代城市经过工业化发展,绝大部分已经由消费型城市发展为集生产和消费为一体的复合型城市,所以,传统的市政职能依然保持着它的生命力,并且随着城市社会生活的复杂化而愈益发展,具有永久性、稳定性、基础性的特征。

现代职能主要是指第二次产业革命后,随着现代城市文明的发展而逐步兴起,并且日益显示其重要性的市政职能,如城市规划、建设管理、环境保护、产业经济和公共服务职能等。这些职能是在城市由消费型发展为集生产和消费为一体的复合型的过程中产生的,具有生产性、战略性、导向性特征,决定着城市自身的生存、发展和未来。

2. 防御职能与建设职能

防御职能主要是指城市政府依法通过限制性、保护性手段,从最低限度上维持一个城市正常的经济、政治、文化和社会生活秩序,为市民提供生存和发展条件的各项市政职能。如治安消防、减灾救济、环境与资源保护、市场管理监督与调控、劳动与安全管理、食品卫生管理等。防御职能在城市发展早期曾是主导性的市政职能,在现代城市管理中依然发挥着不可缺少的重要作用。

建设职能是在基本的秩序和安全得到保障的前提下,主动采取规划、组织、引导、保护、激励等措施,积极为城市居民提供更好的公共服务、更便利的生活条件、更舒适的生活环境、更富足的生活的各项职能,如经济发展、城市规划、资源开发、公共设施建设、文化教育及科技发展等。

3. 一般职能与专门职能

一般职能是指城市政府和其他地方政府都具有的职能,其中主要是经济职能和社会职能;专门职能则主要是指城市政府特有的或特别突出的职能,其中主要有规划、建设、管理和服务职能。一般职能和专门职能共同构成城市政府的基本职能。

经济职能是指城市政府利用经济、法律和行政等手段,从宏观上对城市经济进行调控、仲裁和服务,其目的是维护正常的经济秩序,促进经济的繁荣、物质的丰富和生活的优裕。

社会职能主要是指城市政府在社会公共服务方面的职能,目的在于维护良好的社会公共秩序,促进城市社会的良性发展,为市民提供优质高效的安全、福利、保障、科学、文化、教育等方面的公共服务。社会职能关心的重点是市民生活质量、市民素质的提高,建立完善的公共安全秩序,形成良好的社会风尚。

规划职能即城市政府依法制定的以土地开发、资源优化、建设布局以及经济与社会发展为主要内容的中长期发展计划,目的在于预测城市经济和社会发展的趋势,为城市建设和管理提供政策和制度依据。城市政府的规划职能主要体现在两个方面,即城市规划和城市国民经济与社会发展的中长期规划。城市规划以土地开发、资源优化和建设布局为主要内容,是一个城市长期发展的基础,由城市国土、规划等部门负责编制,目的是为了顺利发挥城市的各种功能,并把各种功能通过空间和结构设计具体地勾画成为未来蓝图。而经济与社会发展规划则以城市规模、产业结构、经济与社会发展指标为主要内容,涉及经济、社会、行政、财政、公共设施等各个方面,是城市政府行动的纲领,由城市计划部门负责编制,实质上是国民经济与社会发展计划的延伸。

建设职能即城市政府在城市规划的基础上,组织规划项目的建设和实施,进而落实城市规划和国民经济与社会发展的中长期规划。城市建设职能既是落实各项城市规划的重要环节,也是满足城市人民生活需要、完善各种公共设施和公共服务的基本手段。它从总体上可以分为城市物质文明建设和精神文明建设,两者相互依存、相辅相成,共同开辟城市发展的未来。

管理职能是在城市政府的各种规划项目落实以后,保证城市政治、经济、文化与社会生活秩序,维护城市能源、道路、交通、安全、市容、环境、卫生、防灾、消防等城市事务的正常秩序,对城市各项事业进行决策、计划、组织、协调、控制和监督,包括决策管理、过程管理、绩效管理、法制管理等内容,目的是为广大市民提供优质高效的公共管理和公共服务。

服务职能又称公共服务职能,它反映了城市政府公共管理的本质。城市公共服务的主体是城市政府、公营机构和中介组织;公共服务的对象是市民和市民生活;公共服务的范围是市民个人和私营机构无法有效开展活动的公共领域。

三、市政职能的意义

城市政府管理系统主要是为了实现政府的各项职能而设立的,在这个系统内,任何法定的单位、部门和机构,都服务于政府整体职能目标的实现,在相互依存、相互作用中发挥着各自的局部功能,其目的在于有效管理城市公共事务,实现城市政府的公共目标。可以说,市政职能是城市政府管理系统赖以存在和发展的主要依据。

第一,市政职能是城市政府各项公共事务及其管理活动的组织化,代表了城市政府活动的基本方向,反映了城市政府行为的基本宗旨和目的。从理论上说,市政职能的范围、内容、分工、程序和目的,都从不同侧面反映着市民的愿望、要求和支持,代表了市民的共同意志和根本利益,体现了城市政治与社会制度的根本性质。

第二,市政职能决定着城市政府管理的范围和组织规模。城市公共事务的数量和管理质量要求,决定着城市政府的职能及其范围,而市政职能又是确立城市政府管理范围的基本依据,进而城市政府的组织规模又取决于城市政府的管理范围、管理质量和管理的现代化水平。

在后工业社会和信息社会阶段,市政职能中的公共行政部分,即国家机构及其编制宜保持精简、稳定的规模,而其中的公共服务部分,即公共事业单位的机构及其编制,会呈现适度扩大的趋势。

第三,市政职能既取决于国家和地方行政体制,又在不断地影响和改变着城市各级政府上下左右的行政关系,是中央、省和城市政府权责分工和事务分割的重要依据。在中国,市政职能执行中央政府的法律、法规和决定,如果没有地方包括城市的政府行使职能来执行中央政府的法律、法规和决定,就不可能实现中央政府对全国各地的领导。

第四,市政职能决定着城市财政收支占城市国内生产总值的比重。财政收支占国内生产总值的比重,取决于生产力的不同发展阶段,取决于政府为企业生产创造必要的外部条件(表现为财政支出)与向个人和企业征税(表现为财政收入)之间的平衡点。在生产力不发达阶段,政府财政相对的低收入和低支出,有利于企业多留利,从而有更多的资金用于扩大再生产。而在生产力的发达阶段,由于企业对政府所提供的生产外部条件依赖程度加深,如对基础设施、社会保障、文化教育、体育、卫生等的依赖,使财政支出增加,从而带动财政收入占国内生产总值的比重呈适度增长的趋势。

第五,市政职能是否科学合理,直接关系到城市政府管理的绩效和成败,关系到城市的发展和未来。从现实情况来看,市政职能的科学化和合理化程度,直接体现为管什么、怎么管的问题,它涉及政企关系、政社关系、政事关系等多方面的内容。科学合理地设置市政职能,就是要让城市政府管好该管的事,将那些管不了和管不好的事放权给其他社会组织,将有限的公共资源投入到更好地提供公共服务和促进城市和谐发展的事务中去,减少行政资源不必要的损耗,提升市政绩效,推动城市社会的健康发展。

四、市政职能的原则

市政职能的确立和调整必须遵循以下原则:

首先,市政职能取决于城市政府在国家行政体制中的地位。中国城市按行政级别可以分为直辖市、副省级市、地级市和县级市四类。直辖市属于省级单位,产业结构比较齐全,规模也较大,一般都是全国性的政治、经济和文化中心,通常以第二、第三产业为主,对周边地区形成较大的辐射作用。副省级市主要是以计划单列市为主,具有省级的经济管理权,其经济和社会发展计划直接纳入全国计划。副省级市一般是某一大区域内的政治或经济中心,或具有重要的战略地位。地级市受省级政府直接管辖,是具有地区性政治、经济、文化中心功能的较大城市,地级市数量众多,是当代中国城市体系的主要组成部分。近年来,县级市的数量也增长迅速,县级市脱胎于县,其职能与县相似。因此,不同城市在行政地位上存在着较大的差异,确立和调整市政职能必须以城市的行政地位为依据。

其次,市政职能取决于城市的特色和工作重点。不同类别的城市,其政府职能也有不同的侧重点,呈现出不同的运行机制,而运行机制的复杂性必然导致城市政府在职权划分、机构设置和职能实现方式上的多样化。因此,市政职能要根据不同类型城市的特点和城市管理现代化的具体情况加以确定。

再次,中国城市政府是城市人民代表大会的执行机关,是国家在城市设立的一级行政机关,这就决定了城市政府既要接受中央政府的统一领导,还必须担负起管理整个城市的经济、政治、文化和社会事务,履行一级地方政府的一般职能;同时还要履行城市规划、建设和管理方面的专门职能,发布决定和命令,管理本区域内的各项公共事务。这些都构成了中国市政职能的主要内容。

最后,市政职能必须依法确立和调整。根据中国现行地方政府组织法的有关规定,城市政府的职权可以概括为:执行本级人民代表大会及其常务委员会的决议,执行国务院和省、自治区人民政府的决议和命令;规定行政措施,发布决议和命令;全面领导和管理本行政区域内的经济文化建设和各项行政事务;保护国家、集体和公民个人的一切合法权益;领导并监督所属各工作部门和区、县人民政府的工作,改变或撤销其不适当的命令、指示和决议;管理其他城市公共事务。城市政府的法定职权是确立和调整市政职能的重要依据和基本规范。

第二节 西方国家的市政职能

一、西方国家市政职能的发展演变

工业化是城市化和城市发展的基础。根据工业化的不同发展阶段,可以把西方国家市政职能的发展演变划分为前工业化阶段、工业化阶段和后工业化阶段三个阶段。

1. 前工业化阶段

工业革命开始以前,城市的发展处于最初的形成阶段,其中有代表性的是18世纪中期以前的欧洲城市。这一时期的城市经济以生产技术落后、规模狭小的手工业生产力为主,人口增长缓慢,城市生活质量较低,城市规模较小,功能单一,居住和活动分散。市政职能也比较简单,往往仅限于治安、消防、公共卫生以及简单的公用设施与市政工程,如道路、路灯、上下水道等比较简单的公共管理职能。市政管理手段单一,管理方式也较为原始,有些事务和服务由于社会需求尚未形成规模,还没有从社会中分离出来,因而具有某些私人性质和宗教性质。

2. 工业化阶段

工业化阶段是西方城市迅速成长的时期,大约是从18世纪后期至20世纪40年代。工业革命促进了城市的空前大发展,社会经济的各种功能进一步向大城市和城市中心区集中,城市人口不断增加,城市规模不断扩大,城市产业结构和社会结构也发生了质的变化,城市公共事务的内容急剧扩大,市政职能的范围和内涵不断发展。这一时期,随着城市规模的扩张和城市经济的发展壮大,城市地区与其他地区的差异性日益突出,城市的政治地位和经济地位日益提升,城市的自治权限逐步扩大,城市政府的行政职权相对独立出来,管理的事务和提供的社会服务范围也越来越广泛。在这个时期,市政职能大幅度增加,铺路、供水、供电、保健、住房、教育等新职能成为市政职能的重要内容,一些传统职能如治安、消防、卫生等的技术含量不断提高,以适应工业化高速发展的需要。

3. 后工业化阶段

20世纪40年代,尤其是60年代以后,工业化、城市化和现代化使城市成为人类聚居的主要地区。随着发达国家城市产业结构的调整和变革,以信息和服务业为主的第三产业、以高新技术产业为主的第二产业日益兴起。一些发达国家的城市如纽约有90%的人从事第三产业,第三产业成为城市的主导产业。[①] 交通的发展和信息技术的广泛应用,使得城市与周边地区的时空距离大幅度缩短,城市的辐射作用日益增强。这些变化使西方国家的市政职能发生了划时代的转变,其主要表现是:

第一,市政职能范围得以进一步扩展,不仅渗透到城市社会生活的各个领域,还辐射到周边地区,甚至在国际范围内发挥影响。一些城市政府不仅管辖城市区域,同时也统辖周边的广大乡村地区,从而出现了更高层次的城乡共治局面,这在客观上扩大了市政职能的范围。

第二,城市经济与社会的发展,以及经济生活和社会生活的复杂化,促使市政职能逐步向标准化、制度化和法治化的方向发展。

第三,市政职能的中心转向城市发展的战略规划和公共服务的提供,城市政府在规划、环境保护、社会保障、基础设施建设等方面的职能日益突出。

第四,市政职能开始向社会输出,谋求建立小政府、大社会的管理模式。随着政府权力的下放和职能的分化,公共管理和公共服务开始出现分散化和民营化的趋势。西方发达国家逐步倾向于以市场作为社会资源配置的手段,将一部分可以由市场提供的公共服务和公共产品转交给社会;一些公共机构也逐步从政府组织体系中分离出来,转化为企业和中介机构,公共服务向市场化的方向发展。从这个意义上来说,市政职能呈现出萎缩的特征,在一部分职能如外向经济职能、治安、防灾、环境保护、福利保健等得到进一步强化和改善的前提下,市政职能的总量则逐渐衰减。

---

① 尹艳华:《现代城市政府与城市管理》,上海大学出版社2003年版,第127页。

二、西方国家市政职能的主要内容

纵观西方国家的市政职能发展历程,其职能范围越来越广泛,市政职能的法治化、科学化和现代化程度也越来越高,管理方式也由传统的以直接管理为主转化为以间接管理为主。从范围上来看,西方国家市政职能的主要内容包括以下几个方面:

1. 规划职能

规划职能以土地规划和区域综合开发计划为主,是现代西方城市政府最重要的职能之一。城市政府通过履行规划职能,规定城市在一定时期内的发展战略和目标,确定城市土地开发与利用的基本原则和具体规范,协调城市的空间布局和各项建设,发挥城市的整体优势。

西方各国城市政府普遍重视城市规划,早在20世纪20年代,许多国家就成立了相应的规划管理机构,统筹管理城市土地的利用、城市的功能分区、产业布局,以及城市区域内的综合开发等工作。第二次世界大战以后,随着西方各国大规模城市重建工作的展开,各国广泛利用城市规划的新理论和新方法,注重解决交通拥挤、环境污染、人口稠密等城市问题。城市规划工作极大地影响了西方城市的发展,城市群、城市带、卫星城市、小区规划、城市郊区化、就业分散化等,都是城市政府通过规划职能影响城市发展取向的实际例证。

2. 交通运输职能

交通运输职能是指对道路、桥梁、机场、港口等交通设施的设置和管理,制定使用这些设施的权限及其相关规定;对轨道事业、汽车运输事业、交通工具及其他运输事业的经营;制定通勤对策等职能。随着西方国家经济发达程度的提高,城市政府对城市交通运输事业的投入也不断增加,城市基础设施得到了显著的改善,促进了社会经济的发展和市民生活福祉的提高。各国在城市基础设施的资金筹措、建设以及管理方式上也都积累了大量宝贵经验。例如,美国几乎遍布全国各个城镇的公路网络建设,筹资渠道就表现出多元化的特征,既有联邦政府和州政府的财政资助,也有城市政府发行的市政建设公债和征收的特别税。伦敦等人口稠密的大城市,为了减轻中心城区的交通压力,提高基础设施的整体效率,通过收费制度和鼓励公交网络的发展等策略,改善城市交通。①

3. 社会福利与保障职能

社会福利和保障职能是西方发达国家一项比较重要的市政职能。在西方国家,许多城市政府都将公共政策和政府资源充分地投入到发展城市经济、城市社会福利和社会保障、提高城市就业水平等方面,以便解决因工业化、市场化和城市化带来的各种社会问题,维持和保证市民基本的生活水平。

在具有不同历史背景、文化传统和社会经济及政治制度,以及某些独特的社会福利政策的国家中,社会福利和保障职能存在着一定差异,但也存在某些相同的特点。总体而言,西方国家社会福利和保障职能主要体现在三个方面:

(1) 社会保障。市民在年老、失业、疾病或者丧失劳动能力的情况下,有从国家和社会获得物质帮助的权利。社会保障是国家和社会通过立法对国民收入进行分配和再分配,对市民特别是生活有特殊困难的市民的基本生活权利给予保障的一种社会安全制度。例如欧洲的德国、瑞典等国家就建立了较为完善的老年保险、失业保险、医疗保险和残疾人保险体系。社会保障可以在一定程度上缓解社会矛盾,维护社会公平,促进城市稳定发展。

(2) 公共福利。公共福利即是要确保所有市民获得基本的生活物品和服务。在美国、加拿大、澳大利亚和西欧各国,城市政府面向全体市民提供公共教育、文化体育设施、卫生保健等各种公共福利,如免费向全体市民提供基础教育;为高等教育提供资助,提高市民高等教育的就读能力等。这在延伸了城市政府管理职能的同时,也使市民成为最大的受益者。

(3) 社会救济。社会救济是面向城市中的低收入者、陷于贫困、生产和生活能力等方面存在缺陷的人以及老人和儿童,提供最低的物质生活保障和相应的服务设施。包括向生活困难者、老年人、残疾人、精

---

① 尹艳华:《现代城市政府与城市管理》,上海大学出版社2003年版,第129页。

神病患者、儿童等提供援助、保护、救济和福利,以及以此为目的设立医疗设施、托儿所、敬养老院、残疾人康复援助救护设施等,并进行相应的管理。

4. 文化教育职能

文化教育职能主要是为提高市民的整体素质和丰富市民生活,对幼儿园、中小学、市立高等学校等教育机构进行有效的政策指导,强化各种业余性、回归性的社会教育,对图书馆、博物馆、科学馆、文化馆、体育馆、美术馆等文化设施的修建、维护和管理,以及对建筑物绘画、传统技艺、名胜古迹和历史文物的保护等方面的公共服务。文化教育职能是西方国家城市政府较为普遍的一项传统职能。如在英国,根据1944年颁布的《教育法案》,城市政府设立教育主管机构,其主要职责是创办足够的学校负责对6—16岁的少年进行连续教育;管理护士和大学以外的专科或职业学校,负责成人教育和教师培训;解决青少年就业和儿童上学的交通问题等。[①]

5. 公共卫生与环境保护职能

随着城市环境问题的日趋严重以及政府与市民公共卫生和环境保护意识的日益强烈,公共卫生与环境保护职能已成为市政职能的重要内容。西方国家城市政府的公共卫生与环境保护职能,既包括传统意义上的城市环境清洁、垃圾清除和处理,也包括噪音、废气等城市公害的管制,城市的环境规划与管理,自然资源的保护、再生和合理开发利用,环境保护科学技术的研发等方面的内容。从管理实践来看,西方各国纷纷强化公共卫生和环境管理体系,坚持可持续发展原则,建立健全公共卫生和环境保护法规,加大公共卫生和环境保护与治理的投资力度,运用科技手段解决公共卫生和环境问题。

6. 公共安全管理职能

公共安全管理是城市政府的一项传统职能,内容主要包括:维护城市社会治安,保障市民的生命财产安全,预防和打击各种形式的犯罪,保护城市公共设施,管理、控制公众集会,维护公共交通秩序,防灾、救

---

① 张永桃:《市政学》,高等教育出版社2000年版,第215页。

灾(火灾、水灾、地震、爆炸等),应对突发性公共安全事件,处置战争或其他灾害所引起的紧急状态,以及其他人为和自然灾害对市民造成的人身及财产损害。在长期维护城市公共安全的实践中,西方国家已经逐步形成了较为完善的城市公共安全管理机制,取得了大量宝贵经验,其共同特征是:建立多层次、全方位的公共安全网络,充分发挥法律的保障作用,信息灵敏,统一指挥,运转协调,综合调配,行动迅速,加强沟通与合作,提升社会参与水平。如纽约、伦敦、东京等城市都具有较为完善的公共安全管理机制,不仅能够准确、迅速、高效地应对公共安全问题,而且通过建设全民公共安全管理网络,既减轻了政府负担,又提高了管理效率。

7. 产业振兴职能

产业振兴职能主要是为了振兴工商业(特别是中小企业)和农业等产业,所进行的技术援助和产品奖励,以及为此建置完备的设施,以促进经济的稳步增长。西方国家普遍实行市场经济制度,因此城市政府遵循市场经济的原则管理经济活动,以宏观指导、协调、扶持为原则,刺激和诱导市场主体的经营决策顺应城市经济和社会发展的目标。以日本为例,城市政府在产业振兴方面提供的服务主要有组织协调城市基础设施建设;制定和实施经济社会发展计划;制定和执行振兴城市经济的产业政策;提供信息和咨询服务;扶持中小企业,鼓励私人企业投资等。再以美国为例,美国在100多个城市设立了小企业管理的地方机构,为小企业提供及时迅速的服务。政府积极反映小企业的要求,维护小企业的利益,为它们提供直接贷款和担保贷款以及企业管理咨询、指导和培训服务,帮助小企业在联邦政府采购中获得公平的份额,鼓励小企业创新,这些措施都对小企业的发展和壮大起到了积极的推动作用。①

三、西方国家市政职能的实现方式

西方国家市政职能的实现方式是多途径、多元化的,但主要采用以

---

① 尹艳华:《现代政府与城市管理》,上海大学出版社2003年版,第133页。

间接管理为主,直接管理为辅;宏观调控为主,微观监控为辅;法制手段为主,经济和行政手段为辅;公共服务为主,公共管理为辅的模式。西方国家市政职能的实现方式主要有:

第一,制定法规、政策和指导性社会经济发展计划。西方国家的城市政府均有相对独立的自治权,制定市政管理的法规、政策和某些指导性计划,为企业法人、社团法人、特殊法人和市民提供一个得到普遍认同的、框架性的行为规范和努力目标,用以引导、激励、鞭策企业、社团、机构和市民趋向于市政职能目标,启发企业、社团、机构和市民的自律意识和自觉行动。

第二,更新管理理念,吸纳民间力量参与公用事业。西方国家城市政府传统上对与市民生活密切相关的公用事业进行垄断经营,但自20世纪80年代以来,西方许多国家的城市政府开始大力推行公用事业的民营化。市政府对于公用事业采取分类管理的原则,将公用事业区分为非营利性和营利性两大类。对于非营利性的行业采取直接管理的办法,城市政府采取直接投资的手段调节市场关系,实现社会经济总量平衡,稳定社会;对于营利性的行业采取间接调控的方法,允许民间经营,但对其价格、服务实施严格的政府管制,防止发生不良行为和过分追逐利润的倾向,保证向市民提供优质的服务。例如,美国联邦政府鼓励城市政府在社会服务领域与非营利组织签订经营合同,由政府制定政策方向和提供资金,非营利组织负责政府计划的实施。在社会福利方面,美国非营利性社会福利机构42%的经费来源于政府拨款,只有23%来自收费,35%来自民间基金。①

第三,依法行使各种审判权、认证权,对各项公共事务实施监督和检查。为了掌握城市社会的基本状况,减少民事纠纷,西方国家法律明确规定了各种公民或法人在进行各种合法行为时,如开张营业、订立合同、停业、结婚、离婚、迁徙、收入、私人土地使用等,都要履行申报、登记、审批、公证、验证等手续,以便及时发现问题并及时加以纠正。此外,城市政府部门还通过巡视、检查、监督等活动,来维护正常的城市社

---

① 尹艳华:《现代政府与城市管理》,上海大学出版社2003年版,第134—135页。

会经济秩序。

第四,投资和支持开发新技术,引导、刺激经济发展。西方国家城市政府主要通过建设良好的城市基础设施、花钱做广告等吸引外地企业的投资。此外,城市政府也通过财政援助来直接扶持中小企业;有些城市政府还拨款支持新技术的开发和引进,以支持新型中小企业的发展。

四、西方国家市政职能的基本特征

西方国家的市政职能是历史发展的产物,也是与西方国家市政管理赖以存在的政治、经济、社会和文化背景相适应的。尽管不同国家在市政职能的具体内容上存在着或多或少的差别,但总体来说,还是具有以下共同的基本特征:

第一,市政职能的法治化程度高。虽然由于政治体制和政治传统不同,西方国家的城市政府都拥有相对独立的自治权,但这种自治权的实施必须建立在法制化的基础之上。为此,西方国家的城市政府都极为重视对市政管理法律、法规的制定,并都具有相对完善和健全的市政职能规范体系,明确界定市政职能部门的权责范围、权责关系以及市政职能的实现方式等,使市政职能的履行有章可循、有法可依。此外,在履行市政职能的过程中,西方国家的城市政府强化了对市政职能部门的法律监督,市立法机关可依法对市政职能部门进行听证、质询和检查,市民团体和市民个人在必要时也可依法要求市政职能部门就有关事项说明情况,这在一定程度上可以保证依法履行市政职能。

第二,内容广泛的市政职能体系。西方国家的市政职能体系在内容上也十分广泛,既包括管理职能、经济职能、社会服务职能等一般性职能,也包括城市规划、交通管理、基础设施管理等专业性职能。西方国家市政职能内容的广泛性是由城市复杂的社会生活结构决定的。第二次世界大战以来,随着城市化、工业化和信息化的不断发展,西方国家城市正日益表现出集群化、多元化、国际化的特征,这也使市政管理所面对的任务和挑战日益复杂化。因此,西方国家城市政府一方面不断扩展市政管理的领域和范围,另一方面积极加大市政职能的投入,改进市政管理的手段和方法,以维护正常有序的城市社会秩序。

第三,市政职能以服务为导向。由于受政治传统和经济发展模式的影响,西方国家的市政体制一般形成小政府、大社会的格局,城市政府并不直接干预城市社会生活,而是通过提供公共服务的途径来履行其市政职能,并以提供公共服务的质量和效率作为评判市政职能履行程度的依据,这也决定了西方国家的市政职能是以服务为导向的。西方国家市政职能的服务导向主要体现在:为城市的可持续发展建设完备的公共服务设施和营造优良的城市生态环境,为城市经济发展和市民生活创造良好的条件,提供高效优质的人才服务,大力发展文化教育事业,建立和健全公共信息管理和服务系统,提供便捷高效的信息服务,提供全方位的法律和政策服务等方面。

第四,多样化的市政职能实现方式。西方国家城市政府职能广泛,城市公共事务内容复杂,问题多样,特别是随着产业结构和社会结构的调整,城市政府所面临的新情况和新问题层出不穷,仅仅依靠单一的手段和方式很难解决所有的问题。因此,为了适应城市社会发展的需要,西方国家城市政府不得不采取多种手段、方式和方法,以保证市政管理的有效进行。在强化法制管理的基础上,西方国家市政职能的履行也越来越依靠经济手段和行政手段,通过计划、产业规划、税收优惠等方式合理配置社会资源,促进社会经济发展;通过宏观调控和监督,积极通过签约转包、委托服务等方式将部分市政职能交由企业、社会组织和市民团体来承担,不仅有效整合了社会资源,也有助于提高市政职能履行的效率和质量。

第三节　　中国的市政职能

一、中国市政职能的主要内容

中国市政职能的主要内容有:

1. 建设职能

建设职能是指城市政府建设、经营和管理基础设施的职能。城市基础设施是为企业生产和居民生活提供基本条件、保障城市存在和发展的各种工程及其服务的总称。城市基础设施可以分为:能源设施、供排水设施、交通设施、邮电通信设施、环保设施、防灾设施。

20世纪80年代初期,《中共中央关于经济体制改革的决定》指出,城市政府应该集中力量做好城市的规划、建设和管理,加强各种公用设施的建设,进行环境的综合整治。1987年5月国务院下发的《关于加强城市建设工作的通知》也明确指出,随着经济体制改革的深入进行,城市政府的主要职责是把城市规划好、建设好、管理好,市长要把主要精力转到这方面来。这是新的历史时期对城市政府职能的新要求,必须努力实现。2007年10月中国共产党第十七次全国代表大会报告又进一步指出,走中国特色城镇化道路,按照统筹城乡、布局合理、节约土地、功能完善、以大带小的原则,促进大中小城市和小城镇协调发展。以增强综合承载能力为重点,以特大城市为依托,形成辐射作用大的城市群,培育新的经济增长极。由此可见,建设职能是中国城市政府各个时期的主要职能。

城市政府的建设职能还包括城市规划的职能,制定和实施城市规划,是城市政府在建设职能方面的主导环节。为了维护其权威性,有必要强化城市代议机构对城市规划过程的监督:凡是对城市总体规划的重大修改,只能由城市代议机构作出,并经上级政府同意,任何其他机构和部门都无权代行此权;城市代议机构应定期检查城市规划的实施情况,及时纠正包括市政府的城市规划主管部门在内的各单位违反城市规划的事件。市政府的规划部门必须依法办事,严格执法,保障城市规划建设法律法规的贯彻执行和政令的畅通。

2. 社会职能

城市政府的社会职能,指市政府在社会事务方面的职能,亦称社会管理职能。国家公共管理中的社会事务主要由各级地方政府来分担,尤其是基层政府,担负着繁重的社会管理基础性工作。城市政府的社会职能在国家的社会事务管理中具有重要的地位和作用,直接影响着地区乃至整个国家的政治稳定、人民团结和经济发展。

人口压力是中国政府在未来很长一段时期内都将面临的严峻挑战,因此,计划生育政策成为中国的基本国策,这也决定了计划生育管理是地方政府社会职能中的首要职能。城市政府,特别是城市的基层政府,肩负着严格控制生育指标这一重大而艰巨的任务。

社会治安管理在城市政府的社会职能中占有突出的位置。城市社会治安关系到政治稳定、社会秩序、居民安全、经济发展和国家声誉。城市的社会治安综合治理领导机构是中共市委和市政府领导社会治安综合治理工作的参谋和助手,而公安机关则是社会治安工作的主管部门。实践中,把社会治安责任制同经济责任制、领导任期责任制结合起来,实行社会治安综合治理一票否决制。

社会保障职能有利于健全社会主义市场经济体制,是中国城市政府社会职能的重要组成部分。以运行机制为标准,可以将城市政府的社会保障职能划分为四类。第一类是社会保障的资金经营职能,注意要将社会保障行政管理和社会保障基金经营分开。第二类是社会保障的公共服务职能,即由城市政府及其事业单位提供社会保障方面的公共服务。其特征是:提供社会保障方面公共服务的主体是城市政府及其事业单位;社会保障方面公共服务资金的来源主要是财政拨款,小部分来自服务型收费(不以营利为目的)和社会捐助。第三类是社会保障的行政管理职能。中国城市政府设立社会保障管理委员会,它是社会保障管理的决策和协调机构,委员主要由政府各有关部门——劳动、财政、人民银行、民政、人事、审计、发改委等以及工会、保险公司、市民代表组成。第四类是社会保障的支持社会服务职能,即城市政府指导和支持社会团体开展有关社会保障的社会服务。

中国城市政府的社会职能还包括:户籍管理、流动人口管理、民政管理、司法行政管理、民族和宗教事务管理、侨务管理、社区管理、老年事务管理、外事管理等。

3. 科教文卫体职能

社会主义的基本目标之一是促进人的全面发展,城市政府通过行使科教文卫体职能,提高市民各方面的素质,不仅是发展经济的手段,也是社会发展的目的。社会主义市场经济体制的发展对城市政府行使科教文卫体职能,既提出了挑战,也带来了机遇。

城市政府的科教文卫体职能包含公共行政和公共服务两个方面。

就公共行政方面来看,城市政府的教育职能和卫生职能,主要是标准化管理,即城市政府执行教育管理和卫生管理的法律、法规,指导和监督学校教育、医疗服务实现标准化、规范化和法制化;城市政府的科技职能,分为科技规划、科技项目、科技市场、科技普及、科技事业单位管理等方面;城市政府的文化职能,涉及规范文化市场、提供公共服务、组织群众文化活动三个方面;城市政府的体育职能,主要是组织群众性体育活动,也包括竞技体育管理。

科教文卫体职能中的公共服务方面,指城市政府通过拨款来资助科教文卫体事业单位提供公共服务,指导和规范城市政府管理科教文卫体事业单位的活动。城市政府要通过对科教文卫体事业单位的监管,确保科教文卫体事业单位根据以社会效益为主、兼顾经济效益的原则来提供公共服务。

4. 公共财政职能

城市政府的公共财政职能,是指城市政府依法行使国家权力,以强制性税收为主取得公共财政收入,通过法定的预算程序分配公共财政支出,并对公共财政支出的使用实施监督,保证公共财政支出从财力上支持城市政府行使各方面的职能,以促进城市经济和社会的发展。城市公共财政是城市建设和发展的财力保证。

中国城市政府公共财政职能的内容包括:① 预算管理。预算管理分为预算编制、预算执行、决算三个阶段。② 税收管理。税收管理分为税收计划的编制、税务登记、纳税鉴定、纳税辅导和纳税申报、纳税检查等。③ 支出管理。城市政府应当建立和健全财政监察机构和财政监察法规,通过审查预算和计划,搞好事前监督;通过对预算和计划执行过程的检查,搞好日常监督;通过对各项财政、财务收支事项发生后的定期或不定期检查,搞好事后监督。④ 会计管理。包括会计资格认定、会计准则、账务组织等方面。⑤ 预算外资金管理。城市政府要依法合理界定预算外资金的性质和范围,严格控制行政事业性收费和政府性基金规模,建立预算外资金收支预决算制度,严格规定预算外资金的使用范围,逐步将预算外资金纳入预算内管理。

二、中国市政职能的基本特征

改革开放以来,为适应城市化快速发展的需要,中国的市政职能也得到了稳步的发展和完善。但由于受到传统计划经济体制的影响,以及社会主义市场经济体制尚不完善的制约,中国的市政职能与现代城市发展之间的矛盾依然十分突出,还具有鲜明的转型期特征,具体表现在以下几方面:

1. 行政主导型的市政职能体系

受传统计划经济体制的影响,城市政府依然在市政职能体系中占据着主导地位,并成为推动城市社会经济发展的决定性力量。这一方面是由于城市政府职能转变还不到位,政企不分、政社不分,政府管得太多、太死,限制了社会组织和市民团体的发展;另一方面也是由于社会主义市场经济体制尚不完善,社会建设还较为滞后,社会组织和广大市民参与城市管理的主动性和积极性没有得到充分的发挥。行政主导型的市政职能体系有利于城市政府集中使用社会资源,集中力量办大事,但其缺点是市政职能体系的社会化程度低,社会组织和广大市民参与度低,缺乏社会监督,城市政府垄断社会资源,造成资源浪费和管理成本居高不下。

2. 单一化的市政职能实现方式

尽管经济体制改革和依法治国进程的推进,为中国市政职能的履行提供了更为多样化的实现方式,但行政手段仍是目前中国城市经济与社会管理中的最主要手段,许多本来应该用经济手段和法律手段解决的问题,仍然通过行政手段解决。城市政府承担了大量本可以由社会组织行使的职能。造成这一格局的原因除了社会主义市场经济体制尚不健全和行政体制改革还不到位之外,还因为一些社会组织的社会化程度较低,官办色彩浓厚,服务意识淡薄,缺乏群众基础;社会权力没有得到真正的尊重,社会团体的作用难以真正发挥出来;社会组织发育不全,缺乏自我约束、自我管理机制,难以承担提供公共服务的职责。

3. 发展不均衡的市政职能体系

计划经济体制下中国的城市政府是典型的全能型政府。改革开放以来,城市政府将工作重心转移到经济建设上来,推动了中国城市经济的飞速发展。但与此同时,也导致了市政职能体系的非均衡发展,城市政府将经济建设作为首要职能,而轻视了对社会建设和文化建设的投入。据国家统计局统计,1996—2005年,除行政管理费之外,经济建设投入占同期财政支出的比重分别为27.46%、30.6%、30.47%、31%、29.61%、28.45%、25.78%、23.99%、24.16%、23.78%,而同期包括文教、科学、卫生和社会保障在内的社会文化建设支出在财政支出中的比重分别为17.67%、20.72%、21.37%、22.29%、22.58%、22.91%、22.89%、22.46%、22.31%、22.86%。① 由此导致了城市社会和文化建设的相对滞后与城市经济建设飞速发展之间的矛盾,制约了城市的持续和谐发展。

4. 重管理、轻服务的市政职能导向

受传统行政模式和行政思维的影响,中国城市政府在履行市政职能的过程中表现出重管理、轻服务的价值导向。这具体表现为:在城市管理中强调政府为本位,行政权力过分集中,依靠行政强制手段干预从微观到宏观社会生活的各个领域,市政管理过程缺乏民主化和法治化,社会组织和广大市民的主动参与度低,等等。重管理、轻服务的市政职能导向不利于城市政府有效提供公共服务,促进社会公平;不利于维护市民的基本权利;也不利于加强城市社会管理,推进公民社会建设。为此,城市政府必须进一步解放思想,切实把市政职能转到经济调节、市场监管、社会管理和公共服务上来。

三、中国市政职能的改革与发展

中国市政职能体系改革与发展的基本目标是按照社会主义市场经济体制的要求,在适应社会经济发展水平和遵循城市化发展规律的基础上,建立功能齐全、结构合理、运行协调、灵活高效的市政职能体系。中国市政职能发展的根本任务,是彻底转变城市政府的经济与社会职

---

① 国家统计局:《中国统计年鉴》1997年卷,第243、248页;国家统计局:《中国统计年鉴》2007年卷,第281、296页。

能,整合城市规划、建设管理和服务职能。

中国市政职能改革与发展的总体要求是:按照政企分开、政社分开的原则,转变政府职能,重点是政府经济与社会职能的转变。其具体要求是:

第一,撤销部分职能。即按政企分开的要求,社会资源的基础配置权逐步由政府转交给市场,政府及其所属机构同企业之间不再保持上下级的行政隶属关系,通过国有资产控股公司,使城市政府逐步退出竞争性经济领域和城市社会自治领域,撤销城市政府的企业经营管理职能。

第二,转移部分职能。即按照"政企分开"、"政事分开"的原则将属于资源配置、生产经营和社会自治的职能转移出去,交由市场、企业、社会中介和自治组织承担。

第三,增加部分职能。即在政府职能转变过程中,要大力增加城市社会公共服务职能,制定社会援助、社会福利、社会保障、公害治理、生态环保等方面的管理规范,健全社区管理体制,培育市场服务和社区服务体系,使市民有一个良好的生存与发展环境。

第四,强化部分职能。即加强城市政府的宏观调控职能,如加强决策、咨询、信息和综合服务、调节、仲裁、监督等宏观调控职能,以逐步形成强有力的宏观调控机制和良好的市场环境,尤其要加强行政执法和监督部门的职能,不断提高城市政府的行政执行和行政监督能力。

中国市政职能转变是一项非常复杂的社会系统工程,并不是只要进行简单的政府职能调整就可以实现的,而是应该在上级党政机关的指导下,精心设计、精心运筹。具体来说,中国市政职能转变的路径有如下几方面。

(1) 调整城市政府行使职能的外在环境,为转变市政职能提供必要的前提条件。首先,要理顺党政关系,使之既有利于加强和改善共产党的领导,发挥其领导核心作用,又有利于建立各级城市政府强有力的行政系统,发挥其行政指挥执行作用;其次,实行政企职能分开,将企业应有的经营决策权和经营管理权归还企业,减少政府机构对企业正常经营的不当干预;再次,城市政府的上级机关要依法下放权力,改变下级机关仅为上级机关执行机构的现象;最后,城市的非权力政治系统,尤其是工青妇等社会团体,应依法积极参与市政管理活动,发挥主人翁的作用。

(2)调整城市政府内部系统的经济行政职能,为转变市政职能提供保证。一是从分解职能入手,以避免机构重叠、职责不清。如将拟撤销的经济行政机关的职能进行分解:社会职能划给所在的区,即分权于城区;综合管理职能划给市、区人民政府各综合部门直接管理;行政管理职能交给市政府的直属部门;下属的经营单位进行转轨,组建成经济实体等。二是职能合并,以减少管理层级,提高管理效率。伴随着2008年"大部制"改革的稳步推进,全国各级城市政府按照大机构、大职能和大责任的基本内涵,紧密围绕政府职能转变这一核心,大力精简机构数量,科学有效地实施部门整合,清晰界定政府部门的职能责任。例如,早在1992年就开始尝试"大部制改革"的广东省顺德市,改革后全市的56个党政机构,精简为29个,其中政府部门为23个;撤掉了27个部、办、委、局,各部门的内设机构精简了125个,裁撤临时机构近100个。① 根据《深圳市人民政府机构改革方案》,深圳市在改革后设置31个工作部门,比改革前实际减少机构15个,精简幅度达到了1/3。②

(3)转变城市政府的经济行政职能,为确立科学的市政职能开路。在管理内容上,要从过去的定指标、批项目、分资金、分物资,逐步转到主要搞好统筹规划、掌握政策、组织协调、提供服务、运用经济调节手段和加强检查监督方面来。即从过去管理经济活动的全过程、管理微观经济内部活动,向管理以宏观平衡为主的宏观经济外部条件转变。采取切实手段促进城市政府职能的均衡发展,把政府职能调整为经济调节、市场监管、社会管理和公共服务。

(4)在市政职能实现方式上,坚持从过去的以行政命令为主,向综

---

① 陈超颖:16年前顺德开始"大部制改革",http://fs.southcn.com/xwss/rdzt/jb/bj/zw/content/2008-12/16/content_4772812_3.htm。

② 魏恒:深圳政府机构改革启动 国庆前完成精简1/3部门,《广州日报》2009年8月1日。

合使用规划指标、经济杠杆、经济信息、法律手段、行政手段这五种调节手段转变;坚持从过去的直接管理企业的人、财、物,产、供、销,向间接控制、引导企业行为转变;要进一步充实加强综合经济管理和经济检查机构,适当合并和精简专业性管理部门。

第四节 市政职能过程

一、市政决策

市政职能过程,是指市政体系中的执政党、国家机构等市政主体以市政职能为核心,为维护城市社会经济秩序、推动城市发展而进行市政管理活动的运行过程。市政管理是一个动态的过程,它是城市权力系统在特定的内外环境下,通过信息的综合与分析,针对城市面临的公共事务的具体状况所进行的市政决策、市政执行、市政控制的过程。这些环节相互衔接、相互作用,共同构成了市政管理运行机制的完整形态。

市政决策是城市的政党组织集中市民的公共意志,把它们转化为城市代议机构的地方性法规和决议,以及城市的行政机构或司法机构贯彻法律和地方性法规,对具体的行政事务或司法案件作出决定或裁决,从而形成的处理城市公共事务的一般规范和具体意见。

信息是市政决策的基础和依据。市政决策的信息有三个基本来源:一是从各种书面材料和口头沟通所获得的信息;二是亲自实地观察获取的信息;三是通过互联网等现代媒介了解的信息。市政决策活动仅仅掌握信息是不够的,还必须善于运用各种方法和手段,对采集到的信息进行科学的分析和加工,使信息发挥应有的价值,否则势必导致市政决策的失误。对信息进行科学的加工处理,包括两个环节:第一,筛选信息。筛选信息是一个去粗取精、去伪存真的过程。由于信息的来源是多元化、多层次和多方位的,所以,最初收集到的信息往往密度高、数量大,只有对采集到的信息进行认真的过滤和筛选,剔除不准确、模糊、片面、重复的信息,才能为市政决策提供高质量的信息资料。第二,分析信息。分析信息就是对收集到的信息进行认真深入的研究,探索出所反映事物的全貌和真正内涵,进一步提高信息的质量和使用价值,使信息恰如其分地为决策服务。

科学预测决策主要措施的可行性与决策客观结果的效益,是市政决策的关键阶段。在市政实践中,调查研究报告、可行性分析、工作设想、政策纲要、方案要点等,都可看做是市政决策的预测阶段。市政决策的预测内容包括实施某项市政决策相关的社会群体利益矛盾分析;该项市政决策所涉及的社会相关领域技术和业务客观条件的可行性分析;该项市政决策所涉及的城市国家机构相关部门的职责、能力和权限分析;该项市政决策的环境效益、社会效益和经济效益分析;该项市政决策的副作用及其弥补措施分析等。市政决策预测的关键环节是对所涉及的具体实际情况开展调查研究。

决策咨询是市政决策的必要条件。起草市政决策方案的主体是城市政党组织或城市国家机构的有关职能部门或研究部门,决策咨询对象有三类:第一类是来自高等院校、专业研究机构、城市政党组织、国家机构等实际工作部门的专家,他们是主要的市政决策咨询对象。专家应该从专业的科学性、技术性出发,独立地发表看法,而不能从顺应决策相关领导的思路出发,这是专家对市政决策提供咨询的价值所在,也是专家参与市政决策对市民负责的表现。第二类是与某项市政决策有关的市民。每一项市政决策归根到底是谋取辖区内多数市民或某一部分市民的利益,也要靠他们来实施该项市政决策,所以市民的拥护程度决定了市政决策实施的成败。第三类是城市、上级政党组织和国家机构相关部门的工作人员。对上级工作人员来说,有关的市政决策需要他们的审批和支持;对同级或下级工作人员来说,有关的市政决策需要他们的协作或执行;无论是哪一级工作人员,在某项市政决策的实施中,都会涉及尊重和兼顾他们合法、合理、合情的个人利益,他们对相关市政决策的支持和配合程度将对市政决策的执行过程产生重要影响。

多方案择优是市政决策的主要特征。多方案择优首先是因为对决策方案的多元目标以及一个目标的多重侧面所强调的重点不同。其次是因为可以通过不同的途径、采用不同的手段实现目标。最后是因为对方案副作用的弥补、对意外情况的应急预案的设想和对策不同。提供决策的多种方案应由不同的机构来拟订。择优的标准包括在重点满足决策方案所要解决的市民群体利益的同时,平衡与之有矛盾的社会群体的利益;在技术和业务方面的可行性较好;成本较低;环境效益、社会效益和经济效益的平衡较好;对方案的副作用和意外情况的对策较充分等。多方案的差别性是指各方案在目标、途径、时间进度等方面有不同侧重的考虑。由市政决策的主体选定其中某一方案后,被选定的方案有必要吸取其他方案的长处,以弥补自身的不足,对方案做进一步的完善。

根据组织性质不同,市政决策可以分为集体决策和个人决策。在中国,中共市委、市人大及其常委会的性质是决策组织,实行合议制,由于通过集体表决作出决策,所以决策组织实行集体负责制。市政府的性质是执行组织,实行重要问题由各级法定会议讨论与该级行政首长个人作决定相结合,由各级行政首长在法定会议听取会议成员意见的基础上个人作决定,它是与市政府各级实行首长负责制相适应的。作为决策组织的中共市委、市人大及其常委会之所以实行合议制,主要是由于它一方面体现多数人的利益和意志,另一方面保持利益平衡的需要。作为执行组织的市政府各级部门之所以实行首长负责制,主要是出于有利于实现各级行政首长统一指挥的需要。由于在中共市委、市人大及其常委会的表决中,市委书记和副书记、市人大常委会主任和副主任都只有一票表决权,因此他们在决策方面和其他成员的地位是平等的;但在执行方面,他们分别负有主要的或分管范围的领导责任。中共市委、市人大及其常委会细化决策,是制约市政府各级行政首长个人决策的根本办法。

二、市政执行

市政执行是城市的政党组织和国家机构执行法律、法规、上级的决定和本市的市政决策等,并监督公共事业单位、企业、社会团体、市民执行有关的法律和市政决策等,对企业生产和市民生活实施公共行政、提供公共服务等的职位行为。

通过首长负责制和工作责任制将市政决策的目标逐级分解、责任到人,是市政执行的组织保障。城市的政党组织和各国家机构各自的总目标分解为这些机构所辖的部门分目标,部门分目标又进一步分解为工作人员的个人目标,因此,上一级的责任包含所对口的以下各级的责任。责权利相结合是维护首长负责制和工作责任制的核心。其中的责指职位所承担的职能和责任,执行上级的决定是职责的重要方面;权指权限,即自主决定的范围,权与责的联系体现在对权限内所做的决定负责;利与责、权的联系体现在行使一定的权,完成了一定的责,就应得到职位合同书所载明的利,利即利益,具体体现在职务的升迁、行政职级的提高、工资的上升、奖金的增加、各类福利待遇的改善、精神奖励等。

对城市的政党组织和国家机构的首长以及工作人员的工作目标,作出定性与定量相结合的规定,是对他们分担市政执行明确要求、便于考核的需要。改革开放以来,中国城市的政党组织和国家机构对由选举产生的政务类官员推行任期目标责任制,对由上级任命或聘用的事务类官员实行年度目标责任制,其重大的进步在于对他们的工作目标加以定性与定量相结合的规定。一方面,能定量的尽量定量化,既有利于明确要求,又便于年终考核;另一方面,为了防止唯定量的偏向,以定性的规定统驭并补充定量的要求。有些城市逐步实现定性与定量相结合的工作目标与工作人员的工资、奖金变化挂钩的规范化、制度化、公开化。通过定性与定量相结合规定工作目标,较充分发挥了物质利益原则在调动城市政党组织和国家机构工作人员在市政执行过程中的积极性。

行政首长对下级的统一指挥,是市政执行重要的组织原则和工作原则。首长负责制是作为执行性质的组织所能采取的较适合的组织体制和管理体制。从组织体制看,执行组织是依靠一条等级链连接起来的,要求逐级负责,不允许越级负责。从管理体制看,执行组织是依靠一条命令线连接起来的,要求每一位工作人员只接受一位直接上级的命令,而不必接受来自其他方面的命令,否则会无所适从,造成管理体制和组织体制的混乱。命令线要求统一指挥,不允许多头指挥。因此,一般情况下,只能逐级指挥;但在紧急或特殊情况下,越级指挥是不得已的。同理,一般情况下,不允许越级汇报;但在逐级汇报无效的情况下,越级反映也是迫不得已的。

城市的政党组织和国家机构的工作部门之间的分工与协作,是市政执行顺利进行的重要条件。城市的政党组织和国家机构各有特定的职能,总体说来,政党组织提出政策,转化为代议机构的地方性法规和决议,再由行政机构和司法机构执行。这说明它们之间的分工与协作是行使城市政权的统治职能和社会职能所必需的。现代社会更多的公共政策具有跨社会多个领域性质的趋势,强化了城市的政党组织和国家机构的工作部门之间在市政执行中的分工与合作关系。在城市的一个国家机构内部的工作部门之间,首先应尽量做到各司其职,避免因职能交叉而引起的共同负责。其次,对少数需要跨部门共同负责的事项,有必要明确主要责任和辅助责任,并且明确各自分工和职责的范围。最后,通过行政纪律规定,承担辅助责任的部门具有主动、积极协助主要部门开展工作的义务。部际委员会是有些发达国家行政机构内部加强部门之间协作和协调的一种组织机制,可以借鉴用于城市政府那些存在着较多跨部门事项、相互协作较多的部门之间的协调,可以在两个部门或两个以上相关的部门之间设置。

通过多方面培训,不断提高城市国家机构公务员的素质,为市政执行奠定坚实的基础。世界各国都把组织的人员培训提升到越来越重要的地位,认为这方面的投资是最重要的投资。公务员的素质可以分为政治素质、职业道德素质、业务能力素质、遵纪守法素质、身体素质等方面。政治素质表现在对选民负责与对上级负责的统一;职业道德素质包括对选民的态度、服务质量、人际关系、工作作风、自制力等;业务能力素质包括业务知识、工作能力、技术能力、全局观念、工作质量等;遵纪守法素质包括依法行政、遵守行政纪律等;身体素质包括健康状况、体能和脑力劳动能力、心理状态、自我体育锻炼习惯等。培训是提高公务员素质的主要途径。公务员的素质能够适应不断发展的公共需求,市政执行就有了可靠的保障。

三、市政控制

市政控制是城市的政党组织和国家机构的领导层为了确保按时实现市政决策的目标,对他们的下级以及城市的企业、公共事业单位、社会团体、市民执行市政决策的行为进行监测,及时发现偏差,针对原因采取纠偏措施,并对市政决策进行局部修改后予以执行的管理过程。

首长负责制所包含的领导控制、专门部门的专职控制、公务员的自我控制,组成了三位一体的市政控制管理体制。在三位一体的市政控制体制中,领导控制的重点是调配资源。当发现随着组织内外条件的变化,有些部门和职位在执行市政决策中发生资源短缺时,则首长在其权限内就有必要调配组织内的资源。专门部门的专职控制包括办公室对领导重要指示或批示的督办;督导室对重大事项的跟踪控制;计划部门对资源调配和时间进度的控制;统计部门对数据和信息的控制;财务部门对资金使用的控制;人力资源部门通过考核对公务员完成绩效目标的控制;监察部门对违反行政纪律和失职的控制等。在三位一体的市政控制体制中,专门部门专职控制的重点是调查偏差的原因并研究解决的措施。公务员的自我控制是三位一体的市政控制体制的基础和关键。因为控制的精髓是及时发现偏差并采取措施予以纠正,而能够在时间上及时发现偏差、在空间上从细节发现偏差的最有效机制,莫过于在每个职位上工作的公务员本人。在三位一体的市政控制体制中,公务员自我控制的重点是及时发现偏差。所以,在目标管理和绩效考评的理论和制度中,都把组织成员在日常工作中经常对照计划及时发现偏差,随即采取措施予以纠正或报告上级的行为,作为先进的制度设计给予强调,从而成为自我管理和自我考评的重要特征,并与达到目标和完成绩效指标后的经济收入、奖励政策挂钩。

及时发现偏差是市政控制的关键环节。根据管理学的控制理论,控制一般有三种,即前馈控制(也称事先控制)、现场控制(也称事中控制)和反馈控制(也称事后控制)。在市政控制中应用前馈控制的价值在于预防和避免市政决策方案中的重大偏差或失误。而现场控制在市政控制中的应用价值体现为对现场正在进行的活动或行为给予必要的指导、监督。反馈控制在市政控制中的应用价值体现为工作总结,对已经结束的市政决策产生的偏差及造成的损失及时总结经验教训,可以为下一次市政决策提供借鉴,积极采取措施预防同类偏差和损失的发生,或在同类偏差发生时及时发现,以避免造成更大的损失。

在市政控制过程中,除了要充分发挥三种控制手段的作用、强化市政决策的全程控制之外,还应健全实施市政控制的体制、制度和机制。一是依托市政决策信息网的信息反馈程序和警示程序,及时、全面地掌握相关信息;二是对实施市政决策的关键和重点部分建立预警数据区域及其分析系统,由对市政决策负主要责任的部门以及必要时增加专门控制的专职部门,指定专人监控预警数据区域的变动,与相关部门和专家分析并提出纠偏措施;三是设计并安装针对市政决策重点部分及时发现偏差、准确分析原因、提出纠偏措施的应用程序,使市政控制实现信息化和程序化。

运用管理学的弹性原则做好应对意外情况的准备是市政控制的重要方面。这是由于市政决策在空间和时间上涉及的因素繁多、复杂、变动性强,如在政治方面关系到城市各类市民群体各方面的利益;在管理方面则涉及社会各领域的客观条件。因此,在实施市政决策的过程中,发生局部性的意外事件是常有的事,发生较大规模的意外情况也在情理之中。市政控制要求市政决策的计划目标应适当地留有余地,宁可制定经过努力可超额完成的计划指标,也不要制定即使竭尽全力仍难以完成的计划指标;要求对不同方面的意外情况事先制订应急预案,并且留有必要的备用资源,做好职责分工和资源调配;要求根据主客观条件的变化,及时对决策方案进行修改,必要时停止执行原来的决策方案,直至重新制定决策方案。

健全公务员政治责任和行政责任的监控制度,是市政控制的一项历史任务。公务员政治责任的监控制度,指的是公务员有义务对选民负责;选民个人有权利对公务员进行监督和控制;建立健全选民集体对公务员的监督和控制体系。公务员行政责任的监控制度,指的是公务员有义务对上级负责;有义务和职责执行法律、法规和上级的决定;对公务员的失职行为,上级和组织有一系列制度进行追究和控制。公务员行政责任的监控制度有两个系列:一是属于首长负责制组成部分的监控制度;二是属于行政机构人力资源管理部门职责的监控制度。在作为首长负责制组成部分的监控制度方面,行政首长实行管人和管事相结合。在管人方面,上级行政首长有权决定或向人力资源管理部门提出公务员升迁、调动、奖惩、福利待遇等方面的建议;在管事方面,公务员有义务和职责执行法律、法规、上级的行政决定和上级行政首长的指示,履行岗位职责,完成工作任务。在作为人力资源管理部门的监控制度方面,人力资源管理部门有权参与对公务员的考核,并根据考核结果决定或审批有关公务员的一系列人事安排。世界各国都在实践中不断探索和逐步健全以公民投诉为主导的一系列旨在加强公务员政治责任监控的制度。一般来说,城市国家机构受理公民对公务员职务行为投诉的组织体制有三级:一是设置在市政府工作部门内专职受理投诉的组织;二是设置在市政府的专职受理投诉的组织,它受理对工作部门处理投诉决定不服的上诉;三是通过行政诉讼的途径,公民有权利向司法机关投诉。任何一级受理投诉的组织对投诉查有实据,可依据权限对当事公务员进行处罚,包括降职、罚款、给予行政纪律处分等,直至追究法律责任。

第四章
城市发展战略

城市发展战略是对城市发展较长时期内前瞻性、综合性的规划。它对城市规划、城市经济和社会发展计划具有指导作用。它通过城市代议机构的地方性法规和决议、政府的行政规章和决定等加以具体化和实施。它对城市科学确定主导产业来带动经济发展,实现经济、社会、生态的良性互动与和谐发展具有统筹性意义。

第一节 城市发展战略概述

一、城市发展战略的含义和作用

战略最初是作为军事用词出现的。《辞源》对战略释义为作战的谋略。[①] 1958年,美国经济学家艾伯特·赫希曼首次提出经济发展战略概念,用于研究发展中国家的经济发展思路。20世纪80年代初期,中国经济学家于光远倡议开展经济发展战略的研究,以适应中国改革开放条件下经济发展的需要。20世纪80年代,中国出版的一些城市经济学著作,都专门研究了城市经济发展战略的问题。随着中国城市化的推进,各地城市掀起了制定和实施城市经济和社会发展战略的热潮。

城市发展战略是关于城市的生态环境、产业结构、城市建设和社会发展的总体性规划,是城市经济和社会发展的目标、措施和步骤的前瞻

---

① 《辞源》(第二册),商务印书馆1998年版,第1 193页。

性部署。

城市发展战略对城市的经济和社会发展具有以下作用：

第一，科学地认识和尊重城市的能源、资源和自然环境对城市产业和人口发展的承载力。

扬长避短地利用能源、资源和自然环境，一方面要最大限度地利用它们的有利条件，促进产业和人口的合理发展，避免它们的不利条件所产生的消极作用；另一方面也要避免因不当和过度地利用它们，导致自然环境的破坏，最终限制城市的发展。

第二，在认识自然环境、产业结构、人口发展和城市建设之间关系的基础上，把握城市发展的方向。

城市社会发展战略决策，是指导城市经济社会发展的大政方针，它规定了城市经济社会的发展方向和发展途径。① 城市发展战略的基本任务是对城市发展方向作出科学定位。城市发展方向是指每个城市从具体实际出发，实现自然环境、产业结构、人口发展和城市建设之间的平衡发展和良性循环。城市的自然环境、产业结构、人口发展和城市建设之间的平衡发展，要求对自然环境进行可持续利用，并且使自然环境适合人类居住；要求产业结构中主导产业定位科学，合理配置与主导产业相适应的配套产业，配置与支柱产业（由主导产业与配套产业组成）和人口相适应的共同产业；要求城市建设布局合理并且具有鲜明特色；要求控制人口的自然增长和机械增长。

第三，科学地确定主导产业的个数和相互关系，正确把握城市经济发展的主导环节。

科学地确定主导产业，是城市经济发展的主要矛盾；城市经济发展是城市社会和文化发展的基础。因此，主导产业的兴衰是一个城市的生命线。科学地确定主导产业，也是制定城市发展战略的核心任务，是城市发展战略的根本意义所在。除了大中城市郊区少数完全居住型的小城镇之外，所有的大中小城市、建制镇、乡政府驻地的集镇，以及由自然村落集中形成的新的小城镇，都应当有主导产业。主导产业有两个

---

① 肖梦等：《城市经济学》，东北师范大学出版社1988年版，第405页。

基本特征:外向性,即该产业的产品和服务大部分满足本城市以外地区的生产和生活的需求;带动性,即能够带动当地的配套产业和共同产业的发展。一般说来,从平均工资看,主导产业高于配套产业,配套产业高于其他的共同产业。① 主导产业是城市各产业之间交换关系价值链的源泉。大中小城市的人口和用地规模差别取决于产业规模,而由主导产业、配套产业和共同产业组成的产业规模,归根到底是由主导产业的性质、规模和个数决定的。

第四,城市发展战略指导城市经济和社会发展计划、城市规划的制定。

城市经济和社会发展战略与城市经济和社会发展计划之间的关系,是原则与具体、长期与短期、指导与被指导的关系。从原则与具体的关系看,城市发展战略规定了城市自然生态环境可持续发展、产业结构、城市建设和人口发展的基本目标、要求、措施和步骤等,需要通过制定和实施经济和社会发展计划予以具体化和落实;从长期与短期的关系看,城市经济和社会发展战略的期限一般为 10~20 年,而城市经济和社会发展计划的期限则为 5 年或 1 年;从指导与被指导的关系看,研究和制定城市经济和社会发展战略,能够为制定城市经济和社会发展计划提供依据。② 城市经济和社会发展计划的制定,必须严格遵循城市经济和社会发展战略所确定的原则和纲要。此外,城市发展战略所规划的城市生产和生活发展目标,需要城市规划所包含的城市规模、城镇体系、城市布局、土地功能分区、建筑控制等一系列管理内容的规范、落实和保障。城市规划既服从于城市经济发展战略,又反作用于城市经济发展战略。③ 城市规划一方面遵循和贯彻城市发展战略关于产业发展和生活设施建设的意图,另一方面从城市规划的规律和要求出发,细化、补充和实现城市发展战略。

---

① 根据城市经济学理论,主导产业一般来说必定是特殊产业;配套产业中一部分是特殊产业,另一部分可以是共同产业。但在特殊情况下,一般城市的共同产业在个别城市可以转变成为主导产业,如浙江省义乌市的小商品市场,广州市的中国进出口商品交易会。
② 陈永忠:《社会主义城市经济管理概论》,四川科学技术出版社 1988 年版,第 87 页。
③ 朱林兴:《中国社会主义城市经济学》,上海社会科学院出版社 1986 年版,第 79 页。

第五,城市发展战略对本城市与所在城市体系之间的关系作出科学的定位,有利于形成城市与城市体系之间的良性互动关系。

城市规模的大小归根到底取决于主导产业的规模和主导产业的个数。每个城市总是处在一定的城市体系之中,城市体系表现为大中小城市在主导产业、配套产业和共同产业(一部分的共同产业在某些情况下可以属于为主导产业配套的产业)之间分工与协作的城市群。主导产业的独领风骚,主导产业之间的相互匹配,配套产业为主导产业服务,是形成城市体系的决定性因素,它们构成了城市体系的骨架。通过一个个城市合理的经济发展战略,使众多处于自然发展状态的城市,变成规模上匹配、经济上发展协调、生产力分工合理的科学化城市体系。① 对一个城市来说,科学地确定主导产业是其健康发展的关键问题。如要对几个相互靠近的城市都建设相同的主导产业并确定其规模大小,按照市场经济的思路,最终可以通过企业之间的竞争来解决,或者在市场细分下各得其所,或者导致兼并和破产;必要时也可以通过中央政府的规划、指导和调控,鼓励某些城市发展某种主导产业,同时限制另一些城市发展同类主导产业。各城市之间的产业布局还有一个为其他城市的主导产业配置配套产业的问题。这些问题都需要在制定城市的经济发展战略时优先予以明确和协调。

二、城市发展战略的内容和类型

城市发展战略的基本任务是认识和尊重城市所处的自然地理和经济地理等客观条件,论证和回答城市经济和社会发展战略的主要矛盾和基本问题,协调城市的生态保护战略、科技发展战略、经济发展战略、社会发展战略、文化发展战略之间的关系。

城市发展战略的内容包括:

一是科学地确定城市的主导产业。城市的主导产业是城市经济发展的主要决定因素,它决定了城市的性质。主导产业一般来说是特殊产业,如大庆市的石油业和黄山市的旅游业;但在特殊情况下共同产业

---

① 朱林兴:《中国社会主义城市经济学》,上海社会科学院出版社1986年版,第66页。

也可以转化为主导产业,如义乌市的小商品贸易。配套产业多半也是特殊产业,但有些情况下共同产业也可以成为配套产业。城市经济的发展方向如何,首先要明确城市的性质。城市的性质反映了它在全国城市体系中的分工、区域经济发展中的地位以及城市经济发展的特殊条件。[①] 一个城市究竟确定几个主导产业,应该从当地的资源条件和市场的需求这两个基本方面出发加以综合考虑。机械地规定小城市一般只能建设一、两个主导产业的看法是不科学的。但对小城市和小城镇来说,主导产业的个数不宜多,即使对大中城市,主导产业的个数也宜适度。主导产业对一个城市来说绝非多多益善。主导产业确定不当,会导致城市经济发展的严重挫折;主导产业过多,一方面会干扰科学定位的主导产业发展,另一方面也是"城市病"的主要根源。不同主导产业在自身规模、所需配套产业的数量和规模、技术含量、在产业体系中的地位、满足其他地区的生产和生活需求的范围等方面,存在着很大的差别。它们是科学确定一个城市主导产业个数的重要依据。

二是科学地预测城市的人口规模。根据主导产业的个数和规模,测算本市范围内为本市主导产业和为其他城市主导产业配套的产业个数和规模;进一步根据主导产业和配套产业的规模,测算为本市的生产和生活服务的共同产业类型和规模;再根据产业规模测算就业人数规模以及总的人口规模。城市的产业规模和人口规模是规划和建设城市基础设施的基本依据,城市的人口规模是规划和建设城市的教科文卫体公共事业设施的主要依据。

三是科学地规划城镇体系和城市布局。一般说来,城镇体系主要是根据主导产业的分布或为实现城市内外主导产业某方面配套产业相对集中的分布来规划的。对大城市来说,它主要表现为中心城区与卫星城市的关系;对中小城市来说,它主要表现为中心城区与郊区城镇的关系。城市布局主要是就中心城区而言的,它以城市的商业中心和公共园林绿地相配套的等级分布为主线,以土地的功能分区为原则而展开的,其中的产业区在大城市应当以第三产业为主,相对集中地安排主

[①] 太原市社会科学研究所:《城市经济学入门》,山西人民出版社1987年版,第297页。

导产业,根据需要也可以适度安排科技含量高、附加值高、无污染、占用地少的都市型工业。

四是科学地规划城市基础设施尤其是交通设施体系。城镇体系和中心城区的城市布局是规划基础设施包括交通设施体系的基本依据。在大城市交通设施体系方面,应通过政府的政策扶助和劳动力市场,降低长距离通勤的客流比重;长距离客运应以轨道交通为主,地面公交主要用于区域性的客运,有条件的城市应该积极而安全地利用水路客运;有必要运用经济手段限制在中心城区使用私人汽车作为通勤工具,在市郊结合部的轨道交通车站旁应建设大规模、立体式的公共停车场。

五是科学地认识和尊重城市发展赖以生存的自然地理和经济地理等客观条件所决定的承载力。水资源、生产农副产品的用地和设施、建设用地、城市绿地、大气质量等,都是城市赖以生存的自然地理和经济地理承载力的重要组成部分。城市产业规模和人口规模的发展必须尊重城市的承载力。从积极方面看,尊重城市的承载力,一则有利于城市生态平衡的维护和延续,二则有利于城市的自然地理和经济地理作为其承载力,保护和促进城市生产和生活的发展;从消极方面看,如果不尊重城市的承载力,对自然地理和经济地理的客观条件恣意妄为,超负荷地利用,结果只能是破坏生态平衡,最终会制约城市生产和生活的发展。

六是部署城市经济和社会发展战略的目标、重点、措施和步骤。城市经济和社会发展的战略目标,主要包括主导产业发展的定性目标和产值;国内生产总值及其年增长率;第一、二、三产业比重的变化;城市各类基础设施发展的数量目标;人均国内生产总值和国民收入指标;人均预期寿命;户均住房面积;教育、医疗等公共服务人员和设施保有量指标等。战略重点有时是经济和社会发展中的薄弱环节,有时是经济和社会发展中影响全局的关键部门。[1] 战略重点包括培育新的主导产业、产业结构的调整、优先发展科技和教育、优先发展现代化的道路和交通体系、大力治理环境污染和建设环境保护的重点基础设施等。战

---

[1] 陈永忠:《社会主义城市经济管理概论》,四川科学技术出版社1988年版,第100页。

略措施包括吸引和留住发展主导产业所急需的领军人才,实行向主导产业、配套产业和优秀人才倾斜的分配政策,政府运用经济手段促使企业经营方式由粗放型向集约型转变,协调城区产业与农村产业的互补和发展,改革不适合生产力发展的经济体制和行政管理体制等。战略步骤包括提出 10 年、5 年和 1 年经济和社会发展分阶段的目标和指标等。

从城市发展战略的内容看,城市发展战略的类型有经济发展战略、社会发展战略、科技发展战略、文化发展战略和生态保护战略等。

城市经济发展战略的内容包括下列组成部分:① 国内生产总值增长数量和年增长率,人均国内生产总值增长数量和年增长率;② 主导产业产值增长数量和年增长率,为城市内外的主导产业配套的各类产业产值增长数量和年增长率,各类共同产业的产值增长数量和年增长率;③ 产业结构的转型和发展,包括第一、二、三产业比重变化的指标,高新技术产业产值的增长数量和年增长率,用高新技术改造和发展传统产业的产值增长数量和年增长率;④ 经济体制改革的措施,包括改革和健全城市政府管理经济的手段和政策,如计划手段、价格手段、税收手段、财政政策和土地政策等;在各类产业中,国有经济、集体经济、个体经济、私营经济和外资经济所占比重的调整;健全各种生产要素市场的目标和措施;投融资体制、流通体制、分配体制改革的目标和措施;促进企业从粗放型向集约型转变的目标和政策;⑤ 城市基础设施建设的目标和政策,包括能源设施、供排水设施、交通设施、通信设施、环保设施和防灾设施等;⑥ 提高市民物质生活水平的目标和措施,包括人均国民收入增长数量和年增长率,就业率,人均居住面积,每百户拥有固定电话、电视机、电冰箱、洗衣机数量,煤气普及率等。

城市社会发展战略的内容包括下列组成部分:① 城市人口发展战略,包括通过实行计划生育控制人口的自然增长,提高人口素质,控制流动人口等方面;② 城市社会保障发展战略,包括社会保险、社会福利、社会优抚、社会救济等方面;③ 城市教育卫生体育等公共事业发展战略,包括教文卫体事业发展的目标和政策;④ 城市社区发展战略,包括社区管理机构和职能的改革和健全、社区服务设施和组织的健全、居民自治的发展等方面;⑤ 城市社团发展战略,包括党和政府对社团的指导,社团管理法规和规章的健全,社团自主管理,充分发挥社团在公共事务、企业事务和社会事务中的作用;⑥ 城市社会安全管理的目标和政策,包括健全社会治安综合治理体制,从源头上治理危害较大的社会治安问题,降低各类社会治安犯罪案件的发案率,保障和改善司法机构的人员待遇和工作条件等。

城市科技发展战略的内容包括下列方面:① 为主导产业服务,保持产品研发的领先水平,攻克技术难关。如果没有技术创新,也就不会有主导部门,因而也就不会有主导部门综合体系,从而也就没有经济的发展。① 可见,为主导产业服务,是城市科技发展战略的重中之重;② 为配套产业服务,加强应用研究和科技服务;③ 为城市的基础设施建设服务,解决基础设施建设的技术难点;④ 通过多种经济手段,鼓励企业根据行业和自身特点,逐步提高研发投入占销售收入的比重;⑤ 提高科技支出占城市财政总支出和城市国内生产总值的比重,建设一支精干的事业单位科技队伍,为城市公共服务提供技术支持;⑥ 大力发展科普工作,提高市民科技素养。

城市文化发展战略的内容包括下列方面:① 发展电视台、报刊、广播电台等公共媒体事业的目标和政策;② 建设和发展公共的图书馆、博物馆、文化馆的目标和措施;③ 深入开展建设和评选文明单位、文明小区、文明家庭的活动;④ 保护和发展地方性戏剧、曲艺的目标和措施;⑤ 搞活文化市场,进行必要而适度的监管,满足市民多样化的文化需求;⑥ 引导和扶持群众性文化;⑦ 规划、建设和普及公共网络文化。

城市生态保护战略的内容包括下列组成部分:① 水资源保护战略,包括水源区保护、水污染治理、污水处理、节约用水等方面;② 治理空气污染的目标和措施,包括减少汽车有害尾气排放、减少化工类生产有害气体排放、减少烟灰粉尘等;③ 治理土壤和农产品的污染,为城乡居民生产绿色、质优、价廉的农副产品;④ 实现分类倒垃圾、密封运输、垃圾处理资源化和无害化;⑤ 城市园林绿化的发展目标和政策。

---

① 朱春奎:《自主创新与创新型城市》,学林出版社 2006 年版,第 20 页。

三、城市发展战略的制定和实施

城市经济和社会发展战略是城市发展的纲领性文件,对城市规划和经济计划具有指导作用。城市总体规划、城市经济和社会发展计划都须经过市人民代表大会审议和批准,城市总体规划还须报请上级政府乃至国务院批准,城市经济计划也须报送上级政府审核。因此,有必要健全制定城市发展战略的法定程序,增强其权威性和规范性。

中国城市制定城市发展战略的程序,其周期需要2~5年,包括以下三个阶段:

第一阶段是由中共市委和市政府组织起草城市发展战略。

这一阶段涉及下列几个环节:

一是由市委研究室、市人大研究室、市政府研究室、市政府经济研究中心等机构组成专门班子,具体组织起草城市发展战略的工作。宜由一位市委副书记亲自负责组织起草城市发展战略工作。

二是组织专家学者开展专题调研,对技术性、专业性较强的重大课题撰写专题报告,为城市发展战略的有关方面提供基本的意见;召开咨询会、座谈会,听取各学科专家学者对城市发展战略疑难问题的看法。

三是通过互联网、报纸、信访等渠道,广泛征求市民对关系到自己切身利益的事项的建议和意见。

四是组织市政府各职能部门讨论和确定城市发展战略相关领域的发展目标、政策和措施。

五是召开市委全委会,审议城市发展战略草案。着重关注对上级中共党委、政府关于本市经济和社会发展的决定、要求和指示的贯彻和落实,与周边市县经济发展的协调,本市各阶级、阶层和社会集团之间利益的平衡,长远与当前、全局与局部之间的关系,对城市发展战略的重大问题提出或确认原则性意见。

六是召开市政府全体会议或常务会议,审议和通过提交市人民代表大会审议的城市发展战略议案稿。

第二阶段是市人民代表大会审议和通过城市发展战略。

市人民代表大会审议城市发展战略有两个基本的功能:一是反映

和协调市民中各种阶层和利益集团之间的基本利益关系;二是在人与自然的关系比较均衡、市民中各种阶层和利益集团之间利益矛盾关系比较平衡的基础上,使城市发展战略成为全体市民共同意志的体现,从而获得制定和实施城市发展战略所必要的公共权威性和强制力。

第三阶段是依法经过上级政府审批,取得上级政府的认可,在完成制定城市发展战略的程序后生效。

城市发展战略必须依法经过上级政府审批,主要目的是为了保障城市发展战略中涉及更大范围地区公民利益的事项,必须遵循和贯彻上级政府的有关规划,与上级政府规划的规定相一致。在实施经过上级政府审批的城市发展战略中,上级政府可以给予必要的财力、物力、人力、技术或信息等支持。

实际上,在制定城市发展战略的第一阶段,城市政府的工作部门就与上级政府的主管部门保持着及时和经常的沟通。城市政府工作部门的工作人员在了解上级政府有关规划后,在参与起草城市发展战略有关内容时,认真遵循和贯彻上级有关规划的原则精神,并且就具体问题与上级政府主管部门协商,就有关内容的规范性表述与上级政府主管部门达成一致意见,从而为城市政府发展战略在报请上级政府审批时顺利通过创造前提条件。

城市发展战略的实施,需要通过三方面的规划、计划来加以落实。一是城市规划,二是城市经济和社会发展计划,三是城市政府向市人民代表大会的工作报告以及各工作部门的年度工作计划。

第二节　中国城市发展战略

一、中国城市发展战略的沿革

改革开放以来,中国城市发展战略的沿革,经历了20世纪80年代以国内生产总值增长率为主导的城市发展战略阶段、90年代注重经济增长方式转变的城市发展战略阶段、21世纪以来以科学发展观为指导的城市发展战略阶段。

20世纪80年代实行以国内生产总值增长率为主导的城市发展战略,有其客观的历史背景,并且起到了积极的历史性作用。"文化大革命"严重破坏了中国生产力的发展,国民经济面临崩溃的边缘。中共十一届三中全会提出以经济建设为中心,实现了历史性转折,人民群众的生产积极性像火山般喷发出来。家庭联产承包责任制为工业提供了更多的原材料,乡镇企业异军突起,城市工业迅速恢复和发展。这些因素都有力地推动着工业化、城镇化高潮的兴起,促使以工农业总产值增长率为主导的城市发展战略应运而生。在大城市第二产业恢复和发展的基础上,第三产业也开始蓬勃发展,原有的工农业总产值逐步为国内生产总值所取代。以国内生产总值增长率为主导的城市发展战略,对20世纪80年代中国实现国内生产总值翻一番,形成沿海开放城市带动其他地区经济发展的新格局,起到了积极的历史性作用。

随着生产和消费对各类资源需求的急剧增加、国际市场竞争的压力、主要受技术水平限制未能充分利用能源和资源导致环境污染加重等原因,以国内生产总值为主导的城市发展战略逐渐显现出粗放型经济增长方式的局限性,占用地过多,能源浪费,资源消耗大。中共中央及时提出转变经济增长方式的历史性任务,促使城市发展战略从以国内生产总值为主导向以集约型经济增长方式为主导转型。对企业和城市来说,粗放型经济增长方式主要靠增加生产要素的数量来发展经济,而集约型经济增长方式则主要靠科技加管理提高生产要素的效用来发展经济。注重经济增长方式转变的城市发展战略,要求企业和城市政府严格控制用地规模,提高土地的使用效益;千方百计降低企业生产的成本,降低城市政府管理成本,削减不必要的财政支出,尤其是政府行政管理费用的支出;向科技和管理要产出、要效果、要经济效益。这个新战略的主要特点是:在速度与效益的关系上,从单纯追求产值忽视经济效益,转到在提高经济效益的基础上追求速度;在扩大再生产外延和内涵两种方式的关系上,从以外延为主、粗放的发展为主,转到以内涵为主、逐步实现集约的发展为主。[①] 注重经济增长方式转变的城市发

---

① 太原市社会科学研究所:《城市经济学入门》,山西人民出版社1987年版,第288页。

展战略,使中国在20世纪90年代提前实现了国内生产总值翻两番的目标,开创了由中心城市、中小城市带动各类经济区所形成的东部、中部、西部经济联动发展的局面。

中国进入21世纪以来,工业快速发展导致环境污染呈现加重趋势;城乡居民生活水平提高需要消耗更多的能源和资源,中国人均能源和资源匮乏的矛盾日益突出;市场经济发展中一部分社会群体收入偏低,生活困难,某些民生问题突出;生产力发展到一定水平,工业反哺农业、城市支持农村和协调地区之间的平衡发展提上议事日程。面对这些新的问题和挑战,原有的注重经济增长方式转变的城市发展战略难以完全有效地应对;而以科学发展观为指导的城市发展战略能够较好地回答和解决中国城市发展所面临的这些新问题和新挑战。

以科学发展观为指导的城市发展战略是以人为本的城市发展战略。在明确社会主义的城市发展战略根本目的方面,科学发展观一方面继承了党和政府为人民服务的优良传统,另一方面从生产力发展新的水平出发,提出尊重作为人民组成部分的每位公民的权利、需要和全面发展。坚持以人为本,就是要坚持在全国人民根本利益一致的基础上关心每个人的利益要求,体现社会主义的人道主义和人文关怀,满足人们的发展愿望和多样性需求,尊重和保障人权。①

以科学发展观为指导的城市发展战略是把城市经济发展作为第一要义的战略。在生产力层面,一方面规划和建设具有先进科技水平的主导产业,另一方面处理好各类产业的比例关系。在生产关系层面,通过以公有制为主导、多种所有制经济并存的产权结构,充分调动劳动者的生产积极性,并且形成灵活多样的劳动组合;在交换关系方面,让市场在资源配置中发挥基础性作用。在上层建筑层面,城市政府通过实施必要的公共管制,包括城市规划、环境保护、社会治安、交通管理等;城市的公共服务机构通过提供公共服务,包括基础设施、教科文卫体和社会保障等方面,为企业生产创造一个良好的外部环境。

以科学发展观为指导的城市发展战略是城市全面发展的战略。在

---

① 中共中央宣传部理论局:《科学发展观学习读本》,学习出版社2006年版,第19页。

城市发展中,要全面推进经济建设、政治建设、文化建设、社会建设。在以往的城市发展战略中,政治建设方面的内容是在城市社会发展战略中进行论述的。而以科学发展观为指导的城市发展战略,对以坚持和改善党的领导、健全人民代表大会制度、公民参政为基本内容的政治建设,对经济、政治、文化、社会四个方面建设之间的协同关系,给予了更大的重视和更多的规划。在条件成熟时,有必要与城市的经济发展战略、文化发展战略、社会发展战略并列,单独制定城市政治发展战略。

以科学发展观为指导的城市发展战略是城市协调发展的战略。科学发展观为城市协调发展的战略定下了基调,即统筹城乡发展、区域发展、经济社会发展、人与自然和谐发展、国内发展和对外开放。对城市尤其是大城市来说,统筹城乡发展,在用地方面保持耕地面积基本稳定与适度占用耕地之间平衡的前提下,一方面主要依靠农村自身努力,靠城市支持农村,推进农村地区现代化,另一方面通过农村地区现代化,来解决中心城区第二产业和人口过度密集的弊病。对设区的市来说,统筹区域发展,包括减少重复投资和建设、发挥公共服务设施跨区服务的规模效益、解决交界地段公共管制缺位问题等。对沿海城市和大城市来说,对外开放不仅指产业、旅游等对外开放,还包括对长期居住的外籍人士开放及其服务和管理新问题。

以科学发展观为指导的城市发展战略是可持续发展的战略。根据《里约热内卢宣言》给可持续发展所下的定义,它是指当代人在满足生存需求时,不危及后人选择他们的生活方式及满足需求的可能性。[①]可持续发展,应理解为是人类保护和合理利用自然界,有利于自然界和人类社会的可持续发展。城市的可持续发展战略,是由自然界对人类社会的决定作用、经济发达与环境脆弱的基本矛盾、中国人均资源极为匮乏这三方面原因所决定的。城市可持续发展战略包括保护自然界和生物多样性,大力研究和使用科学技术,更充分地利用能源和资源,节约使用能源和资源,防治污染,垃圾收集、清运和处理的无害化、资源化,发展循环经济等方面的内容。

---

① 唐恢一:《城市学》,哈尔滨工业大学出版社2001年版,第167页。

二、中国城市发展战略的依据和原则

制定中国城市发展战略的依据有：

1. 国家和上级政府的生产力布局等规划

对城市发展战略来说，国家和城市所在地区的各类规划是全局，城市发展战略作为局部，理应服从全局。科学确定城市主导产业的重要依据是国家和上级政府的生产力布局规划。尤其是与自然资源开发相联系的主导产业，更应与国家和上级政府的生产力布局规划相一致；知识和技术密集型产业，多数遵循国家和上级政府的生产力布局规划，少数自然成长起来的也需要与国家和上级政府的生产力布局规划经历互动过程，取得国家和上级政府的支持；具有中国传统优势的产业、技术上具有领先优势的产业、高新技术产业等，应该从世界经济地域分工出发，科学定位，领先一步，做大做强主导产业。国土规划是城市土地开发和利用的重要依据，应服从国土规划关于保护耕地、对城市建设用地实行总量控制、控制各类用地比重、防止土地沙漠化或盐碱化等规定。国家和上级政府的环保规划是城市生态保护战略的首要依据。城市所处的自然环境是更大范围自然界的组成部分，只有服从国家和上级政府环保规划，与周围市县相互协同，才能保护好城市生态环境。国家和上级政府的能源、流域治理、交通、通信、防灾规划是城市基础设施规划和建设的重要依据。城市各类基础设施网络是国家和城市所属地区的基础设施更大网络的组成部分，必须服从各类基础设施更大网络优化功能与结构的需要，与它们相衔接，才能合理定位城市各类基础设施的功能与结构。

2. 由市场在资源配置中发挥基础性作用与政府调控相结合而形成的城市体系

城市体系的形成，主要靠市场在资源配置中发挥基础性作用，而不是靠政府制定的城市体系规划，其依据是作为城市生产主体的企业和生活主体的公民，受市场机制的作用有权利自由流动；另一方面，政府可以通过经济手段对企业和公民的流动进行必要和适当的调控，通过行政手段对公民的流动进行必要的管制（例如对农村户籍转为城镇户籍,国家实行"小城市全面放开,中等城市适度放松,大城市予以限制"的方针),以此引导城市体系遵循政府的城市体系规划而健康发展。

3. 自然地理、经济地理和人文地理条件

自然地理是经济地理、人文地理的基础,可以说,城市的类型和规模大小主要是由自然地理决定的。在影响城市形成和发展的自然地理各种因素中,首要的是江河湖泊。它孕育着城市赖以生存的供水、农业和航运。其次是平原。平原多半是由河流冲积而成的,尤其是在下游入海口的三角洲。它有利于农业、运输、居住和手工业、工业的发展。第三是气候。冷热干湿交替而适度的气候,影响着人口的流向和城市的密度;比较极端的气候则不利于人类生存。第四是植被。土壤、降水和气候影响着植被。自然植被较好和人工植被较易存活的地区较适合人类居住,城市密度随之较高。第五是沿海。在经济全球化的今天,沿海更加成为城市发展的有利条件。经济地理条件包括矿产资源、可利用的交通条件(包括铁路、公路、航运、海运、航空等)、靠近市场区、传统的产业优势、第二产业间互补优势、第三产业对第二产业的便利条件等。一般来说,城市的经济发展应有利于充分、合理地利用城市所在地区拥有的资源。资源的概念是广义的,既包括矿产资源、土地资源、森林资源等,也包括旅游资源、技术资源等。[①] 人文地理条件包括劳动力的传统优势、人口年龄结构、人口文化结构、人口就业结构、人口收入结构、人口消费结构等。

4. 城市经济和社会发展水平的现状

要准确把握城市经济和社会发展水平的现状,必须通过大量的调查研究,获取城市系统内部与周围地区的情况信息,建立城市战略资料库或城市信息系统。[②] 这种现状信息主要包括产业现状信息、基础设施现状信息、人口现状信息。

5. 城市能源、资源和自然环境的客观条件所构成的对城市产业和人口的承载力

[①] 陈永忠:《社会主义城市经济管理学》,四川科学技术出版社 1988 年版,第 89 页。
[②] 李耀省、李和仁:《城市行政管理》,辽宁人民出版社 1990 年版,第 79 页。

城市的能源、资源和自然环境所构成的承载力作为供给方,而城市的产业和人口作为需求方,它们之间的关系是基本平衡的,供给方有所结余并可持续发展,是比较理想的状态。

制定和实施城市发展战略的原则是对城市发展战略所涉及重大关系的科学认识,体现了制定和实施城市发展战略的指导思想,反映了制定和实施城市发展战略的基本方法。制定和实施城市发展战略的原则主要有如下几点:

第一,实事求是。在制定和实施城市发展战略中坚持实事求是的原则,其内涵是从实际出发,科学地论证城市发展战略在主导产业、产业结构、基础设施、公共服务、城市布局、人民生活等方面的目标、措施和步骤,并且在实施城市发展战略中按照客观规律办事。

第二,始终抓住主要矛盾。城市发展战略的主要矛盾是城市的主导产业。始终抓住城市发展战略的主要矛盾,涉及科学确定主导产业的类别、个数和特色,主导产业及其企业科学经营和政府适当扶持,主导产业与城市内外配套产业的关系,具有前瞻性地识别和培育新的主导产业,从而为主导产业转换提前做好准备等。

第三,统筹兼顾城市发展战略各组成部分关系。城市科技发展战略是城市发展战略的先导和关键。科技引领未来,城市经济发展战略有赖于城市科技发展战略提供先进的科技支持。城市科技发展战略的主要任务是使城市主导产业的产品在科学技术方面始终处于同行业的领先水平。城市科技发展战略同时具有为配套产业、共同产业解决技术难关的使命。经济发展战略是城市发展战略的基础和主体。城市科技发展战略是为经济发展战略服务的,城市科技发展战略的成效主要体现在促进城市主导产业以及经济发展上。城市社会发展战略和城市文化发展战略也有赖于城市经济发展提供物质基础和资金支持;城市社会发展战略是城市发展战略的动力和目的;城市文化发展战略是城市发展战略的支撑和保障;城市生态保护战略是城市发展战略的前提和条件。它一方面使经济发展获得可持续利用的自然资源,另一方面使社会发展具有适合人类生存和繁衍的自然环境。

第四,长远目标与分期实施相结合。城市发展的长远目标,是指城市发展基本方面的目标要有科学性、前瞻性,要远大,经得起历史的检验。分期实施是指根据城市生产力发展水平和城市政府财力的许可,分阶段地实现城市发展战略基本方面的各项目标。分期实施要求坚持长远目标不动摇,量力而行,注意不同阶段目标之间的衔接。

第五,法制化。城市发展战略所指导的城市总体规划已经实现了法制化;它所指导的城市经济和社会发展计划,也由法律规定必须经过城市人大审议和通过,并且经过上级政府批准。城市发展战略至今尚未实现法制化,中国尚未制定《中华人民共和国城市发展战略法》,未对城市发展战略赋予法律地位,而《中华人民共和国城乡规划法》则对城乡规划赋予了法律地位。城市发展战略法制化有两个基本的前提和条件:一是城市发展战略纲要以及城市发展战略的基本组成部分,包括城市经济发展战略、城市社会发展战略、城市科技发展战略、城市文化发展战略和城市生态保护战略等,都必须经过城市人民代表大会的审议和通过;二是城市发展战略纲要以及各组成部分的发展战略,必须分别经过上级政府或主管部门批准才能生效。

三、中国大中小城市发展战略的特点

中国大中小城市发展战略在内容、制定和实施等方面,具有各自的特点。以下仅就中国城市发展战略在内容方面的某些特点进行分析。

大城市发展战略在内容方面的特点有:① 在科学技术研究和科技产业化方面,瞄准国际先进水平,引进、吸收和自主创新,引领大城市的主导产业和中小城市的科技研究。② 大城市往往有多个主导产业,一般是综合性城市,所以,应注意主导产业之间的互补性和协同性。如果其中某些主导产业之间有较强的互补性和协同性,可以放大主导产业的功能。③ 大城市在制造业方面主要应大力发展先进制造业,运用高新技术对传统的主导产业进行技术改造,并且着力打造运用高科技的新主导产业。④ 在产业结构方面,大城市应该率先扩大第三产业的比重,使第三产业的比重在国内生产总值中占大部分。从第三产业占国民生产总值的比重看,目前伦敦为77%,东京约为70%,纽约约为

78%,中国香港约为87%。① 在第三产业中,尤其注重发展金融业、物流业、交通运输业、咨询业、市场调查业、教育、文化产业等。⑤ 大力培育和完善各种生产要素市场。包括资本市场、生产资料市场、技术市场、土地市场和劳动力市场等。⑥ 建设和健全交通类基础设施,包括机场、火车站、码头、长途汽车站、铁路、高速公路、公路、轨道交通等,发挥大城市作为区域性交通枢纽的功能。⑦ 与产业功能和地理条件相吻合,建设标志性建筑和景观地区。⑧ 带动周围中小城市发展。

中等城市发展战略在内容方面的特点有:① 科学确定一个或若干个主导产业。在工业化时期,主导产业多数属于第二产业,在后工业化时期,属于第三产业的主导产业有增加的趋势;② 在优先扶持为本市主导产业服务的配套产业前提下,积极发展为大城市主导产业服务的配套产业;③ 在产品总装、部件集成、零件生产的产业链、技术转移、生产要素市场、交通电信供电网络、医疗网络等方面,发挥中等城市在大小城市之间的桥梁作用;④ 在城市发展前期,根据产业和居住的科学布局,适度占用农地,适度进行外延型发展;在城市发展后期,严格限制占用农地,控制城市市区用地规模,主要发展集约型城市经济;⑤ 与国家和省级水利工程网络相衔接,建设和管理跨地区的水利工程,发挥其灌溉、防洪、航运、发电等综合功能;⑥ 与国家和省级交通网络的航空、铁路、高速公路、公路、长途汽车、航运相衔接,建设、经营和管理地区性交通枢纽和旅游集散中心,包括高速公路、公路、航运等设施;⑦ 为当地主导产业服务,建设和办好若干所高等、中等职业技术学校;⑧ 建设和管理较大规模的文化、体育设施,为本市和周围的县、县级市居民服务。

小城市发展战略在内容方面的特点有:① 把抓好农业生产放在政府各项工作的首位,用农业现代化推动第二、三产业的发展;② 高度重视、大力推进农业科技服务工作;③ 在第二产业方面,优先发展支农工业和农产品加工业;④ 在第三产业方面,优先发展商业,搞活农产品市

---

① 中共上海市委宣传部:《走通华山天险一条路——科教兴市战略研究》,上海人民出版社2003年版,第11页。

场;⑤建设和管理自来水厂,为本市和周围乡镇的居民服务;⑥建设和管理垃圾处理中心,实现垃圾处理的无害化、资源化;⑦建设和管理医院、图书馆、文化馆、博物馆等,为本市和周围乡镇居民服务;⑧保持当地建筑的地方特色和传统风貌。

小城镇发展战略在内容方面的特点有:①在加工当地有特色的农产品基础上,形成主导产业。大力发展具有地方特色的城镇工业。小城镇工业的发展必须以发挥地方的资源优势和满足地方的需要为出发点;①②坚持土地向专业户集中、工业向园区集中、住房向新村集中的基本方针,稳步推进农村现代化;③小城镇的城市规划要讲科学;④通过上级财政补助一些、集体经济承担一些、农民付费筹集一些,筹集小城镇基础设施建设资金,用于修建道路和桥梁、建设自来水设施、普及沼气设备、有机肥料处理设施等;⑤坚持保护生态平衡与防治污染相结合的方针,一方面,把种植经济作物、防止水土流失、小流域治理、水利工程等结合起来,另一方面,重点防治水污染、土壤污染和固体废物污染;⑥在国家、省级、市县、乡镇四级财政共同分担下,逐步提高乡镇综合医院医务和设备水平,保障居民的常见病、多发病得到及时、有效的治疗;⑦将扶助居家养老、养老院照料孤寡老人和专业化社会服务相结合,建设小城镇养老体制;⑧保障中小学义务教育,发展公益性幼儿教育。

第三节 中国特色城市化战略

一、城市化的含义、衡量指标和类型

城市产生于原始社会向奴隶社会的过渡时期,但城市化却是工业革命的产物。它同古代社会城市发展的主要区别在于:古代社会由于是农业社会,人类的生产和生活主要在农村;而在工业革命以后,人类的生产和生活主要向城市集中。作为这种社会现实的反映,西班牙工

---

① 王建民:《城市管理学》,上海人民出版社1987年版,第48页。

程师塞德于 1867 年在他的《城市化基本理论》一书中,首次提出"ur-banization"即"城市化"的概念。

当前,城市化作为一种影响人类社会发展的客观社会经济现象已被人们所接受。城市化作为一种影响极为深广的社会经济变化过程,包括以下几层含义:

首先,城市化是一个动态过程,而不是一个静态结果。城市化是一个历史范畴,是由社会经济发展的客观规律决定的,人们既不能从根本上阻止它的进程,也不能改变它的进程,使它超越某些必经的阶段。此外,同一个国家和地区在不同时期的城市化进程会表现出不同的特点,而不同国家和地区由于其所处的社会、经济、文化和地理等条件的不同,在同一时期所表现出来的城市化进程也是不同的。尽管城市化是一个动态的过程,但人们在分析研究城市化进程某一阶段的具体特征时,还必须借助某些量测城市化水平的相对稳定的静态指标。

其次,城市化涉及的领域和包含的内容不是单一的,而是多元的,包括有形的城市化和无形的城市化。[①] 有形的城市化也可以称为物化的城市化,具体表现在:[②]人口城市化,即乡村人口向城市集中,城市数量增加,城市密度加大,城市规模扩大,从而使城市人口逐步增加,城市人口占总人口的比重逐步提高的过程;非农产业城市化,即第二产业、第三产业在空间上向城市集中从而引起产业结构优化升级的过程,这是人口城市化的基础;地域城市化,即乡村地域转变为城市地域以及城市地域内部级差性转化的过程。无形的城市化是指生活方式、精神意识上的城市化,具体表现为:农村意识、农村行为方式、农村生活方式转变为城市意识、城市行为方式、城市生活方式的过程;城市居民逐渐脱离固有的乡土式生活态度、乡土生活方式,采取城市生活态度、城市生活方式的过程;城市生活方式不断向乡村地区扩散的过程。

最后,城市化是城市在社会经济生活中逐渐占据主导地位的过程,

---

① 崔功豪、王本炎、查彦玉:《城市地理学》,江苏教育出版社 1992 年版,第 69—70 页。
② 蔡孝箴:《城市经济学》,南开大学出版社 1998 年版,第 51—52 页。

因而是城乡关系转型的过程。① 工业革命的开端是城市化的起点。在工业革命之前漫长的农业社会中,城乡关系是典型的城市乡村化,而在工业化时代,是乡村城市化。②

综上所述,城市化是一个动态过程,是人口、非农产业、地域城市化的过程,是意识、行为方式、生活方式城市化的过程,是城市在社会经济生活中逐渐占据主导地位从而引起城乡关系转型的过程。

城市化的发展受多方面因素的制约和影响,其中农业发展是城市化的初始动力,农业是城市化的基础;工业化是城市化的根本动力;第三产业是城市化的后续动力;市场化是城市化的直接动力;制度安排和变迁对城市化有推动和阻滞作用;世界人口剧增也是推动城市化发展的重要因素。

城市化的衡量指标有:城市化的水平指标,即城市人口占城市所在地区总人口的百分比;城市化的速度指标,即城市人口占总人口的比重在若干年内平均每年增长的百分点;城市化的质量指标,即反映市民生活水平的一系列分类指标体系。

根据不同的标准,可以对城市化作不同的分类。

以产业和人口的流向为标准,可以分为集中性城市化和分散性城市化。集中性城市化指产业和人口一方面主要向城市中心区域聚集,另一方面过度地向大城市集中,它发生在城市化的早期和初级阶段。分散性城市化指产业和人口一方面从大城市中心区域逐步向郊区和农村分散,另一方面从大城市逐步向中小城市和小城镇分散。只要这些职能部门外移的利益足以补偿其外移的损失及外移成本,它们就会向城郊地区大量移动。③ 在城市化的中期和中级阶段,分散性城市化主要表现为产业和人口向大、中城市的郊区分散和向中、小城市分散;在城市化的后期和高级阶段,分散性城市化主要表现为产业和人口进一步向大城市周边的农村分散和向小城镇、广袤的农村地区分散。目前

---

① 蔡孝箴:《城市经济学》,南开大学出版社1998年版,第50—51页。
② 马克思、恩格斯:《马克思恩格斯全集》第46卷,人民出版社1979年版,第480页。
③ 蔡孝箴:《社会主义城市经济学》,南开大学出版社1990年版,第22页。

中国的城市化,从总体看,处在初级阶段,主要表现为产业和人口过度地向大城市集中和向大、中城市的中心区域集中;但是在一些大城市,由于一大批工厂迁往郊区、城市中心区域建设需要引起的各类动迁和一部分较富裕家庭迁往郊区改善居住条件所推动的向郊区分散,出现了方兴未艾的势头;国家近年来作出工业反哺农业、城市反哺农村的战略决策,有利于在一部分地区率先促进城市化向中、高级阶段跨越。

以城市化与经济发展的关系为标准,可以分为积极型城市化和消极型城市化。积极型城市化指城市化与经济发展相适应,城市化与经济发展相互促进和协调,形成经济发展与城市化的良性互动关系。消极型城市化指城市化与经济发展相脱节,可以进一步分为低度城市化和过度城市化两类。低度城市化指城市化落后于工业化。这方面比较典型的例子是20世纪八九十年代在中国东部沿海地区,乡镇企业异军突起,但是在部分地区由于小城镇发展滞后,进入乡镇企业务工的村民,他们的户籍和居住仍然留在村里。过度城市化指城市化超前于工业化。它的典型表现是大批农民进入城市却找不到工作。消极型城市化的后果一方面阻碍了经济的健康发展,另一方面干扰了与经济发展相适应的城市化正常步伐。

二、中国特色城市化战略应坚持的原则

国内外的实践证明,城市化的顺利发展,在很大程度上取决于城市化战略的正确与否。所谓城市化战略是指实现城市化的动力、机制、原则和方式,所要解决的是怎样实现城市化的问题。具体来讲,城市化战略的内容主要包括城市化发展模式的选择、城市化类型的选择、城市化动力和实现机制的选择及城市发展方式的选择。不同的城市化道路、不同类型的城市化发展模式会产生极不相同的经济社会效果。世界各国城市化发展的历史经验表明,走什么样的城市化道路,怎样实现城市化,是决定城市化快慢和成败的关键。只有选择合理的城市化战略,才能更快更好地实现城市化,避免或减少"城市病"、农村凋敝、城乡差别扩大、城市剥削农村、城乡对立等社会问题的发生,促进工业化和社会经济的健康发展。

中国过去走的是一条由政府发动和推进、忽视民间力量、排斥市场作用的城市化战略,是一条不适应工业化要求、严格限制城市尤其是大城市发展的城市化道路。西方发达国家走的是城市化与工业化基本同步、先是集中型城市化、后转向分散型城市化、通过市场机制主要由民间推进实现的城市化道路。虽然在工业化的同时成功地实现了城市化,但也付出了相当大的代价,曾经导致了尖锐的城乡对立,产生过严重的"城市病"。第二次世界大战以后,不少发展中国家走过的过度型城市化的城市化道路,城市化超越工业化和经济发展水平,牺牲了农业和农村,也造成严重的"城市病",中国更是要避免重蹈覆辙。中国人口多、底子薄,发展很不平衡,推进城市化的同时还要实现经济增长、社会发展,解决人口众多、资源紧缺、环境脆弱、地区差异大等许多问题和矛盾。再加上当前已进入了知识化、信息化、全球化时代,因此,中国必须采取新的有中国特色的城市化战略。

中国应按照循序渐进、节约土地、集约发展、合理布局的原则,积极稳妥地推进城市化。具体地说,中国特色城市化战略应该坚持以下原则:[1]

第一,城市化的速度要适度,实现城市化与工业化、现代化适度同步发展。从城市化发展模式的选择方面来看,中国特色城市化战略要全面考虑经济社会发展水平、市场条件和社会的可承受程度,既要纠正中国过去城市化滞后的缺陷,又要防止部分发展中国家出现的过度城市化的偏差,力求实现城市化与工业化和现代化的适度同步发展。要在促进城市发展的同时,注意农村经济和乡村建设的发展,要统筹规划城乡建设,加强城乡经济的交流和互动,通过城市化促进城乡经济一体化。只有这样,城市化才能适应工业化的要求,有效发挥促进工业化的作用,真正使工业化与城市化相辅相成、互相促进;也才能为农业、第三产业和经济知识化、信息化的发展创造更有利的条件,使中国落后的二元经济结构转变为同时实现现代工业化和城镇化的先进的一元现代化结构。

---

[1] 简新华:走中国特色的城镇化道路,《光明日报》2003年8月5日。

第二,合理、集约利用资源,分类引导人口城市化。人多自然资源少是中国最基本的国情,推进城市化必须坚持节约和集约利用资源。随着城市化发展,中国的土地、水资源、能源等资源越来越紧张。如中国近年来土地城镇化的速度大大快于人口城镇化的速度,导致越来越多的农民耕种越来越少的土地,加大了解决"三农"问题的难度。因此,推进城市化健康发展,一要严格控制土地占用,不能以大量占用土地等资源为代价推进城市化,坚持保护环境和保护资源的基本国策,坚持城市化发展与人口、资源、环境相协调,切实保护好生态环境和历史文化环境,走可持续发展、集约式的城市化道路。二要分类引导人口城市化。对临时进城务工人员,继续实行亦工亦农、城乡双向流动的政策,在劳动报酬、劳动时间、法定假日和安全保护等方面依法保障其合法权益;对在城市已有稳定职业和住所的进城务工人员,要创造条件使之逐步转为城市居民,依法享有当地居民应有的权利,承担应尽的义务;对因城市建设承包地被征用、完全失去土地的农村人口,要转为城市居民,城市政府要负责提供就业援助、技能培训、失业保险和最低生活保障等。鼓励农村人口进入中小城市和小城镇定居,特大城市要从调整产业结构的源头入手,形成用经济办法等控制人口过快增长的机制。

第三,坚持大中小城市和小城镇协调发展,形成合理的城市化空间格局。从以城市数量、规模和空间布局结构为标准划分的城市化类型的选择方面来看,由于中国人口众多、地域广阔,不能只搞集中型的大城市化,不可能让大部分人都集中到大城市;由于小城镇缺乏规模效益和集聚效益,也不能只实行分散型的小城镇化。因此,中国特色的城市化在城市化类型上,只能选择集中型与分散型相结合、据点式与网络式相结合、大中小城市与小城镇协调发展的多元化的城市化。也就是说,大中小城市和小城镇在数量上要结构合理,在空间上要布局恰当,要把城市群作为推进城市化的主体形态,逐步形成以若干城市群为主体,其他城市和小城镇点状分布,永久耕地和生态功能区相间隔,高效协调可持续的城市化空间格局。只有形成合理的城市体系和空间布局,才能更好地发展城市之间、城乡之间的经济联系,完善城市功能,发挥城市群和城市网的群聚效应、大中城市的辐射带动作用、小城镇的农村经济和文化中心的作用,在大幅度提高城市化水平的同时消除或减少"城市病",促进城乡经济的协调发展,逐步改变城乡二元结构。

第四,走市场推动、政府导向的城市化道路,健全城市化发展的体制机制。中国现在已经由传统计划经济体制转换为社会主义市场经济体制,市场已经在资源配置和社会经济运行中发挥着基础性作用,所以中国特色的城市化战略在动力和实现机制上,既不能走中国的老路,又不能照搬外国的模式,只能选择由市场推动、政府导向、政府发动型城市化与民间发动型城市化相结合、自下而上城市化与自上而下城市化相结合的方式。也就是说,要通过市场实现城市化过程中各种资源的有效配置,各种资源向城市的流动和聚集,企业和产业在城乡的分布,城镇的建设和繁荣,要更多地发挥市场机制和民间力量的作用,同时,要发挥政府的宏观调控作用。具体地说,政府应对市场竞争进行必要的干预,做好城镇的布局和规划,健全法制和社会保障,制定和实施国家城市化战略和公共政策,建设区域基础设施,改善城市环境,提供公共服务设施,引导城市化与市场化、工业化互动发展。为了健全市场推动、政府导向的城市化发展的体制机制,要深化改革,研究制定适合中国国情、符合社会主义市场经济规律的政策措施和体制机制,营造城市化发展的良好环境。

第五,实现城市发展方式的多样化和合理化,提高城市综合承载能力。从城市发展方式的选择方面来看,由于过去中国的城市建设主要靠政府投资,资金来源和渠道单一、政府财力有限,再加上不合理的投资管理体制又使得投资效益低下,因而城市建设资金严重缺乏,极大地限制了城市综合承载能力的提高;与粗放型或外延型为主的经济增长方式相适应,中国以往的城市建设也是以外延式为主,即使城市在空间范围、人口数量、房屋建筑等方面有所增加,但往往建设质量差、水平低,城市基础设施缺乏、落后,集约化水平低,城市功能不能充分有效发挥;各级政府一方面对城市的数量、规模严格限制,另一方面对城市建设和管理又存在放任自流、缺乏合理规划和科学规范管理的倾向。这些都不利于城市本身的发展。在城市化过程中不同程度出现的这样或那样的"城市病",是政府无力也不敢积极推进城市化的原因之一,结果使得城市化步履艰难。因此,中国特色城市化战略在城市发展方式上,必须选择多样化和合理化的方式。具体地说,城市建设资金来源和渠道要多元化,除了各级政府加大投资之外,鼓励农民集资建城,可以采取批租土地、有偿转让土地使用权、合资开发、发行债券、投资入股、贷款等多种形式和途径,吸引和筹集更多包括公有、民有、外资和农民的资金,用于城市建设;外延式与内涵式发展相结合,以内涵式发展为主,以提高城市综合承载能力。

三、构建城乡经济社会发展一体化新格局

城乡经济社会发展一体化是以各种经济组织和城乡居民积极发展生产为主要动力,发挥市场在资源配置中的基础性作用与政府的规划及调控作用相结合,在产业、居住、公共服务、人口素质等方面逐步缩小城乡差距的历史性过程。

城乡经济社会发展一体化是生产力发展到一定水平和阶段后出现的历史进程。工业革命后,欧美国家曾经历了剥夺农民、农村破产、工农业差别和城乡差别扩大的过程。在进入中等发达水平即人均国民生产总值超过 5 000 美元后,才启动了城乡经济社会发展一体化的历史进程;到了后工业社会,经济发展达到发达水平,即人均国民生产总值超过 10 000 美元,工农差别和城乡差别明显缩小,并且逐步实现了城乡经济社会发展一体化。

当前,中国总体上已进入以工促农、以城带乡的发展阶段,进入加快改造传统农业、走中国特色农业现代化道路的关键时刻,进入着力破除城乡二元结构、形成城乡经济社会发展一体化新格局的重要时期。但是,鉴于目前中国仍处在社会主义初级阶段,应该充分认识到中国形成城乡经济社会发展一体化新格局将是一个较长的历史时期;它的核心是通盘考虑工业与农业、城市与农村的经济发展,立意是以工促农、以城带乡,目标是着力破除城乡二元结构,形成城乡经济社会发展一体化新格局。城乡经济社会发展一体化是实现工业与农业、城市与农村之间良性互动关系的需要,是加快改造传统农业的需要,是体现社会主

义制度优越性的需要。

城乡经济社会发展一体化有三个层面:一是国家层面,即在全国逐步实现城乡经济社会发展一体化。尽管在中国实现城乡经济社会发展一体化是一个漫长的历史过程,但当前就要通盘考虑工业、第三产业与农业之间以及城市与农村之间的协调和互动式发展,实行以工补农、以城带乡,加快改造传统农业,走中国特色农业现代化道路,着力破除城乡二元结构。二是省级行政区域层面。中国一部分省级行政区域由工业化和城市化所带动的城乡经济社会发展一体化进程,已经走在全国的前列。省级行政区域层面的城乡经济社会发展一体化,其基础是市县层面的城乡经济社会发展一体化。三是市县层面。包括直辖市、地级市、县级市、县范围内的城乡经济社会发展一体化。这是城乡经济社会发展一体化战略研究的重点。

直辖市、一部分经济比较发达的地级市和县级市有条件率先逐步实现城乡经济社会发展一体化。把城乡经济社会发展一体化作为制定城市规划、经济和社会发展计划重要的指导思想,是实现城乡经济社会发展一体化的前提。尽快在城乡规划、产业布局、基础设施建设、公共服务一体化等方面取得突破,促进公共资源在城乡之间均衡配置、生产要素在城乡之间自由流动,推动城乡经济社会发展融合。

在以城乡经济社会发展一体化为目标制定和实施城市规划方面,第一涉及产业布局规划。城市市区主要发展第三产业;应把城市需要保留的大部分第二产业有计划地向郊区转移,郊区的第二产业也应不断提高科技水平;郊区农业要向现代农业转型,并且要不断提高加工农产品的附加值。第二涉及城镇体系规划。居住区布局是城镇体系最重要的方面。在大城市,城镇体系包括市中心区、卫星城市和小城镇三个层次;在中小城市,城镇体系包括中心城区和小城镇两个层次。第三涉及交通体系规划。从市内交通看,大城市可采取轨道交通承担长距离客运与公交车辆承担区域客运相结合的模式;中等城市可采取公交车辆的长距离客运与区域客运相结合的模式,逐步形成城乡公交资源相互衔接、方便快捷的客运网络。第四涉及基础设施布局规划。要逐步健全城市郊区的道路、桥梁、供排水、供电、供气、垃圾收集和处理等设施和体系。第五涉及商业、饮食业等生活服务业的布局规划。建设卫星城市(县和县级市)、小城镇、行政村三级商业、饮食业等生活服务业网点。第六涉及教科文卫体公共事业布局规划。在教育、体育领域建设卫星城市(县和县级市)、小城镇两级服务网络,在科普、文化、卫生领域建设卫星城市(县和县级市)、小城镇、行政村三级服务网络。

在以城乡经济社会发展一体化为目标制定和实施城市经济和社会发展计划方面,第一涉及第一、二、三产业及其产业内部各行业的发展计划,尤其是重点发展的若干行业的发展计划;第二涉及在五年和年度内逐步有计划地缩小城乡差别的各项经济和社会发展的指标;第三涉及根据产业的规划和政策,对重点扶持、一般鼓励、允许发展和限制发展的产业,对各种经济杠杆实行协同性的协调;第四涉及根据五年和年度内的经济和社会发展计划进行投资项目的立项审批。

城乡经济社会发展一体化的主要动力是产业一体化。统筹城乡产业发展,优化农村产业结构,发展农村服务业和乡镇企业,引导城市资金、技术、人才、管理等生产要素向农村流动。在大城市与郊区实现城乡一体化方面,作为其主要动力的产业一体化有三个基本途径:一是在市区主要发展第三产业和都市型工业;二是在郊区发展高新技术、无污染、用地面积较小、技术或资本密集型的第二产业,积极发展为农业生产和郊区居民生活服务的第三产业;三是逐步实现郊区农业现代化,包括实现农林牧副渔的机械化和科技化、更大程度就地实现农产品的深加工两个方面。

根据城市化的规律以及中国的国情,在大城市实现适度的郊区化,是中国大城市与郊区实现城乡经济社会发展一体化的重要途径。郊区化是逆城市化的两种基本形式之一。美国地理学家布赖恩·贝里(Brain Berry)于1976年首先提出了逆城市化概念。[1] 逆城市化的另一种基本形式是产业和人口向农村分散。郊区化也有两种类型,一种是从城市核心向外自然扩展,其推动力是商业性利益和消费偏好;另一

---

[1] Brain J. L. Berry, ed., Urbanization and Counterurbanization, Berkerly Hills, CA: Sage Publication, 1976, p.34.

种是通过整个社区或郊区新城自上而下设计形成的自城市中心向外的有规划的扩展。① 这两种郊区化其实质分别是大城市市区的产业和人口向郊区分散和郊区自身在工业化、第三产业发展推动下的城市化生长。之所以提出在中国的大城市实现适度的郊区化,是鉴于中国人口多,必须确保耕地面积底线的基本国情。由于人口多,导致人口向大城市流动、人口向郊区分散的压力都会很大,对这两方面都有必要加以节制;由于耕地面积底线事关中华民族长期发展的战略利益,因此有必要在确保全国耕地面积底线对大城市的最低要求与适度郊区化对占用耕地的上限之间寻找平衡点,有条件的地方通过开发新的耕地,缓和适度郊区化需要占用耕地的矛盾,无疑是最佳选择。适度的郊区化需要做定性和定量的研究。在定性研究方面,主要是在城市总体规划中确定城镇化与农业地区的分界线和范围。在定量研究方面,涉及国家控制耕地面积的战略要求对一个城市保持耕地面积所规定的底线标准;涉及一个城市发展主导产业的个数和规模,以及由主导产业数量所决定的配套产业、共同产业和人口规模需要占用耕地面积,与国家对该城市保持耕地的要求之间的最佳平衡点。

---

① 顾朝林等:《经济全球化与中国城市发展——跨世纪中国城市发展战略研究》,商务印书馆1999年版,第198页。

第五章 城市规划管理

城市规划管理是城市政府重要的管理职能。管理好一个城市,首先要规划好、建设好城市。城市规划是城市各项建设的综合部署和总蓝图,关系到城市的空间布局和长远发展,关系到城市居民物质和文化生活的合理安排,在城市发展中具有指导作用、控制作用和调节作用。

第一节 城市规划管理概述

一、城市规划的含义和作用

城市规划是指城市国家机构制定并经上级政府批准的在一定年限内关于城市性质、规模和发展目标等部署,以及城市用地、建筑和设施布局安排的发展计划。

城市规划具有以下特性:

第一,政策性。城市规划是政府调控城市空间资源、指导城乡发展与建设、维护社会公平、保障公共安全和公众利益的重要公共政策之一。城市建设与发展是国家经济建设的一个重要组成部分。城市总体规划中的一些重大事项的解决均涉及国家和地方的一些方针政策。《中华人民共和国城乡规划法》对城市规划的编制原则、编制程序、城市规划的实施与修改等都作了严格规定。城市的性质与规模、城市产业布局、占地规模等都不只是单纯的经济技术问题,而且还关系到全国区域经济发展、生产力配置、城乡关系调整、积累与消费关系等一系列重大问题。因此,各个城市的规划都必须符合国家政策要求,服从全国整体安排。

第二,综合性。城市是一个复杂的有机整体,城市内部各个系统之间是相互依存、相互制约的关系。城市规划的内容具有综合性的特点,包括城市的生态平衡、产业布局、基础设施建设、城市建筑风格、文化遗产保留等诸多内容。城市规划涉及的学科知识具有综合性,城市规划不仅是建筑学、管理学、经济学等学科知识的综合运用,还涉及历史学、地理学、社会学、生态学等诸多学科领域。城市规划的方法也具有综合性,城市规划要综合运用区位理论、增长极理论、系统论、控制论、数学模型等方法与手段。城市规划的综合性要求在编制和执行城市规划时要有全局观念,通盘考虑。在编制城市规划时要有各方面的专家参加,集思广益;在执行城市规划时要各部门相互配合,通力合作。

第三,权威性。城市规划是市民根本利益在城市空间布局上的反映,它体现了公众的意志,是一种公共事务。因此,城市规划只能由作为公共权威的城市国家机构来制定和监督执行。《中华人民共和国城乡规划法》明确规定,任何单位和个人都应当遵守经依法批准并公布的城乡规划,服从规划管理。城市规划批准后,由市人民政府公布。如果有单位或个人违反城市规划,城市国家机构有权采取措施,强制其服从统一的城市规划管理。

第四,地方性。地方性是指城市的个性。每个城市都有不同的性质、规模,有其特有的地理位置、经济条件、历史特点以及地方特色,各个城市的个性决定了城市规划具有鲜明的地方特点。城市规划的编制一定要根据各个城市的特点,从城市本身的实际情况出发,突出城市的个性,避免与其他城市雷同。城市规划只有突出地方特点,才能够扬长避短。

第五,科学性。城市规划是城市建设和管理的一项基础性工作,是城市长远发展的宏伟蓝图。城市规划既要解决现实存在的问题,又要充分考虑到长远的发展要求。城市规划必须认识和遵循城市发展和城市建设的客观规律,具有科学性,能够指导城市的长远发展。这就要求城市规划工作者要进行深入的调查研究,掌握先进的规划理论和科学的规划方法,作出科学准确的预测,能够充分估计未来城市发展中各种因素和条件的变化,使城市规划具有较强的应变性。

城市规划关系到城市各项建设的战略部署,关系到城市居民物质和文化生活的合理安排,关系到城市的空间布局和长远发展。改革开放后在城市现代化的推动下,中国越来越重视城市规划管理。1989年,全国人大常委会颁布了第一部《中华人民共和国城市规划法》,从而将城市规划纳入法制化管理的轨道。进入到21世纪后,中国城市化步伐进一步加快,城市规模不断扩大,昔日的农田已是高楼林立。国家统计局发布报告显示,中国城市数量已从新中国成立前的132个增加到2008年的655个,城市化水平由7.3%提高到45.68%。① 在新形势下,传统的就城市论城市、就乡村论乡村的规划制定与实施模式,已经难以适应中国经济社会迅速发展的需要。为了加强城乡规划管理,协调城乡空间布局,改善人居环境,促进城乡经济社会全面协调可持续发展,中国于2007年10月在第十届全国人大常委会第三十次会议上通过了《中华人民共和国城乡规划法》(以下简称《城乡规划法》),于2008年1月1日正式实施。《城乡规划法》是在总结改革开放以来特别是近十年来中国城乡规划管理工作经验的基础上,以科学发展观为指导所制定的法律。《城乡规划法》的颁布与实施,进一步强化了城乡规划的综合调控作用,对促进城乡经济社会全面协调可持续发展具有重要的意义。

城市规划在城市建设和发展中占有重要的地位,对城市发展具有指导作用、控制作用和调节作用。具体体现在以下三方面:

1. 城市规划是指导城市建设和管理工作的依据

城市规划是城市政府的一项重要职能,要把城市建设好、管理好,首先必须把城市规划好。当代世界上许多著名的城市都是在比较完备的城市规划指导下建设起来的。建设一座城市需要规划,就如同建设一个建筑物要有设计一样,没有设计就不能施工。城市建设又比单项建筑物的建设要复杂得多。由于城市建设具有连续性,建设的时间很

---

① 国家统计局:我国城市化水平2008年已达45.68%,http://www.ce.cn/macro/more/200909/17/t20090917_20038381.shtml。

长、范围很广、内容繁多,客观情况又在不断变化,因此,城市规划几十年、甚至上百年都在发挥指导作用。有了城市规划,市政府就能根据城市规划的要求,应用现代科学管理的方法,及早地确定城市各项设施的空间布局,有组织、有秩序地进行市政管理,以达到城市内部结构的优化和城市功能的放大。

2. 城市规划控制着城市的规模和发展方向

城市总体规划的一项重要内容是确定城市的性质、发展目标和发展规模。城市性质是城市的特殊功能,决定着城市的主导产业和发展方向。城市规模包括一定时期内城市人口规模和占地面积的大小。城市规划政策性强,具有权威性。按照城市规划确定的城市性质和发展目标,严格控制城市人口规模和用地规模,禁止任何违法违章建筑和其他不适宜发展项目的建设,就能够使城市人口发展与城市社会经济发展及其基础设施的承受能力相适应,就能够提高城市的综合效益,减少城市各种资源的浪费,保障城市健康发展。

3. 城市规划调节着城市内部的各种关系

城市是一个复杂系统,在城市内部存在着各种各样的关系,包括自然物质承受力与基础设施承受力的关系、生产性建设与非生产性建设的比例关系、各行业内部协调配套关系、经济建设与环境保护的关系、人口规模与城市设施的供给关系、新区开发与旧城改造关系等。对城市发展来说,城市内部各种关系一旦失调或超出合理的限度,城市就会陷于混乱,带来一系列"城市病"。城市规划是城市经济建设和城市建设的结合体,是城市建设和管理的重要依据。城市规划明确规定了城市内部各种设施的配置以及比例关系,在城市发展中发挥着重要的调节作用。

二、城市规划理论的演变

在城市发展的历史长河中,社会经济发展和科学技术的进步,总是不断地影响着城市结构的变化,推动着人们对城市认识的发展。这种认识既包含着现实的各种需求,又反映了人们对未来城市的想象和期望。因而,在不同历史时期有不同的城市规划理论,指导着城市的建设和发展。

1. 古代城市规划理论

古希腊和古罗马代表着古代西方城市文明。古希腊的建筑师希波丹姆提出把城市分为圣地、公共活动中心和住宅区，这是世界上最早的城市功能分区思想之一。古罗马的维特鲁威在他的《建筑十书》中，论述了城市选址、地段划分和广场规模等问题。可以说，维特鲁威的《建筑十书》是世界上最早的城市规划著作之一。

欧洲的城市在中世纪早期曾经历了衰落时期，一直到公元9世纪以后城市才重新复苏。11—13世纪是中世纪欧洲城市大发展的时期。15世纪文艺复兴时期，意大利人菲拉雷特著有《理想的城市》一书，他主张将市中心设计为六角形广场，放射形道路用三条环路连接。菲拉雷特的规划理论对当时许多欧洲国家的城市规划产生了一定影响。

中国是一个文明古国，城市发源比较早。最早记载中国古代城市规划思想的是《周礼·考工记》。该书记载，当时的都城以宫城为中心，面朝后市，体现了奴隶制的等级制度和宗法礼教思想。[1] 从东周时期开始，中国古代城市规划按照里坊制布局，一直延续到唐朝末年。里坊制的特点是：皇宫居中偏北，东西分列两市。街道以道路划分，城市被分割成许多里坊，里坊内部有井字形道路系统，四周围筑高墙，坊墙不得开店，实行宵禁。坊内居民实行"连保制度"，便于统治和管理。随着生产力和商品经济的发展，到了宋朝，中国城市规划开始由街坊制代替里坊制。街坊制的特点是：取消坊墙，使街坊完全面向街道，沿街设置商店，并沿着通向街道的巷道布置住宅。商业和各行业的布置呈开放型，分别布置在各条主要街道上，并按照一定的行业相对集中。街坊制对中国城市规划产生了深远影响。

2. 近代城市规划理论

资产阶级革命以后，资本主义工商业的发展带来了人类历史上空前的城市发展和城市人口增长，使原有的城市结构难以适应新的工业社会发展的需要。在这种情况下，一些新的规划理论和规划思想开始

---

[1] 鲍世行：《城市规划新概念新方法》，商务印书馆1993年版，第4页。

出现。

1859年,美国建筑师欧姆斯特在纽约曼哈顿区的中心设计了中央公园,打破了市区总是布满密集房屋的旧观念。从设置中央公园发展到用绿化带分割市区,逐渐成为一种新的城市空间概念。

工业革命以后,随着"城市病"的出现,一些具有社会改革思想的先驱者提出了新的理想城市的概念。其中有代表性的是田园城市理论。田园城市理论是英国新闻记者埃比尼泽·霍华德在《明天,和平改革之路》一书中提出来的。在这本书中,霍华德把城市生活与田园生活进行了对比,提出要规划建设一种具有开放的乡村特点、低的建筑密度、组团式的田园城市。霍华德的田园城市理论是一种空想的城市规划理论,在实践上没有什么实际意义。但是,这一理论突破了传统的城市规划思想,将城市规划与社会问题结合起来考虑,试图通过城市规划来解决城市存在的社会问题,从而使城市规划走出了建筑师的视野,赋予了城市规划新的内涵,使之具有更广阔的、值得研究的内容。

19世纪后半叶是人类史上充满伟大科技发明的时代。从19世纪70年代起,一系列对城市发展具有重大影响的发明或发现相继出现。如钢结构用于房屋建筑,为高层建筑的出现提供了可能。电话的问世、电灯的发明、电车的出现等,为城市建筑、交通、通信提供了很大方便,使城市空间结构发生历史性的变化,同时也改变着人们的城市观念。如果说,18世纪后半叶到19世纪,人们对产业革命初期城市环境恶化的现象束手无策是由于科技的落后,以至于只能寄托于理想与空想的话,那么19世纪后半叶,科技的大量突破和发明,无疑为人们从功能上整治和规划城市带来了新的可能和希望。1910年法国建筑师夏纳尔提出工业城规划,第一次把城市中的工业区、港口、铁路与居住区在用地布局上严格区分开,出现了将城市空间结构按现代化城市的功能进行分区的概念。[①] 这种观念一直延续到现在,成为现代城市规划的一项基本原则,为世界各国城市规划师所信守。

20世纪初英国人格迪斯提出了从区域研究城市的观点。以后西

[①] 鲍世行:《城市规划新概念新方法》,商务印书馆1993年版,第8—9页。

方大城市开始大规模地向四周地区扩展蔓延,以一个或几个中心城市为核心构成的城镇聚集区相继出现。这就改变了几千年来以市区或城墙为范围的、旧的城市形态观念,逐渐形成了在城市影响区域范围内分散人口和职能,组织合理的城镇体系,以改善城市环境的新观念。在此基础上,1922年英国伦敦规划委员会总顾问昂温提出了建设卫星城理论。

随着城市中汽车交通的发展,为了效率与安全,出现了一系列新的规划思想,开始对城市内部功能和空间结构进行变革。美国规划师佩里提出邻里单位的规划理论。他主张扩大街坊,以防止汽车穿越居住区。以后,又有人提出人车分流的规划原则,以避免汽车交通干扰居住环境的安静。这些规划理论与原则一直为今天的居住规划和设计所遵循。

20世纪以来,对城市规划影响最大的是雅典宪章。1933年,国际现代建筑协会在希腊雅典开会,制定了第一个国际性的《城市规划大纲》,即雅典宪章。雅典宪章的主要内容有:第一,居住、游憩、劳动、交通是城市的四大功能,城市规划的目的就是要保证这四大功能的正常进行。第二,居住是城市的第一个活动,住宅应该占用城市中最好的地区。第三,人的需要和以人为出发点的价值衡量是城市规划成功的关键。第四,城市规划是一种基于长宽高三维空间而不是长宽二维空间的科学,必须注重高的要素。第五,制定城市规划法规来保证城市规划的实现。雅典宪章所阐述的这些观点至今在城市规划中仍然具有很强的指导作用。

法国建筑师柯布西耶提出了现代城市的规划设想,他主张通过高层建筑、降低密度、大片绿化和立体交通来改善大城市市区的生活环境,提高大城市市区的生活质量。他的规划理论主要反映在1922年出版的《明日之城市》和1933年出版的《阳光城》两本著作中。

3. 现代城市规划理论

第二次世界大战以后,世界经济和科学技术发展进入了新的发展时期。战后许多国家进行了大规模的城市恢复和重建工作,为城市规划的发展带来了新的机遇。特别是20世纪60年代以后,西方发达国家经济的迅速发展和新科技成果的广泛运用,促使了城市规划理论不断更新。

1955年,法国经济学家帕鲁提出了增长极核理论,揭示了大城市的聚集经济规律和带动中小城市以及农村经济的作用。他认为,大城市由于有较高的聚集经济效益,吸引着更多的企业,产生一种经济活动的极化效应,导致城市规模的扩大。同时,随着增长极核的发展,还会产生一种经济的扩散效应,带动极核周围地区经济的发展。因此,帕鲁主张,城镇体系的布局应该以区域经济的发展为转移,根据增长极核理论制定大城市的城市规划和区域规划。

20世纪50年代后期,随着西方发达国家经济的恢复和发展,逆城市化现象开始出现,一些富人和中产阶级的家庭从大城市的市区迁往郊区,导致市区日益衰落、产业萧条、税源枯竭、基础设施陈旧、各种社会弊病丛生。美国各级政府逐步实施大城市市区复兴计划,重新修订城市规划,制定各种优惠政策,吸引企业回市区投资,促进旧城市中心地区的经济复苏,在一定程度上阻止了大城市市区衰落的趋势。

20世纪70年代初期,西方国家对功能主义的城市规划理论进行了反思,认为按照功能主义观念设计的城市,城市空间结构单调乏味,使城市成为"充斥着玻璃和混凝土盒子的地方",给人以夸大和冷漠的感觉。新的城市规划理论主张城市应该具有更多的人情味,重视保护原有的社区结构,保护城市的历史文化遗产,保护有价值的人文景观资源,重视传统的建筑形式与现代建筑的有机结合,反对全盘推翻旧城建筑、大拆大建、彻底求"新"的做法。在这种规划理论指导下,西方国家出现了一批经过精心设计的新城市和更新改造的旧城市,以及得到很好保护的历史古城。

1977年,一些国家的建筑师、规划师和学者等在秘鲁的首都利马开会,讨论解决战后各国城市规划面临的一系列新问题,最后在秘鲁古文化遗址马丘比丘签署了著名的马丘比丘宪章。马丘比丘宪章是城市规划理论史上的又一个里程碑,其主要内容有:第一,城市的功能分区是相对的,城市规划要考虑城市功能之间的联系,功能分区应有利于城市整体功能的发挥。第二,城市规划应创造一个综合的、多功能的生活环境。第三,大城市的交通政策是使私人汽车从属于公共交通。第四,对城市发展中如何更有效地使用人力、土地和资源,如何协调城市与周围地区的关系、如何促进生活环境与自然环境的和谐等问题,提出了原则性建议。

20世纪80年代,城市规划理论中兴起了技术派。他们强调现代科学技术在城市规划中的作用,主张将控制论、信息论、系统论和数学方法以及计算机技术引入城市规划中来,运用这些新的方法和技术对城市发展进行预测和模拟,对城市规划方案进行分析和优化。城市规划方法和技术的提高,推动了城市规划理论的发展。

20世纪90年代以来,城市规划理论中的环境学派越来越引人注目。他们认为,城市规划的基本目标是创造优化的城市环境,主张将"环境"的概念引入到城市规划中来。在宏观上要重视城市环境容量的研究,合理安排城市大型工业项目,拟订正确的交通政策,限制私人汽车的盲目发展,注意保护城市环境。在城市设计上,把城市设计和建筑设计看做是环境设计的过程,追求建筑—城市—园林的统一。

从城市规划理论的发展可以看到,每当社会经济发生重大变革,并由此引起城市结构的变化时,都必然会反映到城市规划观念上来,促使城市规划观念的更新和新的规划理论的出现。其中,重大的科学进步与技术发展是产生新的城市规划观念和方法的重要因素。[1] 随着科学技术的不断进步,城市及其相应的城市规划理论将会有更大的发展与变化。

第二节 城市规划的内容

一、城镇体系规划

城镇体系是指一定区域范围内在经济社会和空间发展上具有有机联系的城镇群体。城镇体系规划的提出是为了适应中国城市化发展的

---

[1] 鲍世行:《城市规划新概念新方法》,商务印书馆1993年版,第16页。

要求。改革开放以来,随着中国经济的发展,城市化步伐加快,城市数量增加,城市规模扩大。早在1994年8月建设部就根据《中华人民共和国城市规划法》,制定了《城镇体系规划编制审批办法》,并予以实施。尤其是进入21世纪后,中国城市化步伐进一步加快。为了协调城乡空间布局,改善人居环境,促进城乡经济社会全面协调可持续发展,中国在2008年1月1日实施的《中华人民共和国城乡规划法》中,再次强调要认真编制城镇体系规划,合理搞好城镇空间布局和规模控制,妥善处理城乡关系,引导城镇化健康发展。

城镇体系规划一般分为全国城镇体系规划、省域(或自治区域)城镇体系规划、市域(包括直辖市、市和有中心城市依托的地区、自治州、盟域)城镇体系规划、县域(包括县、自治县、旗域)城镇体系规划四个基本层次。全国城镇体系规划涉及的城镇包括设市城市和重要的县城;省域(或自治区区域)城镇体系规划涉及的城镇包括市、县城和其他重要的建制镇、独立工矿区;市域城镇体系规划涉及的城镇包括建制镇和独立工矿区;县域城镇体系规划涉及的城镇包括建制镇、独立工矿区和集镇。

按照《中华人民共和国城乡规划法》的规定,国务院城乡规划主管部门会同国务院有关部门组织编制全国城镇体系规划,用于指导省域城镇体系规划和城市总体规划的编制。省、自治区人民政府组织编制省域城镇体系规划,用于指导市域城镇体系规划的编制。省域城镇体系规划的内容包括:城镇空间布局和规模控制、重大基础设施的布局、为保护生态环境和资源等需要严格控制的区域。

城市政府编制的主要是市域城镇体系规划。市域城镇体系规划是城市总体规划的重要组成部分,在编制市域城镇体系规划之前要编制市域城镇体系规划纲要。市域城镇体系规划纲要的内容包括:提出市域城乡统筹发展战略;确定生态环境、土地和水资源、能源、自然和历史文化遗产保护等方面的综合目标和保护要求,提出空间管制原则;预测市域总人口及城镇化水平,确定各城镇人口规模、职能分工、空间布局方案和建设标准;原则确定市域交通发展策略。

市域城镇体系规划的内容有:

第一,提出市域城乡统筹的发展战略。其中位于人口、经济、建筑高度聚集的城镇密集地区的中心城市,应当根据需要,提出与相邻行政区域在空间发展布局、重大基础设施和公共服务设施建设、生态环境保护、城乡统筹发展等方面进行协调的建议。

第二,确定生态环境、土地和水资源、能源、自然和历史文化遗产等方面保护与利用的综合目标和要求,提出空间管制原则和措施。

第三,预测市域总人口及城镇化水平,确定各城镇人口规模、职能分工、空间布局和建设标准。

第四,提出重点城镇的发展定位、用地规模和建设用地控制范围。

第五,确定市域交通发展策略,原则确定市域交通、通信、能源、供水、排水、防洪、垃圾处理等重大基础设施,重要社会服务设施,危险品生产储存设施的布局。

第六,根据城市建设、发展和资源管理的需要划定城市规划区。

第七,提出实施规划的措施和有关建议。

城镇体系规划的期限一般为 20 年。

城镇体系规划的编制在城市管理中意义重大。随着中国经济的发展,城市化步伐的加快,越来越多的人到城市生活、定居。城镇体系规划的编制将城市发展与镇的发展结合起来,从区域城镇发展的角度合理安排城市人口规模,统筹规划区域基础设施和社会设施,科学确定城镇体系规模结构和空间布局,使城市的发展建立在科学预测的基础之上,为城市的长远发展留有充分的余地。同时,城镇体系规划编制有利于统筹区域经济发展,有利于统筹城乡的空间布局,有利于推动城市化健康稳步地发展。

二、城市总体规划

城市总体规划是指在一定的年限内城市各项建设综合平衡、合理安排的规划,是关于城市各项建设的战略部署。根据《中华人民共和国城乡规划法》和 2005 年国家建设部颁布的《城市规划编制办法》,中国城市总体规划的内容分为以下四部分:

1. 城市总体规划纲要

城市总体规划纲要主要研究确定总体规划中的重大问题,作为编制总体规划的依据。其主要内容有：市域城镇体系规划纲要；城市规划区范围；城市职能、城市性质和发展目标；禁建区、限建区、适建区范围；城市人口规模；中心城区空间增长边界，建设用地的规模和范围；交通发展战略及主要对外交通设施布局原则；重大基础设施和公共服务设施的发展目标；建立综合防灾体系的原则和建设方针。

2. 市域城镇体系规划

市域城镇体系规划的任务是：综合评价市域城镇发展条件；制定区域城镇发展战略；预测区域人口增长和城市化水平；拟定各相关城镇的发展方向与规模；协调城镇发展与产业配置的时空关系；统筹安排区域基础设施和社会设施；引导和控制区域城镇的合理发展与布局；指导城市总体规划的编制。

3. 中心城区规划

中心城区规划是城市总体规划的核心部分，其内容包括：① 分析确定城市性质、职能和发展目标，预测城市人口规模。② 划定禁建区、限建区、适建区和已建区，制定空间管制措施。③ 确定村镇发展与控制的原则和措施，安排建设用地、农业用地、生态用地和其他用地。④ 研究中心城区空间增长边界，确定建设用地规模，划定建设用地范围，确定建设用地的空间布局。⑤ 确定市级和区级中心的位置和规模，提出主要公共服务设施的布局。⑥ 确定交通发展战略和城市公共交通的总体布局，确定主要对外交通设施和主要道路交通设施布局。⑦ 确定绿地系统的发展目标及总体布局，确定历史文化保护及地方传统特色保护的内容和要求，研究确定特色风貌保护重点区域及保护措施。⑧ 研究住房需求，确定住房政策、建设标准和居住用地布局。⑨ 确定电信、供水、排水、供电、燃气、供热、环卫发展目标及重大设施总体布局。⑩ 确定生态环境保护与建设目标，提出污染控制与治理措施；确定综合防灾与公共安全保障体系，提出防洪、消防、人防、抗震、地质灾害防护等规划原则和建设方针。⑪ 划定旧城区范围，确定旧城区有机更新的原则和方法，提出改善旧城区生产、生活环境的标准和要求，提出地下空间开发利用的原则和建设方针。⑫ 确定空间发展时序，提出规划实施步骤、措施和政策建议。

4. 城市总体规划的强制性内容

为了保证城市总体规划的有效实施,城市总体规划编制包括一些强制性内容,主要有:城市规划区范围;市域内应当控制开发的地域;城市建设用地;城市基础设施和公共服务设施;城市历史文化遗产保护;城市防灾工程;地质灾害防护规定。

编制城市总体规划一般以全国城镇体系规划、省域城镇体系规划为依据,从区域经济社会发展的角度研究城市定位和发展战略,合理确定城市空间布局,促进区域经济社会全面、协调和可持续发展。同时,城市总体规划应当明确综合交通、环境保护、商业网点、医疗卫生、绿地系统、河湖水系、历史文化名城保护、地下空间、基础设施、综合防灾等专项规划的原则。

城市总体规划的成果包括规划文本、图纸及附件(说明、研究报告和基础资料等)。

城市总体规划的期限一般为20年,同时可以对城市远景发展的空间布局提出设想。

三、城市详细规划

城市详细规划是在城市总体规划的基础上对城市近期建设区域内各项建设作出具体安排的规划。城市详细规划分为控制性详细规划和修建性详细规划。

1. 控制性详细规划

控制性详细规划是以城市总体规划为依据,以土地使用控制为重点,详细规定城市建设用地性质、使用强度和空间环境的规划。控制性详细规划强化规划设计与管理结合、规划设计与开发衔接,将城市总体规划的宏观控制要求转化为微观控制层次。控制性详细规划是城市规划管理的依据,并指导修建性详细规划的编制。

改革开放以来,中国城市发展迅速,城市规模不断扩大,城市建设用地与农田保护的矛盾日益突出。尤其在城市建设中,单项建设项目的用地性质如何符合城市总体规划的要求,保证城市总体规划的权威性成为一个亟待解决的问题。编制控制性详细规划可以有效解决国有土地有偿出让与转让中存在的随意改变建设用地性质的问题,将城市总体规划的远期目标与城市近期建设用地的管理有机地衔接起来。

控制性详细规划的主要任务是:以城市总体规划为依据,确定建设地区的土地使用性质和使用强度的控制指标、道路和工程管线控制性位置以及空间环境控制的规划要求。

控制性详细规划的主要内容有:① 详细规定所规划范围内各类不同使用性质用地的界线,各类用地内适建、不适建或者有条件地允许建设的建筑类型。② 规定各地块建筑高度、建筑密度、容积率、绿地率等控制指标。③ 规定交通出入口方位、停车泊位、建筑后退红线距离、建筑间距等要求。④ 提出各地块的建筑体量、体型、色彩等要求。⑤ 确定各级支路的红线位置、控制点坐标和标高。⑥ 根据规划容量,确定工程管线的走向、管径和工程设施的用地界线。⑦ 制定相应的土地使用与建筑管理规定。

城市人民政府负责组织编制城市的控制性详细规划,经本级人民政府批准后,报本级人民代表大会常务委员会和上一级人民政府备案。

2. 修建性详细规划

修建性详细规划是指以城市总体规划或控制性详细规划为依据,用以指导各项建筑和工程设施的设计、施工的规划。

修建性详细规划的任务主要是对当前要进行建设的地区进行规划设计,用以指导各项建筑和工程设施的设计和施工。在编制修建性详细规划时需收集基础资料,除控制性详细规划的基础资料外,还应增加控制性详细规划对本规划地段的要求、工程地质和水文地质资料以及各类建筑工程造价等资料。

修建性详细规划的内容包括:建设条件分析及综合技术经济论证;作出建筑、道路和绿地等的空间布局和景观规划设计,布置总平面图;道路交通规划设计;绿地系统规划设计;工程管线规划设计;竖向规划设计;估算工程量、拆迁量和总造价,分析投资效益。

修建性详细规划由有关单位依据控制性详细规划及城乡规划主管部门提出的规划条件,委托城市规划编制单位编制。

修建性详细规划的成果是规划设计说明书和图纸。

第三节 城市规划的编制与实施

一、城市规划的编制

1. 城市规划的编制原则

根据《中华人民共和国城乡规划法》的规定,中国城市规划的编制原则有:

第一,城乡统筹原则。进入21世纪以后,中国政府提出了统筹城乡经济发展,实现城乡、区域互动的发展目标,城乡统筹原则成为编制城市规划的重要原则之一。坚持城乡统筹原则就是要求各地在编制城市规划时要统筹考虑城市、镇、乡和村庄发展,根据各类规划的内容要求和特点编制好相关规划。同时根据城乡特点,协调城乡空间布局,促进城乡经济社会全面协调可持续发展。

第二,合理布局原则。城市规划涉及方方面面,既有生产规划,也有生活规划。城市规划要坚持以人为本,重视社会公正和改善民生。在编制城市规划时要合理配置公共资源,优先安排基础设施以及公共服务设施的建设,妥善处理新区开发与旧区改建的关系,统筹兼顾进城务工人员生活和周边农村经济社会发展、村民生产与生活的需要。尤其要关注中低收入阶层的住房问题,做好住房建设规划,改善人居环境。

第三,节约用地原则。中国人口众多,人均耕地低于世界平均水平,编制城市规划必须充分认识中国人口众多、人均资源短缺和环境容量压力大的基本国情。在城市建设中,要尽量注意节约土地,精打细算,防止多征、早征。在节约用地的基础上,更要注意城市土地的合理利用,根据城市土地的社会特点和自然特点,将其用在最适宜的地方。

第四,集约发展原则。在中国,土地是一种稀缺资源,在编制城市规划时必须坚持集约发展原则,限制城市用地规模的盲目扩张,严格按照国家制定的城镇建设用地标准办事,要合理确定发展规模、建设步骤和建设标准,推进城市建设发展方式从粗放型向集约型转变,增强可持续发展能力,尽可能达到城市土地的集约利用。

第五,先规划后建设原则。按照《中华人民共和国城乡规划法》的要求依法编制城乡规划,包括近期建设规划、控制性详细规划、乡和村庄规划。坚持以经依法批准的上位规划为依据,编制下位规划不得违背上位规划的要求,编制城市规划不得违背国家有关的技术标准、规范。城市规划区内的所有建设项目都必须实行规划管理,坚持先规划后建设原则。

2. 城市规划的编制阶段和程序

中国城市规划的编制分两个阶段,即城市总体规划编制阶段和城市详细规划编制阶段。

城市总体规划的编制程序是:

第一,搜集和分析城市规划所需的资料。城市规划的编制必须建立在对城市各种基础资料认真、正确分析的基础上。城市规划所需要的基础性资料包括:城市的自然条件和历史资料;城市及周围地区的经济技术资料;城市建设现状资料;城市地理与环境资料等。城市规划所需资料的搜集与分析由市政府城市规划部门负责。

第二,编制城市总体规划纲要。城市总体规划纲要的主要任务是研究确定城市总体规划的重大原则,并为编制城市总体规划提供依据。城市总体规划纲要的成果主要是文字和必要的图纸。城市总体规划纲要由市政府负责组织编制。

第三,起草城市总体规划。城市总体规划是指导城市科学发展和建设的法规性文件,是促进城市科学协调发展的重要依据,是保障城市公共安全与公众利益的重要公共政策。城市总体规划直接关系到城市总体功能的有效发挥,关系到经济、社会、人口、资源、环境的协调发展。城市总体规划的主要任务是:综合研究和确定城市性质、规模和空间发展形态,统筹安排城市各项建设用地,合理配置城市各项基础设施,处理好远期发展和近期建设的关系,指导城市合理发展。城市总体规划通常由市政府城市规划部门负责起草。

第四,评议城市总体规划。为了提高城市规划的科学性,中国城市规划实行政府组织、专家领衔、部门合作、公众参与、科学决策的编制方式,广泛听取公众和专家的意见。按照《中华人民共和国城乡规划法》的要求,城乡规划报送审批前,组织编制机关应当依法将城乡规划草案予以公告,并采取论证会、听证会或者其他方式征求专家和公众的意见。公告的时间不得少于30日。组织编制机关应当充分考虑专家和公众的意见,并在报送审批的材料中附具意见采纳情况及理由。

第五,通过城市总体规划。城市总体规划草案由市政府全体会议讨论通过。然后,由市政府向市人大提交关于城市总体规划的议案,提请市人大审议和通过。《中华人民共和国城乡规划法》明确规定,城市总体规划在报上一级人民政府审批前,应当先经本级人民代表大会常务委员会审议,常务委员会组成人员的审议意见交由本级人民政府研究处理。这充分体现了城市规划的权威性、法制化和民主性。

第六,审批城市总体规划。中国城市规划实行分级审批。直辖市的城市总体规划由直辖市人民政府报国务院审批。省、自治区人民政府所在地的城市以及国务院确定的城市的总体规划,由省、自治区人民政府审查同意后,报国务院审批。其他城市的总体规划,由城市人民政府报省、自治区人民政府审批。

第七,修改城市总体规划。按照《中华人民共和国城乡规划法》的规定,有下列情形之一的,城市人民政府可以修改城市总体规划,一是上级人民政府制定的城乡规划发生变更,提出修改规划要求的;二是行政区划调整确需修改规划的;三是因国务院批准重大建设工程确需修改规划的;四是经评估确需修改规划的;五是城乡规划的审批机关认为应当修改规划的其他情形。城市人民政府在修改城市总体规划前,应当对原规划的实施情况进行总结,并向原审批机关报告;修改涉及城市总体规划强制性内容的,应当先向原审批机关提出专题报告,经同意后,方可编制修改方案。修改后的城市总体规划依照审批程序报批。

城市详细规划是为实施城市总体规划而提出具体规划要求的地区性规划,包括控制性详细规划和修建性详细规划。城市详细规划的编制程序是:

第一,调查研究城市详细规划的资料。包括规划区域内的经济社会发展、自然环境、城市建设的历史与现状等情况。

第二,征求有关部门的意见。编制城市详细规划时,应当听取有关专业管理部门和规划涉及的单位、公众的意见,并对有关意见采纳结果予以公布。

第三,论证城市详细规划方案。城市详细规划编制单位组织审批机关、有关单位和专家对初步规划设计方案进行评议和论证。

第四,申报城市详细规划。报批文件包括:编制报告及其说明、规划文本、规划图纸、其他有关附件。

第五,审批城市详细规划。城市详细规划由本级人民政府审批。经本级人民政府批准后,城市详细规划需报本级人民代表大会常务委员会和上一级人民政府备案。

在编制城市详细规划时,一般可以提出多种方案,从功能、经济、环境、景观等效果和建设次序、周期等方面进行综合比较和论证,然后选定实施方案。一般控制性详细规划指导修建性详细规划的制定。经批准的城市详细规划是城市规划管理的依据。

城市规划关系到城市的长远发展,关系到市民的切身利益。随着国家经济的发展、政治民主化程度的提高,中国公众的主人翁意识日益增强,对城市规划也越来越重视。2008年2月建设部下发了《关于贯彻实施〈城乡规划法〉的指导意见》,在公众参与城市规划制定方面作出了明确规定。要求各级城市规划编制部门在有关配套法规和规定中,要细化规划制定过程中公众参与的程序办法,针对不同的规划制定公开公示的具体方法和要求,明确规划编制成果报送上级人民政府审批时,必须附具专家和公众意见及处理情况的材料。公众参与城市规划的制定扩大了城市规划的群众基础,便于城市规划的实施和监督。

二、城市规划的实施

1. 城市规划管理机构

中国重视城市规划的编制和管理工作,设立专门的机构负责城市规划管理。

国家住房和城乡建设部的城乡规划司是全国城市规划的主管部门,其主要职责是:拟订城乡规划的政策和规章制度;组织编制和监督实施全国城镇体系规划;指导城乡规划编制并监督实施;指导城市勘察、市政工程测量、城市地下空间开发利用和城市雕塑工作;承担国务院交办的城市总体规划、省域城镇体系规划的审查报批和监督实施;承担历史文化名城(镇、村)保护和监督管理的有关工作;制定城乡规划编制单位资质标准并监督实施。

省、自治区政府的住房和城乡建设厅负责省、自治区内各城市的城市规划管理工作。省、自治区的住房和城乡建设厅下设城乡规划处负责处理日常事务,其主要管理职责是:拟订全省(自治区)城乡规划的政策和制度;组织编制全省(自治区)城镇体系和区域城镇体系规划并监督实施;指导编制全省(自治区)城乡规划、产业集聚区空间规划并监督实施;承担省政府交办的城市总体规划、区域城镇体系规划及其他规划的审查报批和监督实施工作等。

省会城市、经国务院批准的较大的市和多数地级市的市政府都设立了城市规划管理局,负责城市规划的管理工作。一般县级市由市政府的城乡建设局负责城市规划管理,通常在城乡建设局设城市规划管理科,行使城市规划日常管理的职能。市政府城市规划管理局主要承担研究和编制城市规划、对城市规划的实施进行管理和监督检查的职责,其主要职责为:贯彻执行有关城市规划管理法律、法规、规章和政策;组织编制城市总体规划、分区规划、详细规划、城镇体系规划及市政府其他指令性规划;负责建设用地和建设工程的规划管理;对城市规划的实施进行监督检查,依法查处各类违法行为;负责全市城市雕塑、城市景观的规划管理工作;参与城市规划区内重要建设工程的竣工验收;负责全市城市建设档案管理工作;承办市委、市政府交办的其他事项。

随着中国城市化的发展和城市规模的扩大,城市建设用地管理成为城市规划管理的重要内容。近几年,中国各级城市的规划管理部门与土地管理部门出现了加强协调或合署办公的趋向。因为,对城市土地进行规划管理是城市规划管理部门的核心职能之一。同时,城市的国土资源管理局以代表国家行使国有土地所有权和代表政府行使土地行政管理权的双重身份,也负责土地管理。所以,中国有些城市已经合并了城市规划管理部门和土地管理部门,成立了市规划和国土资源管理局,如上海市。有些城市采取两块牌子、一套班子;有些城市虽然还是两个部门,但建立起了协调机构。

2. 城市规划实施管理的内容

城市规划是城市长远发展的宏伟蓝图,城市政府根据当地经济社会发展水平,尊重群众意愿,有计划、分步骤地组织实施城市规划。城市规划一经批准就具有法律效力,所有规划区内的单位和个人必须坚决执行,严格按照《中华人民共和国城乡规划法》来进行规划管理。城市政府的规划主管部门对城市规划实施的管理包括以下内容:

第一,对规划区内的土地进行城市规划管理。① 对建设用地提出选址意见书。城市规划区内的土地利用和各项建设必须符合城市规划,服从城市规划。按照国家规定需要有关部门批准或者核准的建设项目,以划拨方式提供国有土地使用权的,建设单位在报送有关部门批准或者核准前,应当向城市规划主管部门申请核发选址意见书。② 发放建设用地规划许可证。城市规划区内的建设单位在获得选址意见书后要向城市规划主管部门提出建设用地规划许可申请,由城市规划主管部门依据城市控制性详细规划核定建设用地的位置、面积、允许建设的范围,核发建设用地规划许可证。城市规划主管部门不得在建设用地规划许可证中,擅自改变作为国有土地使用权出让合同组成部分的规划条件。建设单位在取得建设用地规划许可证后,方可向市人民政府土地主管部门申请用地,经市政府审批后,由土地主管部门划拨土地。③ 管理城市国有土地。在城市规划区内以出让方式提供国有土地使用权的,在国有土地使用权出让前,城市规划主管部门应当依据控制性详细规划,提出出让地块的位置、使用性质、开发强度等规划条件,作为国有土地使用权出让合同的组成部分。未确定规划条件的地块,不得出让国有土地使用权。规划条件未纳入国有土地使用权出让合同的,该国有土地使用权出让合同无效;对未取得建设用地规划许可证的建设单位批准用地的,由县级以上人民政府撤销有关批准文件;占用土地的,应当及时退回;给当事人造成损失的,应当依法给予赔偿。

第二,对规划区内的各项建筑进行城市规划管理。在城市规划区内进行建筑物、构筑物、道路、管线和其他工程建设的,建设单位或者个人应当向城市规划主管部门申请办理建设工程规划许可证。申请办理建设工程规划许可证,应当提交使用土地的有关证明文件、建设工程设计方案等材料。需要建设单位编制修建性详细规划的建设项目,还应当提交修建性详细规划。对符合控制性详细规划和规划条件的,由城市规划主管部门核发建设工程规划许可证。建设单位和个人取得建设工程规划许可证和其他有关批准文件后,方可申请办理开工手续。

第三,参与重点工程竣工验收。城市规划行政主管部门有权对城市规划区内的建设工程是否符合规划要求进行检查,被检查者应当如实提供情况和必要的资料。如果发现城市规划区内的建设用地、建设工程违反城市规划要求的,城市规划管理部门有权责令建设单位或个人切实加以纠正。如果发现有违章建筑,则有权要求拆除,严肃处理。按照国务院规定,城市规划管理部门对建设工程是否符合规划条件予以核实。未经核实或者经核实不符合规划条件的,建设单位不得组织竣工验收。建设单位应当在竣工验收后6个月内向城市规划主管部门报送有关竣工验收资料。建设单位未在建设工程竣工验收后6个月内向城市规划主管部门报送有关竣工验收资料的,由所在地城市、县人民政府城市规划主管部门责令限期补报;逾期不补报的,处以1万元以上5万元以下的罚款。

第四,监督检查城市规划的实施。城市规划主管部门负责城市规划实施的监督检查工作,并由市人民政府向本级人民代表大会常务委员会报告城市规划的实施情况,接受监督。① 受理单位和个人的举报,处理违反城市规划的行为。城市规划一经批准就具有法律效力,任何单位和个人都应当遵守经依法批准并公布的城市规划,服从规划管理,并有权就涉及其利害关系的建设活动是否符合规划的要求向城市规划主管部门查询。任何单位和个人都有权向城市规划主管部门或其他有关部门举报,或者控告违反城市规划的行为。城市规划主管部门对举报或者控告,应当及时受理并组织核查、处理。② 对城市规划的实施情况进行监督检查。城市规划主管部门有权要求有关单位和人员提供与监督事项有关的文件、资料,并进行复制;要求有关单位和人员就监督事项涉及的问题作出解释和说明,并根据需要进入现场进行勘测；责令有关单位和人员停止违反有关城乡规划的法律、法规的行为。被监督检查的单位和人员应当予以配合，不得妨碍和阻挠依法进行的监督检查活动。同时，监督检查情况和处理结果应当依法公开，供公众查阅和监督。③ 对违反城市规划的行为作出处罚决定。城市规划主管部门有权对任何违反城市规划管理规定的行为作出处罚决定。如：未取得建设工程规划许可证或者未按照建设工程规划许可证的规定进行建设的，由城市规划主管部门责令停止建设；尚可采取改正措施消除对规划实施的影响的，限期改正，处建设工程造价5%以上10%以下的罚款；无法采取改正措施消除影响的，限期拆除，不能拆除的，没收实物或者违法收入，可以并处建设工程造价10%以下的罚款。④ 追究违反城市规划者的法律责任。凡超越资质等级许可的范围承揽城市规划编制工作的，违反国家有关标准编制城市规划的，城市规划主管部门可以责令限期改正，处合同约定的规划编制费1倍以上2倍以下的罚款；情节严重的，责令停业整顿，由原发证机关降低资质等级或者吊销资质证书；造成损失的，依法承担赔偿责任。发现国家机关工作人员有违反城市规划行为的，城市规划主管部门可以向其任免机关或者监察机关提出处分建议。⑤ 查处违章建筑。凡未经批准进行临时建设的；未按照批准内容进行临时建设的；临时建筑物、构筑物超过批准期限不拆除的，城市规划主管部门可以责令限期拆除，可以并处临时建设工程造价1倍以下的罚款。城市规划主管部门作出责令停止建设或者限期拆除的决定后，当事人不停止建设或者逾期不拆除的，建设工程所在地县级以上地方人民政府可以责成有关部门采取查封施工现场、强制拆除等措施。

国家鼓励采用先进的科学技术，增强城市规划的科学性，提高城市规划实施及监督管理的效能。

3. 旧城改造与新区开发的原则与具体注意事项

改革开放以来，随着中国的经济发展和综合国力的增强，许多城市进行了大规模的旧城改造与新区开发，城市旧城改造与新区开发已成为城市规划管理的重要组成部分。城市的旧城改造与新区开发不同于城市规划的日常管理，实施城市规划的日常管理是对某方面建设或某个建设项目的管理,而对旧城改造与新区开发的管理是全面的、综合的、区域性的城市规划管理。

中国城市旧城改造与新区开发的原则:

第一,统一规划,合理布局。城市旧城改造与新区开发都是在城市总体规划的基础上进行的,都必须服从城市总体规划的安排。中国城市总体规划是城市建设的纲领性文件,长期指导着城市的建设与管理工作。城市总体规划已明确规定了旧区改建、用地调整的原则、方法和步骤,提出了改善旧城区生产、生活环境的要求和措施。因此,城市旧城改造与新区开发应该遵照城市总体规划确定的原则稳步实施,各项改建和开发项目应该符合城市总体规划的要求,不得随意突破,擅自实施。

第二,因地制宜,量力而行。每个城市都有自己的特点,在旧城改造与新区开发中要根据各自城市的实际情况,突出特色,因地制宜地进行改造与开发。不论旧城改造,还是新区开发都需要大量的资金投入,一定要量力而行。应该看到,旧城改造与新区开发是一项长期的工作,应该在经济实力和各方面条件具备的情况下,统一规划,分期实施。

第三,综合开发,配套建设。综合开发是旧城改造与新区开发的核心,产业转移是旧城改造与新区开发的连接点。通过产业转移,把原来安置在旧城区的一些污染企业或占地面积大的企业从旧城区迁往新区,在新区进行技术改造,安装环保设施,集中治理污染,改善城市环境质量。通过旧城改造,在旧城区建设第三产业,形成新的经济增长点。城市旧城改造与新区开发既要注意综合开发,也要注意配套建设。城市是一个整体,在旧城改造与新区开发中,应该遵循"先地下,后地上"的原则,基础设施要优于其他设施进行建设。居民住宅区的改建与建设,要注意搞好各种生活服务设施的配套,尽可能地建设一些公共设施,增加公共绿地。只有搞好配套设施建设,才能够发挥城市的综合功能。

城市旧城改造与新区开发是一项复杂的城市规划管理工作,在旧城改造与新区开发中应该注意的是:

第一,城市旧城改造与新区开发的各项建设工程的选址、定点,不得妨碍城市的发展,危害城市的安全,污染和破坏城市环境,影响城市各项功能的协调。

第二,城市旧城改造与新区开发要注意保护城市历史文化遗产和传统风貌,合理确定拆迁和建设规模,有计划地对危房集中、基础设施落后的地段进行改建,不得破坏城市环境和城市的历史文脉。历史文化名城、名镇、名村的保护以及受保护建筑物的维护和使用,应当遵守有关法律、行政法规和国务院的规定。

第三,城市旧城改造应当强调加强维护、合理利用、调整布局、逐步改善、统一规划、分期实施,逐步改善居住和交通运输条件。

第四,城市新区的开发和建设,应当合理确定建设规模和时序,充分利用现有市政基础设施和公共服务设施,严格保护自然资源和生态环境,体现地方特色。在城市总体规划确定的建设用地范围以外,不得设立各类开发区和城市新区。同时,城市新区开发要具备水资源、能源、交通、防灾等建设条件,应当避开地下矿藏、地下文物古迹。

第五,城市新建铁路编组站、铁路货运干线、过境公路、机场和重要军事设施等要避开市区。港口建设要兼顾城市岸线的合理分配利用,保障城市生活岸线用地。

第六章
城市基础设施建设与管理

城市基础设施是为生产和生活提供一般条件的公共设施,是城市赖以生存和发展的基础。在城市规划的指导下,城市政府统筹安排城市各项基础设施的建设,处理好城市基础设施内部各系统的关系,搞好城市基础设施的综合配套和管理,对于保障整个城市系统的顺畅运转具有十分重要的意义。

第一节 城市基础设施概述

一、城市基础设施的含义、类型和作用

城市基础设施,是为企业生产和居民生活提供基本条件、保障城市存在和发展的各种工程及其服务的总称。

城市基础设施可以分为下列种类:① 能源设施,包括电力、煤气、天然气、石油液化气和暖气等;② 供、排水设施,包括水资源保护、自来水厂、供水管网、排水和污水处理;③ 交通设施,分为对外交通设施和对内交通设施两部分。对外交通设施包括航空、铁路、航运、长途汽车和高速公路;对内交通设施包括道路、桥梁、隧道、地铁、轻轨、公共交通、出租汽车、停车场、轮渡和交通安全设备等;④ 邮电通信设施,包括邮政、电报、市内电话、长途电话、移动电话、无线电寻呼、互联网、电视和广播等;⑤ 环保设施,包括绿化、园林、垃圾收集和处理、环境卫生、环境监测和环境污染治理等;⑥ 防灾设施,包括消防、防汛、抗震、防台风、防风沙、防雪、防地面沉降和防空等。

城市基础设施的作用,是与社会生产力、科学技术、城市和生活水平的发展成正比的。在城市产生的初期,用石子铺路,挖坑积蓄雨水,基础设施简陋,对生产和生活也并非必不可少。今天,不用因特网,而用普通信件传递商业信息,企业就可能在市场竞争中失利;没有森林公园,市民就会抱怨市政府。具体地说,城市基础设施有下列基本作用:

第一,城市基础设施是社会生产不可缺少的外部条件。社会的第一、二、三产业,包括属于第三产业的党政机关的活动,都离不开基础设施的作用。首先,基础设施为各单位提供能源;其次,基础设施为各单位提供水资源;再次,基础设施为各单位提供交通运输条件;最后,基础设施为各单位提供通信条件等。

第二,城市基础设施是市民生活的基本条件。城市基础设施是市民维持基本生活水平的必要条件。如果没有水、电、煤气等的供应,市民要想维持基本的生活水平是难以想象的。城市基础设施又为市民提高生活水平创造了条件。地铁、互联网和电视等,使市民享受现代生活的乐趣。生活水平越高,市民对基础设施的依赖越强。

第三,城市基础设施为生产和生活提供了一个优良的环境。今天的城市,一方面生产和生活日益现代化,另一方面面临着环境污染的严重威胁。环境污染增加生产的成本,损害市民的健康。城市的环保设施等是环境污染的屏障、生产和生活的卫士。

第四,城市基础设施避免和减轻各种灾害对生产和生活的危害。中国地域辽阔,自然环境复杂,每年各地城市都遭受洪水、台风、风沙和暴风雪等自然灾害的袭击。城市的各种防灾设施在抵御和减少各种灾害给城市生产和生活带来的损失方面,发挥着巨大的作用。如果没有城市基础设施的保护,城市的生产和生活水平就会下降。如防灾设施是城市基础设施的重要组成部分,其中的消防设施和消防管理有效地保障着市民和企业生命及财产的安全。

第五,城市基础设施是城市存在和发展的物质基础。城市同农村区别的一个重要方面就是基础设施的质量和数量不同。新建或扩大一个城市,总是基础设施先行,基础设施是生产设施和生活设施发挥作用的前提。由此可见,基础设施是城市存在和发展的物质基础。而且,基础设施现代化是城市现代化的主要标志。一个城市的基础设施容量大,现代化程度高,预示着它有很大的发展潜力。

二、城市基础设施的性质

城市基础设施对城市经济和城市建设如此重要,而它既有一般产业的某些共性,又有作为特殊产业的一些个性,认识这些共性和个性,即认识城市基础设施发展的一般规律和特殊规律,能够为城市基础设施的建设和管理提供指导思想和理论依据。

1. 城市基础设施具有生产性

城市基础设施具有生产性,指的是城市基础设施是第二、三产业的组成部分,它与第二、三产业其他的部门及企业一样,其建设和运营的性质是生产活动,即是一个投入产出的过程,据此实现资金的良性循环。这一性质决定了城市基础设施必须有偿使用。

20世纪50年代,中国认为基础设施具有生产性,与工农业生产配套建设,发展尚属正常。进入20世纪60年代以后,基础设施开始被认为与教育、科技、文化、卫生和体育部门一样,属于消费性事业,被列为非生产性建设。这种认识上的偏差导致政策上的两个后果:一是工农业基本建设的投资与相配套的基础设施建设投资在比例上严重失衡;二是对基础设施实行无偿使用或低收费使用的政策,造成有投入却没有产出,或者价格与成本倒挂,难以实现资金的良性循环,城市基础设施部门和企业长期亏损经营,靠财政补贴仍然入不敷出。

城市基础设施之所以具有生产性,首先是因为它的建设和运营本身是一个生产过程,既有物化劳动即资产的投入,又有活劳动即人力的投入。与其他产业一样,基础设施建设所消耗的物化劳动和活劳动需要补偿,即投入靠产出来补偿。通过市场机制和商品买卖,城市基础设施所提供的产品和劳务以相当于成本的价格出售,可以维持简单再生产;以适当高于成本即包含一定增加值的价格出售,才能扩大再生产。其次是因为基础设施又是社会的第一、二、三产业生产的外部条件。像自来水、电力和煤气等,作为生产要素直接融入生产过程;邮电通信和交通运输,是生产要素实现其功能的媒介;而环保设施和防灾设施,成为企业生产必不可少的保障条件。缺少城市基础设施中的任何一项，实现企业生产都是难以想象的。

　　城市基础设施的生产性决定了必须有偿使用城市基础设施。可是，城市基础设施又具有公益性，这使得城市基础设施又不同于一般的第一、二、三产业。后者完全通过市场实现产出，补偿投入；而城市基础设施实现投入产出补偿的途径有三类：市场补偿、财政补偿、市场与财政复合补偿。城市基础设施中完全通过市场实现投入产出补偿的部门不多，比较典型的例子是出租汽车完全靠市场实现投入产出的循环。有一部分城市基础设施依靠财政补偿实现投入产出的循环，即它们无偿向企业和居民提供产品和服务，同时依靠财政拨款来维持自身生产和人员的费用。属于这部分基础设施的部门有路灯、红绿灯等交通安全设备、公共绿地、街道清扫、一部分防灾设施、广播等。绝大多数城市基础设施通过市场与财政复合补偿来实现投入产出的循环，但是，不同城市的基础设施在市场补偿与财政补偿的比例方面有很大的不同。凡是能较大程度运用市场机制的基础设施，就以市场补偿为主，财政补偿为辅，如大部分的能源设施、供水排水设施、交通设施和邮电通信设施；凡是只能以市场机制作为补充的补偿方式的基础设施，就以财政补偿为主，市场补偿为辅，如公园、消防、垃圾的收集和处理等。对完全靠市场补偿的基础设施，由于它们和一般企业一样运营，所以，认为它们具有生产性，没有什么疑义。但对于靠市场和财政复合补偿的基础设施，或完全靠财政补偿的基础设施，是否具有生产性，就有不同看法了。事实上，一个企业具有生产性，是因为它的运营是一个从投入到产出的生产过程，而且它直接通过市场的商品货币交换实现产出，补偿投入。一个完全靠财政补偿的基础设施部门或企业，如路灯的养护单位，它的运营既有投入也有产出，但由于路灯具有公益性，它不直接通过市场获得补偿，而是通过财政拨款获得补偿。政府的财政拨款主要来自税收，而中国的税收一部分来自个人所得税，绝大部分来自企业缴纳的税收，企业又把大部分税收计入成本，包含在商品和服务的价格之中，最终还是由老百姓支付。从这个意义上说，老百姓用路灯，也是付钱的。可见，无偿使用或低价格使用的城市基础设施，直接通过财政补偿投入，间接地通过市场补偿投入。所以说,全部的城市基础设施都具有生产性。

2. 城市基础设施具有公益性

城市基础设施具有公益性,指的是每家企业的生产、每户居民的生活都离不开基础设施;为生产和生活服务是城市基础设施部门和企业的宗旨;城市基础设施的部门和企业把社会效益放在第一位,这一性质决定了其必须把社会效益放在第一位,同时兼顾经济效益。

城市基础设施具有公益性的含义之一,即是指每家企业的生产、每户居民的生活都离不开基础设施,又称之为城市基础设施的公共性。它强调城市基础设施是企业扩大再生产和居民维持劳动力再生产的必要条件。对居民来说,根据其收入水平,消费是可选择的;但是,对于使用城市基础设施的基本需求,却是不可选择而又必须消费的。由于每家企业、每户居民都需要城市基础设施的服务,所以,城市基础设施的公共性是城市基础设施具有服务性的出发点。城市基础设施为每家企业、每户居民提供服务,没有排他性和歧视性。城市基础设施所具有的公共性和服务性,决定了它必须把社会效益放在第一位。如城市环保设施中的园林绿化设施具有很强的公益性,园林绿化不仅有助于改善城市空气质量,而且能够有效地监测环境污染。

城市基础设施所具有的公益性,导致基础设施中的大部分由隶属于政府的部门和单位提供,而小部分由集体所有制、个体所有制或私营经济单位提供的产品和服务,也受到市政府比较严格的管制。这使提供和管制基础设施的产品和服务,成为城市政府的一项传统职能。即使在西方国家,城市基础设施中政府所拥有的比重也比较高。这是因为基础设施领域的企业微利、无利或亏损经营,私人企业不愿介入;或因具有垄断性,政府限制私人企业进入基础设施领域;或因为投资数额大,收回投资的周期长,影响了私人投资的积极性。

城市基础设施的公益性,决定了基础设施领域的企业不能像一般企业那样,主要以赢利为目标,而只能以微利、保本或亏损但有利于社会效益为目标。国家不应把基础设施部门作为主要的税源,基础设施部门所提供的产品和服务的价格也不宜太高。经济效益是一般企业对内实行一流管理、对外争创一流服务的主要动力;而社会效益成为城市基础设施的部门和企业追求一流的管理和服务的主要动力。在社会主义市场经济的条件下，搞好城市基础设施的企业管理，与一般的企业管理相比较，难度更大。在政府层面，应通过适当的财政补贴，使城市基础设施部门的平均工资保持在城市社会工资的中上水平。在企业层面，要在发挥社会主义精神文明作用的同时，拉开收入差距，实行科学管理。

城市基础设施领域的部门和单位在把社会效益放在首位的前提下，必须兼顾经济效益。这不仅是为了减轻财政负担，而且是搞好城市基础设施领域企业管理的内在要求。物质利益原则是所有企业管理的基础。要把企业的经济效益指标层层分解为每个车间、班组和职工的指标，与每个职工的收入挂钩。对不同城市基础设施的部门和企业，经济效益水平的指标可以有所不同。

3. 城市基础设施具有承载性

城市基础设施具有承载性，指的是由于城市基础设施是为城市的生产和生活服务的，而城市基础设施又是由物资设备及其服务所构成的，因此，城市基础设施与城市的产业规模和人口规模之间存在比例关系。只有认识和遵循这些比例关系，城市基础设施与生产和生活之间，才能形成相互促进的良性循环。

新中国成立后的一段较长时期内，中国城市基础设施建设投资、城市工农业生产建设投资以及城市劳动力数量增长之间曾严重失衡。其根本原因即是否认了城市基础设施的承载性。供电紧张、交通拥挤、通信困难和污染严重等城市基础设施滞后的问题，曾在各地城市不同程度地存在，既成了制约城市生产发展的瓶颈，又成了提高市民生活水平的障碍。改革开放以来，中国各级政府开始尊重城市基础设施的承载性，大力加强了城市建设。

城市基础设施的承载性，既要考虑生产和生活对基础设施的需求量，也要考虑基础设施的负荷能力。基础设施量可以用下面的公式来表示：

基础设施量＝基础设施需求量/基础设施负荷能力

可见，使城市基础设施适应城市的生产和生活可以从两方面努力：

通过运用科学技术提高基础设施的负荷能力;通过增加投资扩大基础设施供给量。

在实际工作中,尊重城市基础设施的承载性,一要在城市的规划和布局时,从用地、空间和配套设施等方面,为基础设施今后适应生产和生活的发展留出应有的余地;二要使基础设施的建设适当超前或至少同步于城市生产和生活的建设。

4. 城市基础设施具有自然垄断性

城市基础设施的自然垄断性,指的是由于基础设施具有公益性和规模经济效益,在基础设施的每个领域,城市政府只允许少数几家企业进入,开展必要的竞争。基础设施的自然垄断性具体表现在:基础设施具有大量的沉淀资本、服务的地区依附性、规模经济性。[①]

城市基础设施与城市其他产业的一个重要区别是:在城市其他产业的各个领域,较多的企业可以自主决定是否进入该领域经营,而且主要由市场来决定哪些企业应该进入或退出这个领域;而在城市基础设施的各个领域,由市政府在参考企业的市场竞争能力基础上,依靠行政手段,来决定哪些企业进入或退出某个领域。因此,在城市其他的产业领域,市场竞争无情地驱使着每个企业不懈地改进经营和管理;而在城市基础设施的各个领域,由于存在着公益性,存在着微利、保本或亏损但有利于社会效益的不同经营模式,存在着财政补偿,市场对企业改善经营管理的驱动作用被削弱了。所以,必须强化市政府对城市基础设施部门和单位的管制。

实践证明,政府对企业的管制,只靠行政手段,是管不好的,而且会引起不少弊病,主要还得依靠市场的力量。在市政府对城市基础设施的管理中,根本性的机制是在基础设施的每个领域,保持少数几家企业开展必要的竞争。在此基础上,更多地发挥消费者协会的作用,并强化对城市基础设施部门和企业的执法管制。

5. 城市基础设施具有超前性

城市基础设施具有超前性,从建设的时间上看,指的是根据"先地

---

① 邓淑莲:《中国基础设施的公共政策》,上海财经大学出版社 2003 年版,第 5—6 页。

下,后地上"的原则,基础设施比生产设施和生活设施提前进行建设,从而使基础设施与生产设施或生活设施同时交付使用;从建设的空间上看,指的是城市基础设施的建设应该留有余地,以适应今后产业规模和人口规模的发展。这一性质决定了城市基础设施在建设的时间和空间上,必须处理好它与生产设施、生活设施的关系。

从建设的时间上看,一个生产建设项目或生活建设项目在建成时,必须做到基础设施与生产设施或生活设施同时交付使用,即二者要具有同步性。但是,城市基础设施的建设与生产设施或生活设施的建设相比较,具有施工周期长、大部分在地下作业等特点,所以,城市基础设施必须超前于生产设施或生活设施进行建设。做到超前性,是为了实现同步性。

城市基础设施建设时间上的超前性又称为提前期,它的计算公式是:

$$提前期 = 基础设施建设周期 - 生产或生活设施建设周期$$

从建设的空间上看,根据城市基础设施所具有的承载性进行基础设施建设时,其容量应该超过现有的产业规模和人口规模,而以城市规划中的产业规模和人口规模为依据,使实际建成的基础设施容量具有超前性,以适应今后城市的产业规模和人口规模的发展。

城市基础设施建设空间上的超前性又称为提前量,它的计算公式是:

$$提前量 = (生产或生活设施规划目标量 - 一期生产或生活设施形成量) \times 一定单位的生产或生活设施对基础设施的要求量$$

6. 城市基础设施具有系统性

城市基础设施具有系统性,指的是它们的各部门以及一个部门内部各方面,在为生产和生活服务时,相互之间存在着依存性,必须相互协作,才能最大限度地发挥它们的综合效能。为此,在建设时,应该保持城市基础设施各部门以及一个部门内部各方面之间的比例关系;在运营时,应该通过经济的、法律的和教育的手段,促使员工主动与别的部门和单位协作。

城市基础设施的各部门之间相互依存,具体表现在生产自来水、煤气等要用电力,基础设施各部门的生产都需要交通运输,各种管线的施工宜与修建道路同时进行,治理环境污染能够改善水质,园林绿化依赖用水,消防、防汛等设施保障各部门的安全等。城市基础设施的一个部门内部各方面之间的相互依存,表现在排水设施的规模与供水规模相联系;城市的对内交通与对外交通相衔接,在大都市交通体系中,各种交通形式(如汽车、地铁)相互依存,重大的交通基础设施包括道路设施、轨道设施、枢纽设施、停车设施和管理设施之间也具有很强的系统性。[1]

城市政府的住房和城乡建设委员会有职责协调基础设施各部门的关系,更好地为企业生产和居民生活服务。市政府的住房和城乡建设委员会协调基础设施各部门的关系,一方面体现在对全市基础设施的规划和建设上,另一方面体现在生产设施和生活设施的建设工程中,指挥和协调基础设施各部门的施工。

三、城市基础设施的供给方式

由于城市基础设施具有公益性,它的部门和单位不能像一般的企业那样,以盈利为主要目标,而只能以社会效益为首要目标,在此前提下,兼顾经济效益;虽然它们有生产性,受投入产出的经济规律制约,但其中多数的部门和单位通过市场与财政的复合补偿,来实现投入产出的资金循环。这种区别决定了城市基础设施的供给方式以及经营与管理,具有下列不同于一般企业经营与管理的特点:

1. 根据城市基础设施部门和单位在公益性与市场化程度上的区别,实行不同类型的供给方式和经营管理模式

少数完全靠市场补偿实现投入产出循环的部门和单位,如集体所有制、个体所有制和私人所有制的出租汽车单位,实行与一般企业一样的企业化经营管理。少数完全靠财政补偿实现投入产出循环的部门和单位,如路灯养护部门,实行全额拨款的事业单位管理。一部分主要靠市场补偿、次要靠财政补偿实现投入产出循环的部门和单位,如供电、

---

[1] 陆锡明:《大都市一体化交通》,上海科学技术出版社2003年版,第20页。

电信、公共交通等,基本上实行企业化的经营管理,同时财政给予适当的补贴。一部分主要靠财政补偿、次要靠市场补偿实现投入产出循环的部门和单位,如公园、消防站和广播电视等,实行差额拨款的事业单位管理。

2. 根据城市基础设施供给方式和经营管理模式的不同,实行不同的定价制度

实行完全的企业化经营管理的部门和单位所提供的产品和服务的价格,在市场竞争中形成,但受城市政府的物价管理部门的监督。全额拨款的事业单位所提供的产品和服务的价格,由上级部门确定,并经物价部门批准。基本上实行企业化经营管理的部门和单位,所提供的产品和服务的价格,主要在市场竞争中形成,但受物价部门的指导。差额拨款的事业单位所提供的产品和服务的价格,主要由上级部门在参考市场行情后确定,并经物价部门批准。如果扩大再生产的任务较重,价格可含微利;如果主要是维持再生产,价格可含成本;如果公益性较强,市场化程度较低,价格可低于成本,允许适当的亏损。

3. 无论实行何种经营管理模式,城市基础设施的部门和单位都应努力提高经济效益

城市基础设施的部门和单位努力提高经济效益,是适应社会主义市场经济发展、参与市场竞争的需要,是减轻财政负担的需要,也是增加城市基础设施的部门和单位员工收入的需要。城市基础设施的部门和单位员工提高收入水平,不能靠涨价,只能靠提高产品和服务的质量,增加产品和服务的数量,以及降低产品和服务的成本来实现。实行企业化经营管理的部门和单位,可以运用一般企业的管理制度;实行事业性管理的部门和单位,也必须运用各种形式的经济责任制,把员工的收入与提高公共服务的质量、增加服务的数量和降低成本挂钩。

总而言之,城市基础设施作为公共产品,其供给方式有城市政府供给、市场供给、城市政府和市场混合供给三种,究竟采取哪一种方式,取决于以下两点:一是城市基础设施作为公共产品的性质,即是属于纯公共产品,还是属于准公共产品(混合品);二是城市政府对于公平与效

率关系的理解和处理。①

第二节　城市基础设施建设

一、城市基础设施的规划

1. 城市基础设施的规划必须以经济发展计划为依据,适应经济建设发展的需要,处理好基础设施建设规划与经济计划的关系

城市基础设施建设与城市经济建设之间存在比例关系。这种关系是由城市基础设施具有的承载性所决定的。基础设施是为生产和生活服务的,与生产设施和生活设施相配套。更为重要的是基础设施本身是物质设施,它们的功能受到物质属性的制约,是有限度的,这是城市基础设施建设与城市经济建设之间存在比例关系的根本原因。

城市基础设施建设与城市经济建设之间的比例关系主要体现在两个方面:一是整个城市的基础设施建设与经济建设之间存在比例关系;二是在一个工程项目中,基础设施的建设与生产设施或生活设施的建设之间,存在比例关系。

城市基础设施为经济建设服务,适应经济建设的发展,就要根据城市的主导产业规模,安排包括辅助产业在内的整个产业规模和相应的人口规模,再根据产业规模和人口规模,安排城市基础设施的规模,并以此指导基础设施建设与经济建设配套协调发展。

城市规划确定的城市基础设施建设项目,应当按照国家基本建设程序的规定纳入国民经济和社会发展计划,按计划分步实施。城市经济计划的重要内容是安排产业发展、产量指标和物资分配,城市基础设施建设所需要的设备、材料只有列入经济计划,才能在生产和供应上得到保障。城市基础设施建设项目的规模目标,以及经济建设对基础设施建设的财力、物力支持,一般不可能一步到位,只能随着经济建设的发展分步骤实施。这种分步骤实施基础设施建设,也是与分步骤的经

---

① 黄新华:《公共部门经济学》,福建人民出版社2003年版,第118—121页。

济建设相适应的。

城市基础设施规划支持和保障着城市规划的实施。这是由于基础设施是企业生产和居民生活必不可少的外部条件,而城市规划的中心任务是有利生产,方便生活。如由城市规划决定的客运规划虽是一个相对独立的基础设施规划,但对城市规划具有强大的支撑作用。城市越大,支撑越重要。交通走廊是城市的脊梁骨,交通网络是城市的血管脉络,交通系统促进或阻碍城市发展的例子屡见不鲜。[1]

2. 在城市总体规划、分区规划、详细规划中安排基础设施建设规划

在城市总体规划中,安排基础设施规划的内容包括:① 各类基础设施建设的总体部署,以及主要基础设施的建设标准等。② 布置城市综合交通体系。包括城市对外交通系统的布局,以及车站、铁路枢纽、港口、机场等主要交通设施的规模和位置;城市主、次干道系统的走向和主要交叉口形式;主要广场、停车场的位置和容量等。③ 综合协调并确定基础设施的发展目标和总体布局。包括供水、排水、防洪、供电、通信、燃气、供热、消防和环卫等设施的目标和布局。④ 制定河湖流域维护和改造规划。包括确定城市河湖水系的治理目标和总体布局等。⑤ 确定城市园林绿地系统的发展目标和总体布局。⑥ 规定城市环境保护设施建设的目标,提出防治污染的措施。⑦ 安排人防建设、抗震防灾的规划目标和总体布局等。⑧ 编制近期基础设施建设规划。近期基础设施建设规划期限一般为5年。

城市分区规划是大、中城市为了进一步控制不同地段的土地用途,协调各项基础设施和公共设施的建设,在总体规划的基础上所制定的规划,以便与详细规划更好地衔接。在城市分区规划中,安排基础设施规划的内容包括:① 规定城市主、次干道的红线位置等,支路的走向和宽度,主要交叉口、广场和停车场的位置;② 划定绿地系统、河湖水面、供电高压线走廊、对外交通设施、风景名胜的用地界线和文物古迹、传

---

[1] 上海市城市综合交通规划研究所:《客运规划与城市发展》,华东理工大学出版社1996年版,第70页。

统街区的保护范围,提出空间形态的保护要求;③ 确定工程管线的走向和服务范围以及主要工程设施的位置等。

城市详细规划是在总体规划或分区规划的基础上,规定建设用地的各项控制指标,直接对局部地区的建设作出安排的具体规划。城市详细规划分为控制性详细规划和修建性详细规划两大类。根据城市规划的深化和管理的需要,一般应当编制控制性详细规划,以控制建设用地的性质、使用强度和空间环境,作为城市规划管理的依据,并指导修建性详细规划的编制。在控制性详细规划中,安排基础设施规划的内容包括:① 提出各地块有关基础设施的要求。包括绿地率、交通出入口方位和停车泊位等。② 确定各级支路的红线位置、控制点坐标和标高。③ 根据规划容量,确定工程管线的走向、管径和工程设施的用地界限等。对于当前要进行建设的地区,应当编制修建性详细规划,用以指导各项建筑和工程设施的设计和施工。在修建性详细规划中,安排基础设施规划的内容包括:① 作出建筑、道路和绿地等的空间布局和景观规划设计,布置总平面图;② 道路交通规划设计;③ 绿地系统规划设计;④ 工程管线规划设计等。

3. 在城市规划管理中依法监督基础设施规划的实施

在城市规划管理中,依法监督基础设施规划的实施,具体包括两方面。

一方面是对城市基础设施中的管线铺设核发建设工程规划许可证。管线管理,是城市规划部门根据城市的工程管线规划,与城市政府的路政部门和管线铺设公司相协调,在城市基础设施的管线建设和维修中,监督处理地下管线与地上建筑、地下管线之间关系的一种城市规划管理。城市规划部门根据基础设施规划,进行管线管理的内容是:① 会同城市政府的道路管理部门和管线敷设公司,编制年度道路与管线修建综合计划,统一施工。在新区开发和旧区改建中,按照详细规划确定的管线口径和先地下后地上的程序一次性排设。在其他地段,需要更新或增容,也应与道路工程协同施工。② 审查管线平面设计图,确定管线位置、管线相互间水平距离和垂直距离以及管线交叉点。③ 核发建设工程规划许可证。在规划区内修建城市基础设施的各类管线,除了按规定向市政府的路政部门和交通管理部门申请掘路执照和道路施工许可证外,都必须向城市规划部门申请核发建设工程规划许可证。申请时,应附管线平面设计图。城市规划部门核发建设工程规划许可证后,管线工程应按核准位置铺设,并绘制竣工图。城市规划部门根据管线工程竣工图,绘制城市道路地下管网图,便于以后换设管线时找准位置。

另一方面是对城市基础设施中的道路桥梁施工核发建设工程规划许可证。新建、改建道路桥梁,除了按照规定先申请城市建设用地规划许可证外,也需要按照规定协议设计要点,申请建设工程规划许可证。城市规划部门根据基础设施规划,对道路桥梁审核建设工程规划许可证的内容有:① 道路的走向。道路的中心线不能改变。② 坐标和标高。道路桥梁的标高必须和两旁房屋建筑的标高相吻合,如果过高或过低,会造成积水。③ 道路宽度。④ 道路等级。⑤ 交叉口设计。⑥ 道路横断面设计,须和地下管线相配合。

二、城市基础设施建设的投融资体制

城市基础设施的投资具有数额大、建设周期长、资金回收慢、利润率和折旧率低等特点。一方面,城市的基础设施建设需要大量的投资;另一方面,这种投资直接的经济效益比较低,影响了市场经济条件下多元投资主体的积极性。这一直是制约城市基础设施建设和管理的主要矛盾。为此,要建立与社会主义市场经济相适应的城市基础设施投融资体制。

建立与社会主义市场经济相适应的城市基础设施投融资体制,关键是要实现城市基础设施建设资金来源的多样化。

1. 国家和城市的财政支出是城市基础设施建设资金的主要来源

由于城市基础设施具有公益性,绝大多数的基础设施由市场和财政复合补偿或完全由财政补偿,因此,国家和城市的财政拨款始终是城市基础设施建设资金的主要来源。中央财政用于城市基础设施建设的支出来源于中央的各种税收。城市财政用于基础设施建设的支出来源于下列城市财政收入:

（1）城市维护建设税。城市维护建设税的纳税义务人是缴纳增值税、营业税、消费税的单位和个人，以纳税人实际缴纳的增值税、营业税、消费税税额作为计税依据；凡纳税人所在地在市区的，税率为7%；在县城、镇的，税率为5%；不在市区或县城、镇的，税率为1%。

（2）城镇土地使用税。城镇土地使用税是使用土地的单位和个人向城镇土地的所有者——国家所缴纳的使用土地的租金。城镇土地使用税由两部分组成：绝对地租和级差地租。绝对地租体现了国家对城镇土地的所有权，不同地段的绝对地租相等，它占城镇土地使用税的一小部分。城镇土地使用税中的大部分是级差地租，不同地段征收的级差地租差别很大。城镇土地地段的优劣，主要是由基础设施的质量和数量差别造成的，而基础设施主要是由各级政府的投资形成的，因此，级差地租主要归政府所有。

（3）城市公用事业附加。包括供电、供水、煤气和电话等方面，计入向单位和居民征收的公用事业价格中。

（4）其他税收。包括车船税、燃油税等。

（5）若干种收费。① 城市排污费。向单位和居民普遍征收城市排污费。对超过规定排放标准的污水，按超过倍数累进征收超标排污费。② 过桥费、过隧道费。③ 住宅建设配套费。凡新建住房时，按每平方米建筑面积收取市政、公用设施建设配套费，计入房价。

2. 正确处理城市基础设施的社会效益与经济效益关系，适当维持基础设施的产品和服务价格，依靠科学管理降低成本，增加基础设施的运营收入，用于城市基础设施建设

一般说来，国家和城市的财政拨款主要用于基础设施的扩大再生产；而城市基础设施的运营收入主要用于基础设施的简单再生产，包括设备的维修、日常经营管理的开支和员工的工资、奖金及福利费用等。

一般认为，公共部门中的公共服务机构可以适度收取服务费用，用以弥补财政投入的不足。但是，公共部门中的公共管制机构，主要是公共行政机构，因为完全由税收供养，不得在行使公共管制职能时，向被管制的工作对象私法人（包括企业和社团两类）和自然人（公民）收费。这一公共经济学原理是正确的。问题是国家机构在行使公共管制职能

中,尤其是公共行政机构,有一部分也兼有公共服务的职能。正是基于这一规律,中国香港特别行政区政府开展了所谓"营运基金"改革,旨在一方面减少财政支出,另一方面促进行政机构及其行政官员提高服务质量。营运基金旨在使香港特区政府的某些服务,可从立法局按财政司所作建议而决议设立的营运基金中获得资本。特区政府的财政目标是使该项政府服务(不论该项服务是向政府、公共机构或其他人提供的)从所产生的收益中获得本身所需的资本。实行营运基金改革的香港特别行政区政府部门涉及邮政署、电讯管理局、土地注册局、公司注册局和机电工程署,通过向所提供的一部分服务收费,逐步使这部分的公共服务不再由财政供养。①

3. 通过发行债券、股票等向社会集资,有利于拓宽基础设施的融资渠道

从国内外城市基础设施建设的融资改革看,主要有三种趋势:通过资本市场融资、城市基础设施的专业融资机构融资以及项目融资。

首先是通过资本市场吸收社会资金。利用资本市场进行城市基础设施融资,包括利用债券市场、股票市场和证券投资基金三种方式。所谓债券市场融资,主要指利用市政债券和基础设施公司债券进行基础设施建设的方式。股票市场融资的方式,主要针对已经建成的城市基础设施,通过对其进行股份制改造获得一定的资金,为其维护或者建设新的城市基础设施筹集足够的资金。至于证券投资基金,则主要是利用市政债券基金或公用事业股票基金作为融资手段。

债券要还本付息,股票也要支付股息。所以,通过发行债券、股票等向社会集资,只适用于城市基础设施建设中少数能够依靠有偿使用产生一定利润的项目。城市政府或经过市政府批准的法人,可以作为发行某个基础设施建设项目债券的债务人,一定的单位和个人可以成为该债券的债权人。城市基础设施中一些科技含量高、市场潜力大、政府难以拿出足够的资金给予支持的新兴产业,可以通过向社会发行股票来筹集资金。

---

① 张定准:《香港公营部门改革》,中央编译出版社2000年版,第23—24页。

4. 城市基础设施建设的大型项目必要时可以用银行贷款；如果项目需要引进外国的设备技术，则可以用外国政府或银行的贷款

改革开放以来，中国一部分城市主要用外国政府贷款和国际金融组织的贷款，为城市基础设施建设的重大工程筹集资金。这两类贷款与商业银行的贷款比较，利率比较低，还贷期比较长。但这种贷款往往带有附加条件，如必须以贷款总额的一定比例，购买贷款国的设备和材料等。中国城市基础设施建设使用的国际金融组织贷款，主要是由世界银行和亚洲开发银行提供的中、长期贷款。世界银行贷款的还贷期平均为17年，最长可达30年，但这种贷款通常只占一个建设项目投资的30%，其余资金需自行解决。

5. 允许外资和国内私人资本投资和经营基础设施，有利于拓宽基础设施建设资金的来源，成为以公有资本建设和经营基础设施的必要补充

国内外城市基础设施领域的民营化改革实践告诉我们，把私人部门闲散资本引入基础设施领域，有助于缓解城市政府过重的财政负担和低效率的政府直接管理之间的矛盾，有利于城市基础设施投资体制的改革与创新。在城市基础设施领域引入私人投资可以有多种形式：① 专门谈判投入法。私人只提供资金而不参与具体操作，具体实施仍由公共部门进行，公私双方只对未来的收益分配通过谈判加以确定。② 公私合作。即公私双方建立一个组织，可以全部参与，也可以部分参与城市基础设施的建设。这种方法的灵活性较大，适用性较广。③ 承包。这是一种应用最为广泛的私人投资方式。例如某些建设项目和公路养护。④ 授予特许权。最常见的就是BOT，即building-operate-transfer的英文缩写。其含义是私人被授权进行投资建设；完工之后在一定期限内由私人经营管理，利润为私人所有；到期之后将项目移交给政府部门。

城市基础设施建设资金来源的多样化，实质上是在城市基础设施建设领域引入市场竞争机制。这是因为：首先，经济快速发展对于城市基础设施的供给量，以及建设、经营和管理城市基础设施的质量和效率提出了更高的要求。其次，参加建设、运营、管理城市基础设施的国有企业

存在效率低下的问题,容易造成资源浪费,甚至滋生腐败。而对于私人企业而言,利润最大化被看做是追求的最高目标,这在客观上会激励其努力增加收入,降低成本,不断提高效率,以此获取更多的利润。而政府不以利润最大化为目标,很大程度上就会由于缺少提高效率的激励机制而存在相当的效率损失。最后,由政府直接参与城市基础设施的投资和经营,难免使其陷入纷繁复杂的微观经济事务之中,既不利于政府履行其维护市场秩序和宏观调节的职能,也不利于企业之间的公平竞争。因为政府在制定和执行政策时有可能偏袒自己投资的项目而给其对手造成不公平的竞争环境,从而不利于整个经济的健康发展。

在城市基础设施建设领域引入市场竞争机制,实施一定程度的公私合作,对政府和市民双方都有利。因为基础设施领域的公私合作可以满足以下需求:① 对基础设施升级更新,以适应人口的增长,满足更为严格的规制要求(如更清洁的水体)及吸引投资以利发展;② 使基础设施兴建成本最小化,避免高成本高收费在市民中引起的震动;③ 通过收取企业为获得基础设施特许权而预付的费用,为其他项目筹集资金。①

第三节　城市基础设施管理

一、城市基础设施管理机构和职能

中国城市基础设施的管理机构,作为市政府的工作部门或附属机关,有以下三种类型:

1. 综合机构

市政府的住房和城乡建设委员会是城市基础设施管理的综合机构。它是市政府的工作部门,是市政府的全面负责城市基础设施管理的职能机构。

---

① 萨瓦斯:《民营化与公私部门的伙伴关系》,中国人民大学出版社2002年版,第252页。

住房和城乡建设委员会的基本职责主要有:① 贯彻落实国家和上级政府有关建设事业的方针政策和法律法规;研究制定全市建设事业的发展战略和实施措施,拟订有关建设事业的地方性法规、规章;对全市城市规划、建设、管理中的重大课题进行调查研究。② 编制并组织实施全市城市建设中长期发展规划;指导和参与编制城市规划、国土规划和区域规划。③ 组织编制全市城市建设年度计划和城市建设资金收支计划,综合平衡城市维护和建设资金,检查、监督规费的征收和资金的使用情况,负责综合管理经市政府授权的城市建设资金投资形成的固定资产。④ 指导、监督和综合协调全市市政公用设施、市容环卫、园林绿化、风景名胜区等方面的建设与管理工作;负责有关文物古迹的复建工作;确定城市基础设施维护定额;指导、协调环境综合整治和最佳人居环境创建工作。⑤ 负责全市城市建设项目的审查、审批、报批等管理工作;组织或参与全市城市建设工程的竣工验收和移交工作;牵头负责全市城市建设工程的竣工验收备案工作;负责市级奋斗目标城建项目的归口管理。⑥ 负责全市建设行政执法的检查和城市建设监察工作,指导全市城建各专业执法队伍和各区县城建监察队伍的工作。⑦ 规范和监督建设市场,综合管理全市建设工程的监理和招标投标;负责全市工程建设标准定额和工程造价管理工作;负责房屋建筑工程以外的施工队伍的资质管理;负责全市装修装饰行业管理及质量监督和资质管理工作;宏观指导全市工程质量、安全监督工作。⑧ 综合管理全市城市建设勘察设计工作。负责全市工程勘察设计单位资质管理和从业人员执业资格管理;负责全市建设工程设计方案招投标管理和施工图设计审查工作;负责全市勘察设计市场监督管理。⑨ 负责全市民用建筑工程项目初步设计审批工作;综合管理全市涉外建设项目安保设施建设工程;参与国家大中型项目、省市地方项目的选址、可行性研究工作。⑩ 负责全市房地产开发行业管理和宏观调控,组织编制全市住宅建设的规划、计划;负责全市房地产开发项目全过程管理和企业资质管理;指导、督查全市拆迁安置工作,指导、规范全市房地产开发经营、评估中介。⑪ 牵头负责全市村镇建设工作,综合管理全市城市建设、村镇建设、工业与民用建筑的抗震设防工作;指导协调城市防洪设施的维护。⑫ 参与制定有关引进外资进行城市建设的政策和措施；综合管理全市城市建设项目引进外资的工作。⑬ 研究制定并组织实施全市建设事业科技发展规划、计划和技术经济政策；组织建设系统重大科技项目攻关、科技成果转化、新技术开发和引进工作；负责新型建筑材料、新墙材与建筑节能等新材料、新技术应用和推广工作。

2. 协调机构

城市基础设施管理的协调机构有市政委员会、交通委员会等。

市政委员会的基本职责主要有：① 贯彻执行国家有关法律法规、战略规划和政策措施；起草本市关于市政管线及附属设施、燃气、供热、市容环境卫生、城乡环境建设等方面的地方性法规草案、政府规章草案，拟订市政市容方面的发展规划、年度计划，并组织实施；制定相关标准化工作规划、计划，拟订相关地方标准和规范，并组织监督实施。② 承担综合协调、管理本市地下管线、输油气地下管道、城市地下设施检查井及井盖设施、架空杆线的责任；参与城区防汛工作。③ 负责本市燃气、供热的行业管理；负责市加油（气）站管理的综合协调；负责加气站经营资格的审查工作并进行监督管理。④ 承担本市城市容貌管理责任；负责管理户外广告、牌匾标志、标语、宣传品设置；组织协调落实重点地区、重点街道的景观建设和治理工作；组织协调、管理城市道路公共服务设施设置；负责城市照明管理工作，会同市规划部门编制夜景照明专项规划并组织实施，监督照明设施的维护管理；负责市容环境综合整治工作。⑤ 负责本市环境卫生的组织管理和监督检查工作；承担生活垃圾清扫、收集、储存、运输和处置的监督管理责任；会同市环境保护部门核准生活垃圾处置设施、场所的关闭、闲置或拆除；制定工程施工过程中产生的固体废物利用或处置规定，并组织实施。⑥ 承担综合协调、督促落实本市城乡环境建设、环境秩序整治责任；承担首都城市环境建设委员会的具体工作。⑦ 负责本市信息化城市管理系统工作；组织协调、督促有关单位处理城市管理问题；组织协调、管理城市运行保障的监测工作。⑧ 承担本市市政管线及附属设施、燃气、供热、市容环境卫生等方面的安全监管责任；负责相关重要设施建设工程质量和安全运行的监督管理；督促行业内重点单位建立安全管理制度和应急预案,落实安全防范措施,消除事故隐患,并在职责权限范围内负责监督检查和依法处理。

交通委员会的基本职责主要有:① 贯彻落实国家关于交通方面的法律、法规、规章和政策,起草本市相关地方性法规草案、政府规章草案和政策措施,并组织实施;拟订交通发展战略,对交通行业改革与发展中的重大问题进行调查研究,并提出对策建议。② 组织编制本市交通基础设施建设和交通运输行业的中长期发展规划;参与研究城市总体规划、控制性详细规划中有关交通专项规划;负责大型城建项目交通影响评价方案的审核;负责市管道路建设项目规划设计方案中交通内容的审查;参与市级交通基础设施建设项目初步设计的审查;组织编制市级交通基础设施建设项目前期工作建议计划和年度建设建议计划;组织编制交通基础设施维修养护和交通运输行业的年度计划,并组织实施和监督管理。③ 负责本市交通基础设施的行政管理和交通运输的行业管理;承担公路建设市场和道路、水路运输市场监管责任,协调推进交通产业发展;负责交通行业的行政许可工作;参与编制现代物流业发展战略和规划,提出有关政策和标准;指导交通行业节能减排工作。④ 承担本市交通行业安全生产的监管责任;负责交通安全应急方面的组织协调,协助有关部门调查处理交通行业重大安全事故;负责重大突发事件中的运输组织和交通设施保障;负责铁路监护道口安全的管理工作。⑤ 负责编制本市交通专项资金的年度使用计划,并组织实施和监督管理;参与交通发展建设投融资政策的研究和实施;负责城市轨道交通和其他公共交通特许经营项目的具体实施和监督管理工作;提出交通行业收费政策及标准的建议。⑥ 制定本市交通科技发展规划、年度计划和政策;组织指导交通信息化建设,推动智能交通系统的建设;组织指导重大交通科技项目立项、研究、开发和成果推广、应用工作。⑦ 协调解决本市交通方面的综合性问题,负责行政区域内铁路、民航和邮政等综合运输的协调工作,拟订交通组织方案并监督实施。

3. 专业机构

城市基础设施管理的专业机构有:交通局、环境保护局,园林绿化管理局,市容管理局、城市管理局等。它们也是市政府的工作部门,是市政府的负责城市基础设施某方面管理的职能机构。

中国城市基础设施的管理机构,除了上述市政府的工作部门和附属机关外,还有一部分是中央政府的部门设在城市的下级机构,如民航、铁路、电力和邮政等部门,它们与市政府及其有关部门在工作上有协作关系。

二、城市基础设施管理体制

城市基础设施管理体制是在市政府及其职能部门的统一领导下,在市政府其他工作部门的配合和区、县政府职能部门的分工协作下,依靠城市基础设施企业、事业单位的经营和管理,发挥人民城市人民建的积极性,提高城市基础设施综合效益的组织体制。

第一,市政府及其职能部门的统一领导,是健全城市基础设施管理体制的根本保证。

目前,中国市政府对基础设施管理体制的统一领导有两种模式:第一种模式是在绝大多数城市,由市政府的住房和城乡建设委员会对城市基础设施管理体制实行统一领导。在这种模式下,城市规划管理局是住房和城乡建设委员会的下级机构;住房和城乡建设委员会协调解决制定和执行城市规划中发生的市政府各部门及其下级单位之间的矛盾;住房和城乡建设委员会统一领导城市规划和城市基础设施的管理工作。这种模式的优点是有利于住房和城乡建设委员会对城市基础设施管理体制的统一领导;缺点是住房和城乡建设委员会协调解决执行城市规划中矛盾的权威性不够。第二种模式是在一部分大城市,市政府分别设置城市规划委员会以及住房和城乡建设委员会,各自领导城市规划管理和城市基础设施管理。在这种模式下,城市规划管理局是城市规划委员会的下级机关,城市规划委员会协调解决制定和执行城市规划中发生的市政府各部门及其下级单位之间的矛盾;住房和城乡建设委员会规划和监督建设城市的基础设施,领导基础设施的经营和管理。这种模式的优点是协调解决执行城市规划中矛盾的权威性得到了加强;弱点是对城市基础设施的管理体制,可能产生多头领导。从统一领导、精简机构等方面看,似以第一种模式较优;但为了克服其弱点,设想可以由分管的副市长兼市政府住房和城乡建设委员会的主任,另设一名常务副主任,主持住房和城乡建设委员会的工作。

第二,市政府其他有关部门的配合,以及区、县政府城市建设管理部门的分工协作,是健全城市基础设施管理体制的组织保障。

城市基础设施的管理需要市政府的发展和改革委员会、商务委员会、农业委员会、科学技术委员、国有资产管理委员会、财政局、审计局和公安局等部门的配合,应该用地方行政规章或其他行政规范,规定它们配合的职责和权限。城市基础设施可以分为市级和区、县级两种规模,区、县级基础设施的建设和管理,应该调动区、县政府城市建设管理部门的积极性,让他们根据法律和权限,自主管理。

第三,改革和依靠基础设施企业、事业单位的经营和管理,是健全城市基础设施管理体制的关键。

检验城市基础设施管理体制改革成功与否的标准,只能看基础设施企业、事业单位的经营和管理是否得到改善,并能否为生产和生活提供优质的产品和服务。应该做到政企分开、政事分开,并根据基础设施市场化的不同程度,分别以微利、保本或适度亏损等为考核标准,确定基础设施的部门和单位实行企业化经营、事业单位性质的管理或其他的经营管理形式。

随着社会团体即第三部门参与公共服务的增多,基础设施等领域的基层单位正在出现一种新的社会力量,在中国目前被称之为"民办非企业单位"。根据国务院颁发的《民办非企业单位登记管理暂行条例》的界定,民办非企业单位是指企业事业单位、社会团体和其他社会力量以及公民个人利用非国有资产举办的、从事非营利性社会服务活动的社会组织。[1] 民办非企业单位在本质上是社会团体即第三部门,非营利的组织目的使它区别于企业,"非国有资产举办"使它区别于事业单位。它通过自筹资金(有会费、捐赠、经政府批准兴办非营利的经济实体提供有偿但非营利性的服务这样三种基本来源),在基础设施

---

[1] 赵立波:《事业单位改革——公共事业发展新机制探析》,山东人民出版社2003年版,第299页。

领域公共服务鞭长莫及的地方提供社会服务（其实质是社团产品）；并且通过政府部门服务外包的竞标活动等，接受政府财政资金的资助或取得财政资金，用于参与提供基础设施等领域的公共服务。

第四，吸收多种所有制经济投资和经营基础设施，是搞活城市基础设施管理体制的新途径。

基础设施是资本密集型产业，也是国民经济的重要命脉。无论从生产力还是从生产关系的角度，都应该坚持国有经济在基础设施中的主导地位。但是，基础设施的有些部门，或在发展的某些阶段，也适合集体经济，甚至个体和私营经济参与。近年来，全国城乡出现了民间集资修建道路和桥梁，个体和私营经济经营出租汽车客、货运，一些小城镇在政府的支持下，集体经济或个体经济兴办提供环境卫生服务的经济实体等，都普遍受到了老百姓的欢迎。鼓励多种所有制经济投资和经营基础设施，既有利于发展基础设施产业，适应生产和生活的需要，也有利于在竞争中促进国有基础设施企、事业单位的生产和服务。

第五，人民城市人民建，是发展城市基础设施管理体制的源泉。

改革开放以来，一些地方在城市建设中，发扬中国共产党和政府联系群众的优良传统，提出"人民城市人民建"的口号，并创造了发动群众建设城市的不少有效形式，值得坚持和推广。一是重大的基础设施建设项目，在制定建设方案前，组织群众讨论，集思广益；二是因基础设施建设拆迁住房，动员居民与政府合作；三是发动群众参加义务劳动，使基础设施建设工程降低成本，加快进度。

第七章 城市公共事业管理

城市公共事业管理主要是指城市政府对辖区内的教育、科技、文化、卫生等领域的管理,它是整个城市管理中的基础性工作,具有十分重要的意义。随着城市化发展水平的不断提高,城市公共事业也进入了新的发展阶段,人民生活水平的提高也对城市公共事业提出了要求,这也势必为城市公共事业管理提出了新的挑战并提供了新的机遇。

第一节 城市公共事业管理概述

一、城市公共事业管理的含义

城市公共事业是以满足全体城市居民的共同需要为基本目标,不以营利为目的,关系全体城市居民基本生活质量和共同利益的特定的城市公共服务。城市公共事业管理是指城市政府在一定的环境和条件下,动员和运用有效资源,对城市公共事业进行决策、计划、组织、协调和控制的过程,以保证实现社会公益目标,确保城市居民生活质量,促进城市社会经济发展。

具体来说,城市公共事业管理的含义包括:

(1)城市公共事业管理所适应和满足的是城市居民在教育、科技、文化、卫生、体育等方面,维护和提高自身的素质水平以及在基础设施、社会保障等方面的需求。这既是城市公共事业存在和发展的根本原因,也是城市公共事业所提供的公共物品与企业所提供的私人物品之间的主要区别。

（2）城市公共事业及其管理所提供的有形产品和无形服务在性质上属于公共物品。城市公共事业所提供的产品和服务中少数属于纯公共物品，如路灯等，而大部分则是具有排他性与非竞争性的准公共物品。[①]适度收取使用费是城市公共事业单位实现排他性的主要手段。从非竞争性来看，公共品是指那种不论个人是否愿意购买，都能使整个社会每一成员获益的物品，[②]也就是说，任何人对公共物品的消费都不会影响到其他人的利益。

（3）城市公共事业的主体是国有企业和单位，也允许一部分非国有企业和单位进入城市公共事业领域，通过展开有序而适度的竞争，以增加城市公共服务的数量和种类，提高城市公共服务的质量。

（4）城市公共事业领域的资金投入以政府财政为主，其产权结构也以国家所有为主，这是由公共物品的内在属性所决定的。然而，随着城市化和市场经济的深入发展，仅仅依靠政府财政和单一所有权结构，难以满足城市居民对公共物品日益增长的需求，也不利于充分利用各种社会资源，提升公共物品供给的质量和效率。因此，应当允许和鼓励多种所有制在城市公共事业领域的存在，也应当积极扩展筹资渠道，适度扩大公共事业领域中非国有制经济在资金投入和产权结构中的比重。

（5）城市政府有必要对城市公共事业实行必要的管制。城市政府对城市公共事业的管制，一是出于维护公共利益的需要。在城市公共事业领域，始终存在着多数公民获取公共物品的整体利益、个体公民在接受公共产品和公共服务时所享有的合理合法权益，与城市公共事业单位及其工作人员不恰当地谋取团体和个人利益之间的矛盾。城市政府有义务和责任行使职权，保障前者的利益，规范后者的利益实现方式。二是弥补市场机制有限作用的需要。在城市公共事业领域，由于不能单纯地以利润为导向，不是完全的市场竞争，市场对事业单位不能

[①] 樊勇明、杜莉：《公共经济学》，复旦大学出版社2001年版，第50页。
[②] [美]保罗·萨缪尔森、威廉·诺德豪斯：《经济学》，萧琛等译，华夏出版社1999年版，第268页。

发挥完全的驱动和激励作用,因此,城市政府更有必要对城市公共事业领域实行适当的管制。三是监督财政资金合理使用和确保公共产权保值增值的需要。城市公共事业领域以政府财政支出为主,以国家所有的产权为主,这就要求有城市政府依法实行必要的管制。

(6) 城市公共事业的目标是以社会效益为主,兼顾经济效益。由于城市公共事业是满足城市居民维护自身素质和生存需要的共同性需求,因此,城市公共事业管理的目标必须以社会效益为主;另一方面,适度的市场竞争是搞好城市公共事业管理的主要动力,所以,公共事业管理还必须兼顾经济效益。

(7) 城市公共事业主要涉及教科文卫体、基础设施、社会保障三个基本领域,同时也涉及第一、二、三产业的部分领域。教科文卫体领域是为了适应城市居民维护和发展自身素质的需要,基础设施领域是为了适应满足企业生产和居民生活的外部条件以及居民生活基本需求的需要,而社会保障领域则是为了适应保障少数居民最低生活水平和多数居民基本生活水平的需要。对第一、二、三产业的部分领域实施必要的公共事业管理,主要表现出三个基本特征:一是由法律、法规授权的某些方面的公共权力,既不适合由企业依靠市场竞争机制来行使,也不适合社会团体作为一定的社团事务来行使;二是由专业技术人员运用一定专业的知识和技术来提供服务,可以收取适当的费用,部分弥补用于建筑设备、材料、人力耗费方面的成本;三是与行政机构的工作部门存在着对口关系。它指一定的城市公共事业单位与行政机构的工作部门在社会同一领域或方面行使职能,区别在于事业单位的职能属于公共服务的性质,而行政机构工作部门的职能则是属于公共管制的性质,这种区别归根到底是由城市居民的物质和文化需求,以及在每一方面分别由对秩序的管制和对服务的提供这两种构成所决定的。

二、城市公共事业管理的效益关系

城市公共事业管理效益,是指城市公共事业管理的目标、客观结果给城市居民带来的有益的效果和利益,包括环境效益、社会效益、经济效益三个基本组成部分。城市公共事业管理通过保障城市居民的素质和必要需求以及企业生产的外部条件,促进城市经济和社会的发展。

城市公共事业管理的效益关系,是指城市公共事业管理所导致及所追求的环境效益、社会效益和经济效益之间的关系。城市的公共事业是城市经济和社会发展的组成部分,也是城市公共部门对城市社会公共事务进行管理的组成部分,是有相对独立地位的城市公共服务部门,因而具有自身特殊的发展规律。所以,有必要从城市的经济和社会发展、城市公共管理、城市公共事业管理三个层面来考察环境效益、社会效益、经济效益三者之间的关系,并对这三种效益之间的关系在不同的层面予以科学定位。

在城市的经济和社会发展层面,应追求环境效益优先、经济效益为主、兼顾社会效益的目标,实现环境、经济、社会的协调发展和良性循环。自然环境得到保护和合理利用,可以为社会的可持续发展提供基础;经济效益较高则为保护自然环境、提高市民生活水平、推动社会全面进步提供所需的物质财富。环境效益优先,是基于自然界决定人类社会、对自然环境的利用应有利于人类的可持续发展等基本认识。从城市的经济和社会发展范围来看,无论是在经济的发展阶段,还是在经济的发达阶段,始终应坚持以经济效益为主,这与让市场在资源配置中发挥基础性作用和坚持效率等原则是一致的。之所以在城市的经济和社会发展中应以经济效益为主,首先是因为城市经济和社会发展,归根到底有赖于劳动生产率的提高,而无论是一个企业,还是整个城市的劳动生产率提高的根本标志是经济效益。其次是因为环境效益和社会效益的提高以经济效益为基础,只有在经济效益较高的前提下创造出更多的物质财富,才能促进社会各项事业的发展和社会的全面进步。最后是因为城市政府的公共管理和公共服务都有赖于城市经济效益的提高所提供的税收作为财力基础。与城市的经济效益相联系的社会效益关注社会公平,对社会弱势群体给予更多的帮助;关注市民的集体性消费,提供更多更好的公共服务;关注企业生产和居民生活所必要的外部条件。兼顾社会效益的含义是社会效益的发展以经济效益的提高为前提;社会效益的发展有利于经济效益的提高,而不是损害经济效益;提高经济效益的主要目的是体现按劳分配,促进社会效益的实现。

在城市政府的公共管理层面,三种效益的关系可以表述为坚持环境效益优先、社会效益为主、兼顾经济效益。城市政府公共管理的宗旨是维护城市居民整体、长远、根本的利益。生态平衡的自然环境是人类社会生存和发展的前提,是城市居民公共利益的第一目标,是城市社会效益和经济效益的基础,理应优先于城市的社会效益和经济效益。城市政府的公共管理之所以不能以经济效益为主,主要是因为城市政府的性质不是经济实体,它自身不能创造经济效益。城市的经济效益也不能主要靠它的职能行使和强制手段来创造,而应依靠企业来创造。城市政府的公共管理以社会效益为主,其含义主要是为企业生产和居民生活创造良好的外部环境,包括基础设施、社会保障、教科文卫体等方面。

城市公共事业管理的效益关系,是环境效益优先、社会效益为主、兼顾经济效益。它是城市公共事业适应市民需求的根本要求,是城市公共事业管理的绩效目标,也是考核城市政府管理公共事业的工作部门、公共事业单位首长工作的依据。

城市公共事业管理以环境效益优先,是指绝不以牺牲自然环境为代价来发展城市公共事业,绝不对自然环境造成不可治理、不可逆转的损害。由于专业技术人员较多、公共性较强、有财政资金支持等原因,城市国有公共事业单位应带头在工作中自觉保护自然环境,履行职责,发挥专业技术特长,积极参与环境整治,从组织、机制、制度、资金等方面入手,使城市公共事业管理中的环境效益、社会效益、经济效益实现良性循环。

城市公共事业管理之所以应以社会效益为主,首先是因为城市公共事业单位是非营利机构,不能以营利为主要目标,不能以经济效益为主,而是要以社会公益为主要目标。其次是因为城市公共事业主要是适应维护和提高市民的素质和必要需求而存在的,它与企业通过市场所适应的个别性、差距性的需求不同,城市公共事业所适应和满足的是多数公民水平相当的需求,这正是城市公共事业管理所追求的社会效益的核心所在。最后是因为城市公共事业单位所提供的公共服务具有公共属性,所谋求的是公共利益,在此过程中,市民个人利益的满足是通过多数市民的利益得到保障来实现的,城市公共事业管理只能以社会效益为主。

城市公共事业管理以社会效益为主具有特定的含义。第一,城市公共事业单位的资金来源采用政府财政支出与适度收费相结合的模式,表明城市居民无需为所消费的公共服务支付全部价款,其实质体现了社会公平,即能力较强的市民通过多缴税款帮助能力较弱的市民,因而在接受城市公共服务的水平方面,能力不同的市民之间并没有太大的差别。第二,城市公共事业管理的主要目标是适应多数市民维护和提高自身在教科文卫体方面的素质和在基础设施、社会保障等方面的必要需求。这一目标有两个基本特征:一是多数市民的素质要求和必要需求;二是在基本一致的水平上实现这些要求和需求。第三,对支付能力有限的市民,经政府有关部门审批同意,减免城市公共服务收费,减免的部分由公共财政予以补偿。它体现了支付能力较高的市民和其他多数市民对少数支付能力较弱市民的帮助,这也是社会效益的重要方面。

城市公共事业管理必须兼顾经济效益的原因有三。原因之一是无论公共事业单位的管理还是城市政府对公共事业的管理,都主要依靠国有公共事业单位和非国有公共事业单位之间展开的适度市场竞争作为动力,这有利于城市公共事业稳定持续发展。原因之二是减少政府财政支出需要兼顾经济效益。讲求经济效益,把降低成本的控制指标分解到公共事业单位的部门和个人,有利于节约使用政府财政支出,有利于减员增效。原因之三是把公共事业单位外部竞争的压力转化为改善公共事业单位经营和内部管理的基础。物质利益关系是人们之间利益关系的基础,物质利益原则是公共事业单位管理仅次于精神激励原则的重要原则。以精神激励为主导,同时受分解到个人岗位责任的经济效益指标的制约,是公共事业单位管理所谓"双管齐下"的有效方法。

城市公共事业管理兼顾经济效益主要表现在:第一,降低成本。包括减少提供公共服务中的设备和材料消耗,通过精简员工减少人员费用,减少与提供公共服务没有直接联系的多种费用等。第二,减少财政支出。减少财政支出应理解为提供等量的公共服务因降低成本而减少其中的财政支出。第三,实现公共事业单位国有资产和其他非国有资产的保值增值。第四,公共事业单位依靠质优价廉的公共服务吸引消费者,从而取得更多的服务收入。第五,随着公共事业单位服务收入的增加,提高公共事业单位职工的收入水平。

三、城市公共事业的基础管理

1. 城市公共事业的规划管理

城市公共事业的规划管理,是城市政府为了适应城市经济和社会发展的需要,以及满足市民提高物质和文化生活水平的需求,对城市公共事业的数量、质量、空间布局等所作的预测和安排,以及对这种预测和安排进行监督和调整的过程。城市公共事业的规划管理可以分为以下两类:

(1) 城市公共事业的计划管理。城市公共事业的计划管理,是城市政府的计划部门会同城市公共事业主管部门,对今后若干年限内城市公共事业在数量和质量方面发展所作的预测和安排,并会同城市政府的财政、土地、物资管理、建筑管理等部门,在资金、用地、物资、建设等方面对计划的实施作出保障性的具体安排,以及监督计划完成的过程。

制定城市公共事业发展计划的依据是:城市人口增长的比率、数量和结构;城市国内生产总值和人均国内生产总值增长的比率和数量;城市三次产业及其各产业内部各行业产值增长的比率和数量;各级政府对不同规模、不同发展水平的城市发展各类公共事业的最低要求和长远要求;通过多种形式调查市民对城市公共事业的需求等。

城市公共事业计划管理的内容是:① 制定长期、中期、短期的城市公共事业发展计划,预测各类城市公共事业发展的数量和质量指标。② 计算各类城市公共事业建设所需用地、资金、物资等的数量,与政府有关部门做好综合平衡工作。综合平衡就是做到资金、物资等的平衡,做到建设项目微观上的专业要求与宏观上的经济因素之间的平衡。③ 审批城市公共事业建设项目的立项申请报告。④ 监督检查各类城市公共事业的政府主管部门执行城市公共事业发展计划的情况,以及城市公共事业各建设项目施工和完成的情况。⑤ 根据城市经济和社会发展的新情况,对城市公共事业发展计划做局部的调整等。

(2) 城市公共事业的规划管理。城市公共事业的规划管理,是城市规划管理部门会同城市公共事业的主管部门,对今后若干年内城市公共事业的机构、设施的布局和建设所作的布置和安排,并会同城市政府的土地、建筑管理、计划等部门,对城市公共事业建设项目在用地、建筑等方面进行审批和监督实施的过程。

城市公共事业规划管理的内容是:① 在城市规划纲要中确定城市公共事业的布局和建设方面重大的、原则性的政策;② 在城市总体规划中对城市各类公共事业的市、区两级机构和大型设施作出总体布局;③ 在城市公共事业专项规划中,对各类各级城市公共事业的机构和设施加以系统地布局;④ 在城市详细规划和近期建设规划中,对各类各级城市公共事业的机构和设施在用地、建筑等方面,作出具体的规定;⑤ 对城市公共事业建设项目,根据城市规划的功能分区规定,审批并核发选址意见书,确认该建设项目的用地性质与城市规划的功能分区性质相一致;⑥ 对城市公共事业建设项目,根据选址意见书,审核并颁发建设用地规划许可证,划定建设用地的位置和界限;⑦ 对城市公共事业建设项目,根据城市详细规划的要求,审查和颁布建设工程规划许可证;⑧ 根据选址意见书、用地规划许可证和建设工程规划许可证,对公共事业建设项目的施工进行监督和检查,参加重大项目的竣工验收;⑨ 对违反城市规划、选址意见书、用地规划许可证、建设工程规划许可证的城市公共事业建设项目责令纠正,并依法给予处罚;⑩ 验收城市公共事业建设项目的竣工资料,健全城市公共事业建设项目的规划档案。

2. 城市公共事业的准入管理

城市公共事业的准入管理,是城市工商行政管理部门会同城市公共事业的主管部门,依法审核和确认申请进入城市公共事业领域单位的必要资格,允许以国有公共事业单位为主体,一部分集体经济、个体经济、私营经济、外资经济的企业和单位参与提供城市公共服务,从而相互展开适度竞争的过程。

城市公共事业准入管理的直接目的是在城市公共服务领域营造由国有公共事业单位为主体,与一部分非国有公共事业单位之间展开不完全的市场竞争氛围;间接目的是市民能够享受到较好的公共服务。

营造市场竞争的氛围是为了充分发挥市场竞争的积极作用,这主要表现在:第一,市民有较为自由地选择任何一家单位提供公共服务的权利。第二,城市政府逐步做到在政策供给上对所有城市公共事业单位一视同仁,创造平等竞争的制度环境。第三,竞争的结果直接与各单位的经济效益及其工作人员的个人利益相挂钩。第四,通过市场竞争让一些提供城市公共服务的企业和单位做大做强,淘汰竞争力不强的公共事业单位。第五,使城市政府财政对公共事业单位的拨款与各单位的服务收费不断地处在一个较为合理的平衡点上,并与城市经济发展水平和市民的支付能力相适应。

不完全的市场竞争又是为了有效抑制市场竞争的消极影响,主要表现在五个方面:第一,可以阻止过多的企业和社会团体进入城市公共服务领域,否则会扰乱供求关系,破坏市场秩序。第二,城市公共服务领域的价格基本上是政府指导价或政府定价,而不是市场调节价,这是因为城市公共服务涉及公共利益,政府有必要采取适当的价格管制措施。第三,在完全的市场竞争条件下,企业以经济效益为主,而城市公共服务领域以社会效益为主、兼顾经济效益,只能实行不完全的市场竞争。第四,完全的市场竞争会动摇国有公共事业单位在城市公共服务领域中的主体地位,不利于实现城市公共服务领域的公共性和以社会效益为主的宗旨。第五,在城市公共服务领域实行完全的市场竞争,有可能导致公共物品的"私有化"倾向,将公共物品演变为私人物品,这有悖于城市公共物品的本质属性。

城市公共事业市场准入的基本条件,一是要具备一定数量的与所从事的城市公共服务领域相对应的专业技术人员;二是要拥有一定数量的资本金、工作场所和设备;三是要具有一定年限的与所申请的城市公共事业领域相同或相似的生产实践或服务实践经验;四是要在履行企业的社会责任和追求社会效益、开展公益活动方面具有良好的记录、信誉和声望；五是要在依法经营和管理方面具有良好的记录和声誉。

城市政府一般采取有期限的城市公共服务市场准入制度。在此方面，国有公共事业单位与其他非国有公共事业单位具有平等的地位，享有相同的权利。任何城市公共事业单位如果在提供公共服务时不遵守有关法律、法规和规章，城市政府有权撤销其准入资格。城市政府对准入的公共事业单位进行的年度检查，是确认准入有效期限是否继续或者是否有资格继续申请新的准入的必要途径。市民投诉和举报是城市政府决定是否给予公共事业单位市场准入的主要依据。

任何城市公共事业单位都拥有依法申请或维护准入资格的权利。如其对城市政府作出的不予准入或停止准入的决定不服，有权向城市政府有关部门的上级申请行政复议，或直接向有关法院提出行政诉讼。有关政府上级部门和法院有职责依法予以受理，并作出公正的裁定或判决。

3. 城市公共事业的价格管理

城市公共事业的价格管理，是城市政府的物价管理部门根据价格管理权限，对城市公共事业所提供的产品和服务制定政府定价或政府指导价，并监督实施的过程；或者对城市公共事业单位执行城市上一级政府的定价或指导价实行监督，以通过价格手段来调节城市公共服务供求关系的管理过程。

城市公共事业领域基本上不存在市场调节价，主要是政府定价或政府指导价，这是由城市公共事业以社会效益为主、兼顾经济效益的目标，以及不完全市场竞争的运行机制所决定的。城市公共事业由政府定价，只限于少数对居民生活和企业生产关系重大或密切的产品和服务，如非义务教育的学费，公立医院的门诊、急诊挂号费、各种检验费、治疗费等，部分公园的门票价格，城市的垃圾清运费等。城市公用事业的多数产品和服务则实行政府指导价。所谓政府指导价就是由政府物价部门规定一个基准价格，并规定允许围绕这一基准价格在一定幅度内上下浮动，如大学的住宿费，公立医院专家门诊的挂号费，公共图书馆、博物馆、体育馆等文化体育场馆的服务性收费，公立福利院、养老院的各种服务性收费等。

城市政府的物价部门根据城市公共服务所涉及市民范围的大小、与市民利益关系的密切程度、市民支付能力的可承受程度、市场性收费水平、政府财政承受能力、公共事业单位进行扩大再生产的能力等标准,来确定和审批城市公共事业单位某项公共服务收费的价格。从城市公共事业单位维持简单再生产和扩大再生产所需资金的角度来看,扩大再生产所需资金主要由财政支出来承担;维持简单再生产中用于劳动力消耗补偿和发展的部分主要由服务收费来承担;维持简单再生产中用于生产工具、原材料消耗补偿的部分,大部分也应当由财政来承担,小部分可由服务收费来承担。以此为基础,城市公共事业各项公共服务的收费可以分为三种类型:第一种是服务价格很低,在某种意义上只是象征性的收取服务费用。在这种情况下,政府财政支出覆盖维持简单再生产中生产工具、原材料的消耗补偿部分,还覆盖维持简单再生产中劳动力消耗补偿的大部分。第二种是服务价格含成本。这里的成本包含维持简单再生产中劳动力的消耗补偿和发展部分,以及生产工具和原材料消耗的不同程度的补偿。城市公共事业的大部分服务价格属于这种类型。第三种是服务价格含微利。城市的一部分公共事业单位在进行扩大再生产任务较重的情况下,可以实行这种定价制度。这种服务价格含适度的利润,既包含对维持简单再生产两方面消耗的补偿,也包含一部分扩大再生产所需的资金。对企业生产、居民生活的排水和污水治理收费,可以看做属于这种类型。

城市公共事业关系到市民维护和提高自身素质的基本需求,关系到多数市民共同的公共利益,或关系到一部分市民的切身利益,有必要完善城市公共事业服务价格听证会制度。根据城市公共服务价格涉及市民范围的大小、与市民利益关系密切的程度等,可以把听证会分为由城市代议机构举行的市民听证会、由市政府价格主管部门举行的市民听证会、由市政府价格主管部门的内设机构举办的市民听证会等种类。应由法律、法规或规章规定市民听证会的法定参与方及其权利和义务、职能、程序等。政府的价格主管部门有义务提供各种真实信息;城市的代议机构成员或市民有权调查、核实有关信息。城市价格主管部门应当在听取市民听证会所反映的市民建议和意见的基础上,作出调整某项公共事业服务价格的决策。根据政务公开的要求,也有必要通过大众媒介的各种形式,让有关市民参与听证会的讨论,了解听证会的情况和结果。

城市政府的价格主管部门有职责监督、检查公共事业单位执行政府制定的服务价格制度。城市政府的价格主管部门受理市民对公共事业单位违反规定收费的投诉或举报,是保障政府制定服务价格制度得到遵守的主要途径。政府的价格主管部门应及时调查和处理市民的投诉和举报。对查实的违规收费行为,要依法对有关公共事业单位及其责任人给予处罚;多次违反的,要责令停业整顿;性质恶劣的,要吊销其营业执照。对举报有功者,也应依法给予奖励。

4. 城市公共事业的税收管理

城市公共事业的税收管理,是城市政府的税务部门执行有关税收的法律、法规和规章,依法对城市公共事业单位提供的产品和服务征收税款,作为政府为公共事业单位活动提供外部条件的补偿,并且作为经济手段调节公共服务供求关系的过程。

城市公共事业的税收管理原则是必要而适度。"必要"有两方面的含义:一指对城市公共事业单位提供的多数产品和服务,有必要征收税款;二指对城市公共事业单位提供的小部分产品和服务,或者不必要征收税款,或者减免征收税款。"适度"的含义是与对市场化的企业征税相比较,对城市公共事业单位提供公共服务的征税,在税率和征税量方面,都是较低而适度的。

中国对城市公共事业单位开征的税种主要有:① 增值税。增值税是对销售货物或者提供加工、修理修配劳务以及进口货物的单位和个人就其实现的增值额征收的一个税种。② 营业税。营业税是对在中国境内提供应税劳务、转让无形资产或销售不动产的单位和个人,就其所取得的营业额征收的一种税。城市公共事业单位总体上属于服务业,一般都要缴纳营业税。③ 企业所得税。企业所得税是对企业生产经营所得和其他所得征收的一种税。城市公共事业单位虽然是非营利性的,但这并不是说它不能产生利润。它可以收费,在某些时期内可能会有盈余,但这种盈余必须为其服务于公众的基本宗旨服务。① 由于城市公共事业单位的所得直接与维持简单再生产和扩大再生产相联系,因此对城市公共事业单位的利润中哪些项目可以扣除、不计入所得范围,以及对城市公共事业单位享受减、免企业所得税优惠政策待遇的条件确认,成为城市公共事业税收管理的重要内容。④ 城镇土地使用税。城镇土地使用税是指在城市、县城、建制镇、工矿区范围内使用土地的单位和个人,以实际占用的土地面积为计税依据,依照规定由土地所在地的税务机关征收的一种税,实质上是补偿城市政府在城市土地的保护、开发、管理等方面的费用。⑤ 城市维护建设税。城市公共事业离不开基础设施的支持和保障,征收城市维护建设税,其实质是补偿城市政府在养护、建设基础设施方面的财政支出。鉴于城镇土地使用税和城市维护建设税都是关系到城市公共事业单位运营必不可少的外部条件,除少数全额拨款的城市公共事业单位可免收,或城市公共事业单位成立初期可减、免征收外,城市公共事业单位一般都须如数缴纳相关税款。

城市公共事业单位享受减免征收有关税款的条件有四个方面。一是全额拨款的城市公共事业单位。全额拨款的城市公共事业单位所提供的一般是纯公共物品,具有使用的非排他性和消费的非竞争性这两个基本特征;在供求关系上表现为难以收费,只能无偿提供服务,如路灯养护单位。对这类城市公共事业单位,基本上不宜征税。二是城市公共事业单位处于初创期。城市公共事业单位在成立的若干年内,无论是外部市场开拓,还是内部管理健全,都有一个磨合的过程。为了使其早日进入良性循环创造一个较为宽松的环境,有必要给予减免一部分税收的优惠待遇。三是城市公共事业单位处于转型期或萎缩期。由于技术、生产力水平、产品或服务的更新换代等因素,会导致某些城市公共事业单位的转型。为了支持城市公共事业单位转型,有必要给予减免某些税收的优惠政策。四是面向社会弱势群体的城市公共事业单位或公共事业的服务项目。由于社会弱势群体的经济收入较低,对他

---

① 吴东民、董西明:《非营利组织管理》,中国人民大学出版社 2003 年版,第 5 页。

们提供公共服务的收费也往往是减免收取的,这就决定了对面向弱势群体的城市公共事业单位或公共事业的服务项目减免税收的必要性,这体现了社会多数人为弱势群体提供扶助的义务。

城市公共事业的税收管理还包括:第一,健全城市公共事业单位税收的基础管理。通过建立健全的,能够反映城市公共事业单位人财物全貌、产供销全过程的账务系统和信息系统,为税务专管人员准确掌握税源提供基础。第二,向城市公共事业单位的负责人、财务会计部门人员等宣传税务规则,使他们了解并自觉遵守税法。第三,采取纳税单位主动申报与税务人员重点稽查相结合的制度。第四,在各个纳税环节上加以检查和督促,确保应缴税款及时、足额入库。第五,对城市公共事业单位实现纳税系统电算化、控制和降低成本、提高公共服务的质量、增加公共服务收入、遵守税法税则等多提合理化建议。

第二节 城市教育和科技管理

一、城市教育管理的基本制度及主要内容

城市教育管理是城市政府在上级政府及其主管部门的领导下,执行国家的法律和法规,对城市的各类教育进行必要的管制、指导和扶持,以促进城市教育健康而有活力的发展,提高青少年和市民的文化程度和专业技术水平,适应城市经济和社会发展为目标的管理过程。

由于历史、文化及经济发展水平等方面的原因,城市往往集中了一个国家主要的教育资源,因而也成为国家教育系统的核心部分。教育发展水平也对城市的社会经济发展发挥着重要的促进作用,它为城市的经济建设、政治民主、科技进步、文化繁荣等提供基础性的人才和智力保障。因此,世界各国都从本国的实际出发,重视开发城市的教育资源,制定城市教育规划,并依法制定地方教育法规,加强城市的教育管理。

中国各级政府历来重视教育事业,特别是自改革开放以来,在"科教兴国"方针的指导下,为了充分发挥教育在社会主义现代化建设中

的基础性作用,积极利用各种教育资源,规范各级政府的教育管理过程,自20世纪80年代以来,已先后颁布实施了《中华人民共和国学位条例》、《中华人民共和国教师法》、《中华人民共和国教育法》、《中华人民共和国职业教育法》、《中华人民共和国高等教育法》、《中华人民共和国民办教育促进法》及《中华人民共和国义务教育法》等一系列教育法律法规,形成了中国城市教育管理的基本制度。其基本构成是:

(1) 学校教育制度。中国实行学前教育、初等教育、中等教育、高等教育的学校教育制度,并设立科学的学制系统。学制系统内的学校和其他教育机构的设置、教育形式、修业年限、招生对象、培养目标等,由国务院或由国务院授权教育行政部门规定。

(2) 义务教育制度。中国实行九年制义务教育制度,即对适龄儿童和少年实施一定年限的、强制性的、普及的和免费的学校教育。各级城市政府及其有关部门应当履行法定职责,保障适龄儿童和少年接受义务教育的权利。城市政府应合理配置教育资源,促进义务教育均衡发展,改善薄弱学校的办学条件,并采取措施,保障农村地区、民族地区实施义务教育,保障家庭经济困难的和残疾的适龄儿童、少年接受义务教育。义务教育实行国务院领导,省、自治区、直辖市政府统筹规划实施,县级政府为主管理的体制,县级以上政府教育行政部门具体负责义务教育实施工作;县级以上政府其他有关部门在各自的职责范围内负责义务教育实施工作。城市政府的教育督导机构对义务教育工作执行法律法规的情况、教育教学质量以及义务教育均衡发展状况等进行督导,督导报告向社会公布。如果发生违反《中华人民共和国义务教育法》的重大事件,妨碍义务教育实施,造成重大社会影响的,负有领导责任的城市政府或城市政府教育行政部门负责人应当引咎辞职;对在义务教育实施工作中作出突出贡献的社会组织和个人,城市政府及有关部门应按照有关规定给予表彰和奖励。

(3) 职业教育和成人教育制度。城市政府、有关行政部门以及企事业单位应当采取多种措施,发展并保障市民接受职业学校教育或者各种形式的职业培训。同时,城市政府还应鼓励发展多种形式的成人教育,使市民接受适当形式的政治、经济、文化、艺术、科学、技术教育和终身教育。

(4) 教育考试制度。教育考试制度是教育管理制度的重要组成部分。由国家批准实施教育考试的机构,可以《中华人民共和国教育法》为依据,根据一定的考试目的,按照教育行政部门所确定的考试内容、原则和程序,对考试对象的知识和能力进行测定和评价。

(5) 学业证书和学位制度。经国家批准设立或认可的城市学校及其他教育机构可以按照国家有关规定,颁发学历证书或者其他学业证书。学位则是国家或国家授权的教育机构授予个人的一种终身学术称号,表明学位获得者所达到的学术或专业学历水平。以1980年颁布《中华人民共和国学位条例》为标志,中国开始建立学位制度,并分为学士、硕士和博士三级。经国务院学位委员会审核批准的城市学校和其他教育机构,依法对达到一定学术水平或者专业技术水平的人员授予相应的学位,颁发学位证书。

(6) 教育督导和教育评估制度。教育督导和教育评估制度是中国现代教育管理制度的重要组成部分。教育督导是城市政府对教育工作进行宏观管理的一种重要手段和形式。依据有关法律法规的规定,城市政府中行使教育督导权的机构应依法对下级政府、下级教育行政部门和学校的工作进行监督、检查、评估和指导,范围主要是中小学教育、幼儿教育及其相关工作。教育评估是指各级教育行政部门或经认可的社会组织对学校及其他教育机构的办学水平、办学条件、教育质量进行的综合或单项考核和评价,也是城市政府对教育机构实施宏观管理的重要手段,主要类型有合格评估、水平评估和选优评估。

城市教育管理有广义和狭义之分。广义的城市教育管理是指从宏观到微观的全部管理过程,包括教育行政管理和学校内部管理;狭义的城市教育管理是指学校管理,它是以一定类型的学校作为管理对象的。

城市教育管理作为一个动态的过程,其主要内容大体可分为以下五个方面:

(1) 教育预测。教育预测是整个教育管理过程的第一步,是作出正确的教育决策的前提和基础。科学的教育预测是在对城市教育现状进行分析的基础上,发现并掌握规律,然后根据现有的情况,寻找提高教学质量和教育投资效益的最佳方案,并以此作为制定教育发展战略的依据。

(2)教育决策。教育决策在整个城市教育管理过程中居于十分重要的地位。一般来说,教育决策往往关系到一个国家和社会教育事业的前途和命运,因此,它是城市政府及其各级教育行政部门的中枢神经。合理的教育决策是为了实现一定的教育目的,在教育预测的基础上对教育管理目标、教育行动方案、教育政策等的抉择。

(3)教育计划。教育计划是实施教育决策的行动纲领,是根据教育决策对未来教育发展的设想和规划,是教育决策的具体化和系统化。城市教育计划一般要围绕决策的目的和意图,选择今后工作的指标和程序、步骤和内容以及方法,以使教育系统的各个层次和不同部门相互协调、相互支持,为整个教育活动有条不紊地进行提供保障。

(4)教育组织。教育组织的目的在于使教育系统中的人、财、物和信息发挥更大的作用,取得更佳的效益,使教育决策的目标和计划方案得以顺利实施。教育组织主要包括教育层次的划分、教育结构的组成、学制规定、行政机构的隶属等方面内容。

(5)教育评价。教育评价属于教育管理过程中的反馈环节,是人才培养的社会需求状况、人才培养的层次结构、教育机构的布局、教育资源的合理分配、领导体制、教育立法、教学制度和课程设置等的评估。

二、城市科技管理的意义及基本内容

城市科技管理是指对与城市生产活动同时进行,或者体现在生产过程中的科学研究与技术开发等活动所进行的管理活动。其主要内容包括:组织协调科学研究与技术开发;计划安排生产手段的技术改造;研究与实施工艺方法和操作方法的革新;推动和促进群众性的合理化建议运动;制定和修订各种技术标准;收集、整理和储存各种技术情报和技术档案等。

现代城市是国家经济、政治、军事、文化等综合实力的主要承载体,现代科技在其中发挥着基础性的作用,因此,加强和完善城市科技管理对于推动城市经济社会的快速发展、促进国家综合实力的稳步提升具有重要的战略意义。具体体现在以下几方面：

第一，城市科技管理是实施科教兴国和可持续发展战略的关键。实施科教兴国和可持续发展战略是实现城市经济增长由粗放型向集约型、从耗损模式向可持续发展模式历史转变的必由之路。实现这一战略的关键是必须依靠科技的进步，增强城市的科技实力和向现实生产力转化的能力，把城市经济发展转移到依靠科技进步和提高劳动者素质的轨道上来。城市科技管理就是依托城市政府的宏观管理能力，通过制定科技发展规划并组织实施，合理配置科技资源，对科技产业进行科学引导和管理，为科技创新确立良好的外部环境，从制度、机制和组织等方面为科技进步和实现可持续发展提供支持和保障。

第二，城市科技管理是提升国家综合国力和城市整体实力的重要手段。历史经验表明，在国家综合国力和城市整体实力的竞争中，经济发展水平和科技创新能力具有同等重要的地位，科技兴则国家兴，科技弱则城市弱。但科技产业一般又具有高投入、高风险的特征，这也就决定了单纯依靠单一社会组织、企业或个人的力量，很难实现科技创新能力的可持续增长。因此，城市政府通过对辖区内科技事业的宏观调控，科学地规划科技产业布局，有针对性地加大科技研发投入，积极扶持基础性的科学研究工作，建立科技人才培训机制，以有效地提升城市的整体实力，不断增强国家的综合国力。

第三，城市科技管理是迎接知识经济和信息社会挑战的主要途径。知识经济和信息社会的到来，不仅带动了社会生产力和科学技术的飞速发展，也催生了社会结构、行为方式和管理模式的根本性变革，对城市发展和市政管理带来了许多新的机遇和挑战。城市作为一个国家政治、经济、科学和文化的中心，是迎接知识经济和信息社会挑战的主要阵地。城市政府能够通过有效的政策手段，对知识经济和信息社会带来的新变化和新格局进行预测、规划和组织，适应知识经济和信息社会的发展趋势，积极促进高新技术产业和新兴产业部门的发展，推动城市社会经济的科学发展，努力提升城市的综合竞争力。

城市科技管理的内容广泛。从宏观管理的角度来看，城市科技管理的基本内容主要有：

（1）确定城市科技发展规划。这是城市政府管理科技的重要职能。现代科学技术日新月异,城市政府必须确定一个着眼于未来科技发展的长远规划,以实现科学技术与经济、社会的协调发展,并把促进经济、社会发展作为重要任务。具体来说,科技发展方针、科研机构的设置和布局、科技资源的合理配置和科研项目的确定等,都属于科技发展规划工作的内容。

（2）制定并实施城市科技发展计划。这是对科技规划工作的具体落实,是实施城市科技规划的重要中介环节。城市科技计划管理工作一般围绕着科技规划的意图和预期目的,选择工作的指标和程序、步骤和内容以及方法,以使城市科技系统的各部门、各层次之间相互协调、相互支撑,为科技活动的顺利进行提供保证。

（3）城市科技活动的组织和领导。城市政府对科技活动的组织和领导效果如何,将直接关系到科技发展目标和计划的实现程度。城市科技活动的组织和领导主要包括科技系统的层次划分、科技系统内部结构的组成、科技行政机构的设置、科技人才的使用和调配、科技活动的相互协调等内容。

（4）城市科技活动的调控和评估。城市科技活动的调控主要是指城市政府利用经济、法律、行政等多种手段,对科技经费的筹集和分配,科技信息资源的配置以及基础研究、应用研究、开发研究之间的比例进行宏观调度和控制的过程。科技活动的评估则是指城市科技管理部门对科技价值的鉴定和审评,以及对科技成果的开发应用推广工作。

三、城市教育与科技管理体制改革

城市教育与科技发展是提升城市核心竞争力的重要内容,本身就具有时代性、前瞻性和开放性的特征。自改革开放以来,中国城市的教育和科技事业取得了长足的进步,仅就教育而言,1992年中国各类教育经费投入为867.05万元,到2007年时达到1.21万亿元,其中财政教育支出占总支出的比重从2004年的14.9%提高至2008年的16.3%;科技经费筹集额从2004年的4 328.3亿元上升至2008年的

9 123.8亿元,实现了较大幅度的增长。①

但由于受传统计划经济体制和社会经济发展水平的制约,中国城市教育和科技事业的发展还难以与高速发展的城市化进程相适应,难以满足社会各界日益增长的教育和科技需求,而城市教育和科技管理体制的滞后性又成为阻碍教育和科技事业发展的重要因素。尽管1985年,中国开始了教育和科技管理体制改革,但至今体制性障碍并未彻底根除,特别是随着社会主义市场经济体制的建立和完善,城市教育和科技管理体制中存在的某些弊端日益突出。这主要表现在:首先,政府对教育和科技管理的权力过于集中,教育和科研缺乏必要的自主性。其次,管理手段单一,管理方式僵化。长期以来,城市政府对教育和科技管理大都采用直接的行政手段,行政命令色彩强烈,在管理方式上则以封闭式管理为主。再次,教育和科技管理缺乏充裕的条件保障,经费投入严重不足。1993年《中国教育改革和发展纲要》首次提出要使国家财政性教育经费支出占国民生产总值的比例提高到4%的水平,但直到2008年这一比例也仅达到3.48%,不仅远远低于西方发达国家,甚至低于印度、巴西等发展中国家;自21世纪以来,政府科技投入虽然保持了年均15%以上的增长率,但却远低于国家财政收入的增长速度。② 最后,教育和科技资源配置不均衡,结构不合理,资源使用效率低。教育和科技资源大多集中于有政府背景的教育和科研机构,重复建设和资源浪费严重。

因此,继续深入推进城市教育和科技体制改革,是适应城市化发展的需要,是提升教育和科技管理效能、增强国家和城市综合竞争力、实现社会经济持续发展的必由之路。

城市教育管理体制,是指城市政府有关职能部门为适应城市社会经济发展的需要,在管理城市教育事业中的责任和权限划分以及与之相适应的组织形式、方法和制度的总称。

---

① 国家统计局:《中国统计年鉴》2008年卷,http://www.stats.gov.cn/tjsj/ndsj/2008/indexch.htm。

② 左林:求解教育经费之难,《财经》2010年第6期;程津培:中国科技投入增长量仅为韩国一半,《第一财经日报》2006年3月10日。

1993年,中共中央和国务院颁布实施《中国教育改革和发展纲要》,要求包括高等教育在内的教育管理体制,必须根据经济体制、政治体制、科技体制改革的深化和社会主义现代化建设的发展而不断改革。从本质上来说,中国城市教育管理体制改革的目标是转变政府教育管理部门的职能,理顺政府与教育机构之间的关系,充分调动和合理配置各种教育资源,发挥政府、社会和教育机构的优势,促进城市教育事业的健康发展。

结合中国教育事业发展的实际情况,城市政府应当确保义务教育、特殊教育和重点教育事业优先发展,并大力发展各类教育市场,促进各类教育事业的全面发展。具体来说,就是根据城市教育的不同类型、性质和目标,分别采取以下不同的教育运行和管理模式:

第一,以财政拨款为主的基础教育管理模式。兴办基础教育是城市政府的重要职责,基础教育事业经费应以财政拨款为主。政府投资的中小学校应逐步取消重点和非重点的区别,逐步实现教育资源配置的均等化。普及义务教育是基础教育发展的基本目标,城市政府应切实保证对义务教育的经费投入。在以政府办学为主体的前提下,为满足部分市民对基础教育的特殊要求,应支持和鼓励民间团体和公民个人依法兴办中小学校。城市基础教育还应逐步实现政教分开,学校应成为独立的事业法人单位,享有依法自主办学的权利。城市教育行政部门的主要职责是核定、分配、划拨并监督各项教育经费的使用,开展各种形式的教育评估,进行经常化和规范化的督学活动,确保国家教育方针、政策和法规的贯彻执行。

第二,多方投入的高等教育管理模式。高等教育虽仍应以政府办学为主,但同时也应依据《中华人民共和国民办教育促进法》的规定,鼓励和支持社会各界参与办学,学校可以采取董事会领导制度,成为独立的事业法人,依法面向社会自主办学。同时,城市政府应制定相关的兴学、助学、奖学、督学制度,资助贫困学生,以体现教育机会均等和教育民主的原则。高等学校实行依法治教、民主治教、科学治教,充分吸收社会各界力量参与学校管理,政府不再直接干预学校的管理活动。除政府投资高等教育之外,还应鼓励民办、中外合作兴办高等和中等专业教育,通过企业投资、社会捐赠、学生缴费、教育贷款等多种形式筹集教育经费,促进学校建立自主办学、自我发展、自我约束的管理机制。

第三,社会办学的职业技术教育管理模式。在市场经济条件下,职业技术教育和成人继续教育应实行社会化模式,政府对这类教育机构应实行指导、规范、监督和统筹管理。城市政府应积极培育职业教育、培训教育等教育服务市场,推动职业教育的产业化和社会化,提高各类在业、失业、转业人员的职业素质和技能。对于那些具有明显公益性的职业教育机构,城市政府可以给予适当的财政资助或减免税待遇。

城市科技管理体制是城市科技活动的组织结构、管理体系和制度的总称。中国原有的城市科技管理体制在集中全国的科技资源、发挥集体协作精神方面有一定的优势,而且也取得过很大成就。但总的来看,这种科技管理体制存在着科技与经济严重脱节的现象。

为了适应城市化快速发展的需要,中国城市科技管理体制改革的目标应该是实现"四个结合",即:有利于科技与经济相结合;有利于科研机构与企业相结合;有利于军用科技与民用科技相结合;有利于发展科技事业与人才培养相结合。

结合发达国家城市科技管理的成功经验,中国深化城市科技管理体制改革的主要途径是:

(1)继续促进企业成为技术创新主体,全面提高企业创新能力。城市国有企业尤其是国有大中型企业,要把建立健全技术创新机制作为确立企业核心竞争力的重要内容,要把提高技术创新能力和经营管理水平作为企业发展壮大的关键措施。同时,大中型企业要建立健全企业技术中心,加速形成有利于技术创新和科技成果迅速转化的有效运行机制。城市政府应创造条件,积极引导和规范外资企业、民营企业等多种所有制企业开展技术创新活动,带动企业创新能力的整体提升。

(2)继续推动应用型科研机构和设计单位实行企业化转制,大力促进科技型企业的发展。应用型科研机构和设计单位原则上要转化为科技型企业,或者整体或部分进入企业,或者转为中介服务机构,充分发挥市场机制对科技资源的配置作用,全面优化城市的科技力量布局。

(3)加快高新技术产业开发区建设,形成高新技术产业化集群和产业化基地。要进一步加大高新技术产业开发区综合配套改革的力度,增强政府为各类企业转化高新技术成果提供服务的功能,充分发挥政府的协调作用,形成高效的产学研一体化运行机制。同时,还应加强对高新技术产业开发区以及高新技术企业的监督和评估,引导其规范运作。

(4)支持发展多种形式的民营科技企业。城市政府应设立科技型中小企业创新基金资助民营科技企业,拓宽民营科技企业的投融资渠道,建立健全相关管理制度,从管理制度上保证民营科技企业能够平等地参与政府科技计划项目和招标,给予民营科技企业平等的市场地位。

(5)大力发展科技服务中介机构。科技服务中介机构属于非政府机构,它是科技与应用、生产与消费不可缺少的服务纽带。城市政府应充分发挥各类科技服务中介机构在推动科技进步方面的积极性,在加强引导和监管的前提下,鼓励某些性质相似的科研机构转制为企业性的科技服务中介机构,同时也应支持和鼓励科技人员创办这类机构。

第三节 城市文化和体育管理

一、城市文化管理的基本原则和内容

城市文化是人类文化在城市地域的成果与表现,作为人类文化有机构成的城市文化,不但反映着整体文化的进步与演变,而且作为文化发展的内在动力,推动着整体文化的不断进步。

一般认为,城市文化是具有鲜明城市特点的一般文化,从整体上来看,城市文化涉及三个层面:① 城市文化是一种大文化的视角。即不是单指某一特定城市的文化教育设施、人的知识水平、教育程度等狭义的文化形象,而是包括了某特定城市所创造的一切物质文化、制度文化和精神文化总和所形成的整体景象。② 城市文化是一种综合认识的结果。即主体整体对某特定城市客体的总印象。它不是单个人的认识,也不是多数人对城市文化个别要素的认识,而是多数人对一个城市的总体认知结果。③ 城市文化的构成要素有城市建筑文化、城市公共

文化、城市科技文化、城市自然文化、城市制度文化与城市精神文化等。城市文化是自然文化与社会文化的结合，是物质文化、制度文化与精神文化的统一。经济、环境、历史、技术、地理、地域、民族都是城市文化形成的基础。

城市文化管理，是指城市政府及其文化行政部门适应市民日益增长的文化需求，依据法律和法规对城市各种文化组织进行管制、指导和扶持，促进文化组织提供更多、更好的文化产品和文化服务，使城市文化与城市经济社会协调发展的过程。城市文化管理的基本原则是：

（1）坚持为人民服务、为社会主义服务的方向（以下简称"二为"方向）。这是中国城市文化管理的首要原则，它决定着城市文化的发展方向。服从和服务于广大人民的利益，这是社会主义城市文化管理区别于资本主义城市文化管理的根本标志。中国城市的文化管理只有坚持"二为"方向，才能解决拿什么文化产品和以什么文化方式去为人民服务的问题，才能解决新时期文化繁荣发展的问题。

（2）坚持社会效益优先、社会效益与经济效益统一的原则。城市文化管理中的社会效益主要是指在文化市场上流通的文化产品和提供的文化娱乐服务，必须有利于人民的身心健康，有利于提高人民群众的文化科学水平和思想道德情操，对社会主义精神文明建设起到积极的推动作用。坚持社会效益优先，这是由城市文化市场的公众性和文化商品生产的特殊性决定的。经济效益是社会效益的基础，没有经济效益，社会效益难以实现和持久。因此，城市文化管理在强调社会效益优先的同时，要注意社会效益与经济效益的有机统一。

（3）坚持百花齐放、百家争鸣的方针（以下简称"双百"方针）。这一方针是繁荣中国社会主义文化事业的基本方针，也是城市文化管理的基本原则。坚持"二为"方向是弘扬主旋律，贯彻"双百"方针则是提倡多样化，两者之间是对立统一的辩证关系。城市文化管理应该是政治方向的一致性与经营内容、形式、体制、风格多样化的统一。

（4）坚持古为今用、洋为中用的原则。城市文化具有历史延续性和相互兼容性的特征，这就要求城市文化管理必须坚持古为今用、洋为中用的基本原则，批判地继承和借鉴人类一切优秀文艺遗产，积极借鉴和吸收外来的先进文化艺术。这是建设有中国特色社会主义文化的指导方针,对于繁荣和发展城市的文化市场和文化事业具有重要的意义。

城市文化管理的基本内容主要包括以下三个方面:

(1)城市文化发展战略的规划与制定。城市文化发展战略是政府力图影响城市文化发展,将城市文化发展纳入城市社会总体发展范畴而制定的一种城市文化计划。它在整个城市文化建设和管理实践中具有十分重要的地位和作用。其实质在于从城市社会系统与文化系统的协调发展来选择城市文化发展的战略对策,旨在使城市文化系统随着城市政治、经济等其他社会系统的发展而协调发展,使城市文化系统能适应城市社会发展并不断促进社会进步。城市政府及其文化行政部门要把城市文化发展当作一个系统工程来抓,研究城市文化结构、城市文化发展的目标和模式。如北京、上海、大连、青岛等国内城市都纷纷结合本城市的实际情况,制定了相应的城市文化发展战略,内容包含文学艺术事业、文化设施建设、大众传播工具、城市文化品牌、文化交流及文化市场管理,以及这些方面的阶段性发展目标和量化要求,促进了这些城市文化事业的繁荣和发展。

(2)城市各项文化基础工作的管理。首先,加强城市文化设施的建设与管理。城市文化设施是一个城市文明程度的标志,是城市文化发展不可缺少的物质条件。由于历史的原因,中国城市的文化设施存在数量与人口不相适应、布局不合理等问题,这是制约城市加快现代化建设步伐的瓶颈,因而需要城市政府及其文化管理部门认真研究解决。其次,抓好城市文化人力资源的开发与管理。城市文化人力资源是指各类城市文化人才,主要包括城市文化专业人才和城市文化管理人才。他们是城市文化生产的基本要素和城市文化发展的基本动力。城市政府进行文化人力资源的开发与管理有两方面任务:一是对城市文化人才培养进行规划和组织,二是建立健全城市文化人才市场。城市文化人力资源开发的根本途径在于发展多种文化教育。最后,做好文化普及工作,开展广泛多样的群众文化活动,满足社会各阶层的精神文化需求,其表现形式有社区文化、企业文化、校园文化、家庭文化等。

(3)城市文化市场的管理和监控。城市文化市场是城市市场体系的一个有机组成部分,是以商品形式向市民提供精神产品和文化娱乐服务的市场,因而需要城市文化行政机关依职权对其进行有效的检查、监督和控制。其内容包括:第一,对出版社、音像制品单位等文化商品生产企业的主体资格及生产、经营活动进行严格的审批、检查和监督。第二,对文化商品经营市场的管理,如对书刊市场、音像市场的管理。第三,对文化行为的检查、监督与管理,如对歌舞演出、艺术展览、群众性娱乐舞会等文化行为的管理。

二、城市体育管理的含义、内容及职能

城市体育管理,是城市政府的体育主管部门执行法律和法规,对城市的竞技体育、群众体育、公共体育设施等进行管理,为国家的竞技体育培养和输送人才、增强市民体质的管理过程。

随着社会生产力的发展、生活水平的提高、市民素质的提升,无论从市民对竞技体育提高名次的希望,还是从他们对健康身体的追求,体育都越来越受到重视,体育对城市社会经济发展的作用也越来越显著。因此,由城市政府通过公共财政提供公共体育设施和扶持社区体育设施的资金,由公共服务部门经营和管理公共体育设施,由政府部门扶助和企业赞助相结合的方式支持竞技体育,由社会团体组织群众性体育活动,是促进城市体育事业蓬勃发展的重要途径。

城市体育管理的基本内容主要有三个方面:

第一,有特色、有重点地发展城市的竞技体育。中国除了直辖市有条件发展门类较多的竞技体育外,一般的省会城市、地级市都可以有选择地重点发展若干个具有传统优势和特色的竞技体育项目。比较成功地发展若干个竞技体育项目取决于"五有",即有基础(有群众基础,尤其是有青少年基础);有选才(科学地发现适合特定竞技体育项目的、有天赋的青少年是关键);有教练(有事业心强、经验丰富的教练,才能训练运动员成才);有资金(财政扶持与当地企业积极赞助相结合);有方法(运用世界一流的、科学的训练方法)。

第二,加强公共体育设施建设,提高公共体育设施的利用率。中国城市现有的公共体育设施普遍偏少,据有关统计,2007年中国大众体

育人均体育场地面积还不足1平方米,而美国人均体育场地面积已达16平方米,这成为制约中国城市体育发展的重要因素。① 因此,需要根据人口数量和合理布局的要求加快建设一批公共体育设施。提高公共体育设施的利用率主要有两个途径:一是增加安排竞技性体育赛事;二是向广大市民开放。通过吸引周围市民利用公共体育设施进行经常性的体育锻炼、吸引企业和单位利用公共体育设施举行运动会等形式,提高公共体育设施的利用率。可以向使用公共体育设施的市民适度地收取费用,以弥补政府财政资金对公共体育事业投入的不足。

第三,积极扶持开展群众性体育活动。群众性体育活动与个人自我锻炼相结合,是增强市民体质、保持身体健康的两个基本途径。要投入财政资金,建设社区的公共体育设施。要发挥各种社会团体尤其是居委会在组织群众性体育活动中的作用,并推荐和示范多种形式的群众性体育活动。中国政府于1995年批准下发了《全民健身计划纲要》,并决定自2009年起,将每年的8月8日定为全国的"全民健身日"。这些举措都极大地推动了群众性体育活动的开展,目前经常参加体育锻炼的人口已占总人口的28.2%。②

城市体育管理有以下四项基本职能:

(1) 城市体育管理的计划职能。城市体育管理的计划职能,是指城市政府的体育行政部门为实现城市体育事业发展目标,或者达成一项具体的体育工作目标,而制定工作程序和行动方案的职能,涉及管理机构、场馆设施、资金投入等多项内容。国务院1995年发布的《全民健身计划纲要》(以下简称《纲要》)就是体育管理计划职能的集中体现,《纲要》规定了1995—2010年中国群众性体育活动发展的目标和任务、实施步骤、阶段性目标等内容,是推动群众性体育活动的指导性文件。如果按照时间跨度来划分,城市体育发展计划可分为长期计划,一般为10~20年;中期计划,一般为1~5年;短期计划,一般为1年以

---

① 刘叶飞、董勇、武永军:我国体育消费的现状分析及市场的开发对策,《中国市场·学术论丛》2007年第6期。

② 国家体育总局:新中国成立60年体育事业发展情况,http://www.cnr.cn/2009-9-27。

内。如果按照形式来划分,城市体育发展计划则包括规划、策略、政策、程序、规则和预算等。

城市体育行政部门制定城市体育发展计划一般要经过以下几个阶段:准备阶段、任务与目标分解阶段、目标结构分析阶段、资源预算阶段、制定实施细则阶段。

(2)城市体育管理的组织职能。城市体育管理的组织职能,是指城市政府的体育行政部门为了有效地实现既定目标和工作任务,通过建立体育组织机构确定工作职责、权限,协调相互关系,使体育管理诸要素合理有效地配合的职能。简言之,城市体育管理的组织职能就是对城市体育资源进行有效配置的过程。

城市体育管理的组织职能必须遵循的要求是:① 必须以目标和任务为中心,即必须紧紧围绕体育管理的目标和任务来进行,这是提高体育管理效率的前提。② 职、责、权对称,即各类体育组织机构应做到权责统一、事权统一,这是实现有效配合的基础。③ 精干高效,即应做到人尽其才、物尽其用,这是提升管理效率的重要保证。④ 统一指挥,这是为了避免在城市体育管理过程中令出多头,以提升资源配置的整体效益。⑤ 控制幅度,履行城市体育管理的组织职能,应合理划分组织层级和组织分工,避免因控制幅度过大导致权责不清或因控制幅度过小而导致资源损耗。

(3)城市体育管理的控制职能。城市体育管理的控制职能,是指城市政府的体育行政部门为了保证体育管理过程与体育管理计划、体育管理目标相一致而实施监督、检查、约束的职能。控制职能的目的是为了发现城市体育事业发展中的偏差,找出原因,并根据环境及条件的变化,采取必要的调节措施,以保证体育发展计划和目标的实现。

城市体育管理控制职能的履行,应以体育发展目标为中心,以体育发展计划为依据,以体育管理组织机构为依托,并以畅通的信息渠道为保证。就手段而言,城市体育行政部门实施控制的方法主要有计划控制、目标控制、预算控制、定额控制和规章制度控制等。而就实施控制的过程来说,首先应确定控制标准,这是整个控制过程的起点;其次要衡量成效,即对实际执行情况和实效与标准之间进行比较;最后则是纠正偏差,即在衡量成效的基础上,针对偏离标准的差异程度采取纠偏措施,以保证计划目标的实现。预先控制、现场控制和结果控制则是城市体育行政部门实施控制的三种基本类型。

(4) 城市体育管理的决策职能。城市体育管理的决策职能,就是城市政府的体育行政部门为了促进城市体育事业的发展,在对辖区内体育事业发展的现状进行科学评估,并对发展前景进行科学预测的基础上,按照最优化原则,制定并实施体育事业发展方案或策略的职能。

城市体育行政部门制定相关决策的基本步骤是:研究本辖区内城市体育事业的发展现状,并找出制约城市体育事业发展的问题及其原因;对问题及其原因进行合理地分类和规划,确定明确具体的政策目标;拟定多个决策备选方案;评价和选择决策方案;决策方案的实施和控制。

三、城市文化与体育管理体制改革

改革开放以来,中国城市的文化和体育事业取得了长足的进步,为推动城市化和推进社会主义精神文明建设作出了突出贡献。至 2008 年全国财政事业经费高达 888 亿元,在广播电影电视、新闻出版、文物保护、公共文化服务和文化产业方面都实现了跨越式发展。[1] 至 2009 年,全国各类体育场馆超过 85 万座,群众体育设施遍布城乡,建立了国民体质监测制度、体育锻炼标准制度、社会体育指导员制度等,在竞技体育取得显著成绩的同时,体育产业也逐渐成为国民经济发展的亮点,极大地丰富了城市居民的体育生活。[2] 然而,受传统计划经济体制的影响,城市文化事业和体育事业大都还属于"举国"体制,城市政府几乎包办了所有的城市文化和体育活动,越来越表现出与城市化的深入发展和社会主义市场经济体制内在要求之间的不相适应性,与城市居民生活水平改善后日益增长的文化和体育需求之间的矛盾也日益突出。因此,推进城市文化和体育管理体制改革,不仅是丰富广大市民业

---

[1] 中国社会科学院:《2009 年文化蓝皮书:中共公共文化服务发展报告》,社会科学文献出版社 2009 年版,第 2 页。

[2] 刘鹏:新中国六十年体育事业发展迅速 各方面成就瞩目,http://www.chinanews.com/2009-09-27。

余生活、强化精神文明建设的需要,也是推动城市化和谐发展的重要举措。

城市文化管理体制改革的基本目标是:在确保城市公共文化事业和重点文化事业发展的前提下,大力推进城市文化事业的产业化、社会化和市场化进程,积极探索城市文化管理的新模式,促进各类城市文化事业和文化产业的全面发展,有效地满足城市居民日益增长的文化生活需要。

城市文化管理新模式可以概括为政府主导、层级管理和分类指导。政府主导就是要变过去政府严控型的管理模式为政府主导型,既要坚持政府对文化事业的宏观管理,又要引进市场机制,适应文化市场发展的要求。层级管理就是城市政府各级部门在文化管理职能上有明确的权限,在管理职责上有不同的侧重。分类指导就是根据具体的文化活动与文化市场的相关程度,区分市场类文化活动和非市场类文化活动,按类别差异给予相应的指导。具体来说,城市文化管理新模式要求依据城市文化活动的不同目标和功能,分别确立以下不同的投资和管理模式:[1]

(1) 演艺娱乐行业的市场化运营模式。城市政府可以实行政艺分开,组建艺术事业团体,如各类演艺集团,在以财政拨款提供经费支持的同时,拓宽筹资渠道,积极吸纳社会资金,实行企业化和社会化运作。政府文化行政部门的职责则主要是制定演艺娱乐行业的发展目标和政策,开展艺术交流和信息咨询服务,监督和管理演艺娱乐市场,而不再直接参与各类演艺娱乐团体的经营和管理。

(2) 公共文化服务事业的政府扶持模式。对图书馆、博物馆、档案馆、重点文物保护单位等公共文化服务事业,城市政府可以直接兴办,其经费来源以财政拨款为主;也可以接受社会各界捐赠。城市政府应按照社会化原则合理布局城市公共文化设施建设,向社会公众提供文化服务。

(3) 新闻出版事业的产业化运营模式。新闻出版事业的产业化运营意味着各类新闻机构和出版机构均可以直接转化为经营性企业,政

---

[1] 杨宏山:《市政管理学》,中国人民大学出版社2005年版,第328页。

府的主要职责是制定有关政策和法规,规范和监督新闻、出版行业的运行。城市政府可以通过设立新闻出版事业发展专项基金,资助和扶持社会公益性信息和文化产品的生产和传播。政府也可以通过购买某些重要报刊的固定版面传达政令和发布新闻,也可以实行政府参股、控股,但不必直接参与经营管理。中国自2008年推进新闻出版体制改革以来,已组建29家出版企业集团公司,有1 069家非时政类报刊出版单位转制或登记为企业法人,30个省级新华书店系统完成了转制,出版、报业、发行等上市公司达到31家,①这些举措极大地推动了新闻出版事业的壮大和繁荣。

(4)广播电视电影事业的产业化运营模式。城市的广播、电视、电影事业也可以按照企业化方式运行,组建广电传媒集团,成为独立的市场主体,依法面向市场自主经营。城市政府可以直接兴办个别电台和电视台,或者通过参股、控股等方式直接掌握少数重要的传媒机构,也可以通过制定法规购买或租赁某些固定频道和播出时间,及时发布重要新闻、资讯、传达政令和进行公共宣传等。城市政府应强化广播、电视和电影的市场监督管理,并设立相应的文化事业发展基金,以繁荣和净化文化市场,促进城市文化产业的健康发展。

城市体育管理体制改革的基本目标是:在重新界定、调整城市政府体育事业职能的基础上,确保优先发展公共体育事业和学校体育事业,依据产业化、市场化和社会化的发展要求,大力发展体育产业,繁荣体育市场,更好地满足城市居民日益增长的体育活动需求。同时,要切实转变城市政府体育行政部门的职能,促进体育中介组织的发展,拓宽体育产业发展渠道,促进体育产业的市场化、社会化发展。具体来说,城市体育管理体制改革必须对城市体育事业进行分类管理和指导,分别设计以下不同的城市体育管理模式:

(1)城市体育组织的俱乐部管理模式。除公共体育事业和学校体育事业之外,大多数体育产品可以实现商品化和产业化。竞技体育组

---

① 王坤宁:体制改革为新闻出版业带来全新景象,http://www.chinanews.com.cn/2010-03-08。

织都可以改组为职业体育俱乐部或业余体育俱乐部,实行政、体分开,建立企业化管理模式,面向社会和市场自主经营,并依法纳税,其经费主要来源于竞赛、广告、社会赞助等经营收入,城市财政将不再投入资金。城市政府只负责对其进行监督和规范,既不直接经营体育俱乐部,也不直接干预其内部管理。综合性和单项体育协会应发展成为社会中介组织,自主地开展组织协调和行业管理。

(2)体育场馆的有偿服务管理模式。城市政府应对体育场馆的布局进行合理规划,直接投资兴建公共体育场馆和设施,尽量向社会公众开放。城市公共体育设施可以实行有偿服务,以提高利用率,改善服务质量,维持自身的良性运转。同时,也可以鼓励社会资本在合理布局的前提下,投资兴建体育设施,以弥补城市公共体育设施的不足,面向市场自主开展经营活动,完全按照企业化、市场化方式运营。

(3)体育竞赛的社会化管理模式。在市场经济条件下,体育社会化的发展趋势为职业体育运动和体育竞技比赛的商业化运营提供了条件,社会体育组织完全可以通过组织和策划竞赛活动获得经营性收入。城市政府无需继续包办此类体育活动,并应尽量减少亲自举办体育竞赛活动的次数,而应注重对这类体育竞赛活动的监督和管理。至于少数必须由政府举办的综合性、示范性、群众性体育活动,城市政府可以通过发行体育彩票、经营体育广告、吸收社会各界赞助等方式筹措经费,在社会筹集经费不足的情况下,政府财政可给予适当补助。如在2008年北京举办第29届夏季奥运会所需资金中,部分资金是通过运用市场机制筹集的,这不仅提高了资金使用效率,而且充分调动了社会各界的参与积极性。

第四节 城市公共卫生管理

一、城市公共卫生管理的内涵及意义

城市公共卫生是城市生活状况和社会发展文明程度的集中体现,是城市进步的基本条件和内容,它是城市区域内个人和群体的生活卫生、生产卫生及环境卫生的总称,其实质是城市居民的健康状况。城市

公共卫生的构成要素主要包括环境卫生、劳动卫生和生活卫生三个基本方面。

城市公共卫生管理,是城市政府及其主管部门执行法律和法规,对城市的医疗卫生、卫生防疫、妇幼保健、药品生产和销售、医疗保险等进行管制、指导和扶持,防止传染病传播,降低严重危害市民健康的疾病的发病率和死亡率,保障市民身体健康的管理过程。

城市公共卫生管理不仅具有保障市民健康水平、增强人民体质、降低死亡率和提高城市人均寿命的作用,同时也有着重要的社会意义。

第一,促进经济增长。居民健康与经济增长之间存在着密切的联系,美国经济学家艾尔文·费舍尔(Irving Fisher)早在1909年就通过研究指出,在规模收益不变的假设条件下,若美国人的死亡率在20世纪60年代和70年代能够下降10个百分点,那么经济增长率就可以提高0.02个百分点,①由此可见公共卫生管理对经济增长的促进作用。城市公共卫生管理可以从三个方面促进经济增长:首先,减少病休和延长工作寿命,可以提高劳动生产率和劳动效率;其次,公共卫生投资改善了城市居民的生存环境,促进了人们对自然资源的合理利用,提升了资源使用效率;最后,健康的增进和环境的卫生可减少医疗费用以及国家的医疗负担,促进国家整体经济的发展。

第二,体现基本人权。健康权是人类生存权的基本构成,保护和增进人类健康,让人人享有健康权是人权的基本体现,具有重要的政治意义。城市公共卫生管理对基本人权的体现主要表现在三个层次:一是疾病的预防和治疗,包括重要人群疾病的预防与治疗,如贫困者、妇女和儿童等;二是不断改善人们的生活环境和工作环境;三是提供有效的卫生保障。新中国成立以来,随着公共卫生管理体系和医疗服务体系不断完善,基本医疗保障制度初步建立,国民健康水平持续改善。目前,中国人均期望寿命由新中国成立前的35岁上升到了73岁,孕产妇死亡率由1 500/10万降至34.2/10万,婴儿死亡率由200‰降至

---

① 刘柏、庞晓波:我国居民健康状况与经济发展水平关系的评价和启示,《企业研究》2008年第10期。

14.9‰。这三项健康指标已经位居发展中国家前列,达到了中高收入国家的平均水平。①

第三,维护社会稳定。城市公共卫生管理涉及重大疾病的防治,以及社会成员对这些疾病的认识和日常生活方式,若有疏忽,易引起社会不安定。城市公共卫生管理可以通过三种途径对社会稳定发挥作用:一是通过卫生教育,形成广泛深入的卫生观念和科学的健康意识;二是通过卫生防疫,进行传染病、流行病和地方病的防治,保障城市居民的身体健康;三是通过卫生监督,对药品生产使用、饮食和各环境要素进行有效监控。如2003年爆发的非典型性肺炎(SARS)疫情和2009年爆发的甲型H1N1流感疫情,对广大城市市民的生命健康安全造成了严重威胁,各级城市政府紧急启动公共卫生安全应急管理机制,加强对疫情的严防和严控,有力地维护了社会秩序的稳定。

二、城市公共卫生管理的组织机构与工作方针

中国的城市公共卫生管理,以各种类型和不同层级的组织或机构为主体,对贯彻国家卫生管理工作的方针政策起着十分重要和充分的组织保障,具体包括以下三种类型:

(1)卫生行政机构。各级卫生行政机构(包含食品药品监督管理机构)是各级政府的组成部分,它是负责实施国家卫生工作方针政策、领导公共卫生管理工作、编制规划、制定法律和监督检查的组织系统。

(2)卫生业务机构。卫生业务机构的组成较为复杂,可按业务性质大体分为六种类型:① 医疗机构,包括医院、门诊机构、疗养机构、急救站、血站等;② 中医药机构,包括中医研究院、中医学院(校)、中医医院、中药厂等;③ 卫生防疫机构,包括卫生防疫站、出入境检验检疫机构、地方病及职业病防治机构、传染性疾病防治机构等;④ 妇幼卫生机构,包括各级妇幼保健院、产院、儿童医院等;⑤ 药事机构,包括制药厂、药品检验所、生物制品研究所、医药公司等;⑥ 医学教育和科研机

---

① 白剑锋:中国居民健康水平显著提高人均期望寿命升至73岁,《人民日报》2009年9月10日。

构,包括各类医学教育院校、宣传教育机构、出版机构、医学科学研究机构和研究组织等。

(3)政府协调性组织与群众卫生组织。爱国卫生运动委员会是中国特有的卫生组织,它是在中共中央和国务院的领导下,负责协调各政府部门及社会团体,广泛开展全国群众卫生工作的专门组织,在全国各地普遍设有这一组织。红十字会是国际性的群众卫生组织,中国红十字会是全国性的群众卫生救护组织,其宗旨是:在中华人民共和国政府的领导下,救死扶伤,实行人道主义;其主要任务是:开展群众性卫生救护活动,提高人民健康水平,参加国际灾害救济,代办由政府委托的国际查人转信、遣返战俘、医疗救护等工作。

此外,改革开放以来,各种民间卫生组织也得到了快速的发展,如中华医学会、中华预防医学会、中国生命关怀协会等民间卫生组织,已成为公共卫生管理中的重要社会力量。

城市公共卫生管理的工作方针是:

(1)面向广大城市居民。这是中国共产党为人民服务这一根本宗旨在公共卫生管理工作中的体现,表明城市公共卫生管理工作的主要服务对象是广大城市居民。

(2)预防为主。这一方针所表明的城市公共卫生管理工作的主动性、计划性,是出于对市民健康负责的城市公共卫生管理宗旨,以及卫生经济学关于预防的成本远低于治疗代价的观点。贯彻预防为主的方针,就是要做到普遍而持久地开展全民健身运动;宣传和培养良好的个人卫生习惯;普及对常见病、多发病的预防知识;加强对重点行业、人群、地区的传染病监测和防疫;坚持开展爱国卫生群众运动等。

(3)团结中西医。这是对各种医药卫生力量的组织方针。中国目前存在中医药学与现代医药学两种医学以及中医、西医和中西医药结合三支医疗卫生力量。团结中西医不仅为医药卫生力量的组织提供了指导,而且还解决了继承发扬祖国医药宝贵遗产和采用现代科学技术的关系问题。

(4)卫生工作与群众参与相结合。这是中国共产党的群众路线在城市公共卫生管理工作中的体现,是确立城市公共卫生管理工作基本方法的方针。城市医药卫生专业人员是城市公共卫生管理工作的骨干力量,但仅仅依靠专业人员还不能从根本上改变现阶段的城市公共卫生面貌。积极吸纳社会力量参与城市公共卫生工作,充分发挥各种社会卫生资源的优势,取长补短,从群众中来到群众中去,才能促进城市公共卫生管理工作的全面发展。

三、城市公共卫生管理的基本内容

城市公共卫生管理是城市政府及其职能机构,通过计划、组织、控制等手段协调公共卫生系统各要素,以达到城市公共卫生工作目标的活动过程。根据城市公共卫生管理所涉及的范围,可将其基本内容划分为以下两部分:

1. 城市公共卫生的发展管理

1997年,第三十届世界卫生大会决定将"人人享有卫生保健"作为全球卫生战略目标后,世界卫生组织在总结各国制定卫生计划的经验基础上,提出了"卫生发展管理模式"。依此模式,卫生发展管理就是以政府为主体,通过体制化和程序化方式,为卫生管理提供动态性的政策、规划和计划,以适应卫生状况的变化和满足卫生事业持续发展的要求。因此,城市公共卫生的发展管理应该包括如下几个方面的内容。

(1) 社会和经济体制。不同的社会和经济体制决定着不同的城市公共卫生体制,城市公共卫生体制的合理性首先就是建立其与相关社会和经济体制的互动关系,以构造政策制定的制度基础。世界银行在《1993年世界发展报告:投资于健康》中,曾把培育良好经济环境、造就多样化和竞争性的制度环境,以及为健康权力的普遍化而实现政治和经济授权等作为卫生体制的社会基础。[1]

(2) 制定城市公共卫生政策。城市公共卫生政策确定城市公共卫生事业和公共卫生工作的目标,是城市公共卫生规划和计划的依据。

(3) 制定城市公共卫生规划与编制规划预算。城市公共卫生规划是为实现政策而选择的方案、措施和方法,规划的制定要从政策指导和

---

[1] 张永桃:《市政学》,高等教育出版社2000年版,第422页。

形势分析入手,明确城市公共卫生现状及发展趋势,确立主要的城市公共卫生问题。编制为实现规划所需的财政预算,必须明确资金来源及其分配去向,按项目并分阶段列出每个过程的预算,以便为实施规划提供有效的资源支持。

(4)制定计划和实施计划。在规划和规划预算确定后,应将其分解为各项具体计划。每项计划应包括具体指标、涉及人口与区域、项目及进度安排、预算及行政措施等。城市公共卫生计划的实施有三个环节:一是初期实施,即对各项计划逐项落实;二是正常实施,即对实施活动的日常管理;三是检查实施,即对活动开展及资源使用等情况进行检查,确保计划按预定方案进行。

(5)评价与调整规划。评价以对政策、规划、计划执行情况的检查所得资料为依据,根据评价结果,必要时应调整政策、规划和计划。评价的具体内容包括:① 适当程度,即城市公共卫生政策和规划与客观要求的适应程度;② 足够程度,即执行者对城市公共卫生政策、规划和计划的重视程度;③ 进展,即对预定目标和指标的实现情况;④ 效率,即实际进展所费的人力、物力、财力和时间之间的关系;⑤ 影响,即城市公共卫生政策、规划和计划对公共卫生事业及相关社会经济发展所起的作用。

(6)情报支持与法律支持。城市公共卫生发展管理的动态性对情报信息的支持有很高要求,这种支持与管理程序相互一致。城市公共卫生发展管理的体制性对于法律支持也有很高要求,这种支持主要来自两个方面:一是国家的公共卫生医疗立法与政府的公共卫生医疗法规,二是国家的相关法律法规,包括宪法、民法、刑法等。

2. 城市公共卫生的分类管理

城市公共卫生的分类管理具体包括以下内容:

(1)医事管理。中国城市的医事管理就是狭义的医疗事业管理,主要由两个部分构成:一是医疗卫生组织的管理,包括医院管理、实施医院工作制度和建立多层次、多规格、多种形式的医疗机构。二是医疗预防制度的管理,包括劳动保险制度、公费医疗预防制度、合作医疗制度和医疗预防的免费制度等。

（2）卫生防疫管理。卫生防疫工作是城市公共卫生事业的重要组成部分，包括贯彻以预防为主的公共卫生工作方针，应用预防医学的理论和技术，开展卫生监督，改善环境、劳动、食品、饮水、学校等各项卫生状况，进行传染病、流行病、地区病和职业病的防治管理，实施出入境卫生检验检疫，开展爱国卫生运动等，以达到保障居民身体健康的目的。

（3）药政管理。药政管理是城市公共卫生行政部门按照国家的政策法令和人民群众防病治病的需要，对药品的生产、供应、使用和进出口进行管理，以保证用药的质量、安全和有效。药政管理的主要任务是：组织制定、修订药品标准，并依标准对药品质量进行管理；根据国家有关法规对申请开办药品生产、药品经营的企业以及对医疗单位配制制剂进行审核，实施相关许可证制度。

（4）妇幼卫生管理。妇幼卫生工作是促进民族健康和增强民族素质的基础，因而也是城市公共卫生管理的重点内容。妇幼卫生管理的中心任务是：根据妇女儿童的生理特点，针对危害妇女儿童身心健康的各种疾病，采取有效防治措施，降低其发病率，降低孕产妇和婴儿死亡率，以提高妇幼健康水平和居民的平均预期寿命。

除了上述四项内容外，城市公共卫生分类管理还包括中医药管理、医学教育与科技管理、城市基层卫生站管理等。

四、城市公共卫生管理体制改革

中国城市现行的公共卫生管理体制对于保障居民健康、促进经济发展、维护社会安定曾经发挥过极其重要的作用并取得了重大成就。但随着中国城市化进程的加快以及社会主义市场经济的发展，原体制中的问题日益突出，如医疗保障面过窄、公费医疗负担过重、公共卫生资源的配置与利用不合理、政事不分等，改革势在必行。为此，2009年3月公布的《中共中央、国务院关于深化医药卫生体制改革的意见》，明确规定了公共卫生管理体制的目标、任务和内容，对推进城市公共卫生体制改革具有重要的指导意义。

城市公共卫生管理体制改革的总体目标是：建立健全覆盖全体居民的基本医疗卫生制度，为群众提供安全、有效、方便、价廉的医疗卫生服务。基本医疗保障制度全面覆盖全体居民,初步建立基本药物制度,进一步健全基层医疗卫生服务体系,普及基本公共卫生服务,公立医院改革试点取得突破,明显提高基本医疗卫生服务可及性,有效减轻居民就医费用负担,切实缓解"看病难、看病贵"问题是城市公共卫生管理体制改革的近期目标。而城市公共卫生管理体制改革的远期目标则是:基本建立覆盖全体居民的基本医疗卫生制度;普遍建立比较完善的公共卫生服务体系和医疗服务体系,比较健全的医疗保障体系,比较规范的药品供应保障体系,比较科学的医疗卫生机构管理体制和运行机制,形成多元办医格局,人人享有基本医疗卫生服务,基本适应人民群众多层次的医疗卫生需求,人民群众健康水平进一步提高。

为了有序推进城市公共卫生管理体制改革,必须坚持以下基本原则:

第一,坚持以人为本,把维护人民健康权益放在第一位。坚持城市公共卫生事业为人民健康服务的宗旨,以保障人民健康为中心,以人人享有基本公共卫生服务为根本出发点和落脚点,从改革方案设计、卫生制度建立到服务体系建设都要遵循公益性的原则,把基本医疗卫生制度作为公共产品向全民提供,努力实现全体人民病有所医。

第二,坚持立足国情,建立中国特色城市公共卫生体制。坚持从基本国情出发,实事求是地总结城市公共卫生事业改革发展的实践经验,准确把握城市公共卫生发展规律和主要矛盾;坚持基本公共卫生服务水平与经济社会发展相协调、与人民群众的承受能力相适应;充分发挥中医药(民族医药)作用;坚持因地制宜、分类指导,发挥地方积极性,探索建立符合国情的城市基本公共卫生制度。

第三,坚持公平与效率统一,政府主导与发挥市场机制作用相结合。强化城市政府在基本公共卫生制度中的责任,加强城市政府在制度、规划、筹资、服务、监管等方面的职责,维护城市公共卫生的公益性,促进公平公正。同时注重发挥市场机制作用,动员社会力量参与,促进有序竞争机制的形成,提高城市公共卫生运行效率、服务水平和质量,满足人民群众多层次、多样化的公共卫生需求。

第四,坚持统筹兼顾,把解决当前突出问题与完善制度体系结合起来。从全局出发,统筹发展,兼顾供给方和需求方等各方利益,注重预防、治疗、康复三者的结合,正确处理政府、卫生机构、医药企业、医务人员和人民群众之间的关系。既着眼长远,创新体制机制,又立足当前,着力解决城市公共卫生事业中存在的突出问题。既注重整体设计,明确总体改革方向目标和基本框架,又突出重点,分步实施,积极稳妥地推进改革。

建设覆盖全体居民的城市公共卫生服务体系、医疗服务体系、医疗保障体系、药品供应保障体系,形成四位一体的基本公共卫生制度,是城市公共卫生管理体制改革的任务。具体来说,城市公共卫生管理体制改革的任务是:

(1) 全面加强城市公共卫生服务体系建设。建立健全疾病预防控制、健康教育、妇幼保健、精神卫生、应急救治、采供血、卫生监督和计划生育等专业公共卫生服务网络,完善以基层医疗卫生服务网络为基础的医疗服务体系的公共卫生服务功能,建立分工明确、信息互通、资源共享、协调互动的城市公共卫生服务体系,提高城市公共卫生服务和突发公共卫生事件应急处置能力,促进全体居民逐步享有均等化的基本公共卫生服务。进一步明确公共卫生服务体系的职能、目标和任务,优化人员和设备配置。完善重大疾病防控体系和突发公共卫生事件应急机制,加强对严重威胁人民健康的传染病、慢性病、地方病、职业病和出生缺陷等疾病的监测与预防控制。

(2) 进一步完善城市医疗服务体系。坚持以非营利性医疗机构为主体、营利性医疗机构为补充、公立医疗机构为主导、非公立医疗机构共同发展的办医原则,建设结构合理、覆盖全面的医疗服务体系。加快建设以社区卫生服务中心为主体的城市社区卫生服务网络,完善服务功能。转变社区卫生服务模式,不断提高服务水平。优化布局和结构,充分发挥城市医院的骨干作用。建立城市医院与社区卫生服务机构的分工协作机制。同时,采取综合措施,引导一般诊疗下沉到基层,逐步实现社区首诊、分级医疗和双向转诊。整合城市卫生资源,发展和完善社区卫生服务网络。

(3) 加快建设城市医疗保障体系。加快建立和完善以基本医疗保障为主体,其他多种形式的补充医疗保险和商业健康保险为补充,覆盖城乡居民的多层次医疗保障体系。建立覆盖全体居民的基本医疗保障体系,坚持广覆盖、保基本、可持续的原则,不断提高保障水平。进一步完善城镇职工基本医疗保险制度,加快覆盖就业人口;全面推广城镇居民基本医疗保险,积极探索建立城乡一体化的基本医疗保障管理制度。鼓励商业保险机构开发适应不同需要的健康保险产品,满足多样化的健康需求。鼓励企业和个人通过参加商业保险及多种形式的补充保险,解决基本医疗保障之外的需求。在确保基金安全和有效监管的前提下,积极提倡以政府购买医疗保障服务的方式,探索委托具有资质的商业保险机构经办各类医疗保障管理服务。

(4)建立健全药品供应保障体系。加快建立以国家基本药物制度为基础的药品供应保障体系,保障居民安全用药。中央政府统一制定和发布国家基本药物目录,按照防治必需、安全有效、价格合理、使用方便、中西药并重的原则,结合实际用药特点,参照国际经验,合理确定品种和数量。建立基本药物的生产供应保障体系,在政府宏观调控下充分发挥市场机制的作用,基本药物实行公开招标采购,统一配送,减少中间环节,保障群众基本用药。国家制定基本药物零售指导价格,在指导价格内,由省级人民政府根据招标情况确定本地区的统一采购价格。规范基本药物使用,制定基本药物临床应用指南和基本药物处方集。基层医疗卫生机构应全部配备、使用基本药物,其他各类医疗机构也要将基本药物作为首选药物并确定其使用比例。

完善城市公共卫生的管理、运行、投入、价格、监管体制机制,加强科技与人才、信息、法制建设,保障城市公共卫生体系有效规范运转,是城市公共卫生管理体制改革的主要内容。具体来说,城市公共卫生管理体制改革的主要内容有:

(1)建立协调统一的城市公共卫生管理体制。实施属地化和全行业管理,强化区域卫生规划,即由省级人民政府制定卫生资源配置标准,组织编制区域卫生规划和医疗机构设置规划,明确医疗机构的数量、规模、布局和功能。科学制定社区卫生服务中心(站)等基层医疗卫生机构和各级医院建设与设备配置标准。充分利用和优化配置现有医疗卫生资源,提高医疗卫生资源利用效率,建立区域卫生规划和资源配置监督评价机制。推进公立医院管理体制改革,从有利于强化公立医院公益性和政府有效监管出发,积极探索政事分开、管办分开的多种实现形式。进一步转变政府职能,卫生行政部门主要承担卫生发展规划、资格准入、规范标准、服务监管等行业管理职能,其他有关部门按照各自职能进行管理和提供服务,落实公立医院独立法人地位。进一步完善基本医疗保险管理体制,创造条件逐步提高统筹层次,有效整合基本医疗保险经办资源,逐步实现基本医疗保险行政管理的统一。

(2) 建立高效规范的城市公共卫生机构运行机制。对城市公共卫生机构收支实施预算管理,按照承担的职责任务,由城市政府合理确定人员编制、工资水平和经费标准,明确各类人员岗位职责,加强绩效考核,提高工作效率和服务质量。转变基层医疗卫生机构运行机制,严格界定由城市政府举办的城市社区卫生服务中心(站)等基层医疗卫生机构的服务功能,维护公益性质。改革药品加成政策,实行药品零差率销售。加强和完善内部管理,建立以服务质量为核心、以岗位责任与绩效为基础的考核和激励制度,形成保障公平效率的长效机制。建立规范的公立医院运行机制,遵循公益性质和社会效益原则,坚持以病人为中心,优化服务流程,规范用药、检查和医疗行为。深化运行机制改革,建立和完善医院法人治理结构,明确所有者和管理者的责权,形成决策、执行、监督相互制衡,有责任、有激励、有约束、有竞争、有活力的机制。推进医药分开,积极探索多种有效方式逐步改革以药补医机制。

(3) 建立城市政府主导的多元公共卫生投入机制。建立和完善城市政府卫生投入机制,逐步提高城市政府卫生投入占卫生总费用的比重,有效减轻居民个人基本医疗卫生费用负担;城市政府卫生投入增长幅度要高于经常性财政支出的增长幅度,使城市政府卫生投入占经常性财政支出的比重逐步提高。按照分级负担的原则合理划分中央和地方各级政府卫生投入责任,地方政府承担主要责任,中央政府主要对国家免疫规划、跨地区的重大传染疾病预防控制等公共卫生、居民的基本医疗保障以及有关公立医疗卫生机构建设等给予补助,加大中央、省级财政对困难地区的专项转移支付力度。完善政府对公共卫生的投入机制,逐步提高人均公共卫生经费,健全公共卫生服务经费保障机制。完善政府对基层医疗卫生机构的投入机制,落实公立医院政府补助政策,形成规范合理的公立医院政府投入机制。完善政府对基本医疗保障的投入机制,鼓励和引导社会资本发展医疗卫生事业,积极促进非公立医疗卫生机构发展,形成投资主体多元化、投资方式多样化的办医体制。

(4)建立科学合理的城市公共卫生价格形成机制。规范医疗服务价格管理,对非营利性医疗机构提供的基本医疗服务实行政府指导价,其余由医疗机构自主定价。中央政府负责制定医疗服务价格政策及项目、定价原则及方法;省或市级价格主管部门会同卫生、人力资源和社会保障部门核定基本医疗服务指导价格。对不同级别的医疗机构和医生提供的服务实行分级定价。规范公立医疗机构收费项目和标准,研究探索按病种收费等收费方式改革。改革药品价格形成机制,合理调整政府定价范围,改进定价方法,提高透明度,利用价格杠杆鼓励企业自主创新,促进国家基本药物的生产和使用。严格控制药品流通环节差价率,引导医院合理用药,健全医药价格监测体系,规范企业自主定价行为。积极探索建立医疗保险经办机构与医疗机构、药品供应商的谈判机制,发挥医疗保障对医疗服务和药品费用的制约作用。

(5)建立严格有效的城市公共卫生监管体制。强化城市医疗卫生监管,健全城市卫生监督执法体系,加强城市卫生监督机构能力建设。强化城市医疗卫生服务行为和质量监管,完善城市医疗卫生服务标准和质量评价体系。加强城市医疗卫生机构的准入和运行监管,完善医疗保障监管,加强对医疗保险经办、基金管理和使用等环节的监管,建立医疗保险基金有效使用和风险防范机制。强化医疗保障对医疗服务的监控作用,加强商业健康保险监管,促进其规范发展。加强药品监管,严格药品研究、生产、流通、使用、价格和广告的监管,落实药品生产质量管理规范。严格实施药品经营管理规范,探索建立药品经营许可分类、分级的管理模式。加强城市政府对药品价格的监管,有效抑制虚高定价,规范药品临床使用。建立信息公开、社会多方参与的监管制度,鼓励行业协会等社会组织和个人对政府部门、医药机构和相关体系的运行绩效进行独立评价和监督。

（6）建立可持续发展的城市公共卫生科技创新机制和人才保障机制。推进城市医药卫生科技进步,加大医学科研投入,深化城市医药卫生科技体制和机构改革,整合优势医学科研资源,加快实施医药科技重大专项,鼓励自主创新,加强对重大疾病防治技术和新药研制关键技术等的研究。加强医药卫生人才队伍建设,制定和实施人才队伍建设规划,重点加强公共卫生、农村卫生、城市社区卫生专业技术人员和护理人员的培养培训。完善全科医师任职资格制度,健全城市社区卫生人员在岗培训制度,加强高层次科研、医疗、卫生管理等人才队伍建设。建立住院医师规范化培训制度,强化继续医学教育。加强护理队伍建设,培育壮大中医药人才队伍,稳步推动医务人员的合理流动,逐步形成一支职业化、专业化的医疗机构管理队伍。

（7）建立实用共享的城市公共卫生信息系统。以推进城市公共卫生、医疗、医保、药品、财务监管信息化建设为着力点,整合资源,加强信息标准化和公共服务信息平台建设,逐步实现统一高效、互联互通。加快医疗卫生信息系统建设,完善以疾病控制网络为主体的公共卫生信息系统,提高预测预警和分析报告能力,构建社区卫生信息网络平台,推进医院信息化建设;利用网络信息技术,促进城市医院与社区卫生服务机构的合作。建立和完善医疗保障信息系统,加快基金管理、费用结算与控制、医疗行为管理与监督、参保单位和个人管理服务等具有复合功能的医疗保障信息系统建设。建立和完善国家、省、市三级药品监管、药品检验检测、药品不良反应监测信息网络以及基本药物供求信息系统。

（8）建立健全城市公共卫生法律制度。完善卫生法律法规,加快推进基本医疗卫生立法,明确政府、社会和居民在促进健康方面的权利和义务,保障人人享有基本医疗卫生服务。建立健全城市卫生标准体系,做好相关法律法规的衔接与协调,加快中医药立法工作,完善药品监管法律法规,逐步建立健全与基本医疗卫生制度相适应的、比较完整的卫生法律制度。推进依法行政,严格、规范执法,切实提高各级政府运用法律手段发展和管理医药卫生事业的能力,加强医药卫生普法工作,努力创造有利于居民健康的法治环境。

第八章 城市经济管理

城市经济管理是中国市政管理非常重要的组成部分。城市是一个国家或地区的经济中心,城市经济管理既是落实国家宏观经济管理的重要环节,又是保证企业微观管理合理实施和充分有效的重要条件,能将宏观经济管理与微观经济管理有机结合起来。在社会主义市场经济条件下,明确城市经济管理的重点,优化城市经济管理,对于实现市政管理的科学化、现代化具有十分重要的意义。城市政府必须建立和完善适合市场经济发展的公共财政,加强和改善城市市场管理和土地资源管理。

第一节 城市公共财政管理

一、城市公共财政的含义和职能

城市公共财政是城市政府为城市提供公共产品和公共服务的分配活动或经济活动。公共财政是与市场经济相适应的一种财政类型和模式,它以市场的基础性作用为基点,以市场失灵为前提。[1] 城市公共财政具有公共性、非营利性、强制性、补偿性、公平性、法治性等特点。

城市公共财政属于地方财政,是国家公共财政的重要组成部分。它是城市政府凭借国家给予的权限,利用价值形式参与国民收入分配和再分配的工具,是实现城市政府职能的经济基础和财力保证。在社

---

[1] 张馨:《公共财政论纲》,经济科学出版社1999年版,第5页。

会主义市场经济体制下,城市公共财政具有资源配置职能、收入分配职能、经济稳定与增长职能。

1. 资源配置职能

在社会主义市场经济体制下,市场在资源配置中起基础性作用,但市场在资源配置中也存在其固有的缺陷,如市场不能提供纯粹无盈利的城市公共产品或服务,不能有效解决城市基础产业和基础设施的"瓶颈"制约,会导致经济的频繁波动。当市场配置资源失效或低效时,城市公共财政应通过预算、税收、财政投资等政策手段进行调节,以优化资源配置。

城市政府以公共财政手段进行资源配置,主要可利用以下政策工具:[1]第一,城市政府可直接提供某些市场供给不足的产品,如纯公共产品、准公共产品、私人经营容易产生垄断的产品、市场不完全的产品等。城市政府直接提供某些市场供给不足的产品,并不是说这些产品都直接由政府生产,而是也可以由私人企业生产,再由城市政府购买后提供给城市居民。第二,城市政府可以通过财政补贴的方式,刺激私人企业生产市场供给不足的产品。第三,城市政府通过对私人产品的购买,可以刺激私人产品的生产。第四,城市政府可以通过调整税率来鼓励或限制某些产品的生产。

2. 收入分配职能

市场经济是按效率优先的原则组织收入分配的,这从微观上看是必要的和合理的,但从宏观上看却不一定是公平的。因为,进入市场的经济主体所占有的生产要素是不公平的,人与人之间的竞争机会是不均等的,各人的经济背景与家庭负担状况往往存在较大的差距,企业之间也会因客观因素的影响而导致盈利水平的高低悬殊。当出现上述分配不公的问题时,城市公共财政就要运用其掌握的税收、转移支付、社会保障等政策手段,校正原有的分配格局,实现收入的公平分配。必须注意的是,公平问题较多的是规范性问题而不是实证性问题,公平与否很难有一个一致公认的标准。其次,公平与效率之间存在着相互制约

---

[1] 胡庆康、杜莉:《现代公共财政学》,复旦大学出版社1997年版,第39页。

的关系,如果一味地征收高额累进税,很可能打击边际生产率水平较高的人们的工作积极性,从而不利于城市社会经济的发展。因此,城市政府公共财政政策的具体着眼点是防止贫困,而不是限制最高收入。

城市政府为了改善收入分配的不公平状况而采取的公共财政措施主要有:[①]① 税收—转移支付制度。它包括按照支付能力原则设计的税收制度和按照受益能力原则设计的转移支付制度。城市政府可以通过征税强制性地把财富从那些应该减少收入的人手中收集起来,再通过救济金或补助金制度用货币或实物形式转移给那些应该增加收入的人们。② 城市政府可以将通过征收累进所得税筹集的收入用于公共事业投资,如经济适用房、廉租房等,以利于低收入阶层。③ 城市政府可对奢侈品以高税率征税,对日用品进行补贴,借以加重高收入阶层的负担,减轻低收入阶层的负担。

3. 经济稳定与增长职能

一般来说,单靠市场机制的自发作用难以实现总供求的均衡和城市经济的稳定发展,需要靠城市政府的干预和调节来实现充分就业、价格稳定和经济增长。当城市经济出现波动时,城市财政一方面可以通过有意识地运用紧缩性、扩张性或中性的财政政策手段进行调节,以促进城市经济的持续增长;另一方面也可以借助于税收等的自动稳定器功能,消除或减轻城市经济波动。

在城市政府可采用的各种经济政策手段中,财政政策的地位举足轻重,它在影响总需求方面有着不可替代的作用,具体有以下两个方面:

第一,相机抉择财政政策的作用。相机抉择的财政政策是城市政府利用公共财政有意识地干预城市经济运行的行为,其作用具体表现为:城市政府可以根据当时的经济形势以及财政政策目标的实现状况,采用不同的财政政策以消除通货膨胀缺口和通货紧缩缺口。相机抉择的财政政策包括:① 汲水政策。汲水政策是城市政府在经济萧条时通过一定数量的公共投资恢复经济活力的政策,是一种诱导经济复苏的

---

① 胡庆康、杜莉:《现代公共财政学》,复旦大学出版社1997年版,第39—40页。

短期性财政政策,其载体是公共投资。② 补偿政策。补偿政策是城市政府逆经济风向调节景气变动幅度的财政政策。城市政府根据经济膨胀和紧缩的具体情况,交替使用紧缩性和扩张性财政政策,以避免经济的剧烈波动。补偿政策是城市政府全面干预经济的政策,其载体包括城市政府增收节支或减收增支的各种方法。①

第二,自动稳定器的作用。自动稳定器是某些能够根据经济周期波动情况自动发生稳定作用的制度,能够在经济繁荣时自动抑制膨胀,在经济衰退时自动减轻萧条,无须城市政府采取任何行动。自动稳定器有:① 累进所得税制。由于个人所得税实行累进税制,它会根据纳税对象数量的变化对应交纳的税收进行自动调节,从而使纳税人的税负根据其收入状况的变化而变化。在经济膨胀时,个人收入水平提高,许多人要按较高的税率纳税,个人可支配收入相对减少,从而有助于抑制总需求的膨胀。当经济不景气时,个人收入水平降低,许多人按较低的税率纳税,个人可支配收入相对增加,从而有助于弥补总需求的缺口。总之,税收的自动变化,可以缓和经济的周期波动,有利于实现经济的稳定。② 城市政府的转移性支出。城市政府的转移性支出也会自动逆经济风向而变动。当经济高涨时,失业率降低,人们的收入水平提高,城市政府的转移性支出随之减少,从而避免总需求过旺。当经济萧条时,失业率提高,人们的收入水平降低,城市政府的转移性支出随之增加,从而避免总需求下降过多。总之,城市政府转移性支出的自动变化,通过乘数效应可以避免城市经济的大起大落。

城市公共财政对于促进城市经济和各项社会事业的发展起着非常重要的作用。具体体现在以下几方面:②

第一,促进城市建设和维护,实现城市规划。由于城市公共设施的建设水平与维护状况是城市各项生产和生活活动的基础,因此,城市公共财政的首要任务是进行城市的建设和维护。同时,城市规划的具体实施和科学化、合理化,需要城市公共财政提供相应的人力、物力和财

---

① 江秀平:《宏观经济管理》,福建人民出版社1999年版,第347页。
② 谢文蕙、邓卫:《城市经济学》,清华大学出版社1996年版,第376—377页。

力,需要城市公共财政的支持、调节、控制和监督。离开城市公共财政的支持,城市规划就只能是"纸上画画、墙上挂挂"。

第二,支援国家经济建设。城市是中国的经济中心,也是筹集国家建设资金的中心,是国家经济发展的财力基础。所以,城市公共财政担负着为国家建设筹集资金的重要任务。此外,城市公共财政资金的合理分配和有效使用会影响城市经济发展速度、经济结构和经济效益,从而成为城市经济发展和城市经济结构合理化的调节器。

第三,促进城市各项社会事业的发展。城市教育、科技、文化、卫生、体育、社会管理、社会福利等事业的发展,需要大量的资金投入,需要城市公共财政的大力支持。如果没有城市公共财政的支持,城市的各项社会事业就会因资金不足而发展缓慢,从而严重影响城市精神文明的建设与发展。

第四,保障和提高城市居民的生活水平。城市政府用于发展生产的财政资金能创造更多的社会财富,从而能为改善城市居民生活奠定坚实的基础。此外,城市政府还可以通过财政补贴、抚恤救济等手段来保障城市居民的正常生活。

城市公共财政要正确履行其职能和发挥其作用,就必须正确处理城市公共财政与城市建设、城市公共财政与中央公共财政的关系,合理调整城市公共财政资金的分配,提高城市公共财政资金的使用效益,抓好生财、聚财、理财、用财四个互相联系、互相制约的城市公共财政活动环节。城市公共财政活动的生财、聚财环节涉及城市公共收入,城市公共财政活动的理财、用财环节涉及城市公共支出。

二、城市公共收支管理

城市公共收入是城市公共部门为履行其职能而筹集的一切资金的总和。一般认为,公共收入主要来自于国民收入。根据目前中国城市公共收入构成情况,结合国际通行的分类方法,城市公共收入按经济性质可分为:

(1)税收收入。具体包括增值税、消费税、营业税、企业所得税、个人所得税、资源税、城市维护建设税、房产税、印花税、城镇土地使用税、土地增值税、车船税、船舶吨税、车辆购置税、关税、耕地占用税、契税、其他税收收入。

（2）社会保险基金收入。具体包括基本养老保险基金收入、失业保险基金收入、基本医疗保险基金收入、工伤保险基金收入、生育保险基金收入、其他社会保险基金收入。

（3）非税收入。具体包括政府性基金收入、专项收入、彩票公益金收入、行政事业性收费收入、罚没收入、国有资本经营收入、国有资源（资产）有偿使用收入、其他收入。

（4）贷款转贷回收本金收入。包括国内贷款回收本金收入、国外贷款回收本金收入、国内转贷回收本金收入、国外转贷回收本金收入。

（5）债务收入。包括国内债务收入、国外债务收入。

（6）转移性收入。具体包括返还性收入、财力性转移支付收入、专项转移支付收入、基金预算转移收入、彩票公益金转移收入、社会保险基金补助收入、预算外转移收入、单位间转移收入、上年结余收入、调入资金。

城市公共收入的基本问题，是如何把城市政府提供的公共物品或服务的成本费用分摊给社会成员。对此，城市公共收入的原则是公平原则和效率原则。[①]

公平原则包括横向公平和纵向公平。横向公平是指境遇相同的人应该承担相同的税负，纵向公平是指境遇不同的人应该承担不同的税负。公平原则具体可分为受益原则和支付能力原则。

（1）受益原则。所谓受益原则，是指城市政府所提供的商品或服务的成本费用的分摊，要与社会成员从城市政府所提供的商品或服务中所获得的收益相联系。根据受益原则，横向公平是指从政府提供的公共产品和公共服务中获益相同的人，应该承担相同的税负；纵向公平是指从政府提供的公共产品和公共服务中获益多的人，应该承担较多的税负。也就是说，每个社会成员承担的税负，应该与他从政府提供的公共产品和公共服务中获得的利益相等。从这个原则的角度看，规费

---

① 刘玲玲、冯健身：《中国公共财政》，经济科学出版社1999年版，第84—88页。

和使用费是最理想的公共收入形式。受益原则的主要优点是:如果它能够得到成功的贯彻,那么,城市政府所提供商品或服务的单位成本可以同这些商品或服务的边际效益挂钩,从而城市公共物品或服务的供给量可以达到具有效率的最佳水平,同时也不存在"免费搭车"的问题。但是,要确切地知道社会成员从城市政府所提供的商品或服务中所获得的真实收益,是一件困难的事情。而且,政府提供的大部分公共产品和公共服务具有联合消费的特点,很难确定简单的成本受益对等关系。

(2) 支付能力原则。所谓支付能力原则,是指城市政府所提供的商品或服务的成本费用的分摊,与社会成员的支付能力相联系,即根据各人纳税能力的大小来确定各人应承担的税负。根据支付能力原则,横向公平是指具有相同纳税能力的人应该承担相同的税负,纵向公平是指具有不同纳税能力的人应该承担不同的税负,高收入者比低收入者负担更多的税收。支付能力原则的主要优点是:如果它能够得到成功的贯彻,城市政府所提供商品或服务的成本费用分摊,可以使社会成员的境况达到一种相对公平的状态。但是,如何测度社会成员的支付能力是一个难题。

城市公共收入的效率原则是指城市公共收入应能促进资源的有效配置,具体分为城市公共收入的经济效率原则和城市公共收入本身的效率原则。[1] 城市公共收入的经济效率原则,主要是指征税必须使社会承受的额外负担为最小,以最小的额外负担换取最大的经济效率。城市公共收入本身的效率又称为城市公共收入行政效率。以税收为例,税收的行政效率可以从征税费用和纳税费用两方面考察。征税费用是指城市税务机关为征税而花费的行政管理费用,如城市税务机关人员工资和奖金支出、税务机关办公设备支出、征管过程中实施各种措施支出的费用等。一般来说,征税费用是较容易计算的,可以从公共支出的有关项目中得到。征税费用占所征税额的比重,即为征税效率。纳税费用亦称为税收奉行费用,是纳税人按照税法在纳税过程中所支

---

[1] 马海涛:《公共财政学》,中国审计出版社 2000 年版,第 134—139 页。

付的费用,如纳税人申报纳税而雇佣会计师和税务代理师而花费的费用、企业或单位代扣代缴的费用、纳税人申报纳税所耗费的时间和费用、纳税人为逃避税收所花费的时间和费用等。纳税费用通常不易计算。

城市公共收入的效率原则要求税收做到:第一,充分且有弹性。充分是指税收应为城市政府活动提供充裕的资金,满足城市政府实现其职能的需要。应以整个社会的公共利益,从政府部门、公共企业部门和私人部门的整体角度来评判充分原则。有弹性是指税收应随着城市经济的增长而增长,以满足长期的公共品与私人品组合效率提高的要求。税收不仅要满足城市公共支出增长的要求,而且要起到促进城市经济稳定的作用,发挥自动稳定器功能。第二,节约与便利。所谓节约就是要求税收尽可能地减少征管费用;所谓便利就是要求税收制度能方便纳税人,尽可能地减少纳税费用。节约与便利要以社会的福利为准则,并与其他各项原则相权衡。第三,中性与校正性。税收的中性是指对不同的商品或服务、不同的生产要素收入、不同性质的生产者,采取不偏不倚、不抑不扬的税收政策,使不同商品、服务、生产要素的相对价格反映其相对成本,保持市场调节所能达到的资源配置效率状态。税收的校正性要求区别对待,如对具有外部成本的商品课征额外的税收,使外部成本内部化;或对具有外部效益的商品给予税收优惠或补贴,使外部效益内部化。通过这种区别对待,以校正市场缺陷和资源配置。

城市公共支出是城市政府为履行其职能而支出的一切费用的总和。城市公共支出就其实质而言,是满足社会公共需要的社会资源配置活动,是实现城市政府职能的主要手段,是弥补市场失灵、实现社会公平、保证城市经济社会稳定发展的重要途径。城市公共支出一般可以按支出功能分类或按支出经济分类。其中,按支出功能分类主要反映城市政府活动的不同功能和政策目标,按支出经济分类主要反映城市政府支出的经济性质和具体用途。

从城市公共支出的性质看,城市公共支出包括公共消耗性支出和公共转移性支出。公共消耗性支出是城市政府采购商品和劳务的支出,是一种实质性支出,有商品和劳务的实际交易,它直接形成总需求,是国民收入的一个重要组成部分。公共转移性支出是城市政府把一部分以税收形式筹集到的公共收入,用于社会福利、社会保险、贫困救济、补助、补贴等方面的支出。公共转移性支出是一种货币性支出,是一种不以取得商品和劳务作为报偿的支出,是国民收入在不同社会成员之间的转移和重新分配,城市政府在其中实际上只起了一个中介人的作用。因此,公共转移性支出不是国民收入的组成部分,没有改变国民收入总量。

根据社会主义市场经济条件下城市政府职能活动情况及国际通行做法,城市公共支出按照支出功能可以分为:

(1) 一般公共服务支出。包括人大事务、政协事务、政府办公厅(室)及相关机构事务、发展与改革事务、统计信息事务、财政事务、税收事务、审计事务、海关事务、人事事务、纪检监察事务、人口与计划生育事务、商贸事务、知识产权事务、工商行政管理事务、食品和药品监督管理事务、质量技术监督与检验检疫事务、国土资源事务、海洋管理事务、测绘事务、地震事务、气象事务、民族事务、宗教事务、港澳台侨事务、档案事务、共产党事务、民主党派及工商联事务、群众团体事务、彩票发行事务、国债事务、债券投资、其他一般公共服务支出。

(2) 公共安全支出。包括武装警察、公安、国家安全、检察、法院、司法、监狱、劳教、国家保密、其他公共安全支出。

(3) 教育支出。包括教育管理事务、普通教育、职业教育、成人教育、广播电视教育、留学教育、特殊教育、教师进修及干部继续教育、教育附加及教育基金支出、其他教育支出。

(4) 科学技术支出。包括科学技术管理事务、基础研究、应用研究、技术研究与开发、科技条件与服务、社会科学、科学技术普及、科技交流与合作、其他科学技术支出。

(5) 文化体育与传媒支出。包括文化、文物、体育、广播影视、新闻出版、其他文化体育与传媒支出。

(6) 社会保障和就业支出。包括社会保障和就业管理事务、民政管理事务、补充社会保障基金、行政事业单位离退休、企业关闭破产补助、就业补助、抚恤、退役安置、社会福利、残疾人事业、城市居民最低生活保障、其他城镇社会救济、农村社会救济、自然灾害生活救助、红十字事业、其他社会保障和就业支出。

（7）社会保险基金支出。包括基本养老保险基金支出、失业保险基金支出、基本医疗保险基金支出、工伤保险基金支出、生育保险基金支出、其他社会保险基金支出。

（8）医疗卫生支出。包括医疗卫生管理事务、医疗服务、社区卫生服务、医疗保障、疾病预防控制、卫生监督、妇幼保健、农村卫生、中医药、其他医疗卫生支出。

（9）环境保护支出。包括环境保护管理事务、环境监测与监察、污染防治、自然生态保护、天然林保护、退耕还林、风沙荒漠治理、退牧还草、已垦草原退耕还草、其他环境保护支出。

（10）城乡社区事务支出。包括城乡社区管理事务、城乡社区规划与管理、城乡社区公共设施、城乡社区住宅、城乡社区环境卫生、建设市场管理与监督、政府住房基金支出、土地有偿使用支出、城镇公用事业附加支出、其他城乡社区事务支出。

（11）农林水事务支出。包括农业、林业、水利、南水北调、扶贫、农业综合开发、其他农林水事务支出。

（12）交通运输支出。包括公路水路运输、铁路运输、民用航空运输、其他交通运输支出。

（13）工业商业金融等事务。包括采掘业、制造业、建筑业、电力、信息产业、旅游业、涉外发展、粮油事务、商业流通事务、物资储备、金融业、烟草事务、安全生产、国有资产监管、中小企业事务、其他工业商业金融等事务支出。

（14）其他支出。包括预备费、年初预留、其他支出。

（15）转移性支出。包括返还性支出、财力性转移支付、专项转移支付、基金预算转移支付、彩票公益金转移支付、财政对社会保险基金的补助、预算外转移支出、预算单位间转移支出、补充还贷准备金、调出资金、年终结余。

城市公共财政支出按照支出经济分类有：

（1）工资福利支出。包括基本工资、津（补）贴、奖金、住房公积金、提租补贴、购房补贴、福利费、社会保障缴费、伙食费、伙食补助费、其他工资福利支出。

（2）商品和服务支出。包括办公费、印刷费、咨询费、手续费、水费、电费、邮电费、取暖费、物业管理费、交通费、差旅费、出国费、维修（护）费、租赁费、会议费、培训费、招待费、专用材料费、装备购置费、工程建设费、作战费、军用油料费、军队其他运行维护费、被装购置费、专用燃料费、劳务费、委托业务费、工会经费、其他商品和服务支出。

（3）对个人和家庭的补助。包括离休费、退休费、退职（役）费、抚恤金、生活补助、救济费、医疗费、助学金、奖励金、生产补贴、其他对个人和家庭的补助支出。

（4）对企事业单位的补贴。包括企业政策性补贴、事业单位补贴、财政贴息、其他对企事业单位的补贴支出。

（5）转移性支出。包括不同级政府间转移性支出、同级政府间转移性支出、不同级预算单位间转移性支出、同级预算单位间转移性支出。

（6）赠与。包括对国内的赠与、对国外的赠与。

（7）债务利息支出。包括国库券付息、向国家银行借款付息、其他国内借款付息、向国外政府借款付息、向国际组织借款付息、其他国外借款付息。

（8）债务还本支出。包括国内债务还本、国外债务还本。

（9）基本建设支出。包括房屋建筑物购建、办公设备购置、专用设备购置、交通工具购置、基础设施建设、大型修缮、信息网络购建、物资储备、其他基本建设支出。

（10）其他资本性支出。包括房屋建筑物购建、办公设备购置、专用设备购置、交通工具购置、基础设施建设、大型修缮、信息网络购建、物资储备、其他资本性支出。

（11）贷款转贷及产权参股。包括国内贷款、国外贷款、国内转贷、国外转贷、产权参股、债券投资、其他贷款转贷及产权参股支出。

（12）其他支出。包括预备费、预留、补充全国社会保障基金、未划分的项目支出、其他支出。

城市政府在进行公共支出时,首先要严格控制城市公共支出的范围,把城市公共支出的范围限定在私人或私人团体不愿、不能或不宜经办的事项上,限定在市场自身无法解决的领域,以实现市场与政府的合理分工。弥补市场失灵的原则,从根本上决定着城市公共支出的规模、使用范围及其变化。由于市场失灵的具体内容并不是固定不变的,在不同时期、不同的国家和不同的领域,市场失灵有不同的表现和特点,为此必须动态地、适时地调整公共支出的范围。

其次要讲求效益。城市公共支出要有利于提高资源配置效率,使社会得到最大的效益。一是要实现城市资源在公共部门和私人部门之间的最优配置,保证双方都获得合理的资源,既不妨碍私人部门的发展,又能满足公共部门的需要,从而使社会效益最大。二是在使用由公共财政配置的资源时,应以最小的社会成本获得最大的社会效益,这里的社会成本和社会效益是多方面的,包括内在和外在、有形和无形、直接和间接各个方面。城市公共支出外在的、无形的、间接的社会成本和社会效益,一般只能进行大概的估价,根据城市公共支出对整个城市的利弊得失,决定城市公共支出的方向及其用途,实现城市公共支出的合理化。城市公共支出内在的、有形的、直接的社会成本和社会效益,则应该进行具体测算,选择更加符合效益原则的最佳公共支出方案。

再次,城市公共支出应该使所有居民普遍而平等地受益。具体地说,通过城市公共支出所产生的利益在城市各个阶层居民中的分配应达到公平状态,能恰当地符合城市各个阶层居民的需要。一是要同等对待城市同一层次的居民,实现横向公平;二是要差别对待城市不同层次的居民,实现纵向公平。[①] 城市政府要通过公共支出结构和对象的调整,来修正城市社会成员和社会集团在社会财富中占有的份额,满足每一个城市社会成员的基本生存需要和发展需要,实现社会财富分配的相对合理和公平。各类城市公共支出遵循上述公平原则涉及受益程度的问题,对于可以普遍享受利益的各种支出,如司法、警察等,城市政府无法根据各类居民的受益程度安排支出,只有那些可以直接享受具

[①] 樊勇明、杜莉:《公共经济学》,复旦大学出版社2001年版,第155页。

体利益的支出,如社会保险、社会救济、学校教育等,才能较具体地实行公平原则。①

最后,量入为出。在城市公共收入总额已定的前提下,城市政府要根据公共收入的规模确定公共支出的规模,用收入制约支出。为此,城市政府要实事求是地估量自身的财力,要认真分析公共收入的来源,严格执行公共预算,节约公共支出,精打细算,制止奢侈浪费,用较少的经费完成较多的行政工作,提高资金的使用效益,使公共财政有限的人力、物力、财力发挥更大的作用,促进公共收支的平衡。②

三、城市政府采购制度

1. 城市政府采购的含义和原则

为了规范城市政府采购行为,提高城市政府采购资金的使用效益,维护国家利益和社会公共利益,保护城市政府采购当事人的合法权益,促进廉政建设,城市政府必须建立公开、公平、公正的采购制度。城市政府采购,是指城市各级国家机关、事业单位和团体组织,使用财政性资金采购依法制定的集中采购目录以内的或者采购限额标准以上的货物、工程和服务的行为。其中货物是指各种形态和种类的物品,包括原材料、燃料、设备、产品等;工程是指建设工程,包括建筑物和构筑物的新建、改建、扩建、装修、拆除、修缮等;服务是指除货物和工程以外的其他政府采购对象。

城市政府采购应当遵循以下原则:

第一,有助于实现城市的经济和社会发展政策目标。城市政府采购对于单个的采购实体而言是一种微观经济行为,但如果将城市政府作为整体而言,政府采购就成为城市政府的一种经济调节手段,通过政府采购,城市政府可以将政府调控与微观经济行为结合起来,以实现城市政府的重大政策目标。③ 为此,城市政府采购应当尽可能采购本国

---

① 杨之刚:《公共财政学:理论与实践》,上海人民出版社1999年版,第64页。
② 黄新华:《公共部门经济学》,福建人民出版社2003年版,第209页。
③ 楼继伟:《政府采购》,经济科学出版社1998年版,第7页。

货物、工程和服务。但有下列情形之一的除外:需要采购的货物、工程或者服务在中国境内无法获取或者无法以合理的商业条件获取的;为在中国境外使用而进行采购的;其他法律、行政法规另有规定的。

第二,公开透明原则。城市政府采购的信息应当在城市政府采购监督管理部门指定的媒体上及时向社会公开发布,但涉及商业秘密的除外。城市政府采购限额标准,属于中央预算的政府采购项目,由国务院确定并公布;属于地方预算的政府采购项目,由省、自治区、直辖市人民政府或者其授权的机构确定并公布。城市政府采购项目的采购标准应当公开。采用依法规定的采购方式的,采购人在采购活动完成后,应当将采购结果予以公布。

第三,公平竞争原则。任何单位和个人不得采用任何方式,阻挠和限制供应商自由进入城市政府采购市场。采购人可以根据采购项目的特殊要求,规定供应商的特定条件,但不得以不合理的条件对供应商实行差别待遇或者歧视待遇。政府采购当事人不得相互串通损害国家利益、社会公共利益和其他当事人的合法权益,不得以任何手段排斥其他供应商参与竞争。供应商不得以向采购人、采购代理机构、评标委员会的组成人员、竞争性谈判小组的组成人员、询价小组的组成人员行贿或者采取其他不正当手段谋取中标或者成交。

第四,公正原则。在城市政府采购活动中,采购人员及相关人员(包括城市政府招标采购中评标委员会的组成人员、竞争性谈判采购中谈判小组的组成人员、询价采购中询价小组的组成人员等)与供应商有利害关系的,必须回避。供应商认为采购人员及相关人员与其他供应商有利害关系的,可以申请其回避。采购代理机构不得以向采购人行贿或者采取其他不正当手段谋取非法利益。采购代理机构与行政机关不得存在隶属关系或者其他利益关系。任何单位和个人不得违反法律规定,要求采购人或者采购工作人员向其指定的供应商进行采购。

第五,诚实信用原则。供应商(向采购人提供货物、工程或者服务的法人、其他组织或者自然人)参加政府采购活动应当具备下列条件:具有独立承担民事责任的能力;具有良好的商业信誉和健全的财务会计制度;具有履行合同所必需的设备和专业技术能力;有依法缴纳税收和社会保障资金的良好记录；参加政府采购活动的前三年内，在经营活动中没有重大违法记录；法律、行政法规规定的其他条件。采购人可以要求参加政府采购的供应商提供有关资质证明文件和业绩情况，并根据法律规定的供应商条件和采购项目对供应商的特定要求对供应商的资格进行审查。采购人和供应商之间的权利和义务，应当按照平等、自愿的原则以合同方式约定。政府采购合同的双方当事人不得擅自变更、中止或者终止合同。

2. 城市政府采购的方式

城市政府采购实行集中采购和分散采购相结合。集中采购的范围由省级以上人民政府公布的集中采购目录确定。纳入集中采购目录的政府采购项目，应当实行集中采购。设区的市人民政府根据本级政府采购项目组织集中采购的需要设立集中采购机构。集中采购机构为采购代理机构，它是非营利事业法人，它根据采购人（依法进行政府采购的城市国家机关、事业单位、团体组织）的委托办理采购事宜。集中采购机构进行政府采购活动，应当符合采购价格低于市场平均价格、采购效率更高、采购质量优良和服务良好的要求。采购人采购纳入集中采购目录的城市政府采购项目，必须委托集中采购机构代理采购；采购未纳入集中采购目录的城市政府采购项目，可以自行采购，也可以委托集中采购机构在委托的范围内代理采购。纳入集中采购目录属于通用的城市政府采购项目的，应当委托集中采购机构代理采购；属于本部门、本系统有特殊要求的项目，应当实行部门集中采购；属于本单位有特殊要求的项目，经省级以上人民政府批准，可以自行采购。采购人可以委托经国务院有关部门或者省级人民政府有关部门认定资格的采购代理机构，在委托的范围内办理政府采购事宜。采购人有权自行选择采购代理机构，任何单位和个人不得以任何方式为采购人指定采购代理机构。采购人依法委托采购代理机构办理采购事宜的，应当由采购人与采购代理机构签订委托代理协议，依法确定委托代理的事项，约定双方的权利义务。

政府采购采用以下方式：

（1）公开招标。公开招标应作为城市政府采购的主要采购方式。

采购人采购货物或者服务采用公开招标方式的,其具体数额标准属于中央预算的政府采购项目,由国务院规定;属于地方预算的政府采购项目,由省、自治区、直辖市人民政府规定;因特殊情况需要采用公开招标以外的采购方式的,应当在采购活动开始前获得设区的市以上人民政府采购监督管理部门的批准。采购人不得将应当以公开招标方式采购的货物和服务化整为零或者以其他任何方式规避公开招标采购。

(2)邀请招标。符合下列情形之一的货物或者服务,可以依法采用邀请招标方式采购:具有特殊性,只能从有限范围的供应商处采购的;采用公开招标方式的费用占政府采购项目总价值的比例过大的。

(3)竞争性谈判。符合下列情形之一的货物或者服务,可以依法采用竞争性谈判方式采购:招标后没有供应商投标或者没有合格标的或者重新招标未能成立的;技术复杂或者性质特殊,不能确定详细规格或者具体要求的;采用招标所需时间不能满足用户紧急需要的;不能事先计算出价格总额的。

(4)单一来源采购。符合下列情形之一的货物或者服务,可以依法采用单一来源方式采购:只能从唯一供应商处采购的;发生了不可预见的紧急情况不能从其他供应商处采购的;必须保证原有采购项目一致性或者服务配套的要求,需要继续从原供应商处添购,且添购资金总额不超过原合同采购金额10%的。

(5)询价。采购的货物规格、标准统一、现货货源充足且价格变化幅度小的政府采购项目,可以依法采用询价方式采购。

(6)国务院政府采购监督管理部门认定的其他采购方式。

3. 城市政府采购的程序

城市政府负有编制部门预算职责的部门在编制下一财政年度部门预算时,应当将该财政年度政府采购的项目及资金预算列出,报本级财政部门汇总。城市政府采购应当严格按照批准的预算执行。

货物或者服务项目采取邀请招标方式采购的,采购人应当从符合相应资格条件的供应商中,通过随机方式选择三家以上的供应商,并向其发出投标邀请书。货物和服务项目实行招标方式采购的,自招标文件开始发出之日起至投标人提交投标文件截止之日止,不得少于二十日。

在招标采购中,出现下列情形之一的,应予废标:① 符合专业条件的供应商或者对招标文件作实质响应的供应商不足三家的;② 出现影响采购公正的违法、违规行为的;③ 投标人的报价均超过了采购预算,采购人不能支付的;④ 因重大变故,采购任务取消的。废标后,采购人应当将废标理由通知所有投标人。废标后,除采购任务取消情形外,应当重新组织招标;需要采取其他方式采购的,应当在采购活动开始前获得设区的市以上人民政府采购监督管理部门或者政府有关部门批准。

采用竞争性谈判方式采购的,应当遵循下列程序:① 成立谈判小组。谈判小组由采购人的代表和有关专家共三人以上的单数组成,其中专家的人数不得少于成员总数的三分之二。② 制定谈判文件。谈判文件应当明确谈判程序、谈判内容、合同草案的条款以及评定成交的标准等事项。③ 确定邀请参加谈判的供应商名单。谈判小组从符合相应资格条件的供应商名单中确定不少于三家的供应商参加谈判,并向其提供谈判文件。④ 谈判。谈判小组所有成员集中与单一供应商分别进行谈判。在谈判中,谈判的任何一方不得透露与谈判有关的其他供应商的技术资料、价格和其他信息。谈判文件有实质性变动的,谈判小组应当以书面形式通知所有参加谈判的供应商。⑤ 确定成交供应商。谈判结束后,谈判小组应当要求所有参加谈判的供应商在规定时间内进行最后报价,采购人从谈判小组提出的成交候选人中根据符合采购需求、质量和服务相等且报价最低的原则确定成交供应商,并将结果通知所有参加谈判的未成交的供应商。

采取单一来源方式采购的,采购人与供应商应当遵循有关法律法规规定的原则,在保证采购项目质量和双方商定合理价格的基础上进行采购。

采取询价方式采购的,应当遵循下列程序:① 成立询价小组。询价小组由采购人的代表和有关专家共三人以上的单数组成,其中专家的人数不得少于成员总数的三分之二。询价小组应当对采购项目的价格构成和评定成交的标准等事项作出规定。② 确定被询价的供应商名单。询价小组根据采购需求,从符合相应资格条件的供应商名单中确定不少于三家的供应商,并向其发出询价通知书让其报价。③ 询价。询价小组要求被询价的供应商一次报出不得更改的价格。④ 确定成交供应商。采购人根据符合采购需求、质量和服务相等且报价最低的原则确定成交供应商,并将结果通知所有被询价的未成交的供应商。

采购人或者其委托的采购代理机构应当组织对供应商履约的验收。大型或者复杂的城市政府采购项目,应当邀请国家认可的质量检测机构参加验收工作。验收方成员应当在验收书上签字,并承担相应的法律责任。采购人、采购代理机构对政府采购项目每项采购活动的采购文件应当妥善保存,不得伪造、变造、隐匿或者销毁。采购文件的保存期限为从采购结束之日起至少保存十五年。采购文件包括采购活动记录、采购预算、招标文件、投标文件、评标标准、评估报告、定标文件、合同文本、验收证明、质疑答复、投诉处理决定及其他有关文件、资料。采购活动记录至少应当包括下列内容:① 采购项目类别、名称;② 采购项目预算、资金构成和合同价格;③ 采购方式,采用公开招标以外的采购方式的,应当载明原因;④ 邀请和选择供应商的条件及原因;⑤ 评标标准及确定中标人的原因;⑥ 废标的原因;⑦ 采用招标以外采购方式的相应记载。

4. 中国城市政府采购制度的完善

2003 年 1 月 1 日《中华人民共和国政府采购法》正式实施以来,中国城市政府采购工作成效显著,城市政府采购的制度建设取得重大进展,城市政府采购规模不断扩大,提高了城市政府采购资金的使用效益。但是由于城市政府采购制度改革时间还不长,与建立完善的城市政府采购制度的要求还有不小的差距,突出体现在:仍有一些部门对城市政府采购制度改革认识不到位,存在抵触情绪,有的甚至规避和干预城市政府采购活动;城市政府采购法律制度体系尚不健全,具体操作规程规定还不严密,有关法律之间的规定还存在不协调的地方;城市政府采购范围和规模仍需扩大,一些法律规定的采购项目还未纳入城市政府采购管理范围;城市政府采购运行机构还有待于进一步完善,操作执行环节还存在不规范问题;集中采购竞争程度低,效率和质量有待提高;城市政府采购疏于监督的现象比较突出,监督处罚的力度还有待于进一步加大;采购人员职业素质和能力还不能适应改革需要等。

进一步改革和完善城市政府采购制度,有利于提高城市财政资金使用的安全性和有效性,主要表现在以下几个方面:一是延伸管理环节,确保资金安全;二是引入竞争机制,提高财政资金使用效益;三是通过集中采购,获取规模利益;四是发挥宏观调控功能,实现政策目标。改革和完善中国城市政府采购制度的目标是:按照中国社会主义市场经济体制改革要求,坚持依法行政原则,建立与公共支出管理制度相适应的城市政府采购管理体制、运行机制和监督体系,加强公共财政资金的管理,规范采购行为,维护国家利益和社会公共利益,保护城市政府采购当事人的合法权益,促进廉政建设。为此,要从以下几方面入手:

一是加快制度建设。建立健全法律体系,逐步形成以《政府采购法》为基本法的政府采购法律法规体系,使城市政府采购工作有法可依、有章可循,促进城市政府采购工作的规范化管理。

二是完善管理制度,建立责任明晰、协调配合的管理制度。推进管理职能与操作职能分离,城市政府采购管理和执行彻底做到机构分开、责任分清。城市财政部门是城市政府采购的主管部门,负责城市政府采购的监督管理。集中采购机构是城市政府采购的代理机构,根据采购单位的委托,按照法律及财政部门颁布的规章制度,为采购人提供采购代理服务,不具备城市政府采购的行政管理职能。要继续推进操作执行规范管理,建立科学的采购运行机制;继续推进队伍素质建设,逐步建立政府采购执业资格制度;继续推进监管方式创新,建立监督有力的动态监控体系。

三是扩大城市政府采购范围和规模。城市国家机关、事业单位和团体组织,用城市公共财政资金采购货物、工程和服务的行为,都要纳入城市政府采购范围。

四是建立科学严密的运行机制。包括建立部门预算、政府采购、国库集中支付之间的协调机制;建立以公开招标为主的采购体系;建立集中采购与分散采购相结合的采购模式;确立标准化、程序化的采购程序;加大电子化采购平台建设,建立统一的政府采购管理交易系统,提高政府采购效率;坚持采购规模和效益并重,健全采购方式。

第二节 城市市场管理

一、城市市场管理的任务和原则

城市市场管理是城市政府及其职能部门在国家赋予的职权范围内,对市场要素及其经济活动所进行的监督管理。城市市场管理的主要任务是保护合法经营,制止和查处违法违章经营活动,维护社会主义市场秩序,完善社会主义市场体系,促进社会主义市场经济的发展。具体地说,城市市场管理工作的任务是:第一,调查研究市场,提供市场管理信息。第二,制定或参与制定市场管理的规章、法规和法律,并贯彻执行。第三,协调市场上的各种经济关系,支持各种所有制形式共同发展。第四,依法对各类市场进行监督管理,保护合法经营,查处违法违章经营活动。第五,维护公平公正的市场竞争秩序,保障商品生产者、经营者和消费者的合法权益。

城市政府履行其市场管理职责,对促进城市经济的繁荣和发展有着十分重要的意义。

第一,有利于维护城市经济秩序。城市政府通过对城市市场经济活动的监督管理,协调市场交换活动中的各种经济关系,规范商品生产者和经营者的市场行为,保护合法交易,制止非法交易,促使商品生产者和经营者依法进行市场经营活动,从而形成一个良好的正常的城市经济秩序,促进城市经济的正常运转和充分发展。

第二,有利于城市企业生产和再生产的顺利进行。在市场经济条件下,企业是在市场环境中求得生存和发展的。通过市场,企业获得生产所需要的各种生产要素和经济信息;通过市场,企业实现其产品的价值,从而实现价值的增值。可见,市场是企业的生命线。城市政府通过搞好市场管理,可以创造一个统一、开放、竞争的市场环境,从而保证企业生产和再生产的顺利进行。

第三,有利于保障商品生产者、经营者和消费者的合法权益。城市政府通过市场管理,保护正当的市场竞争,制止不正当的市场竞争,这就促使商品生产者和经营者采用各种合法的手段与其他商品生产者和经营者展开公平的市场竞争,而不是采取非法或不正当的手段伤害竞争对手,侵犯其他商品生产者和经营者的权益,从而保障了商品生产者和经营者的合法权益。此外,城市政府及其职能部门还通过查处假冒商标、粗制滥造、以次充好、质价不符、短斤少两等损害消费者利益的行为,积极维护消费者的合法权益。

由于城市市场管理的目的主要是规范商品生产者和经营者的市场行为,建立和维护城市经济秩序,因此,城市市场管理的内容主要有以下几方面:

(1)对商品经营者及其市场行为的监督管理。具体包括:对商品经营者的资格、登记注册事项的管理;对商品经营者市场行为和经营作风的管理。

(2)对商品的监督管理。具体包括:对商品交换范围的监督管理;对商品质量的监督管理;对商品价格的监督管理;对商品计量的监督管理。

(3)对市场交易场所的管理。市场交易场所是商品经营者从事商品交换活动的场所,城市政府要加强商品交易市场的登记管理,制定市场交易规则,维护市场交易秩序。

城市政府及其职能部门对市场进行管理时,必须坚持以下原则:

第一,按市场经济规律办事。中国经济体制改革的目标是要建立和完善社会主义市场经济体制,城市政府在建立市场管理机制和选择市场管理方式时,要按价值规律、供求规律和竞争规律等市场经济规律办事,要有利于社会主义市场体系和市场机制的发育和健全,要有利于社会主义市场经济体制的建立和完善。

第二,依法管理市场。依法管理是一种预先的控制,因为各种经济法规明确界定了商品生产和经营中各种合法和非法的行为,从而能使商品生产者和经营者的行为规范化、合法化。因此,国家要加强市场管理立法,完善市场管理的法规体系,使市场管理做到有法可依。同时,城市政府及其职能部门要严格按照市场管理法规管理市场,使市场管理做到有法必依、违法必究。

第三,管而不死、活而不乱。管而不死、活而不乱原则的核心是活,活是管的目的,管是达到活的手段;管是为活服务的,活是对管的要求,二者相辅相成,缺一不可。如果活中有管,则活而不乱;为活而管,则管而不死。因此,城市政府要从造就一个物流畅通、交易活跃、买卖方便、秩序井然的市场出发,根据国家的法律法规,加强对市场的组织和管理,保护合法经营,取缔违法经营活动。

第四,专门管理与群众管理相结合。城市政府及其职能部门要充分履行自己的市场管理职责,积极主动地对商品生产者和经营者的市场活动进行专门的监督检查。但是商品生产者和经营者的市场活动是纷繁复杂的,单纯依靠城市政府及其职能部门的监督检查是不足以完成维护市场秩序的艰巨任务的。因此,城市政府及其职能部门要依靠社会性和群众性的管理机关以及广大消费者,开展群众性、社会性的市场监督活动,以形成对商品生产者和经营者的强大社会舆论约束力,从而有效地抑制商品生产者和经营者违反市场经济规范的行为。

二、市场结构管理

市场结构管理主要是指城市政府对市场主体的垄断行为和竞争行为的管理。为了保护市场公平竞争,提高经济运行效率,维护消费者利益和社会公共利益,促进社会主义市场经济健康发展,城市政府要预防和制止垄断行为,监督检查不正当竞争行为。

根据中国有关法律法规的规定,禁止下列垄断行为:

(1)禁止具有竞争关系的经营者达成排除和限制竞争的协议、决定或者其他协同行为垄断协议,具体包括:固定或者变更商品价格;限制商品的生产数量或者销售数量;分割销售市场或者原材料采购市场;限制购买新技术、新设备或者限制开发新技术、新产品;联合抵制交易;国务院反垄断执法机构认定的其他垄断协议。

(2)禁止经营者与交易相对人达成下列垄断协议:固定向第三人转售商品的价格;限定向第三人转售商品的最低价格;国务院反垄断执法机构认定的其他垄断协议。

（3）禁止具有市场支配地位的经营者从事下列滥用市场支配地位的行为：以不公平的高价销售商品或者以不公平的低价购买商品；没有正当理由，以低于成本的价格销售商品；没有正当理由，拒绝与交易相对人进行交易；没有正当理由，限定交易相对人只能与其进行交易或者只能与其指定的经营者进行交易；没有正当理由搭售商品，或者在交易时附加其他不合理的交易条件；没有正当理由，对条件相同的交易相对人在交易价格等交易条件上实行差别待遇；国务院反垄断执法机构认定的其他滥用市场支配地位的行为。这里所称的市场支配地位，是指经营者在相关市场内具有能够控制商品价格、数量或者其他交易条件，或者能够阻碍、影响其他经营者进入相关市场能力的市场地位。认定经营者具有市场支配地位，应当依据下列因素：该经营者在相关市场的市场份额，以及相关市场的竞争状况；该经营者控制销售市场或者原材料采购市场的能力；该经营者的财力和技术条件；其他经营者对该经营者在交易上的依赖程度；其他经营者进入相关市场的难易程度；与认定该经营者市场支配地位有关的其他因素。有下列情形之一的，可以推定经营者具有市场支配地位：一个经营者在相关市场的市场份额达到二分之一的；两个经营者在相关市场的市场份额合计达到三分之二的；三个经营者在相关市场的市场份额合计达到四分之三的。

（4）禁止具有或者可能具有排除、限制竞争效果的经营者集中。经营者集中是指下列情形：经营者合并；经营者通过取得股权或者资产的方式取得对其他经营者的控制权；经营者通过合同等方式取得对其他经营者的控制权或者能够对其他经营者施加决定性影响。审查经营者集中，应当考虑下列因素：参与集中的经营者在相关市场的市场份额及其对市场的控制力；相关市场的市场集中度；经营者集中对市场进入、技术进步的影响；经营者集中对消费者和其他有关经营者的影响；经营者集中对国民经济发展的影响；国务院反垄断执法机构认为应当考虑的影响市场竞争的其他因素。经营者集中具有或者可能具有排除、限制竞争效果的，国务院反垄断执法机构应当作出禁止经营者集中的决定。但是，经营者能够证明该集中对竞争产生的有利影响明显大于不利影响，或者符合社会公共利益的，国务院反垄断执法机构可以作出对经营者集中不予禁止的决定。对不予禁止的经营者集中,国务院反垄断执法机构可以决定附加减少集中对竞争产生不利影响的限制性条件。国务院反垄断执法机构应当将禁止经营者集中的决定或者对经营者集中附加限制性条件的决定,及时向社会公布。

行政机关和法律、法规授权的具有管理公共事务职能的组织不得滥用行政权力,禁止实施以下行为:① 限定或者变相限定单位或者个人经营、购买、使用其指定的经营者提供的商品。② 妨碍商品在地区之间的自由流通;对外地商品设定歧视性收费项目、实行歧视性收费标准,或者规定歧视性价格;对外地商品规定与本地同类商品不同的技术要求、检验标准,或者对外地商品采取重复检验、重复认证等歧视性技术措施,限制外地商品进入本地市场;采取专门针对外地商品的行政许可,限制外地商品进入本地市场;设置关卡或者采取其他手段,阻碍外地商品进入或者本地商品运出;妨碍商品在地区之间自由流通的其他行为。③ 以设定歧视性资质要求、评审标准或者不依法发布信息等方式,排斥或者限制外地经营者参加本地的招标投标活动。④ 采取与本地经营者不平等待遇等方式,排斥或者限制外地经营者在本地投资或者设立分支机构。⑤ 强制经营者从事法律规定的垄断行为。⑥ 制定含有排除、限制竞争内容的规定。

国务院设立反垄断委员会,负责组织、协调、指导反垄断工作,履行下列职责:研究拟订有关竞争政策;组织调查、评估市场总体竞争状况,发布评估报告;制定、发布反垄断指南;协调反垄断行政执法工作;国务院规定的其他职责。国务院规定的承担反垄断执法职责的机构依照法律规定,负责反垄断执法工作。国务院反垄断执法机构根据工作需要,可以授权省、自治区、直辖市人民政府相应的机构,依照法律规定负责有关反垄断执法工作。行业协会应当加强行业自律,引导本行业的经营者依法竞争,维护市场竞争秩序,不得组织本行业的经营者从事法律禁止的垄断行为。

反垄断执法机构依法对涉嫌垄断行为进行调查,并可以采取下列措施:进入被调查的经营者的营业场所或者其他有关场所进行检查;询问被调查的经营者、利害关系人、其他有关单位或个人,要求其说明有关情况；查阅、复制被调查的经营者、利害关系人、其他有关单位或个人的有关单证、协议、会计账簿、业务函电、电子数据等文件、资料；查封、扣押相关证据；查询经营者的银行账户。反垄断执法机构对涉嫌垄断行为调查核实后，认为构成垄断行为的，应当依法作出处理决定，并可以向社会公布。

在市场交易中，经营者应当遵循自愿、平等、公平、诚实信用的原则，遵守公认的商业道德。凡符合上述原则的竞争就是正当竞争；凡违反上述原则，损害其他经营者或消费者的合法权益，扰乱社会经济秩序的竞争，就是不正当竞争。具体地说，下列行为都属于不正当竞争：

（1）经营者采用下列不正当手段从事市场交易，损害竞争对手：① 假冒他人的注册商标；② 擅自使用知名商品特有的名称、包装、装潢，或者使用与知名商品近似的名称、包装、装潢，造成和他人的知名商品相混淆，使购买者误认为是知名商品；③ 擅自使用他人的企业名称或者姓名，使购买者误认为是他人的商品；④ 在商品上伪造或者冒用认证标志、名优标志等质量标志，伪造产地，对商品质量作引人误解的虚假表示。

（2）公用企业或者其他依法具有独占地位的经营者，限定他人购买其指定经营者的商品，以排挤其他经营者的公平竞争。

（3）政府及其所属部门滥用行政权力，限定他人购买其指定的经营者的商品，限制其他经营者正当的经营活动；或者政府及其所属部门滥用行政权力，限制外地商品进入本地市场，或者本地商品流向外地市场。

（4）经营者采用财物或者其他手段进行贿赂以销售或者购买商品，如在账外暗中给予对方单位或者个人回扣，对方单位或者个人在账外暗中收受回扣。

（5）经营者利用广告或者其他方法，对商品的质量、制作成分、性能、用途、生产者、有效期限、产地等作引人误解的虚假宣传。广告的经营者在明知或者应知的情况下，代理、设计、制作发布虚假广告。

（6）经营者采用下列手段侵犯商业秘密：① 以盗窃、利诱、胁迫或者其他不正当手段获取的权利人的商业秘密；② 披露、使用或者允许他人使用以盗窃、利诱、胁迫或者其他不正当手段获取的权利人的商业秘密;③ 违反约定或者违反权利人有关保守商业秘密的要求,披露、使用或者允许他人使用其所掌握的商业秘密。

(7) 经营者以排挤竞争对手为目的,以低于成本的价格销售商品。

(8) 经营者销售商品时,违背购买者的意愿搭售商品或者附加其他不合理的条件。

(9) 经营者从事下列有奖销售:① 采用谎称有奖或者故意让内定人员中奖的欺骗方式进行有奖销售;② 利用有奖销售的手段推销质次价高的商品;③ 抽奖式的有奖销售,最高奖的金额超过 5 000 元。

(10) 经营者捏造、散布虚伪事实,损害竞争对手的商业信誉、商品声誉。

(11) 投标者串通投标,抬高标价或者压低标价。投标者和招标者相互勾结以排挤竞争对手。

为了规范市场主体行为,鼓励和保护市场公平竞争,制止不正当竞争,保护经营者和消费者的合法权益,保障社会主义市场经济的健康发展,城市工商行政管理部门有权对不正当竞争行为进行监督检查。城市工商行政管理部门在监督检查不正当竞争行为时,有权行使下列职权:

第一,按照规定程序询问被检查的经营者、利害关系人、证明人,并要求提供证明材料或者与不正当竞争行为有关的其他资料,被检查的经营者、利害关系人和证明人应当如实提供有关资料和情况;

第二,查询、复制与不正当竞争行为有关的协议、账册、单据、文件、记录、业务函电和其他资料;

第三,检查与不正当竞争行为有关的财物,必要时可以责令被检查的经营者说明该商品的来源和数量,暂停销售,听候检查,不得转移、隐匿、销毁该财物。

城市工商行政管理部门工作人员在监督检查不正当竞争行为时,应当出示检查证件,不得滥用职权、玩忽职守、徇私舞弊。如果监督检查不正当竞争行为的国家机关工作人员滥用职权、玩忽职守、徇私舞弊,构成犯罪的,依法追究刑事责任;不构成犯罪的,给予行政处分。

城市工商行政管理机关在监督检查不正当竞争行为时,应针对不同的不正当竞争行为,依法追究不正当竞争行为所应承担的行政法律责任,如责令停止违法行为、消除影响、没收违法所得、罚款、吊销营业执照等。

三、价格管理

为了规范价格行为,发挥价格合理配置资源的作用,稳定市场价格总水平,保护消费者和经营者的合法权益,促进社会主义市场经济健康发展,城市政府必须加强对商品价格和服务价格的管理。由于城市价格管理是整个国家价格管理的主要组成部分,研究城市价格管理,就必然要涉及国家的价格管理体制。价格管理体制主要包括价格管理的形式、价格管理的权限两方面的内容。

在社会主义市场经济体制下,中国实行宏观经济调控下主要由市场形成价格的机制。价格的制定应当符合价值规律的要求,大多数商品和服务价格实行市场调节价,极少数商品和服务价格实行政府指导价或者政府定价。其中市场调节价是指由经营者自主制定,通过市场竞争形成的价格。对于市场调节价,城市政府要监督经营者依法进行价格活动,不能有法律法规禁止的不正当价格行为。

政府指导价是指依照《中华人民共和国价格法》的规定,由政府价格主管部门或者其他有关部门,按照定价权限和范围规定基准价格及其浮动幅度,指导经营者制定的价格。政府定价是指依照《中华人民共和国价格法》的规定,由政府价格主管部门或者其他有关部门,按照定价权限和范围制定的价格。

实行政府指导价或者政府定价的商品和服务价格是:① 与国民经济发展和人民生活关系重大的极少数商品价格;② 资源稀缺的少数商品价格;③ 自然垄断经营的商品价格;④ 重要的公用事业价格;⑤ 重要的公益性服务价格。政府在从事上述商品和服务的定价工作时要坚持公平、公开、公正和效率的原则,具体遵循以下规则:

第一,政府指导价、政府定价的定价权限和具体适用范围,以中央的和地方的定价目录为依据。其中,中央定价目录由国务院价格主管部门制定、修订,报国务院批准后公布;地方定价目录由省、自治区、直辖市人民政府价格主管部门按照中央定价目录规定的定价权限和具体适用范围制定,经本级人民政府审核同意,报国务院价格主管部门审定后公布。省、自治区、直辖市人民政府以下各级地方人民政府不得制定定价目录。政府指导价、政府定价的具体适用范围、价格水平,应当根据经济运行情况,按照规定的定价权限和程序适时调整。消费者、经营者可以对政府指导价、政府定价提出调整建议。

第二,制定政府指导价、政府定价,应当根据有关商品或者服务的社会平均成本和市场供求状况、国民经济与社会发展要求以及社会承受能力,实行合理的购销差价、批零差价、地区差价和季节差价。商品或者服务价格与国际市场价格联系紧密的,可以参考国际市场价格。

第三,政府价格主管部门和其他有关部门制定政府指导价、政府定价,应当开展价格、成本调查,听取消费者、经营者和行业组织等有关方面的意见,有关单位应当如实反映情况,提供必需的账簿、文件以及其他资料。定价机关制定价格时,还应当对市场供求、社会承受能力进行调查,分析其对相关行业、消费者的影响。

第四,制定关系群众切身利益的公用事业价格、公益性服务价格、自然垄断经营的商品价格等政府指导价、政府定价,应当建立听证会制度,征求消费者、经营者和有关方面的意见,论证其必要性、可行性。制定专业技术性较强的商品和服务价格时,定价机关应当聘请有关方面的专家进行论证。对依法不实行听证的,定价机关可以选择座谈会、书面或者互联网等形式,听取消费者、经营者和有关方面的意见。

第五,定价机关在形成制定价格的方案时,应当载明以下内容:现行价格和拟制定的价格、单位调价幅度;制定价格的依据和理由;经过成本监审的,附成本监审报告;制定价格后对相关行业和消费者的影响;经过专家论证的,附专家论证意见纪要;消费者、经营者和有关方面的意见;经过听证的,附听证会纪要;价格的执行时间和范围。制定价格的方案原则上实行集体审议制。集体审议可以采用价格审议委员会讨论、办公会议讨论等方式。

第六,制定价格的方案经集体审议后,认为需要制定价格的,定价机关应当适时作出制定价格的决定。制定价格的决定应当载明以下内容：制定价格的项目、制定的价格；制定价格的依据；价格的执行时间和范围；作出决定的定价机关名称和作出决定的日期。制定价格的决定必须盖有作出决定的定价机关的印章。除涉及国家秘密外，制定价格的决定作出后，由作出决定的定价机关在指定的报刊、网站等媒体上向社会公布。

第七，政府指导价、政府定价实施后，定价机关应当对价格决定执行情况进行跟踪调查和监测。跟踪调查和监测的内容应当包括：① 价格的执行情况，执行中存在的问题；② 企业经营状况、成本、劳动生产率和市场供求变化对价格的影响；③ 相关商品或者服务市场供求状况和价格的变化情况；④ 社会各方面对所制定价格的意见。

中国的价格管理实行统一领导、分级管理的原则。全国价格管理的方针政策由中央统一制定，具体的商品和服务价格由中央政府和地方政府分级管理。国务院价格主管部门统一负责全国的价格工作。国务院其他有关部门在各自的职责范围内负责有关的价格工作。县级以上地方各级人民政府价格主管部门负责本行政区域内的价格工作。县级以上地方各级人民政府其他有关部门在各自的职责范围内，负责有关的价格工作。

为了稳定价格总水平，维护正常的价格秩序，支持和促进公开、公平、合法的市场竞争，城市政府除了建立重要商品储备制度、价格调节基金、价格监测制度外，还必须依法对价格活动进行监督检查，并对价格违法行为依法实施行政处罚。城市政府价格主管部门进行价格监督检查时，可以行使下列职权：① 询问当事人或者有关人员，并要求其提供证明材料和与价格违法行为有关的其他资料。② 查询、复制与价格违法行为有关的账簿、单据、凭证、文件及其他资料，核对与价格违法行为有关的银行资料。经营者应当如实提供价格监督检查所必需的账簿、单据、凭证、文件及其他资料。③ 检查与价格违法行为有关的财物，必要时可以责令当事人暂停相关营业。④ 在证据可能灭失或者以后难以取得的情况下，可以依法先行登记保存，当事人或者有关人员不得转移、隐匿或者销毁。

城市政府部门价格工作人员在履行上述职权时,不得将依法取得的资料或者了解的情况用于依法进行价格管理以外的任何其他目的,不得泄漏当事人的商业秘密。为了提高价格监督检查的效力,城市政府价格主管应当充分发挥消费者组织、职工价格监督组织、居民委员会、村民委员会等组织以及消费者对价格的社会监督作用,充分发挥新闻单位对价格的舆论监督作用,并建立对价格违法行为的举报制度,任何单位和个人都有权对价格违法行为进行举报,城市政府价格主管部门应当对举报者给予鼓励,并负责为举报者保密。

城市政府价格主管部门在价格监督检查中,应根据法律法规的有关规定对价格违法行为进行行政处罚。

四、质量监督

质量监督是城市政府根据法律法规,对产品、服务质量和企业保证质量所具备的条件进行监督的活动。由此可知,质量监督的对象是产品、服务质量和企业保证质量所具备的条件,即管理能力和设备能力;质量监督的依据是法律法规;质量监督的手段是监察和督导,用行政手段促使企业的生产条件、管理能力以及产品或服务质量符合有关法律法规的要求;质量监督的主体是政府。[①] 质量监督实质上是一种行政监督执法,是城市政府机关利用行政权力和权威,依据法律法规来行使的,具有权威性和威慑力。它从社会的整体利益出发,不受部门利益和行业利益的限制,不受其他单位的影响和干扰,只受行政诉讼法的约束。

目前,中国由质量监督检验检疫总局统一管理、组织协调全国的质量监督工作;工商总局负责流通领域的商品质量监督;国家食品药品监督管理局是国务院综合监督食品、保健品、化妆品安全管理和主管药品监管的直属机构,负责对药品的研究、生产、流通、使用进行行政监督和技术监督,负责食品、保健品、化妆品安全管理的综合监督,组织协调和依法组织开展对重大事故的查处,负责保健品的审批;国家标准化管理

---

① 龚益鸣:《现代质量管理学》,清华大学出版社2003年版,第119页。

委员会根据国务院授权履行行政管理职能,统一管理全国标准化工作;国家认证认可监督管理委员会履行国务院赋予的行政管理职能,统一管理、监督和综合协调全国认证认可工作;行业主管部门接受质量监督检验检疫总局和地方质量监督检验检疫机构的委托,对所管辖行业、企业的产品和服务质量进行监督。目前,中国城市政府的质量监督管理机构有市质量技术监督局、市食品药品监督管理局、市出入境检验检疫局等。

质量监督的方针是:紧紧围绕经济建设中心,通过对商品和服务质量的有效监督管理和检验,实现对质量的宏观控制;提高商品和服务的总体质量,提高资源配置效率;保护消费者和生产者的合法权益,维护人们的安全和健康,提高人们的生活质量;维护经济活动秩序和国家的全局利益,为实现国家关于提高质量和效益的目标任务,为促进生产力和市场经济的发展服务。为此,质量监督应遵循以下原则:

第一,统一管理和分级分工管理相结合。中央负责制定和监督执行全国质量监督的方针政策和计划规划,组织全国性质量监督活动。各地区发挥就地、就近的优势,根据中央统一的方针政策,结合当地实际情况,对面广量大的商品实施日常监督。

第二,公正、科学。政府对质量的监督要站在国家、集体和大多数人民群众的立场上,严格依据标准秉公执法,不受任何组织和个人的影响。质量检验检疫机构要具备设备、人员、环境和管理等方面的条件,科学地对商品质量进行检验和评价。

第三,对生产领域和流通领域商品质量的监督并举。政府应对质量产生、形成、实现的全过程进行监督,对生产领域的商品质量进行监督是保证商品质量达到法律、法规、标准、规范要求的重要手段,对流通领域的商品质量进行监督是维护消费者利益的重要举措。只有这样双管齐下,才能对伪劣商品一断其源、二断其流。

第四,突出重点。政府要重点监督对国民经济有重大影响的重要工农业产品;有关人身安全健康的产品;质量问题较多、消费者反映较大的产品;市场紧俏商品;消费者不易识别伪劣、质量无法保证的商品。

第五,区别对待。对有意识偷工减料、粗制滥造、掺杂使假的要从重处罚。对多次抽查不合格又不认真整改的企业负责人,给予必要的行政处分。对因管理和技术条件不完善造成的一般商品不合格并且没有造成严重后果的,以批评教育为主,辅以必要的处罚,监督其采取措施保证商品质量合格。对因质量问题造成严重后果和社会影响的,依法追究其责任;对触犯刑法的,及时移交司法机关追究其刑事责任。质量监督的基本形式有抽查型质量监督、评价型质量监督、仲裁型质量监督三种。

中国对可能危及人体健康、财产安全的产品,影响国计民生的重要产品,以及消费者、有关组织反映有质量问题的产品进行抽查。抽查型质量监督是一种国家监督抽查,是国务院质量监督检验检疫总局依法组织有关省市质量监督检验检疫机构对生产、销售的商品,依据有关规定进行抽样、检验,并对抽查结果依法公告和处理的活动。抽查型质量监督分为定期实施的国家监督抽查和不定期实施的国家监督抽查两种。国家监督抽查的产品目录和被抽查的企业名单用随机抽样方法决定,不事先通知被查企业,随时突击在用户和销售单位突击抽取样品。国家监督抽查的样品由被抽查单位无偿提供,国家监督抽查也不向企业收取检验费用,所需费用由财政部门安排专项经费解决。抽查型质量监督只对产品的主要特征进行抽查检验,有的要作全项检验,包括型式实验。抽查型质量监督属于一种逆向工作,政府通过对部分重点产品的监督抽查,发现质量问题及发展趋势,指导并加强政府对产品质量的宏观控制,督促企业按标准生产合格产品。

评价型质量监督是指国家的质量监督机构对申请新产品生产证、产品生产许可证、优质产品和质量认证证书与标志等的企业,进行生产条件、质量体系和产品质量复查的一种质量监督活动。如新产品鉴定、生产许可证质量监督、质量认证监督和优质产品质量监督。评价型质量监督主要是一种顺向工作,政府通过颁发相应质量水平的产品质量证书,并允许企业在产品及其包装上使用相应的质量标志或标记,以扶优限劣,鼓励企业生产优质产品,使中国的产品质量向世界先进水平靠拢。评价型质量监督基本上只是在有关人身健康安全的特殊产品上才带有一定的强制性。所谓特殊产品,是指食品、药品、计量器具、兽药、锅炉压力容器等可能危及人类健康安全、动植物生命健康以及环境、公共安全的产品。对于这些特殊产品,中国参照国际先进的产品标准和技术要求推行强制性产品认证制度。

仲裁型质量监督是质量监督机构通过对有争议的产品进行仲裁检验和质量裁定,以公正判定、裁决有质量争议的产品,维护标准的严肃性,保护当事人的合法权益。目前,仲裁型质量监督包括争议方委托的质量仲裁、司法机关委托的质量仲裁、合同管理部门委托的质量仲裁、消费者质量投诉等。仲裁型质量监督只对有争议的产品进行检验,必要时还要检查生产企业、经销商和使用者的质量保证条件,以分清楚质量责任。

根据《中华人民共和国产品质量法》的规定,中国对产品质量实行以抽查为主要方式的监督检查制度,对可能危及人体健康和人身、财产安全的产品,影响国计民生的重要工业产品以及消费者、有关组织反映有质量问题的产品进行抽查。具体地说,中国产品监督的对象或监督抽查的范围是:可能危及人体健康和人身、财产安全的产品,主要包括食品、药品、化妆品、玩具、电器、医疗器械、剧毒及易燃易爆产品、建材、交通工具等;影响国计民生的重要工业产品,主要包括农药、化肥、烟草、钢材、水泥、计量器具;消费者、有关组织反映有质量问题的产品,主要指掺杂使假、以假充真、以次充好、以不合格产品冒充合格产品等假冒伪劣产品;涉及国家重大经济政策的产品或能大大提高劳动生产率的产品,如节能、节水、节材等;获得各种质量证书、标志的产品。

质量监督是维护消费者权益的需要,是充分满足人民物质文化生活需要的有力手段,是保证实现国家质量目标的重要措施,是发展国际贸易、提高产品国际竞争能力的重要手段,是贯彻质量法律和技术标准、维护市场经济秩序的重要保证,是促进企业提高素质、健全质量体系的重要条件,是城市政府获得质量信息和经济信息的重要渠道。

第三节 城市土地管理

一、城市土地管理的含义和意义

土地有广义和狭义之分。① 广义的土地包括地球表面的陆地及各种自然资源,如土壤、水、大气、矿物、植被等。狭义的土地仅指地球表面的陆地。这里的城市土地是指狭义的土地,是一个与城市人口、城市经济活动相联系的地域性概念,它是城市形成和发展的前提,也是城市人口和城市各种活动的基础。在中国,城市土地一般是指城市市区内的土地,属于国家所有。城市土地按其使用情况,有工业用地、公共设施用地、居住用地、仓储用地、道路广场用地、对外交通用地、市政设施用地、绿化用地、特殊用地等。

城市土地是一种天然形成的自然物,是由许多自然物质组成的独立的自然综合体,具有以下自然特性:② 第一,位置固定性。城市土地是一种天然形成的自然物,在一段可度量的历史时期内,它总是固定在地球的某个位置上,不可以移动,既不能凭空创造,也不会无故消失。第二,差异性。在地质、地貌、水文等方面,世界上没有两块城市土地会是完全一致的。第三,耐久性。城市土地能被人类长久利用,永远不会丧失其使用价值。

城市土地的自然特性,客观上决定了它的经济特性。所谓城市土地的经济特性,是人们在使用城市土地时引起的经济关系,主要有:③第一,稀缺性。城市土地是自然赋予的非再生物,对于不断增长的城市人口及其需求而言,城市土地是有限的。不仅城市土地的总量是有限的,而且用于某种特定用途的城市土地数量也是有限的、排他的。第二,区位效益性。不同区位的城市土地,由于有不同的直接或间接的投

---

① 王佃利等:《现代市政学》,中国人民大学出版社 2004 年版,第 145 页。
② 谢文蕙、邓卫:《城市经济学》1996 年版,第 223—224 页。
③ 同上,第 224—225 页。

入,会产出不同的效益。第三,边际产出递减性。对城市土地的使用强度超过一定限度后,收益即开始下降,任何过度开发都既会破坏环境,又会造成经济损失。

城市土地管理是城市政府依据国家有关城市土地资源的法律法规,对城市土地占有、分配、使用的规划、组织、控制和监督。城市土地管理的任务是维护城市土地的社会主义国有制,调整城市土地关系,保护和开发城市土地,合理利用城市土地,保护土地所有者和使用者的合法权益,促进城市经济社会的可持续发展。城市土地资源管理的必要性是:

首先,城市土地本身的特点要求加强城市土地管理。城市土地是建筑地段,是城市范围内一切建筑物的土地互相结合的体系,对人类具有巨大的不可替代的功能。同时,城市土地是一种有限的不可再生的自然资源,位置也不能搬动,这就要求城市政府必须以经济生态效益为前提加强城市土地管理,有计划、因地制宜地合理安排好城市土地,以便使其得到充分合理的利用。

其次,城市土地与城市经济社会发展的密切关系要求加强城市土地管理。一方面,城市社会经济的日益发展会对城市土地利用不断提出新的要求,另一方面,城市土地利用的合理与否,会对城市经济社会的发展产生直接的、重大的影响。因此,为了正确协调好城市土地与城市经济社会发展的关系,城市政府必须加强城市土地管理。

最后,中国城市土地的国有制要求加强城市土地管理。城市土地管理是国家对城市土地行使所有权的一个重要体现,能保障土地所有者的权益,维护全体劳动人民的整体利益。

二、城市土地管理机构和内容

城市土地管理机关主要有:① 市国土资源局。它统一负责城市土地的管理和监督工作,是城市土地最主要的行政执法部门。② 市规划局。它统一规划管理城市建设用地和建设工程,负责核发建设用地规划许可证和建设工程规划许可证。③ 市房产管理局。它主要负责已经开发使用的城镇建设用地的管理工作。④ 市司法局。它主要监督城市土地管理法规的实施,受理各种城市土地违法案件。

城市土地行政主管部门在履行其对城市土地的监督检查职责时,可以采取下列措施:① 对不依照法律法规规定办理变更登记的,责令其限期办理;逾期不办理的,以非法转让或者非法占用土地论处。② 询问违法案件的当事人、嫌疑人和证人。③ 进入被检查单位或者个人非法占用的土地现场进行拍照、摄像。④ 责令当事人停止正在进行的土地违法行为。⑤ 对涉及土地违法的单位或者个人,停止办理有关土地审批、登记手续。⑥ 责令违法嫌疑人在调查期间不得变卖、转移与案件有关的财物。

城市土地管理的内容非常广泛,主要包括以下几个方面:

1. 城市土地的地籍管理①

城市土地的地籍管理是城市政府为了取得有关地籍资料和全面研究城市土地的权属、自然和经济状况而采取的以城市土地调查、登记、统计、评价等为主要内容的政府措施,亦称地籍工作。城市地籍管理的对象是作为自然资源和生产资料的城市土地,城市地籍管理的核心是城市土地的权属问题。

城市地籍管理的内容大致可以分为两个方面:一是有关作为自然资源和生产资料的城市土地的数量和质量资料的搜集整理;二是作为城市土地所有权、使用权客体(对象)的土地权属资料的调查、审核和确认。具体地说,城市地籍管理由以下几个部分组成:

第一,城市土地的调查。它是以查清城市土地的数量、质量、利用和权属状况而进行的调查,具体分为城市土地利用现状调查、地籍调查和城市土地条件调查。其中,城市土地利用现状调查主要按城市土地利用分类,以调查各类用地的分布、面积、利用状况为主要内容;地籍调查是以城市土地的权属、位置、类别、等级、地界、面积为主要对象的调查;城市土地条件调查主要是对城市土地的土壤、植被、地貌、气象、水文、地质等自然条件,以及对城市土地的投入产出、收益、交通、位置等社会经济条件的调查和资料的搜集整理。

---

① 张勇勤:《土地管理和使用手册》,中国经济出版社1992年版,第209—212页。

第二,城市土地的评价。在对城市土地利用分类的基础上,根据城市土地的自然和社会经济条件,进行城市土地的适宜性评价、经济评价和分等定级。其中,城市土地的等级,是城市土地的自然、社会经济综合质量好坏的标志,是合理确定城市土地补偿标准的重要依据。

第三,城市土地的登记。它是城市政府用以确认城市土地的所有权、使用权,依法实行城市土地权属的申请、审核、登记造册和核发证书的过程。

第四,城市土地的统计。它是对城市土地的数量、质量、分布、利用和权属状况进行统计调查、汇总、统计分析和提供城市土地统计资料的制度。

第五,城市地籍档案的收集、整理、保管等。在城市土地的调查、评价、登记、统计过程中,会产生大量的文字、图表、图像、册、卡等资料,要及时分类整理,建立城市地籍资料档案及其管理、应用、更新等一整套制度。

2. 城市土地的规划管理

城市土地规划是一项组织合理利用城市土地的经济、生态、技术、法权的综合措施,它实际上是城市政府合理分配或安排城市土地、调整城市土地关系、确定城市土地各种用途的过程。一般来说,城市土地规划包括城市土地利用总体规划、城市各类用地的具体规划和城市企业用地规划三部分,主要任务是摸清城市土地利用现状、合理分配城市土地、优化城市土地利用结构。

城市政府应当依据城市经济和社会发展规划、土地供给能力、各项建设对土地的需求以及上一级政府的土地利用总体规划,组织编制城市土地利用总体规划。城市土地利用总体规划包括用地规模、各类用地的比重、空间控制标准、建筑密度控制标准、人口密度控制标准等。城市土地利用总体规划的期限一般为15年。城市政府在编制城市土地利用总体规划时应坚持以下原则:首先,严格控制非农业建设占用农用地。城市建设用地规模应当符合国务院建设行政主管部门的标准,充分利用现有建设用地,不占或尽量少占农用地。即使要占用耕地,也要做到占用耕地与开发复垦相结合。其次,提高城市土地的利用率。

要按照城市土地不同地块的位置和自然性质,因地制宜地确定每块土地的利用方式和利用方向,充分发挥其绝对和相对优势。最后,统筹安排各业用地。城市是人口、工业、商业、交通、科学、教育、文化等高度集中的地方,城市土地利用总体规划要考虑到城市土地利用的区位选择原则,对城市人口和各业的空间分布及组合作出合理的选择,使城市土地利用结构最优化。

省、自治区、直辖市的土地利用总体规划报国务院批准;省、自治区人民政府所在地的市、人口在100万以上的城市以及国务院指定的城市的土地利用总体规划,经省、自治区人民政府审查同意后,报国务院批准;其他城市的土地利用总体规划,逐级上报省、自治区、直辖市人民政府批准。城市土地利用总体规划一经批准,必须严格执行。经批准的城市土地利用总体规划的修改,须经原批准机关批准;未经批准,不得改变城市土地利用总体规划确定的土地用途。经国务院批准的大型能源、交通、水利等基础设施建设用地,需要改变城市土地利用总体规划的,根据国务院的批准文件修改城市土地利用总体规划。

城市政府应当加强城市土地利用计划管理,实行城市建设用地的总量控制。为此,城市政府要根据城市经济和社会发展计划、国家产业政策、城市土地利用总体规划以及建设用地和土地利用的实际状况,按照城市经济和社会发展计划的编报程序,编制城市土地利用年度计划。城市土地利用年度计划一经批准下达,必须严格执行。

3. 城市土地的行政、经济、法制管理[①]

城市土地的行政管理是指城市政府用行政手段对城市土地进行管理。具体包括:管理城市土地的征用、调拨工作,负责征(拨)用地的审查、报批;主管城市土地的调查、登记、统计、分等定级和发证工作;负责城市土地使用权出让的组织、协调、审查、报批和土地使用权转让、出租、抵押等权属管理工作;受理城市土地使用权申报登记,发放城市土地使用权证;制定城市土地使用费标准,征收城市土地使用费;解决城市土地纠纷,协调各部门、各单位的土地利用;处理违法占用、出租、转

[①] 王建民:《城市管理学》,上海人民出版社1987年版,第85—86页。

让城市土地的案件；编制和管理地籍资料；组织城市土地的综合开发等。

城市土地的经济管理是指城市政府用经济手段管理城市土地资费。城市政府通过经济手段管理城市土地，能把投入城市土地的大量资金通过城市土地的有偿使用予以回收，并再投入城市土地的整治和开发，从而实现城市建设资金的良性循环。同时，经济手段是城市政府指导城市用地的重要杠杆，能充分发挥城市土地的使用效益。

城市土地的法制管理是指城市政府用法律手段管理城市土地。事实上，城市土地资源的地籍管理、规划管理、行政管理和经济管理，都要有法律依据和保障。国家及城市政府要建立和完善城市土地管理的法律法规体系。目前，中国有关城市土地管理的法律法规有：《中华人民共和国土地管理法》、《中华人民共和国土地管理法实施条例》、《中华人民共和国城乡规划法》、《中华人民共和国城市房地产管理法》、《国家建设征用土地条例》、《中华人民共和国城镇土地使用税暂行条例》、《中华人民共和国土地增值税暂行条例》、《中华人民共和国城镇国有土地使用权出让和转让暂行条例》、《基本农田保护条例》等。城市政府要严格执行国家统一制定、颁布的土地管理法规，并根据自己的具体情况制定实施细则。如果国家没有统一的法律法规，城市政府可以制定地方性的土地管理法规。

三、城市土地有偿使用

在传统的计划经济体制下，中国城市土地使用长期实行无偿、无限期使用的行政划拨制，造成了城市土地管理的种种弊端。[①] 第一，城市土地的产权模糊。城市土地的行政划拨制，导致土地所有权无明确的法人代表，国家的土地所有权在经济上不能实现，相当大部分城市土地收益不是为国家所得而是为土地占有者所得。这样，城市土地实质上从国有蜕变为单位、部门或个人所有。第二，城市土地浪费。城市土地的行政划拨制对用地者无任何压力，导致用地者自然不珍惜城市土地，

---

① 杨继瑞：《中国城市用地制度创新》，四川大学出版社1994年版，第33—40页。

各部门、单位或个人总是想方设法多占地、占好地,从而刺激了占而不用、多占少用、好地劣用等不合理的用地行为,使城市土地利用效率低。第三,城市土地配置不当。城市土地的无偿使用使国家丧失了对城市土地进行再处置的经济手段,无限期使用城市土地更绑住了国家再处置城市土地的手脚,再加上城市土地占用者不得转让土地的规定,又禁锢了城市土地的合理调整,使得城市土地的配置很不合理,主要表现在工业和行政用地比例过大,而第三产业、居住用地比例过低。

为了维护城市土地国有制,有效调节城市土地的供给和需求,确保城市土地利用规划的实施及城市土地资源的合理、高效利用,必须变城市土地的无偿、无限期使用为有偿、有期限使用。实际上,城市土地的有偿使用是社会主义市场经济的内在要求。首先,城市土地的国家所有权,不仅是一个法律上的概念,而且要求以地租的形式在经济上得到实现,从而使城市土地仍然要通过价格采取商品的形式进行交换,并受市场经济的内在规律制约。其次,现实的城市土地大都是已经开发了的土地,人们在城市土地上投入了一定数量的活劳动和物化劳动,它本身就有价值,具有商品属性。最后,城市土地的有偿使用,能协调人们在城市土地利用上的物质利益矛盾,促进城市土地利用者自觉提高土地资源利用效率。

总之,在社会主义市场经济条件下,把城市土地作为商品来经营管理,实行城市土地的有偿使用,具有客观必然性。需要指出的是,下列建设用地,经城市政府依法批准,可以以划拨方式取得:国家机关用地和军事用地;城市基础设施用地和公益事业用地;国家重点扶持的能源、交通、水利等基础设施用地;法律、行政法规规定的其他用地。

中国城市土地有偿使用的目标是:运用市场机制,主要通过土地市场来调节城市土地的供求关系,合理配置城市土地,提高城市土地利用效益;同时,增加国家和城市的财政收入,为城市企业创造良好的、公平的竞争环境。城市土地有偿使用必须遵循以下原则:坚持城市土地单一的社会主义国有制性质;坚持城市土地所有权与使用权相分离,城市土地的所有权不能进入市场流通,国家出让的只是土地使用权,也就是说,国家只允许城市国有土地使用权的有偿转让;坚持因地制宜、区别对待,根据不同的城市、不同的区位、不同的性质和不同的对象实行城市土地的有偿使用;国家要通过立法和法律监督,管理和规范城市地产市场。

实行城市土地的有偿使用,关键在于由国家向城市土地使用者收取城市土地有偿使用费。从理论上讲,城市土地有偿使用费应该由城市绝对地租、城市级差地租、城市垄断地租以及城市土地开发投资及投资利息组成。目前,中国城市土地有偿使用主要是通过征收以下税费的形式进行的:

（1）土地出让金。根据《中华人民共和国城镇国有土地使用权出让和转让暂行条例》的规定,新占用土地的使用者,必须在签订土地使用权出让合同后的60天内,向土地所有者一次性交付使用期限内的土地使用权出让金。土地出让金实际上是土地使用权的价格,即所出让土地的地价,反映了土地所有者与使用者之间的经济关系。

（2）土地使用税。根据《中华人民共和国城镇土地使用税暂行条例》的规定,使用土地的单位和个人必须按照其实际占用的土地面积,按期向所在地税务机关交纳土地使用税。根据土地的不同等级,土地使用税每平方米的年税额为:大城市1.5～30元;中等城市1.2～24元;小城市0.9～18元;县城、建制镇、工矿区0.6～12元。具体税额由有关地方政府根据市政建设状况、经济繁荣度等确定。土地使用税实际上是绝对地租,体现了国家政权与土地使用者之间的行政关系。

（3）土地使用费。土地使用费是外商投资企业和外商驻华机构每年向土地所有者交纳的费用,实际上也是一种地租,体现了土地所有者与土地使用者之间的经济关系。土地使用费一般是根据土地类别和用地性质分别确定的,每3～5年调整一次。

（4）土地增值税。根据《中华人民共和国土地增值税暂行条例》,转让房地产并取得收入的单位和个人,为土地增值税的纳税义务人,具体按照纳税人转让房地产所取得的增值额和四级超率累进税率征收。土地增值税实际上是一种级差地租。

四、城市土地市场管理

城市土地市场,从狭义上说,是城市土地使用权流通的场所;从广义上讲,是体现在城市土地使用权流通全过程中的各种经济关系的总和。目前,中国城市土地市场由以下三级市场组成:

(1)一级市场。它是国家凭借对城市土地的所有权,把一定时期的城市土地使用权批租或出让给城市土地的经营者和使用者,是城市土地使用权在国家与城市土地经营者、使用者之间的纵向流动,具有垄断性质。

(2)二级市场。它是城市土地使用权在城市土地经营者与使用者之间的横向流动或转让,具体表现为获得城市土地使用权的经营者,直接将土地投入市场流通,或通过建设商品房间接地将土地投入市场流通。

(3)三级市场。它是城市土地使用权在城市土地使用者之间的横向流动或转让,具体表现为城市土地的使用者通过房产的交易间接地使城市土地进入市场流通。

上述三级市场形成了城市土地的批发、零售、调剂三种互相联系的市场形态。其中,一级市场是二、三级市场的基础和前提,起着导向作用;二、三级市场是一级市场的延伸和扩大,能促进城市土地市场的发育和繁荣。中国建立和完善城市土地市场的基本政策是垄断一级市场,搞活二、三级市场。

建立和完善社会主义城市土地市场,充分利用市场机制来调节城市土地的利用,是城市土地管理的一个重要任务,是完善城市土地有偿使用制度的客观要求。从宏观角度看,城市土地市场的供求状况是国家确定城市土地有偿使用税费征收标准的客观依据。从微观角度看,城市土地市场能实现城市土地使用权在城市土地使用者之间的横向流动,实现城市土地要素与其他生产要素的最佳组合。因此,必须把城市土地的有偿使用与城市土地市场的建立有机地结合起来。建立和完善城市土地市场,关键是要建立与市场经济相适应的城市土地使用权的有偿出让、转让机制。

1. 城市土地使用权的有偿出让

城市土地使用权的有偿出让通过竞争方式来实现城市国有土地的使用权向城市土地经营者和使用者的转移。具体地说,城市土地使用权的有偿出让是国家以土地所有者的身份将一定年限内的土地使用权出让给土地经营者或使用者,土地经营者或使用者必须向国家支付土地使用权出让金。根据《中华人民共和国城镇国有土地使用权出让和转让暂行条例》的规定,中国城市土地使用权出让的最高年限分别为:居住用地70年;工业用地50年;教育、科技、文化、卫生、体育用地50年;商业、旅游、娱乐用地40年;综合或者其他用地50年。每一幅土地的实际使用年限,在最高年限内由出让方确定,或者由出让、受让双方商定。城市土地使用期满时,城市土地使用者还可以申请续期。城市土地使用权的有偿出让方式主要有以下三种:①

(1)协议出让。协议出让是指城市土地使用权的出让方和受让方通过协商的方式有偿出让城市土地使用权。具体地说,它是指城市土地的经营者或使用者直接向城市土地管理部门提出申请,然后双方进行一对一的磋商,达成一致后,双方签订城市土地使用权出让合同,从而实现城市土地使用权的有偿出让。它主要适用于市政公益事业项目用地、非营利性项目用地、高科技项目用地以及城市政府为调整经济结构、实施产业政策而需要给予扶持、优惠的项目。

(2)招标出让。招标出让是指在规定的期限内,由符合规定条件的单位或个人(受让方)以书面投标形式,竞争某块土地的使用权,然后招标人(出让方代表)择优确定城市土地的使用者。它一般要经过招标、投标、开标、决标、签约五个步骤。招标出让方式一般适用于大型发展项目用地、小区成片开发用地、关键性的发展项目用地、技术难度较大的项目用地。

(3)拍卖出让。拍卖出让是指城市土地管理部门事先就被拍卖土地的位置、面积、用途、使用年限、规划参数、付款方式等发出公告,并在指定的时间和地点组织符合条件的土地经营者或使用者到场,就某地

---

① 张勇勤:《土地管理和使用手册》,中国经济出版社1992年版,第494—496页。

土地的使用权公开叫价竞争,由价高者获得该块土地的使用权。拍卖出让方式最富有竞争性,主要适用于竞争性强的商业、旅游业、娱乐业、房地产业、金融业等用地。

2. 城市土地使用权的转让

城市土地使用权转让,是指城市土地使用者将城市土地使用权再进行有偿转移的行为,包括出售、交换和赠与。具体地说,城市土地使用权转让是指原受让方对已经获得城市土地使用权的土地按规定投入一定资金进行开发后,通过有偿的出售、交换或无偿的赠与等方式,把城市土地使用权连同地上的建筑物及其他附着物的所有权转让给新的受让者。由此可知,城市土地使用权转让的方式有:①

(1) 出售或买卖。它是指城市土地使用者按照一定的方式将城市土地的使用权转移给买方而买方为此支付价款的行为。

(2) 交换或互易。它是指当事人双方约定互相转移城市土地使用权的行为,或者是一方转移城市土地使用权、另一方转移金钱以外标的物的行为。城市土地使用权交换成功的前提是当事人双方都需要支配对方的物并能达成合意,其基本特征是以物易物,可以是城市土地使用权之间的互易,也可以是城市土地使用权与其他物的互易。

(3) 赠与。它是指赠与人自愿把自己拥有的城市土地使用权无偿转移给受赠人而受赠人表示接受的行为,其基本特征是无偿。

为了提高城市土地利用率,发挥城市土地的最佳效益,扼制炒卖地皮以牟取暴利的土地投机行为,城市土地使用权转让必须符合以下条件:

第一,只有通过出让方式取得的城市土地使用权才能进行转让。因为通过出让方式取得的城市土地使用权才是一种具有独立意义的"物权性使用权",它包含了对城市土地的占有、使用、收益和处置的权利。而通过划拨方式取得的城市土地使用权是一种"债权性使用权",原则上不允许转让。但如果通过划拨方式取得城市土地使用权的经济组织或个人,在与城市土地管理部门签订出让合同并补交出让金后,可

---

① 张勇勤:《土地管理和使用手册》,中国经济出版社1992年版,第503—504页。

以进行转让。

第二,取得使用权的城市土地不能直接进入市场流通,必须按照城市土地使用权出让合同规定的期限和条件对城市土地进行投资、开发、利用后,城市土地使用权方可转让。这里的期限是指城市土地达到出让合同规定的开发利用状态所需要的时间;条件是指地块的用途、建筑物的占地面积、建筑物的高度及层数、建筑物的配套设施、投资额度、容积率等。

第三,城市土地使用权的转让必须签订合同,并办理过户登记。城市土地使用权转让合同是城市土地使用权转让方与受让方确立城市土地使用权转让中权利与义务关系的协议,能保证城市土地使用权依法、有秩序地转让。过户登记是指城市土地使用权的受让人凭有效的城市土地使用权转让合同及其他合法文件,到城市房地产管理部门办理城市土地使用权及地上附着物所有权变更登记手续,以依法确定城市土地使用权及其附着物所有权的行为。过户登记分为两类:一是城市土地使用权过户登记,由城市土地管理部门负责办理;二是房产过户登记,由城市房产管理部门负责办理。

城市土地使用权转让必须坚持以下三个原则:[1]① "认地不认人"原则。即城市土地使用者转让城市土地使用权时,城市土地使用权出让合同和登记文件中载明的权利和义务也随城市土地使用权一并转移。② 房、地产一致原则。即在转让城市土地使用权时,其地上建筑物及其他附着物的所有权也必须随之转让;城市土地使用者转让地上建筑物、其他附着物等不动产所有权时,相应范围内的城市土地使用权也必须随之转让。③ 效益不可损原则。凡是无损于城市土地及地上建筑物、其他附着物经济效益的转让,城市政府有关部门应依法予以批准。

---

① 张勇勤:《土地管理和使用手册》,中国经济出版社1992年版,第506—508页。

第九章
城市生态管理

城市生态系统是特定地域内的人口、资源、环境通过各种相生相克的关系,建立起来的社会、经济、自然的复合体。城市生态系统是城市产生和发展的物质基础,是人类生存和发展不可或缺的物质因素。随着人们物质和精神生活水平的提高,城市生态环境问题已成为人们关注的焦点。如何合理地利用城市生态环境资源,保持和实现城市生态平衡,为人们创造一个清洁、安全、优美、舒适的生存和发展环境,已成为城市政府最重要的职能之一。

第一节 城市生态系统

一、城市生态系统的含义和组成要素

城市生态系统是生态系统的重要组成部分,要理解城市生态系统的含义和组成要素,首先必须了解生态系统的含义和组成要素。

所谓生态系统是指由植物、动物以及微生物构成的生命系统与由气候、土壤、地貌、纬度等构成的环境系统所组成的相互促进、相互制约的多要素、多层次的复合整体。在这个整体内任何一个要素、成分及亚结构系统的变化,都会引起整体的变化。①

生态系统的组成要素主要有:②

---

① 姜学民等:《生态经济学概论》,湖北人民出版社1985年版,第30—31页。
② 胡辉、徐晓林:《现代城市环境保护》,科学出版社2004年版,第43—49页。

第一,成分。任何生态系统都包括生命系统和环境系统两个亚系统。生命系统是由生产者、消费者和分解者三类生命物质具体组成的。其中生产者是食物的制造者,它们吸收太阳能并利用无机营养元素合成有机物,将吸收的一部分太阳能以化学能的形式储存在有机物中。生产者的主体是绿色植物,以及一些能够进行光合作用的菌类。由于这些生物能够直接吸收太阳能和利用无机营养成分合成构成自身有机体的各种有机物,因而被称为自养生物。消费者是直接或间接地利用生产者所制造的有机物作为食物和能源,而不能直接利用太阳能和无机态的营养元素的生物,并最终还原为植物可以利用的营养物。消费者根据其消费对象可分为:食草动物,又称一级消费者;食肉动物,又称二级消费者;以二级消费者为食物的动物消费者,称为三级消费者。分解者又称为还原者,是以腐烂动植物尸体为食物的一群特殊的腐食生物消费者,主要包括微生物、真菌、原生动物和腐殖性动物,它们能把复杂的动植物有机残体和动物排泄物分解为水、二氧化碳和无机元素并归还给环境,供生产者再利用。消费者和分解者都不能够直接利用太阳能和物理环境中的无机营养元素,因而被称为异养生物。环境系统是由无机物(如氧气、氮气、二氧化碳、水和铁等)、有机化合物(如碳水化合物、蛋白质、脂类、核酸、腐殖质等)、气候(太阳辐射、湿度、水分、空气等)三类无生命物质组成的。

第二,结构。构成生态系统的各种成分,并不是杂乱无章地堆积在一起的,而是在一定的空间和时间内处于相对稳定的有序状态。[①] 这种组成生态系统的各成分、各要素在空间上的配置和联系,就是生态系统的结构。生态系统的结构可以从形态和营养关系两个角度进行研究。[②] 其中,生态系统的生物种类、种群数量、种的空间配置(水平分布、垂直分布)、种的时间变化(发育)等,构成了生态系统的形态结构;生态系统各组成成分之间建立起来的营养关系,构成了生态系统的营养结构,它是生态系统中能量和物质流动的基础。

---

① 姜学民等:《生态经济学概论》,湖北人民出版社1985年版,第31页。
② 胡辉、徐晓林:《现代城市环境保护》,科学出版社2004年版,第44页。

第三,功能。生态系统最基本的功能是能量转化、物质循环和信息传递,每一个生态系统都是由物质流、能量流和信息流构成的功能单位。维持生态系统生命活动的全部能量均来自于太阳辐射流。太阳辐射到地球表面,产生两种能量形式:一种是热能,它温暖着大地,推动水循环、产生空气和水的环流;一种是光化学能,它为植物光合作用所利用和固定,形成碳水化合物及其他化合物。而能量转化是生态系统中生物与环境之间、生物与生物之间能量的传递与转化过程,这种流量转化的显著特征是:能量在流动过程中,数量逐级递减;能量流动的方向是单向和不可逆的。与能量流的单向流动相反,生态系统的物流是循环的。物质循环按其本质讲是生物地球化学循环,按其属性可分为水循环(降雨、水面蒸发、植物蒸腾等)、气态循环(氧气、二氧化碳、氮等)、沉积循环(磷、硫、碘、钙、钾、纳、铁等)。在生态系统的能量转化、物质循环过程中,会产生各种信息,众多的信息形成信息流,把生态系统连接为一个有机的整体。因此,信息传递是生态系统中各生命成分之间、生命成分与环境之间的信息流动与反馈过程,是生物之间、生物与环境之间相互作用、相互影响的一种特殊形式。生态系统传递的信息有营养信息、化学信息、物理信息、行为信息,它们相互交织,形成信息网。①

根据人类生产活动及其他经济、社会活动对生态系统的干预程度,生态系统可分为自然生态系统、半自然生态系统、人工生态系统。② 地球上的自然生态系统有海洋生态系统、淡水生态系统、草原生态系统、森林生态系统。人工生态系统是完全或基本由人类的生产、经济活动干预所形成的生态系统,如农业生态系统、城市工矿生态系统等。半自然生态系统是已受到人类活动的干预,但干预的程度较轻,无论从深度上还是广度上都没有达到可以控制生态系统演变、进化的地步,如进行天然捕捞的水域、放牧的原生草原等。

生态平衡是指在任何一个正常的生态系统中,能量流动、物质循环

---

① 姜学民等:《生态经济学概论》,湖北人民出版社1985年版,第37—38页。
② 同上,第39—41页。

和信息传递总是不断地进行的,但在一定时期和空间的生态系统中,生物物种的种类和数量保持相对的稳定状态,生物与环境之间的能量流、物质流和信息流也保持相对稳定,达到高度适应、统一协调的状态。① 具体地说,生态系统达到以下几方面就处于稳定平衡状态:②① 系统内外物质和能量的输入输出接近相等。② 系统的生产、消费、分解过程相适应,物质生产与消耗平衡。③ 系统中生物种类和数量保持相对稳定。④ 结构与功能相适应、相协调,各部分组合及相互作用平衡,有机体与环境协调。⑤ 系统能自我调节,具有自我恢复能力。⑥ 在演变中实现平衡,在平衡中得到发展。生态之所以能保持相对的动态平衡,主要是由于其内部有自动调节的能力,具有抵抗外界干扰的能力或恢复能力。

城市生态系统是生态系统的重要组成部分,它是特定地域内的人口、资源、环境(包括生物的和物理的、社会的和经济的、政治的和文化的)通过各种相生相克的关系,建立起来的人类聚居地或社会、经济、自然的复合体。城市生态系统既是自然生态系统发展到一定阶段的结果,也是人类生态系统发展到一定阶段的结果。

城市生态系统不仅有生物组成要素(植物、动物和细菌、真菌、病毒)和非生物组成要素(光、热、水、大气等),还包括人类和社会经济要素,这些要素通过能量流动、物质循环以及物资供应与废物处理系统,形成了一个具有内在联系的统一整体。因此,城市生态系统是由城市自然生态系统和社会经济生态系统组成的,各部分又由生物成分和非生物成分具体组成。③ 城市生态系统中生物部分的主体是有思想意识的人,加上野生的和人工培育的动植物及微生物。城市生态系统中的非生物部分除了自然生态系统中的物质成分外,还有房屋、道路、生产设施、生活设施等人工生态环境物质成分。因此,城市生态系统也可以分为城市自然生态系统和城市人工生态系统。④ 城市生态系统的结构

---

① 胡辉、徐晓林:《现代城市环境保护》,科学出版社2004年版,第27页。
② 杨士弘等:《城市生态环境学》,科学出版社2003年版,第27—28页。
③ 胡辉、徐晓林:《现代城市环境保护》,科学出版社2004年版,第52页。
④ 杨士弘等:《城市生态环境学》,科学出版社2003年版,第29页。

比自然生态系统的结构复杂,由空间结构、社会结构、经济结构、营养结构组成。① 空间结构是环境、资源、设施等的分布和组合,即环境结构、资源结构、人工设施结构等;社会结构是人口、劳动力和智力等的空间配置和组合;经济结构是生产、分配、消费、流通等的空间配置和组合;营养结构也由生产者、消费者和分解者组成。它们之间相互制约、相互依存、相互渗透,通过能量流、物质流、信息流、人口流、劳动力流、智力流、价值流等,形成复杂的链网状结构,这种链网状结构由食物链结构、资源利用链结构、生命—环境相互作用结构、要素空间组合结构组成。②

二、城市生态系统的特点和功能

城市生态系统的特点是:

第一,城市生态系统是以人为主体的复合生态系统,人起着重要的支配作用。③ 城市生态系统是人类在政治、经济、文化生活活动中不断利用和改造自然环境而创造出来的高度人工化的生存环境,是典型的人工生态系统。在这个人工生态系统中,生产者——植物的数量以及分解者——微生物的数量很少,而消费者——人口的数量庞大。作为人口及其活动高度密集地区的城市,人的活动强烈地改变了原有的自然生态状况,人工物质系统高度发达。

第二,城市生态系统具有非完整性,对外依赖性很强。④ 在自然生态系统中,能量的最终来源是太阳能,在物质方面则可以通过生物地球化学循环而达到自给自足,是一个自律、完整的系统。城市生态系统就不同了,缺乏第一性的生产者,消费者与分解者也是不完整的,它所需求的大部分能量和物质,都需要从其他生态系统(如农田生态系统、森林生态系统、草原生态系统、湖泊生态系统、海洋生态系统等)人为地输入,系统生产的产品等要人为地输出。因此,城市生态系统是一个开放性的系统,其物质和能量的恒定需要与系统以外的环境进行广泛的、

---

① 杨士弘等:《城市生态环境学》,科学出版社2003年版,第29页。
② 胡辉、徐晓林:《现代城市环境保护》,科学出版社2004年版,第52页。
③ 蔡孝箴:《城市经济学》,南开大学出版社1998年版,第373页。
④ 杨士弘等:《城市生态环境学》,科学出版社2003年版,第32—33页。

不间断的交换,对其他生态系统具有很大的依赖性。

第三,城市生态系统具有非稳定性。① 从营养结构上看,食物链和食物网是生态系统的营养结构,生态系统的物质和能量就是顺着这种渠道流动的。在自然生态系统中,营养级结构逐级地、急剧地、梯级般地递减,呈金字塔形,稳定平衡。城市生态系统中生产者与消费者的关系,即生物营养级构成倒金字塔形,生产者所占比例很小,消费者所占比例大,生产者小于消费者,因而具有不稳定性。可以说,城市生态系统是在偏离自然平衡点处建立起来的非稳定平衡系统。

第四,城市生态系统具有脆弱性。② 从生态平衡上看,自然生态系统的成分相对多样化,营养结构相对复杂,自动调节能力就较大,易维持生态平衡,因此,自然生态系统总是在不平衡—平衡—不平衡的发展过程中进行着物质与能量的交换,推动着自身的变化和发展。而城市生态系统中,生物物种单调,生态结构简单,环境容量小,自我调节能力较差,随着城市人口的增长和工业的发展,城市生态平衡最易遭到破坏,从而出现许多严重的环境问题。

城市生态系统的上述特点,客观上要求城市建设和发展严格遵循自然规律及客观经济规律,合理开发利用自然资源,调节、控制城市生态系统的结构和功能,保证城市生态系统物质循环和能量流动的顺畅进行,实现城市生态系统的平衡。

城市生态系统的平衡主要取决于以下因素:③ ① 城市规模与地区资源的平衡。② 城市人口与土地空间的平衡。③ 生产设施与基础设施、生活服务设施的平衡。④ 城市"三废"排放与环境容量的平衡。⑤ 劳动力数量与职业岗位的平衡。⑥ 各类产业之间的平衡。⑦ 社会生产与消费之间的平衡。⑧ 城乡物资供应与居民需求的平衡。城市生态系统平衡的标志主要是:城市生态系统结构与功能相协调,城市生态系统结构和功能最优化,实现人口、资源、设施、环境相协调,环境清

---

① 胡辉、徐晓林:《现代城市环境保护》,科学出版社2004年版,第63页。
② 谢文蕙、邓卫:《城市经济学》,清华大学出版社1996年版,第345页。
③ 杨士弘等:《城市生态环境学》,科学出版社2003年版,第31页。

洁、安全、优美、舒适。

城市生态系统在满足城市居民的生产、生活等活动中发挥着巨大作用,承担着以下功能:①

第一,生产功能。城市生态系统的生产功能是指城市生态系统能够利用城市内外系统提供的物质、能量等资源,生产出产品的能力,包括生物生产和非生物生产。城市生态系统的生物生产是城市生态系统所具有的,包括人类在内的各类生物交换、生长、发育和繁殖的过程,具体表现为通过植物光合作用过程进行的初级生产和人的次级生产。非生物生产又分为物质生产和非物质生产,其中物质生产包括满足人们物质生活所需要的各类有形产品及服务的生产;非物质生产是满足人们的精神生活所需的各种文化艺术产品及相关服务的生产。

第二,生活功能。城市生产的最终目的是为了最大限度地满足人民日益增长的物质和精神生活的需要。因此,城市生态系统不仅有生产功能,而且还可以为城市居民提供高质量的生存空间和生存条件,以有利于工作和方便生活。但是城市生态系统中的自然生态系统和人工创造的社会经济系统,分别承担着满足城市居民特定需要的功能。城市自然生态系统是城市产生和发展的物质基础,是人类生存和发展不可缺少的物质因素。社会经济系统是在城市形成过程中,人类为了不断提高自身的物质文化生活需要而创造的,具有生产、生活、服务和享受的功能。

第三,还原净化和资源再生功能。城市自然生态系统不仅可以提供自然物质来源,而且还能在一定限度内接纳、吸收、转化人类活动排放到城市生态环境中的有毒有害物质,达到自然净化的效果。城市自然生态系统中的水、矿物、生物等物质,通过生产进入经济系统,参与高一级的物质循环过程,成为城市社会经济活动不可或缺的资源和能源。

三、城市生态环境的质量及其标准

自然灾害、资源利用、废物排放以及人群的规模和文化状态等,都会改变或影响一个城市的生态环境质量。城市生态环境质量反映城市

---

① 杨士弘等:《城市生态环境学》,科学出版社2003年版,第29—30页。

生态环境的总体或某些要素所处的状态,体现了城市生态环境对城市主体——人的生存和发展的适宜程度,能通过定量、定性、定位和定形相结合的方法进行描述。城市生态环境质量可以用城市的资源质量、人群健康和生态状况等尺度来衡量,但最基本、最重要的方面可以通过环境污染程度来衡量。[①] 一般来说,城市生态环境质量的好坏,与城市生态环境的污染程度呈反比,城市生态环境污染程度越大,表明城市生态环境质量越差。随着城市生态环境污染日趋严重,城市生态环境质量也日益引起人们的关注,人们逐渐用城市生态环境质量的好坏来反映城市生态环境被破坏和受污染的程度。研究城市生态环境质量的目的是了解和掌握城市生态环境质量的变化规律,为城市生态环境的管理和综合防治提供科学依据。

为了从不同角度对城市生态环境质量作深入细致的研究,可以按照不同的标准对城市生态环境质量进行分类。[②] 按照城市生态环境的组成要素,城市生态环境质量可以分为大气环境质量、水环境质量、土壤环境质量、声环境质量等;按照城市生态环境要素的性质,城市生态环境质量可以分为物理环境质量、化学环境质量和生物环境质量。广义的城市生态环境质量是城市自然环境质量和社会环境质量的总和,其中自然环境质量包括物理的、化学的及生物的环境质量三个方面;社会环境质量则包括经济的、文化的和美学的内容。

城市生态环境质量标准是为保障城市人群健康、维护城市生态环境和保障社会物质财富,并考虑技术、经济条件,对城市生态环境中的有害物质和因素所制定的限制性规定。城市生态环境质量标准是一定时期内衡量城市生态环境优劣程度的标准,从某种意义上讲是城市生态环境质量的目标标准。城市生态环境质量标准体现了一个国家或城市政府环境政策的目标和要求,是制定城市污染物排放标准(或控制标准)的依据。为实现城市生态环境质量标准,结合技术经济条件和

---

① 胡辉、徐晓林:《现代城市环境保护》,科学出版社2004年版,第231页。
② 中共北京市委党校国民经济教研室:《城市管理学原理》,中共中央党校出版社1985年版,第136页。

环境特点,限制排入城市生态环境中的污染物或对城市生态环境造成危害的其他因素,制定城市污染物排放标准(或控制标准);为监测城市生态环境质量和污染物排放,规范采样、分析测试、数据处理等技术,制定城市生态环境监测方法标准;为保证城市生态环境监测数据的准确、可靠,对用于量值传递或质量控制的材料、实物样品,制定城市生态环境标准样品;对城市生态环境保护工作中需要统一的技术术语、符号、代号(代码)、图形、指南、导则及信息编码等,制定城市生态环境基础标准。

城市生态环境质量标准,大致上可以分为两级:[1]一是低级标准,或称为安全环境标准,它要求城市生态环境的净化水平达到足以保障城市居民的生存安全,保证社会经济文化活动的正常运行,并能基本上遏止生态系统的恶性循环;二是高级标准,或称为舒适环境标准,它要求城市生态环境不仅达到较高的净化水平,实现良好的生态平衡,而且要达到一定的美化水平,达到"美学上令人愉快,生理上有益于健康,经济、文化上有利于发展"的程度。在实施城市生态环境质量标准的步骤上,一般首先要达到低级标准,然后逐步达到高级标准。

城市生态环境质量标准按其组成要素,可以分为大气环境质量标准、水环境质量标准、土壤环境质量标准、声环境质量标准等。按照城市生态环境要素的性质,可以分为物理环境质量标准、化学环境质量标准和生物环境质量标准。按照管理的层次或行政隶属关系,可以分为国家生态环境质量标准和地方生态环境质量标准,其中,国家生态环境质量标准是由国家规定的,统一衡量全国各地生态环境质量所达到的水平,是各地进行生态环境管理的主要依据;地方生态环境质量标准是对国家生态环境质量标准的补充和完善,由省、自治区、直辖市人民政府制定。此外,城市生态环境质量标准还可以按照功能来分类,如在水环境质量标准中,按功能可分为地表水质量标准、地下水质量标准、海水水质标准、农田灌溉水质标准、渔业水质标准;在大气质量标准中,按

---

[1] 中共北京市委党校国民经济教研室:《城市管理学原理》,中共中央党校出版社1985年版,第137页。

功能可分为环境空气质量标准、室内空气质量标准等。

城市生态质量环境标准在中国环保工作中有着极其重要的地位和不可替代的作用。

第一,城市生态环境质量标准是城市生态环境保护规划的体现。城市生态环境规划的目标主要是用标准来表示的。中国城市生态环境质量标准就是将城市生态环境规划总目标,依据城市生态环境的组成要素和控制项目,在规划时间和空间内予以分解并定量化的产物。因而城市生态环境质量标准是具有鲜明的阶段性和区域性特征的规划指标,是城市生态环境规划的定量描述。城市生态环境规划通俗地讲是指在什么地方到什么时候达到什么标准,也就是通过城市生态环境规划来实施城市生态环境质量标准。城市生态环境质量标准提供了可列入国民经济和社会发展规划中的具体城市生态环境保护指标,为城市生态环境保护计划切实纳入城市经济和社会发展规划创造了条件;城市生态环境质量标准为其他行业部门提出了城市生态环境保护具体指标,有利于其他行业部门在制定和实施行业发展规划时协调行业发展与环境保护工作;城市生态环境质量标准提供了检验城市生态环境保护工作的尺度,有利于城市生态环境保护部门对城市生态环境保护工作的监督管理,对于人民群众加强对城市生态环境保护工作的监督和参与,提高市民的环境意识也有积极意义。

第二,城市生态环境保护标准是城市生态环境保护行政主管部门依法行政的依据。首先,中国多年来逐步形成的城市生态环境管理制度,是城市生态环境监督管理职能制度化的体现。但是,这些制度只有在各自进行技术规范化之后,才能保证监督管理职能科学有效地发挥。因为城市生态环境管理制度和措施的一个基本特征是定量管理,定量管理就要求在城市污染源控制与城市生态环境目标管理之间建立定量评价关系,并进行综合分析。因而就需要通过城市生态环境质量标准统一技术方法,作为城市生态环境管理制度实施的技术依据。其次,目标管理的核心是对不同时间、空间、污染类别,确定相应要达到的城市生态环境质量标准,以便落实目标管理责任制的对象,有的放矢地进行城市环境综合整治定量考核。总之,城市生态环境质量标准是强化城市生态环境管理的核心,它提供了衡量城市生态环境质量状况的尺度,提高了城市生态环境监督管理的科学水平和可比程度。

第三,城市生态环境质量标准是推动城市生态环境保护科技进步的一个动力。城市生态环境质量标准与其他任何标准一样,是以科学技术与实践的综合成果为依据制定的,具有科学性和先进性,代表了今后一段时期内科学技术的发展方向。使城市生态环境质量标准在某种程度上成为判断城市污染防治技术、生产工艺与设备是否先进可行的依据,成为筛选、评价城市生态环境保护科技成果的一个重要尺度,从而对技术进步起到导向作用。同时,城市生态环境质量标准统一了采样、分析、测试、统计计算等技术方法,保证了城市生态环境信息的可比性,使城市生态环境科学各学科之间、城市生态环境监督管理各部门之间以及城市生态环境科研和环境管理部门之间有效的信息交往和相互促进成为可能。城市生态环境质量标准的实施还可以起到强制推广先进科技成果的作用,加速科技成果转化,使城市污染治理新技术、新工艺、新设备尽快得到推广应用。

第四,城市生态环境质量标准是进行城市生态环境评价的准绳。无论是进行城市生态环境质量现状评价和编制城市生态环境质量报告书,还是进行城市生态环境影响评价和编制城市生态环境影响报告书,都需要城市生态环境质量标准。只有依靠城市生态环境质量标准,方能作出定量化的比较和评价,正确判断城市生态环境质量的好坏,从而为控制城市生态环境质量,进行城市生态环境污染综合整治,以及设计切实可行的治理方案提供科学依据。

第五,城市生态环境质量标准具有投资导向作用。城市生态环境质量标准中指标值的高低,是确定污染源治理、污染资金投入的技术依据。城市基本建设和技术改造项目也是根据标准值确定治理程度,提前安排污染防治资金,因而城市生态环境质量标准对城市生态环境投资的导向作用是明显的。

制定城市生态环境质量标准应遵循以下原则:以国家环境保护方针、政策、法律、法规及有关规章为依据,以保护人体健康和改善环境质量为目标,促进环境效益、经济效益、社会效益的统一;城市生态环境质量标准应与国家的技术水平、社会经济承受能力相适应;各类城市生态环境质量标准之间应协调配套;标准应便于实施与监督;借鉴适合中国国情的国际标准和其他国家的标准。

第二节 中国城市生态环境问题及治理

一、中国城市生态环境问题

城市生态环境问题与城市人口、产业发展及结构变化状况是密切相关的,同城市发展几乎是同时产生的。城市生态环境问题的主要表现形式是城市生态环境污染,它一般是指城市中人类活动所产生的大量有害物质,使城市生态环境系统的构成或状态发生了不良变化,严重影响了城市生态环境的机能,破坏了城市生产环境系统分解污染和自我净化的能力,扰乱了城市生态环境的平衡,从而使城市生态环境劣化。[①]

城市生态环境污染是多方面的,按受污染的领域范围和污染物质,可分为大气污染、水体污染、土壤污染、固体废弃物污染、噪声污染等;按照污染的性质形态,可分为物理性(声、光、热、辐射等)、化学性(有机物和无机物)、生物性(霉素、病菌等)污染等;按污染产生的原因,可分为生产污染(包括工业污染、农业污染、交通运输污染、服务业污染等)和生活污染。[②]

当前,在城市经济快速增长、人民群众消费水平显著提高的情况下,中国城市生态环境质量基本稳定,部分城市和地区生态环境质量有所改善,多数主要污染物排放总量得到控制,工业产品的污染排放强度下降,重点流域、区域环境治理不断推进,生态保护和治理得到加强,全社会的环境意识和人民群众的参与度明显提高。中国城市的生态环境

---

① 王佃利等:《现代市政学》,中国人民大学出版社 2004 年版,第 183 页。
② 马彦琳、刘建平:《现代城市管理学》,科学出版社 2003 年版,第 136 页。

保护虽然取得了积极进展,但城市生态环境形势严峻的状况仍然没有改变。主要污染物排放量超过环境承载能力,流经城市的河段普遍受到污染,许多城市空气污染严重,酸雨污染加重,持久性有机污染物的危害开始显现,土壤污染面积扩大,近岸海域污染加剧。生态破坏严重,水土流失量大面广,石漠化、草原退化加剧,生物多样性减少,生态系统功能退化。发达国家上百年工业化过程中分阶段出现的环境问题,在中国近20多年来集中出现,呈现结构型、复合型、压缩型的特点。2005年1月27日,瑞士达沃斯世界经济论坛正式对外发布各国"环境可持续指数"(ESI)中,在全球144个国家和地区中,中国位居第133位。[1]

中国城市生态环境问题具体表现在:[2]

1. 水体污染

随着中国工业化的进程和区位转移,水体污染正从东部向西部发展,从支流向干流延伸,从城市向农村蔓延,从地表向地下渗透,从区域向流域扩散。[3]

根据《2008年中国环境状况公报》,长江、黄河、珠江、松花江、淮河、海河和辽河七大水系水质总体为中度污染。200条河流409个断面中,Ⅰ—Ⅲ类、Ⅳ—Ⅴ类和劣Ⅴ类水质的断面比例分别为55.0%、24.2%和20.8%。其中,珠江、长江水质总体良好,松花江为轻度污染,黄河、淮河、辽河为中度污染,海河为重度污染。

长江水系的水质总体良好。104个地表水国控监测断面中,Ⅰ—Ⅲ类、Ⅳ类、Ⅴ类和劣Ⅴ类水质的断面比例分别为85.6%、6.7%、1.9%和5.8%。长江干流水质总体为优,支流水质总体良好。

黄河水系的水质总体为中度污染。44个地表水国控监测断面中,Ⅱ—Ⅲ类、Ⅳ类、Ⅴ类和劣Ⅴ类水质的断面比例分别为68.2%、4.5%、

---

[1] 李富永:环境指数居世界末位 环保成中国下不完的一盘棋,http://news.hexun.com/detail.aspx?ID=1070119。
[2] 国家环境保护部:《2008年中国环境状况公报》,http://www.mep.gov.cn/gzfw/xzzx/wdxz/200906/P020090609397520028674.pdf。
[3] 葛竟天:《论生态城市建设》,东北财经大学出版社2009年版,第202—203页。

6.8%和20.5%。黄河干流水质总体为优,支流水质总体为重度污染。

珠江水系的水质总体良好。33个地表水国控监测断面中,Ⅰ—Ⅲ类、Ⅳ类、Ⅴ类和劣Ⅴ类水质的断面比例分别为84.9%、9.1%、3.0%和3.0%。珠江干流水质总体良好,但珠江广州段为轻度污染。珠江支流水质总体为优,但深圳河为重度污染。

松花江水系的水质总体为轻度污染。42个地表水国控监测断面中,Ⅰ—Ⅲ类、Ⅳ类、Ⅴ类和劣Ⅴ类水质的断面比例分别为33.3%、45.2%、7.2%和14.3%。松花江干流水质为轻度污染,支流水质总体为中度污染。

淮河水系的水质总体为中度污染。86个断面中,Ⅱ—Ⅲ类、Ⅳ类、Ⅴ类和劣Ⅴ类水质断面比例分别为38.4%、33.7%、5.8%和22.1%。淮河干流水质为轻度污染,支流水质为中度污染。

海河水系的水质总体为重度污染。63个断面中,Ⅰ—Ⅲ类水质断面占28.6%;Ⅳ类水质断面占14.3%、Ⅴ类水质断面占6.3%;劣Ⅴ类水质断面占50.8%。海河干流水质总体为重度污染,海河水系其他主要河流水质总体为重度污染。

辽河水系的水质总体为中度污染。37个地表水国控监测断面中,Ⅱ—Ⅲ类、Ⅳ类、Ⅴ类和劣Ⅴ类水质的断面比例分别为35.1%、13.5%、18.9%和32.5%。辽河干流水质总体为中度污染,支流水质总体为重度污染,大辽河及其支流水质总体为重度污染。

28个国控重点湖(库)中,满足Ⅱ类水质的4个,占14.3%;Ⅲ类的2个,占7.1%;Ⅳ类的6个,占21.4%;Ⅴ类的5个,占17.9%;劣Ⅴ类的11个,占39.3%。主要污染指标为总氮和总磷。在监测营养状态的26个湖(库)中,重度富营养的1个,占3.8%;中度富营养的5个,占19.2%;轻度富营养的6个,占23.0%。湖泊(水库)富营养化问题突出。如表9.1所示。

表9.1 中国重点湖(库)水质类别

水系	个数	I类	II类	III类	IV类	V类	劣V类
三湖*	3					1	2
大型淡水湖	10		2	1	3	1	3
城市内湖	5				1		4
大型水库	10		2	1	2	3	2
总计	28		4	2	6	5	11
比例(%)		0	14.3	7.1	21.4	17.9	39.3

*三湖是指太湖、滇池和巢湖。

2. 大气环境污染

大气环境主要指与人类生活密切相关的地球大气层,它环绕地球,由高达几公里至几十公里范围内的各种气体混合组成。按气体物质的组成比例是否一致,大气层可分为均质层和非均质层,其中均质层包括对流层、平流层和中间层,这里有地球生物赖以生存的纯净空气,集中了地球大气总质量的74%以及几乎全部的水汽,提供人类及其他生物生存所必需的碳、氢、氧、氮等元素。在距地表25~50公里处有一圈臭氧层,能吸收太阳发出的紫外线和宇宙射线,使地球上的人类和其他生物避免受到有害的辐射,是人类的保护伞。[①]

2008年度,全国有519个城市报告了空气质量数据,达到一级标准的城市21个(占4.0%),二级标准的城市378个(占72.8%),三级标准的城市113个(占21.8%),劣于三级标准的城市7个(占1.4%)。全国地级及以上城市的达标比例为71.6%,县级城市的达标比例为85.6%。

地级及以上城市(含地、州、盟首府所在地)空气质量达到国家一级标准的城市占2.2%,二级标准的占69.4%,三级标准的占26.9%,劣于三级标准的占1.5%。可吸入颗粒物(PM10)年均浓度达到二级

---

① 葛竞天:《论生态城市建设》,东北财经大学出版社2009年版,第213页。

标准及以上的城市占 81.5%,劣于三级标准的占 0.6%。山东、陕西、新疆、内蒙古、湖北、江苏、甘肃、湖南 8 省区参加统计的地级城市中 PM10 未达到二级标准的比例超过 20%。二氧化硫年均浓度达到二级标准及以上的城市占 85.2%,劣于三级标准的占 0.6%。贵州、山东、河北、山西、内蒙古、四川、湖南 7 省区参加统计的地级城市中二氧化硫未达到二级标准的比例超过 20%。

113 个环境保护重点城市空气质量达到二级标准的城市占 57.5%,三级的占 41.6%,劣于三级的占 0.9%。

监测的 477 个城市(县)中,出现酸雨的城市 252 个,占 52.8%;酸雨发生频率在 25% 以上的城市 164 个,占 34.4%;酸雨发生频率在 75% 以上的城市 55 个,占 11.5%。如表 9.2 所示。

表 9.2 全国酸雨发生频率分段统计

酸雨发生频率(%)	0	0~25%	25%~50%	50%~75%	≥75%
城市数(个)	225	88	57	52	55
所占比例(%)	47.2	18.4	11.9	10.9	11.5

酸雨分布主要集中在长江以南,四川、云南以东的区域,包括浙江、福建、江西、湖南、重庆的大部分地区以及长江、珠江三角洲地区。

2008 年,二氧化硫排放量为 2 321.2 万吨,烟尘排放量为 901.6 万吨,工业粉尘排放量为 584.9 万吨。如表 9.3 所示。

表 9.3 全国近年废气中主要污染物排放量

项目 年度	二氧化硫排放量(万吨)			烟尘排放量(万吨)			工业粉尘排放量(万吨)
	合计	工业	生活	合计	工业	生活	
2006	2 588.8	2 234.8	354.0	1 088.8	864.5	224.3	808.4
2007	2 468.1	2 140.0	328.1	986.6	771.1	215.5	698.7
2008	2 321.2	1 991.3	329.9	901.6	670.7	230.9	584.9

3. 噪声污染

2008 年,全国 71.7% 的城市区域声环境质量处于好或较好水平,环境保护重点城市区域声环境质量处于好或较好水平的占75.2%。全国65.3%的城市道路交通声环境质量为好,环境保护重点城市道路交通声环境质量处于好或较好水平的占93.8%。城市各类功能区昼间达标率为86.4%,夜间达标率为74.7%。

监测的392个城市中,区域声环境质量好的城市占7.2%,较好的占64.5%,轻度污染的占27.3%,中度污染的占1.0%。与2007年相比,全国城市区域声环境质量好的城市上升了1.2个百分点,较好的下降了1.7个百分点,轻度污染的上升了0.9个百分点,中度污染的下降了0.4个百分点。

环境保护重点城市区域环境噪声等效声级范围在45.7~61.1dB(A)之间,区域声环境质量处于好和较好水平的城市占75.2%,轻度污染的占23.9%,中度污染的占0.9%。

监测的384个城市中,65.3%的城市道路交通声环境质量为好,27.1%的城市较好,4.2%的城市为轻度污染,2.9%的城市为中度污染,0.5%的城市为重度污染。与2007年相比,全国城市道路交通声环境质量好的城市上升了6.7个百分点,较好的下降了6.7个百分点,轻度污染的下降了1.5个百分点,中度污染的上升了1.8个百分点,重度污染的下降了0.3个百分点。

环境保护重点城市道路交通声环境质量好的城市占57.5%,较好的占36.3%,轻度污染的占4.4%,中度污染的占1.8%。

4. 固体废物污染

固体废物,是指在生产、生活和其他活动中产生的丧失原有利用价值或者虽未丧失利用价值但被抛弃或者放弃的固态、半固态和置于容器中的气态的物品、物质以及法律、行政法规规定纳入固体废物管理的物品、物质。固体废物有:工业固体废物,即在工业生产活动中产生的固体废物;生活垃圾,即在日常生活中或者为日常生活提供服务的活动中产生的固体废物以及法律、行政法规规定视为生活垃圾的固体废物;危险废物,即列入国家危险废物名录或者根据国家规定的危险废物鉴别标准和鉴别方法认定的具有危险特性的固体废物。

2008年,全国工业固体废物产生量为190 127万吨,比上年增加

8.3%;排放量为782万吨,比上年减少34.7%;综合利用量(含利用往年储存量)、储存量、处置量分别为123 482万吨、21 883万吨、48 291万吨,分别占产生量的64.9%、11.5%、25.4%。危险废物产生量为1 357万吨,综合利用量(含利用往年储存量)、储存量、处置量分别为819万吨、196万吨、389万吨。如表9.4所示。

表9.4 2008年全国工业固体废物产生及处理情况

产生量(万吨)		综合利用量(万吨)		储存量(万吨)		处置量(万吨)	
合计	危险废物	合计	危险废物	合计	危险废物	合计	危险废物
190 127	1 357	123 482	819	21 883	196	48 291	389

城市生态环境污染极大地危害了人类的生存和发展。[①] 首先,城市生态环境污染危害人体健康。城市生态环境污染对人体健康的危害大致有三种:第一种是直接的、明显的危害,最典型的是在物质生产过程中直接接触有毒、有害物质的职工患的职业病,它是工业污染的直接受害者;第二种是通过多种污染渠道的辗转传播所造成的危害,这种危害比较明显,其症状的种类比第一种更多;第三种是潜在的、不明显的但更为严重的危害,即城市生态环境污染会导致遗传基因突变、染色体畸变和畸胎,甚至可能导致人类基因库的退化,造成人类素质的降低,祸及子孙后代。其次,造成巨大的经济损失。城市生态环境污染造成的经济损失包括城市污染物排放造成的损失和城市生态破坏造成的损失两个部分。据中国科学院测算,中国环境污染和生态破坏造成的损失占到GDP的15%。[②] 最后,影响社会稳定和环境安全。国外科学家预言,如果中国不迅速转变生产与生活方式,人类历史上突发性环境危机对经济、社会体系的最大冲击将可能出现在中国。

---

① 中共北京市委党校国民经济教研室:《城市管理学原理》,中共中央党校出版社1985年版,第143—144页。
② 李富永:环境指数居世界末位 环保成中国下不完的一盘棋,http://news.hexun.com/detail.aspx?ID=1070119。

城市生态环境污染主要是在工业化过程中,资源的不合理利用和浪费,使城市经济社会发展与城市生态环境的协调关系被破坏。具体地说,造成城市生态环境污染的主要原因有:①

第一,工业化、城市化进程的加速,使城市人口增长和社会经济的发展超出了城市生态环境的承载能力和容量。研究表明,在其他因素不变的条件下,环境污染与人口密度及经济开发强度成正比。这就使大城市的污染比中小城市的污染大,工业城市的污染比其他城市的污染大,尤其是重化工业城市的污染大。

第二,不尊重生态规律,片面追求经济的数量增长,因循先污染后治理的传统发展模式。长期以来,人们对环境污染的后果缺乏清醒的认识,总以为与经济发展相比,环境问题只不过是一种暂时的牺牲和必不可少的代价。对此,恩格斯指出:不要过分陶醉于我们对自然界的胜利,对于每一次这样的胜利,自然界都报复了我们。② 由于城市在组织区域社会经济活动的过程中,没有按照生态规律的要求进行规划和合理使用土地及空间,工业布局和建筑布局混乱,从而破坏了城市生态环境系统。

第三,城市生态环境的外部性和市场机制失灵。城市生态环境的外部性主要是指生产和消费上的外部不经济,尤其是指生产的外部不经济。城市生态环境的外部性,使外部费用不能反映在价格信号上,不能直接影响企业的经济效益,因而无法通过其产品的价格杠杆来控制排污量。市场机制对城市生态环境的外部性没有约束力,是城市生态环境污染的经济原因。

第四,社会消费需求猛增,生产技术、防治环境污染的技术落后。一方面,人们过分追求舒适的生活模式和消费习惯,使社会消费需求猛增,这是城市生态环境污染的社会原因。另一方面,由于生产技术和防治环境污染的技术落后,导致能耗高,能源利用率低,这是导致城市生态环境污染的技术原因。所谓废气、废水、废渣,实际上是宝贵的资源

---

① 谢文蕙、邓卫:《城市经济学》,清华大学出版社1996年版,第350页。
② 马克思、恩格斯:《马克思恩格斯全集》第3卷,人民出版社1972年版,第517页。

和能源没有充分、合理地利用而产生的。2004年,全国消耗煤炭20亿吨,石油消费2亿吨以上;中国GDP仅占世界的5%左右,煤炭消耗却占全世界30%以上;中国GDP相当于日本的1/5,但石油消费已经超过日本,煤炭消费更是日本的数倍。预计到2020年,煤炭消费总量将达到30亿吨。①

二、中国城市生态环境管理的指导思想和原则

中国城市生态环境管理的指导思想是按照全面落实科学发展观、构建社会主义和谐社会的要求,坚持环境保护基本国策,在发展中解决环境问题。积极推进经济结构调整和经济发展方式的根本性转变,切实改变"先污染后治理、边治理边破坏"的状况,依靠科技进步,发展循环经济,倡导生态文明,强化环境法治,完善监管体制,建立长效机制,建设资源节约型和环境友好型社会,努力让人民群众喝上干净的水、呼吸清洁的空气、吃上放心的食物、在良好的环境中生产生活。

中国城市生态环境管理的方针是:全面规划,合理布局;综合利用,化害为利;预防为主,防治结合;依靠群众,大家动手;保护环境,造福人民。为此,中国城市生态环境管理必须遵循以下原则:

(1)协调发展,互惠共赢。正确处理环境保护与经济发展和社会进步的关系,在发展中落实保护,在保护中促进发展,坚持节约发展、安全发展、清洁发展,实现可持续的科学发展。

要实现城市经济社会发展与城市生态环境保护相协调,首先必须大力发展循环经济。城市政府要把发展循环经济作为编制各项发展规划的重要指导原则,制定和实施循环经济推进计划,加快制定促进发展循环经济的政策、相关标准和评价体系,加强技术开发和创新体系建设。要按照"减量化、再利用、资源化"的原则,根据城市生态环境的要求,进行产品和工业区的设计与改造,促进循环经济的发展。在生产环节,要严格排放强度准入,鼓励节能降耗,实行清洁生产并依法强制审

---

① 李富永:环境指数居世界末位 环保成中国下不完的一盘棋,http://news.hexun.com/detail.aspx? ID=1070119。

核;在废物产生环节,要强化污染预防和全过程控制,实行生产者责任延伸,合理延长产业链,强化对各类废物的循环利用;在消费环节,要大力倡导环境友好的消费方式,实行环境标志、环境认证和政府绿色采购制度,完善再生资源回收利用体系。大力推行建筑节能,发展绿色建筑。推进污水再生利用和垃圾处理与资源化回收,建设节水型城市。推动生态市、环境保护模范城市、环境友好企业和绿色社区、绿色学校等创建活动。

其次,要积极发展城市环保产业。要加快城市环保产业的国产化、标准化、现代化产业体系建设。加强政策扶持和市场监管,按照市场经济规律,打破地方和行业保护,促进公平竞争,鼓励社会资本参与环保产业的发展。重点发展具有自主知识产权的重要环保技术装备和基础装备,在立足自主研发的基础上,通过引进消化吸收,努力掌握环保核心技术和关键技术。大力提高环保装备制造企业的自主创新能力,推进重大环保技术装备的自主制造。培育一批拥有著名品牌、核心技术能力强、市场占有率高、能够提供较多就业机会的优势环保企业。加快发展环保服务业,推进环境咨询市场化,充分发挥行业协会等中介组织的作用。

(2)强化法治,综合治理。坚持依法行政,不断完善环境法律法规,严格环境执法。坚持环境保护与发展综合决策,科学规划,突出预防为主的方针,从源头防治污染和生态破坏,综合运用法律、经济、技术和必要的行政手段解决环境问题。

在城市生态环境保护中,要强化法治,首先要健全环境法规和标准体系。国家要抓紧拟订有关土壤污染、化学物质污染、生态保护、遗传资源、生物安全、臭氧层保护、核安全、循环经济、环境损害赔偿和环境监测等方面的法律法规草案。通过认真评估环境立法和各地执法情况,及时修订现有的环境法律法规,完善环境法律法规,加大对环境违法行为的处罚,重点解决"违法成本低、守法成本高"的问题。完善环境技术规范和标准体系,科学确定环境基准,努力使环境标准与环保目标相衔接。结合城市经济结构调整,完善强制淘汰制度,根据国家产业政策,及时调整和强制淘汰污染严重的企业和落后的生产能力、工艺、设备与产品目录。其次,要严格执行环境法律法规。要强化依法行政意识,加大环境执法力度,对不执行环境影响评价、违反建设项目环境保护设施"三同时"制度(同时设计、同时施工、同时投产使用)、不正常运转治理设施、超标排污、不遵守排污许可证规定、造成重大环境污染事故,在自然保护区内违法开发建设和开展旅游或者违规采矿造成生态破坏等违法行为予以重点查处。加大对各类工业开发区的环境监管力度,对达不到环境质量要求的,要限期整改。加强部门协调,完善联合执法机制。规范环境执法行为,实行执法责任追究制,加强对环境执法活动的行政监察。完善对污染受害者的法律援助机制,研究建立环境民事和行政公诉制度。

从源头上防治城市生态环境破坏,必须实行分类指导,突出重点。一是要以饮水安全和重点流域治理为重点,加强水污染防治。要科学划定和调整饮用水水源保护区,切实加强饮用水水源保护,建设好城市备用水源。坚决取缔水源保护区内的直接排污口,严防养殖业污染水源,禁止有毒有害物质进入饮用水水源保护区,强化水污染事故的预防和应急处理,确保群众饮水安全。严禁直接向江河湖海排放超标的工业污水。二是要以强化污染防治为重点,加强城市基础设施建设,提高城市污水处理率和生活垃圾无害化处理率。着力解决颗粒物、噪声和餐饮业污染,鼓励发展节能环保型汽车。对污染企业搬迁后的原址进行土壤风险评估和修复。城市建设应注重自然和生态条件,尽可能保留天然林草、河湖水系、滩涂湿地、自然地貌及野生动物等自然遗产,努力维护城市生态平衡。三是要以降低二氧化硫排放总量为重点,推进大气污染防治。加快原煤洗选步伐,降低商品煤含硫量。加强燃煤电厂二氧化硫治理,新(扩)建燃煤电厂除燃用特低硫煤的坑口电厂外,必须同步建设脱硫设施或者采取其他降低二氧化硫排放量的措施。在大中城市及其近郊,严格控制新(扩)建除热电联产外的燃煤电厂,禁止新(扩)建钢铁、冶炼等高耗能企业。要根据环境状况,确定不同区域的脱硫目标,制定并实施酸雨和二氧化硫污染防治规划。制定燃煤电厂氮氧化物治理规划,开展试点示范。加大烟尘、粉尘治理力度。采取节能措施,提高能源利用效率。大力发展风能、太阳能、地热、生物质能等新能源,积极发展核电,有序开发水能,提高清洁能源比重,减少大气污染物排放。

(3)依靠科技,创新机制。大力发展环境科学技术,以技术创新促进环境问题的解决;建立政府、企业、社会多元化投入机制和部分污染治理设施市场化运营机制,完善环保制度,健全统一、协调、高效的环境监管体制。

推动城市生态环境科技进步。强化城市环保科技基础平台建设,将重大环保科研项目优先列入国家科技计划。开展城市环保战略、标准、环境与健康等研究,鼓励对水体、大气、土壤、噪声、固体废物等污染防治,以及生态保护、资源循环利用、饮水安全等领域的研究,组织对污水深度处理、燃煤电厂脱硫脱硝、洁净煤、汽车尾气净化等重点难点技术的攻关,加快高新技术在环保领域的应用。积极开展技术示范和成果推广,提高自主创新能力。

推行有利于城市环境保护的经济政策。建立健全有利于城市环境保护的价格、税收、信贷、贸易、土地和政府采购等政策体系。政府定价要充分考虑资源的稀缺性和环境成本,对市场调节的价格也要进行有利于城市环保的指导和监管。对可再生能源发电厂和垃圾焚烧发电厂实行有利于发展的电价政策,对可再生能源发电项目的上网电量实行全额收购政策。对不符合国家产业政策和环保标准的企业,不得审批用地,并停止信贷,不予办理工商登记或者依法取缔。对通过境内非营利社会团体、国家机关向环保事业的捐赠依法给予税收优惠。要完善生态补偿政策,尽快建立生态补偿机制。中央和地方财政转移支付应考虑生态补偿因素,国家和地方可分别开展生态补偿试点。

运用市场机制和国际合作机制推进城市生态环境污染治理。全面实施城市污水、生活垃圾处理收费制度,收费标准要达到保本微利水平,凡收费不到位的城市,城市政府财政要对运营成本给予补助。鼓励社会资本参与污水、垃圾处理等基础设施的建设和运营。推动城市污水和垃圾处理单位加快转制改企,采用公开招标方式,择优选择投资主体和经营单位,实行特许经营,并强化监管。对污染处理设施建设运营的用地、用电、设备折旧等实行扶持政策,并给予税收优惠。生产者要依法负责或委托他人回收和处置废弃产品,并承担费用。推行污染治理工程的设计、施工和运营一体化模式,鼓励排污单位委托专业化公司承担污染治理或设施运营。有条件的地区和单位可实行二氧化硫等排污权交易。要扩大国际环境合作与交流,积极引进国外资金、先进环保技术与管理经验,提高城市环保的技术、装备和管理水平。

加强对城市环境的监管。要完善城市生态环境管理的各项基本制度,强化城市政府对城市生态环境的监管力度。同时,要健全社会监督机制。为此,城市政府要实行城市环境质量公告制度,定期公布有关城市环境保护的指标,发布城市空气质量、城市噪声、饮用水水源水质、流域水质、近岸海域水质和生态状况评价等环境信息,及时发布污染事故信息,为公众参与创造条件。公布环境质量不达标的城市,实行投资环境风险预警机制。发挥社会团体的作用,鼓励检举和揭发各种环境违法行为,推动环境公益诉讼。企业要公开环境信息。对涉及公众环境权益的发展规划和建设项目,通过听证会、论证会或社会公示等形式,听取公众意见,强化社会监督。为了强化社会对城市生态环境的监督,必须深入开展城市环境保护宣传教育,加大城市环境保护基本国策和环境法制的宣传力度,提高民众保护城市生态环境的自觉性。

(4) 不欠新账,多还旧账。严格控制污染物排放总量;所有新建、扩建和改建项目必须符合环保要求,做到增产不增污,努力实现增产减污;积极解决历史遗留的环境问题。

要做到不欠新账,多还旧账,城市政府必须完善城市生态环境保护投入机制。创造良好的生态环境是城市政府的重要职责,城市政府要将环保投入列入城市政府财政支出的重点内容并逐年增加。要加大对污染防治、生态保护、环保试点示范和环保监管能力建设的资金投入。当前,城市政府投入重点解决污水管网和生活垃圾收运设施的配套和完善,国家继续安排投资予以支持。城市政府要严格执行国家定员定额标准,确保环保行政管理、监察、监测、信息、宣教等行政和事业经费支出,切实解决"收支两条线"问题。要引导社会资金参与城乡环境保护基础设施和有关工作的投入,完善政府、企业、社会多元化环保投融资机制。

此外,国家要以实施国家环保工程为重点,推动解决当前突出的环境问题。国家环保重点工程是解决环境问题的重要举措,要将国家重点环保工程纳入国民经济和社会发展规划及有关专项规划,认真组织落实。国家重点环保工程包括:危险废物处置工程、城市污水处理工程、垃圾无害化处理工程、燃煤电厂脱硫工程、重要生态功能保护区和自然保护区建设工程、农村小康环保行动工程、核与辐射环境安全工程、环境管理能力建设工程。

三、中国城市生态环境管理的机构和制度

中国城市政府的环境保护局及其下属的区、县环保机构,对本辖区的环境保护工作实施统一管理。此外,城市政府的土地、矿产、林业、水利、环卫等部门,也承担着一定的环境保护与管理的职能。

根据《中华人民共和国环境保护法》及其他法律法规的规定,城市政府环境管理机构的职责有:

(1)贯彻执行国家环境保护的方针、政策和法律、法规,研究起草环境保护地方性法规、规章和规范性文件;协同有关部门拟定与环境保护相关的经济、技术、资源配置和产业政策;组织对全市重大经济和技术政策、发展规划以及重大经济开发计划进行环境影响评价。

(2)组织编制全市环境保护规划、计划和环境功能区划;参与制定市经济和社会发展中长期规划、年度计划、国土开发整治规划、城市总体规划、区域经济开发计划、产业发展规划以及资源节约和综合利用规划;参与审核开发区建设、旧城区改造中的环境保护内容;参与组织自然资源核算工作;组织编制和发布全市环境统计公报与环境状况公报,定期发布城市环境质量状况。

(3)组织创建国家环境保护模范城市、生态示范区;监督管理全市城乡环境综合整治工作,组织实施城市环境综合整治定量考核工作及各级环境保护目标责任制和环境执法责任制工作。

(4)监督管理水体、大气、土壤、噪声、固体废物、有毒有害化学品污染防治工作,监督管理机动车污染防治工作,执行污染限期治理制度;协助上级部门做好电磁波辐射、放射性物质和核安全监督管理等工作;组织实施排污许可制度。

(5）组织实施建设项目环保预审、环境影响评价、"三同时"管理以及竣工环保验收等环境管理制度；协助做好限额以上建设项目的环境保护管理工作。

(6）监督管理全市自然环境保护和农村生态环境保护工作；监督检查各类自然保护区、风景名胜区环境保护工作；监督检查生物多样性、野生动植物、珍稀濒危物种保护和湿地环境保护工作；监督对生态环境有影响的资源开发活动、重要生态环境建设和生态破坏恢复工作；监督管理生物技术环境安全。

(7）负责全市环境监测工作，实施环境监测制度和规范；建设、管理环境监测网络和环境信息网，组织环境质量监测、污染源监督性监测，编制环境质量报告；指导各级环境监测机构标准化、规范化建设和计量认证、质量保证工作；

(8）管理全市环境监察工作，对"三同时"执行情况、排污单位执行环境法律法规及制度情况实施现场监督检查，对环境污染事故和生态破坏事件进行调查并作出处理；协调和处理地域间环境污染纠纷；组织开展环境保护行政稽查和环境保护执法检查活动。对于拒绝城市环境保护行政主管部门行使现场检查或者在被检查时弄虚作假的，拒报或者谎报国务院环境保护行政主管部门规定的有关污染物排放申报事项的，不按国家规定缴纳超标准排污费的，引进不符合中国环境保护规定要求的技术和设备的，将产生严重污染的生产设备转移给没有污染防治能力的单位使用的，可以根据不同情节给予警告或者处以罚款。对违反法律规定，造成环境污染事故的企业事业单位，可根据所造成的危害后果处以罚款；情节严重的，可对有关责任人员由其所在单位或者政府主管机关给予行政处分。

(9）制定并组织实施环境保护科技发展规划，组织开展重大环境保护课题攻关，归口管理全市环境保护技术引进工作；贯彻执行国家环境保护有关标准、技术规范，制定地方性环境保护标准、规范，管理全市环境管理体系；管理和组织协调环境保护国际条约市内履约活动及统一对外交流与合作；协助上级负责环境标志认证工作。

(10）组织协调全市环境保护宣传教育工作，推动公众和非政府组织参与环境保护;组织实施对企业环境行为评价、公开工作。

（11）编制并组织实施全市排污费征收计划;污染治理资金和环保补助资金项目计划;健全排污费征收、管理和使用等各项管理制度,开展内部审计工作。

为了优化和强化城市生态环境管理机构的管理,必须着力解决以下几个问题:

第一,完善城市生态环境管理体制。按照区域生态系统管理方式,逐步理顺部门职责分工,增强环境监管的协调性、整体性。建立健全国家监察、地方监管、单位负责的环境监管体制。国家加强对城市环保工作的指导、支持和监督,健全区域环境督查派出机构,协调跨区域环境保护,督促检查突出的环境问题。城市政府对本行政区域环境质量负责,监督下一级人民政府的环保工作和重点单位的环境行为,并建立相应的环保监管机制。法人和其他组织负责解决所辖范围有关的环境问题。建立企业环境监督员制度,实行职业资格管理。城市政府要加强环保机构建设,落实职能、编制和经费,建立和完善设区城市环保派出机构监管模式,完善城市环境管理体制。

第二,健全城市生态环境保护协调机制。建立城市生态环境保护综合决策机制,完善城市环保部门统一监督管理、有关部门分工负责的环境保护协调机制,充分发挥城市环境保护有关部门联席会议的作用。城市政府环境保护行政主管部门是城市环境保护的执法主体,要会同有关部门健全城市环境监测网络,规范城市环境信息的发布。城市经济综合管理部门和有关主管部门要制定有利于城市环境保护的财政、税收、金融、价格、贸易、科技等政策。城市建设、国土、水利、农业、林业、海洋等有关部门要依法做好各自领域的环境保护和资源管理工作。城市宣传教育部门要积极开展环保宣传教育,普及环保知识。

第三,加强城市环保队伍和能力建设。健全城市环境监察、监测和应急体系。规范城市环保人员管理,强化培训,提高素质,建设一支思想好、作风正、懂业务、会管理的城市环保队伍。城市政府要选派政治觉悟高、业务素质强的领导干部充实城市环保部门,并事先征求上级政府环保部门的意见。要完善城市环境监测网络,实现"数字环保",加快城市环境安全信息系统建设,实行信息资源共享机制。建立城市环境事故应急监控和重大环境突发事件预警体系。

中国城市生态环境管理的基本制度有:

(1)环境质量标准制度。国务院环境保护行政主管部门制定国家环境质量标准。省、自治区、直辖市人民政府对国家环境质量标准中未作规定的项目,可以制定地方环境标准,并报国务院环境保护行政主管部门备案。

(2)污染物排放标准制度。国务院环境保护行政主管部门根据国家环境质量标准和国家经济、技术条件,制定国家污染物排放标准。省、自治区、直辖市人民政府对国家污染物排放标准中未作规定的项目,可以制定地方污染物排放标准;对国家污染物排放标准中已作规定的项目,可以制定严于国家标准的地方污染物排放标准。地方污染物排放标准须报国务院环境保护行政主管部门备案。

(3)环境影响评价制度。环境影响评价制度就是在所有建设项目建设前,必须编制环境影响报告书,对建设项目产生的污染和对环境的影响作出评价,规定防治措施,经项目主管部门预审并依照规定的程序报环境保护行政主管部门批准。环境影响报告书经批准后,计划部门方可批准建设项目设计书。城市政府要严格执行环境影响评价制度,对超过污染物总量控制指标、生态破坏严重或者尚未完成生态恢复任务的地区,暂停审批新增污染物排放总量和对生态有较大影响的建设项目;建设项目未履行环评审批程序即擅自开工建设或者擅自投产的,责令其停建或者停产,补办环境评价手续,并追究有关人员的责任。

(4)"三同时"制度。它是指一切新建、改建、扩建项目中防治污染的设施,必须与主体工程同时设计、同时施工、同时投产使用。防治污染的设施必须经原审批环境影响报告书的环境保护行政主管部门验收合格后,该建设项目方可投入生产或者使用。建设项目的防止污染设施没有建成或者没有达到国家规定的要求投入生产或使用的,由批准该建设项目环境影响报告书的城市环境保护行政主管部门责令停止生产或者使用,可以并处罚款。未经城市环境保护行政主管部门同意,擅自拆除或者闲置防治污染的设施,污染物排放超过规定的排放标准的,由城市环境保护行政主管部门责令重新安装使用,并处罚款。

(5)环境监测制度。国务院环境保护行政主管部门建立环境监测制度,制定环境监测规范,会同有关部门组织环境监测网络。根据现行法律法规的规定,全国环境监测网络设置了四级环境监测站,一级站:中国环境监测总站;二级站:各省、自治区、直辖市设置省级环境监测中心站;三级站:各省辖市设置市环境监测站(或中心站);四级站:县、旗、县级市、大城市的区设置环境监测站。各级环境监测站受同级环境保护主管部门的领导,业务受上一级环境监测站的指导。全国环境监测网分为国家网、省级网和市级网三级。各级环境保护主管部门的环境监测管理机构负责环境监测网的组织和领导工作。中国环境监测总站及地方的省级环境监测中心站、市级环境监测站分别为国家网、省级网和市级网的业务牵头单位。各大水系、海洋、农业分别成立水系、海洋和农业环境监测网,属于国家网内的二级网。国家环境监测网由省级环境监测中心站、国家各部门的专业环境监测站及各大水系、海域监测网的牵头单位等组成。省级网、市级网分别由相应的单位组成。

(6)排污管理制度。该制度具体包括:污染物总量控制制度、排污申报登记和排污许可证制度、排污收费制度、超标排污收费制度、现场检查排污制度、污染物排放标准制度。城市政府要将城市污染物总量控制指标逐级分解到城市各级政府并落实到排污单位,禁止无证或超总量排污,凡是直接向环境排放污染物的单位和个体工商户都应当缴纳排污费,如果是超标排污的,还要缴纳超标排污费。排污费的征收、使用和管理严格实行收支两条线。征收的排污费一律上缴财政,纳入财政预算,列入环境保护专项资金进行管理,全部用于污染治理。环保执法资金由财政予以保障。

(7)污染集中控制制度。污染集中控制制度的目的是发挥环境污染治理中的规模经济,降低污染治理的成本,从而使一定量的环保投入产生最大的环保效益。污染集中控制的主要形式是政府把污染比较严重的同类企业或不同类企业,建设或迁移到同一地区,便于集中防治污染,缩小危害的范围。此外,污染集中控制的具体形式还有企业间污水联合处理、同类型污水集中处理、工厂污水预处理后再送城市污水处理厂、建设固体废弃物填埋场及生活垃圾处理场等。

(8) 污染赔偿制度。造成环境污染危害的,有责任排除危害,并对直接受到损害的单位或个人赔偿损失。赔偿责任和赔偿金额的纠纷,可以根据当事人的请求,由环境保护行政主管部门或者其他依照法律规定行使环境监督管理权的部门处理;当事人对处理决定不服的,可以向人民法院起诉。当事人也可以直接向人民法院起诉。完全由于不可抗拒的自然灾害引起,并经及时采取合理措施,仍然不能避免造成环境污染损害的,免于承担责任。因环境污染损害赔偿提起诉讼的时效期间为3年,从当事人知道或者应当知道受到污染损害起时计算。造成重大环境污染事故,导致公私财产重大损失或者人身伤亡严重后果的,对直接责任人员追究刑事责任;造成土地、森林、草原、水、矿产、渔业、野生动物等资源破坏的,依照有关法律的规定承担法律责任。国家加强跨省界环境执法及污染纠纷的协调,上游省份排污对下游省份造成污染事故的,上游省级人民政府应当承担赔付补偿责任,并依法追究相关单位和人员的责任。

(9) 限期治理污染源制度。城市政府对造成严重污染的企业、事业单位,要求限期治理。中央或省、自治区、直辖市人民政府直接管辖的企业事业单位的限期治理,由省、自治区、直辖市人民政府决定。市、县或者市、县以下人民政府管辖的企业事业单位的限期治理,由市、县人民政府决定。被限期治理的企业事业单位必须如期完成治理任务。强化限期治理制度,对不能稳定达标或超总量的排污单位实行限期治理,治理期间应予限产、限排,并不得建设增加污染物排放总量的项目;对经限期治理逾期未完成治理任务的企业事业单位,除依照国家规定加收超标准排污费外,还应根据所造成的危害后果处以罚款,或者责令停业、关闭。上述罚款的处罚由城市环境保护行政主管部门决定;责令停业、关闭,由作出限期治理决定的人民政府决定;责令中央直接管辖的企业事业单位停业、关闭,须报国务院批准。

(10) 环境保护目标责任制度。城市政府主要领导人是所辖区域环境保护的第一责任人,必须对所辖区域的环境质量负责。为此,必须运用目标化、定量化、制度化的管理方法,对城市政府的环保工作进行考核,考核结果与奖惩及升降级挂钩。环境保护目标责任制度有明确的时间和空间界限,有数量化的环境质量目标和可分解的环境质量指标,有定量化的监测和控制手段,有配套的考核奖惩办法,可操作性强。要落实环境保护目标责任制,城市政府必须把思想统一到科学发展观上来,充分认识保护城市生态环境就是保护生产力,改善城市生态环境就是发展生产力,增强环境忧患意识和做好城市环保工作的责任意识,抓住制约城市环境保护的难点问题和影响群众健康的重点问题。城市政府要定期研究部署城市环保工作,制定并组织实施城市环保规划,检查落实情况,及时解决问题,确保认识到位、责任到位、措施到位、投入到位,确保实现城市环境保护目标。

(11) 城市环境综合整治定量考核制度。城市环境综合整治是以城市生态理论为指导,以发挥城市综合功能和整体最佳效益为前提,把城市环境作为一个系统,运用系统工程理论和方法,采取多目标、多层次的综合手段和措施,对城市环境进行综合管理和控制,以最小的投入换取城市环境质量优化,实现经济建设、城市建设、环境建设同步规划、同步实施、同步发展和城市生态系统的良性循环。[①]为了把城市环境综合整治纳入法制管理的轨道,中国建立了城市环境综合整治定量考核制度,对城市大气、水、噪声、固体废物、绿化等,从社会经济、环境质量、污染控制、环境建设和环境管理等方面进行系统、全面的考核,并公布考核结果。为了完善城市环境综合整治定量考核制度,首先必须科学评价城市发展与环境保护成果,研究绿色GDP核算方法,将城市发展过程中的资源消耗、环境损失和环境效益逐步纳入城市经济发展的评价体系。其次,要把城市环境保护纳入领导班子和领导干部政绩考核的重要内容,并将考核情况作为干部选拔任用和奖惩的依据之一。最后还要建立问责制,对因决策失误造成重大环境事故、严重干扰正常环境执法的领导干部和公职人员,要追究责任。

(12) 突发环境事件应急处理制度。城市政府要建立健全突发事件的环境应急响应制度,多方筹集资金,加大对环境应急装备的投入,

---

[①] 胡辉、徐晓林:《现代城市环境保护》,科学出版社2004年版,第279页。

检查和落实环境应急的处理处置措施,配备必要的应急设备,最大限度减轻事故造成的危害;定期进行环境污染事故应急演练,严格执行突发环境事件应急预案。

第三节　建设生态城市

一、生态城市的含义和基本特点

1971年,联合国教科文组织发起了一项政府间跨学科大型综合性的"人与生物圈计划",在其研究过程中,提出了生态城市的概念。从此,人们从不同角度研究生态城市,提出了不同的生态城市概念。实际上,要正确认识和深刻理解生态城市的内涵,必须从人类社会文明发展史角度来考察生态城市,因为生态城市的概念是随着人类文明的不断发展,在对人与自然关系的认识不断深化的基础上提出来的。人类文明史大致经历了原始文明、农业文明、工业文明和生态文明四个阶段。在建立在掠夺式利用自然资源基础上的工业文明时代,我们居住的城市是一种脆弱的人工生态系统,它在生态过程上是耗竭性的,在管理体制上是链状式的,在人与自然的关系上是呈对峙状态的,在资源开发和利用上是过度攫取和浪费的,在消费意识上是关心当代人的福利而忽视了人类未来发展空间的。与工业文明时代的城市不同,生态城市是人与自然、人与人和谐共处、良性循环、持续发展的生态文明时代的产物,是与生态文明时代相适应的人类社会生活新的空间组织形式,是在一定地域空间内人与自然和谐持续发展的人类居住区。生态城市是在对工业文明时代城乡关系辩证否定的基础上发展起来的更为高级的人类生存空间系统。①

从生态城市概念的产生和发展过程来看,生态城市是以反对环境污染、追求优美的自然环境为起点的,目前已成为了一个融合了社会、文化、历史、经济等因素,包含自然环境和人文价值的综合性概念。生

---

① 葛竞天:《论生态城市建设》,东北财经大学出版社2009年版,第138—141页。

态城市一般是指按照生态学原理和系统工程理论建立起来的社会、经济、环境协调发展,基础设施完善,物质、能量、信息高效利用,生态良性循环,居民生活安全舒适的城市。① 生态城市的基本内涵应包含:②第一,从地域范围看,生态城市是一个与周围相关区域紧密相连的相对开放的系统,它不仅包括城市地区,而且包括周围的农村地区。第二,从涉及的领域看,生态城市不只涉及城市的自然环境和人工环境系统,而且是一个以人为主导、以自然环境系统为依托、以资源和能源流动为命脉、以社会体制为经络的经济—社会—环境协调统一的复合系统。第三,从城市生态环境方面看,绿色能源成为生态城市的主要能源形式,不可再生的自然资源得到合理循环利用,自然环境得到有效保护,具有良好的环境质量和充足的环境容量。第四,从城市经济方面看,生态城市的经济发展方式是集约内涵式的。生态城市采用既有利于保护自然价值又有利于创造社会文化价值的生态技术,建立生态文化产业体系,实现物质生产和社会生活的生态化。第五,从城市社会方面来看,生态城市倡导生态价值观,人们有自觉的生态意识、舒适的生活环境、安全的社会环境、健全的社会保障体系、全面的文化发展。

生态城市作为一个结构合理、功能高效、关系协调、社会和谐、生态良性循环的人类聚居区,有以下特点:③

第一,和谐性。传统城市生态系统最突出的特点是对自然生态系统和农业生态系统的否定,主要表现在人口的发展替代和限制了其他生物的发展,人类成为生态系统的主体,动物、植物和微生物成为人类的附庸。因此,要维护传统城市生态系统的稳定,必须从外部生态系统输入物质和能量,从而导致传统城市生态系统的不和谐。生态城市是对传统城市生态系统不和谐的否定,但这种否定并不意味着传统城市实体的消失。④ 生态城市保留了现有城市的大部分功能,但实现了自

---

① 傅崇兰、陈光庭、董黎明等:《中国城市发展问题报告》,中国社会科学出版社 2003 年版,第 367 页。
② 杨荣金、舒俭民:《生态城市建设与规划》,经济日报出版社 2007 年版,第 47—48 页。
③ 杨士弘等:《城市生态环境学》,科学出版社 2003 年版,第 300—302 页。
④ 葛竞天:《论生态城市建设》,东北财经大学出版社 2009 年版,第 152—153 页。

然系统的和谐、人与自然的和谐、人与人的和谐以及经济、社会与环境发展的和谐。其中,自然系统的和谐、人与自然的和谐是条件和基础,人与人的和谐是生态城市的根本和目的。在生态城市中,人与自然和谐共生,人回归自然、贴近自然,自然融于城市;在经济发展的同时,环境得到有效保护,社会关系良性运行,人际关系融洽、和谐。和谐是生态城市的核心内容。

第二,可持续性。生态城市以可持续发展为根本,可持续地开发和利用自然资源和人力资源,兼顾不同时间和空间合理配置资源,公平地满足当代与后代在发展和环境方面的需求,不因眼前的利益而用"掠夺"的方式促进城市的暂时繁荣。可持续性不仅指城市生态环境的可持续性,而且指城市经济和社会的可持续发展。[①] 首先,人类社会的自然属性决定了城市生态环境的可持续发展是生态城市可持续发展的基础。地球上的一切资源都是人类赖以生存的基本要素,它具体表现为一定技术条件下能为人类所利用的一切物质、能量和信息,它们构成了人类生存的全部物质基础和发展空间。人口和生产增长不应超越资源再生和废物吸纳的可持续环境能力,一旦达到了这个临界点,生产和再生产就应该是替代,应该停止物理性增长而继续进行质量性改进。再次,生态城市必须在保持自然资源的质量和其所提供服务的前提下,使经济发展的净利益达到最大限度。如果说传统城市的经济增长是一种物理上的数量扩张,那么生态城市经济的可持续发展就是一种超越增长的发展,是一种结构、功能和质量上的不断改善。城市经济的可持续发展是生态城市可持续发展的关键。最后,社会可持续发展是生态城市的社会属性,生态城市具有公正、平等、安全、舒适的社会环境。

第三,整体性。城市是以人为主体,人、物、空间三位一体的复合生态系统。人、物、空间相互制约、相互依存,形成了一个不可分割、互惠共生的有机整体,它的结构和功能在人类与自然环境之间的相互演化中协同演变。生态城市不是单纯追求环境优美或经济繁荣,而是兼顾社会、经济和环境三者的整体利益。不仅重视经济发展与生态环境的

---

① 葛竞天:《论生态城市建设》,东北财经大学出版社2009年版,第155—156页。

协调,更注重对人类生活质量的提高。各部分形成互惠共生结构,在整体协调的新秩序下寻求发展。生态城市不是指城市某个方面的生态化,而是指一个城市整体的生态化。

第四,高效性。[1] 工业技术革命使得传统城市的大部分能量在非生物之间流转,即在人力制造的各种机械设备的运行过程中流转,其流转方式是多元化的,受人为控制的,尤其是传统城市的生产方式不是循环式的,是直链式的,大量的能量以废气、废水、废渣的形式直接排放到自然界中,严重污染了人类赖以生存的自然环境。生态城市是建立在以知识经济为基础的高新技术之上的,一改工业城市高能耗、非循环的运行机制,从高度依赖自然资源的外在化生产转向开发人的智力的内在化生产,尽量减少自然资源的消耗,非物质财富的增长成为经济的主要增长点。同时,生态城市在知识生产和基本物质生产中,能多层次地分级利用物质和能量,废弃物得到循环再生,从而能高效地利用各种资源,做到物尽其用、地尽其利、人尽其才、各施其能、各得其所。

第五,区域性。生态城市不是一个孤立的封闭的系统,而是一个开放的系统。它是在一定的区域空间范围内,人类活动与自然环境资源利用完美结合的产物,具有很强的区域性,是建立在区域和城乡均衡协调发展基础之上的。区域是城市生态系统运行的基础和依托,离开区域的自然和人文支持,没有与外界的物质、能量、人口、信息、文化等方面的交流,孤立的城市是无法实现生态化的。需要指出的是,广义的区域观念就是全球观念,要建立生态城市,需要全球、全人类的共同合作,共享技术和资源,共管生物圈,建立全球生态平衡。

二、中国生态城市建设的基本条件和衡量指标

中国生态城市的建设有三个层次,即生态县(县级市)、生态市、生态省的建设。[2]

---

[1] 葛竞天:《论生态城市建设》,东北财经大学出版社2009年版,第154—155页。
[2] 国家环境保护部:生态县、生态市、生态省建设指标(修订稿),http://sts.mep.gov.cn/stsfcj/ghyzb/200801/t20080115_116249.htm。

生态县(含县级市)是社会经济和生态环境协调发展,各个领域基本符合可持续发展要求的县级行政区域。生态县是县级规模生态示范区建设发展的最终目标。

生态县的基本条件是:① 制定了《生态县建设规划》,并通过县人大审议、颁布实施。国家有关环境保护法律、法规、制度及地方颁布的各项环保规定、制度得到有效贯彻执行。② 有独立的环保机构。环境保护工作纳入乡镇党委、政府领导班子实绩考核内容,并建立相应的考核机制。③ 完成上级政府下达的节能减排任务。三年内无较大环境事件,群众反映的各类环境问题得到有效解决。外来入侵物种对生态环境未造成明显影响。④ 生态环境质量评价指数在全省名列前茅。⑤ 全县80%的乡镇达到全国环境优美乡镇考核标准并获命名。

生态县建设指标包括经济发展、生态环境保护和社会进步三类,共22项,详见表9.5。

表9.5 生态县建设指标①

	序号	名 称	单 位	指 标	说 明
经济发展	1	农民年人均纯收入 经济发达地区 县级市(区) 县 经济欠发达地区 县级市(区) 县	元/人	 ≥8 000 ≥6 000 ≥6 000 ≥4 500	约束性指标
生态环境保护	2	单位GDP能耗	吨标煤/万元	≤0.9	约束性指标
	3	单位工业增加值新鲜水耗 农业灌溉水有效利用系数	立方米/万元	≤20 ≥0.55	约束性指标
	4	主要农产品中有机、绿色及无公害产品种植面积的比重	%	≥60	参考性指标

① 国家环境保护部:生态县、生态市、生态省建设指标(修订稿),http://sts.mep.gov.cn/stsfcj/ghyzb/200801/t20080115_116249.htm。

续表

	序号	名称	单位	指标	说明
生态环境保护	5	森林覆盖率 山区 丘陵区 平原地区 高寒区或草原区林草覆盖率	%	≥75 ≥45 ≥18 ≥90	约束性指标
	6	受保护地区占国土面积比例 山区及丘陵区 平原地区	%	≥20 ≥15	约束性指标
	7	空气环境质量	—	达到功能区标准	约束性指标
	8	水环境质量 近岸海域水环境质量	—	达到功能区标准,且省控以上断面过境河流水质不降低	约束性指标
	9	噪声环境质量	—	达到功能区标准	约束性指标
	10	主要污染物排放强度 化学需氧量(COD) 二氧化硫(SO_2)	千克/万元(GDP)	<3.5 <4.5 且不超过国家总量控制指标	约束性指标
	11	城镇污水集中处理率 工业用水重复率	%	≥80 ≥80	约束性指标

续表

	序号	名称	单位	指标	说明
生态环境保护	12	城镇生活垃圾无害化处理率 工业固体废物处置利用率	%	≥90 ≥90且无危险废物排放	约束性指标
	13	城镇人均公共绿地面积	平方米/人	≥12	约束性指标
	14	农村生活用能中清洁能源所占比例	%	≥50	参考性指标
	15	秸秆综合利用率	%	≥95	参考性指标
	16	规模化畜禽养殖场粪便综合利用率	%	≥95	约束性指标
	17	化肥施用强度(折纯)	千克/公顷	<250	参考性指标
	18	集中式饮用水源水质达标率 村镇饮用水卫生合格率	%	100	约束性指标
	19	农村卫生厕所普及率	%	≥95	参考性指标
	20	环境保护投资占GDP的比重	%	≥3.5	约束性指标
社会进步	21	人口自然增长率	‰	符合国家或当地政策	约束性指标
	22	公众对环境的满意率	%	>95	参考性指标

生态市(含地级行政区)是社会经济和生态环境协调发展,各个领域基本符合可持续发展要求的地市级行政区域。生态市是地市规模生态示范区建设的最终目标。

生态市的主要标志是:生态环境良好并不断趋向更高水平的平衡,

环境污染基本消除,自然资源得到有效保护和合理利用;稳定可靠的生态安全保障体系基本形成;环境保护法律、法规、制度得到有效的贯彻执行;以循环经济为特色的社会经济加速发展;人与自然和谐共处,生态文化有长足发展;城市、乡村环境整洁优美,人民生活水平全面提高。

生态市的基本条件是:① 制定了《生态市建设规划》,并通过市人大审议、颁布实施。国家有关环境保护法律、法规、制度及地方颁布的各项环保规定、制度得到有效贯彻执行。② 全市县级(含县级)以上政府(包括各类经济开发区)有独立的环保机构。环境保护工作纳入县(含县级市)党委、政府领导班子实绩考核内容,并建立相应的考核机制。③ 完成上级政府下达的节能减排任务。三年内无较大环境事件,群众反映的各类环境问题得到有效解决。外来入侵物种对生态环境未造成明显影响。④ 生态环境质量评价指数在全省名列前茅。⑤ 全市80%的县(含县级市)达到国家生态县建设指标并获命名;中心城市通过国家环保模范城市考核并获命名。

生态市建设指标包括经济发展、生态环境保护和社会进步三类,共19项,详见表9.6。

表 9.6 生态市建设指标①

	序号	名 称	单 位	指 标	说 明
经济发展	1	农民年人均纯收入 经济发达地区 经济欠发达地区	元/人	≥8 000 ≥6 000	约束性指标
	2	第三产业占 GDP 比例	%	≥40	参考性指标
	3	单位 GDP 能耗	吨标煤/万元	≤0.9	约束性指标
	4	单位工业增加值新鲜水耗 农业灌溉水有效利用系数	立方米/万元	≤20 ≥0.55	约束性指标

① 国家环境保护部:生态县、生态市、生态省建设指标(修订稿),http://sts.mep.gov.cn/stsfcj/ghyzb/200801/t20080115_116249.htm。

续表

	序号	名　称	单　位	指　标	说　明
经济发展	5	应当实施强制性清洁生产企业通过验收的比例	%	100	约束性指标
生态环境保护	6	森林覆盖率 　山区 　丘陵区 　平原地区 高寒区或草原区林草覆盖率	%	≥70 ≥40 ≥15 ≥85	约束性指标
	7	受保护地区占国土面积比例	%	≥17	约束性指标
	8	空气环境质量	—	达到功能区标准	约束性指标
	9	水环境质量 近岸海域水环境质量	—	达到功能区标准，且城市无劣Ⅴ类水体	约束性指标
	10	主要污染物排放强度 　化学需氧量（COD） 　二氧化硫（SO$_2$）	千克/万元（GDP）	<4.0 <5.0 不超过国家总量控制指标	约束性指标
	11	集中式饮用水源水质达标率	%	100	约束性指标
	12	城市污水集中处理率 工业用水重复率	%	≥85 ≥80	约束性指标

续表

	序号	名称	单位	指标	说明
生态环境保护	13	噪声环境质量	—	达到功能区标准	约束性指标
	14	城镇生活垃圾无害化处理率工业固体废物处置利用率	%	≥90 ≥90 且无危险废物排放	约束性指标
	15	城镇人均公共绿地面积	平方米/人	≥11	约束性指标
	16	环境保护投资占GDP的比重	%	≥3.5	约束性指标
社会进步	17	城市化水平	%	≥55	参考性指标
	18	采暖地区集中供热普及率	%	≥65	参考性指标
	19	公众对环境的满意率	%	>90	参考性指标

生态省是社会经济和生态环境协调发展,各个领域基本符合可持续发展要求的省级行政区域。生态省建设的具体内涵是运用可持续发展理论和生态学与生态经济学原理,以促进经济发展方式的转变和改善环境质量为前提,抓住产业结构调整这一重要环节,充分发挥区域生态与资源优势,统筹规划和实施环境保护、社会发展与经济建设,基本实现区域社会经济的可持续发展。

生态省的基本条件是:① 制定了《生态省建设规划纲要》,并通过省人大常委会审议、颁布实施。国家有关环境保护法律、法规、制度及地方颁布的各项环保规定、制度得到有效贯彻执行。② 全省县级(含县级)以上政府(包括各类经济开发区)有独立的环保机构。环境保护工作纳入市(含地级行政区)党委、政府领导班子实绩考核内容,并建立相应的考核机制。③ 完成国家下达的节能减排任务。三年内无重大环境事件,群众反映的各类环境问题得到有效解决。外来入侵物种对生态环境未造成明显影响。④ 生态环境质量评价指数位居国内前列或不断提高。⑤ 全省80%的地市达到生态市建设指标并获命名。

生态省建设指标包括经济发展、生态环境保护和社会进步三类,共16项,详见表9.7。

表9.7 生态省建设指标①

	序号	名　称	单　位	指　标	说　明
经济发展	1	农民年人均纯收入 　东部地区 　中部地区 　西部地区	元/人	≥8 000 ≥6 000 ≥4 500	约束性指标
	2	城镇居民年人均可支配收入 　东部地区 　中部地区 　西部地区	元/人	≥16 000 ≥14 000 ≥12 000	约束性指标
	3	环保产业比重	%	≥10	参考性指标
生态环境保护	4	森林覆盖率 　山区 　丘陵区 　平原地区 　高寒区或草原区林草覆盖率	%	≥65 ≥35 ≥12 ≥80	约束性指标
	5	受保护地区占国土面积比例	%	≥15	约束性指标
	6	退化土地恢复率	%	≥90	参考性指标
	7	物种保护指数	—	≥0.9	参考性指标

① 国家环境保护部:生态县、生态市、生态省建设指标(修订稿),http://sts.mep.gov.cn/stsfcj/ghyzb/200801/t20080115_116249.htm.

续表

	序号	名　称	单　位	指标	说　明
生态环境保护	8	主要河流年水消耗量 省内河流 跨省河流	—	<40% 不超过国家分配的水资源量	参考性指标
	9	地下水超采率	%	0	参考性指标
	10	主要污染物排放强度 化学需氧量（COD） 二氧化硫（SO_2）	千克/万元 （GDP）	<5.0 <6.0 且不超过国家总量控制指标	约束性指标
	11	降水 pH 值年均值 酸雨频率	%	≥5.0 <30	约束性指标
	12	空气环境质量	—	达到功能区标准	约束性指标
	13	水环境质量 近岸海域水环境质量	—	达到功能区标准,且过境河流水质达到国家规定要求	约束性指标
	14	环境保护投资占 GDP 的比重	%	≥3.5	约束性指标
社会进步	15	城市化水平	%	≥50	参考性指标
	16	基尼系数	—	0.3~0.4	参考性指标

三、生态城市建设的内容、原则和措施

生态城市的建设要把生态整合方法和原则应用于城市规划和管理。建设适宜于人类生活的生态城市,首先必须运用生态学原理,全面系统地理解城市环境、经济、政治、社会和文化间复杂的相互作用关系,运用生态工程技术设计城市、乡镇和村庄,以促进居民身心健康、提高其生活质量、保护其赖以生存的生态系统。这就迫切需要开展翔实的城市生态规划和管理,促使有关受益者集团参加规划和管理过程。生态城市旨在采用整体论的系统方法,促进综合性的行政管理,建设一类高效的生态产业、和谐的生态文化和功能整合的生态景观,使人们的需求和愿望得到满足,实现自然、农业和人居环境的有机结合。

具体地说,建设生态城市包含以下五个层面的内容:①

生态安全:向所有居民提供洁净的空气、安全可靠的水、食物、住房和就业机会,以及市政服务设施和减灾防灾措施的保障。

生态卫生:通过高效率低成本的生态工程手段,对粪便、污水和垃圾进行处理和再生利用。

生态产业代谢:促进产业的生态转型,强化资源的再利用、产品的生命周期设计、可更新能源的开发、生态高效的运输,在保护资源和环境的同时满足居民的生活需求。

生态景观整合:通过对人工环境、开放空间(如公园、广场)、街道桥梁等连接点和自然要素(水路和城市轮廓线)的整合,在节约能源、资源,减少交通事故和空气污染的前提下,为所有居民提供便利的城市交通。同时,防止水环境恶化,减少热岛效应和对全球环境恶化的影响。

生态意识培养:帮助人们认识其在与自然关系中所处的位置和应负的环境责任,尊重地方历史文化,诱导人们的消费行为,改变传统的消费方式,增强自我调节的能力,以维持城市生态系统的高质量运行。

---

① 第五届国际生态城市大会:生态城市建设的《深圳宣言》,http://intecopolis.org/bencandy.php?fid=48&id=785。

建设生态城市必须遵循以下基本原则:①

因地制宜原则。因地制宜原则强调排除主观随意性的影响,从客观实际出发,按照客观规律办事。生态城市的规划与建设没有统一的、固定的模式,要考虑区域内能源、资源、水、土地等的承载力,紧密结合当地的自然环境、经济条件、历史条件和文化背景,必须充分考虑当地的气候、地形和地貌的特征,要延续地方的风俗习惯和文化特色,实现本地资源与现代化的有机统一。

以人为本原则。人是城市活动的主体,对城市的存在和发展起着至关重要的作用。如果忽略或忽视了人的需要和作用,城市也就失去了生机和活力。以人为本的原则,要求生态城市的发展要充分考虑和满足居民的物质和精神需求,每个居民都能享受到轻松、安全、舒适的生活和工作环境,从而促进人们的身心健康。

综合性原则。城市生态问题往往是综合性的问题,要解决它就必须采取综合性的系统方法。仅以城市环境污染中的大气污染为例,要对其进行有效治理,首先要对大气污染本身进行基础性的和应用性的研究,并据此提出控制污染的措施。同时还要在城市规划、能源结构的调整、道路交通的布局和管理、产业结构的调整、工业技术的改造等多方面密切配合。

区域整体性原则。这里的区域不仅仅是独立的地理单元、社会单元,还是独立的文化单元,是地理要素、经济要素和人文要素的综合体。要加强区域、城乡发展的整体协调,维持区域范围内的生态完整性,这是生态城市建设和发展的空间基础。区域是一个整体,而城市是它其中的一部分。生态城市的规划和建设应当考虑本城市与其他城市及区域的配合关系,做到大中小城市相结合、城市与乡村相结合、人工环境与自然环境相结合。

集约化原则。生态城市强调要将自然融入城市,而不是要将城市天女散花般地分散于乡村或自然景观中。生态城市规划和建设应当遵

---

① 傅崇兰、陈光庭、董黎明等:《中国城市发展问题报告》,中国社会科学出版社2003年版,第374—376页。

循集约化原则,一是要做到三维空间利用的相对集约化,充分开发和利用城市的地上和地下空间,实现立体化发展,建设紧凑型城市;二是要做到资源和能源利用的集约化,提倡减少使用资源、重复使用资源和循环使用资源。

有机集成原则。生态城市的规划和建设面对的不是一张白纸,不能完全凭主观想象来勾画和创造全新的东西,而必须面对现有城市,以既有的城市作为基础进行必要的改造和发展。城市的历史、文脉、建筑、社会、文化是维持城市生命力的土壤,必须把它们作为城市进一步发展的基础,在维护、保持的基础上进行更新和发展。

重点性原则。生态城市虽然是个综合性很强的概念,但生态城市规划不可能包罗万象,其重点应放在那些必须由政府来做的事情上,着力做好生态城市的空间形态规划、经济发展规划和社会发展规划,着力加强基础设施建设、环境保护、教育、科技、文化、卫生、体育、社会保障等公共事业的发展。

为推动城市生态建设必须采取以下措施:[1]

通过合理的生态手段,为城市人口,特别是贫困人口提供安全的人居环境、安全的水源和有保障的土地使用权,以改善居民生活质量和保障人体健康。

城市规划应以人而不是以车为本。扭转城市土地"摊大饼"式蔓延的趋势。通过区域城乡生态规划等各种有效措施使耕地流失最小化。

确定生态敏感地区和区域生命支持系统的承载能力,并明确应开展生态恢复的自然和农业地区。

在城市设计中大力倡导节能、使用可更新能源、提高资源利用效率以及物质的循环再生。

将城市建成以安全步行和非机动交通为主的,并具有高效、便捷和低成本的公共交通体系的生态城市。中止对汽车的补贴,增加对汽车

---

[1] 第五届国际生态城市大会:生态城市建设的《深圳宣言》,http://intecopolis.org/bencandy.php?fid=48&id=785。

燃料使用和私人汽车的税收,并将其收入用于生态城市建设项目和公共交通。

为企业的生态城市建设和旧城的生态改造项目提供强有力的经济激励手段。向违背生态城市建设原则的活动,如排放温室气体和其他污染物的行为征税;制定和强化有关优惠政策,以鼓励对生态城市建设的投资。

为优化环境和恢复生态制定切实可行的教育和再培训计划,加强生态城市的能力建设,开发生态适用型的地方性技术,鼓励社区群众积极参与生态城市设计、管理和生态恢复工作,增强生态意识。扶持社区生态城市建设的示范项目。

在国家、省、市各级政府中设置生态城市建设和管理的专门机构,制定和实施生态城市建设的相关政策。该机构负责政府各部门间(如交通、能源、水和土地管理部门等)管理职能的协调和监控,推动相关项目和计划的实施。

倡导和推进国家间、城市间和社区间的合作,加强生态城市建设领域正反两方面经验的交流以及资源的相互支持,促进在发展中国家以及发达国家开展生态城市建设的实践和示范活动。

第十章 城市社会管理

城市社会管理是城市政府的一项重要职能。城市社会管理内容广泛，包括城市人口管理、城市社会保障管理和城市社区管理等。城市人口是城市社会的主体，城市社会保障是现代社会文明发展的产物，城市社区建设是城市现代化发展和城市各项改革的客观要求。因此，城市社会管理是市政管理的重要内容。

第一节 城市人口管理

一、城市人口管理的地位

城市人口泛指居住在城市地区的人口，既包括拥有城市户籍的常住人口，也包括来自其他城市或农村的暂住的流动人口。一个国家或地区的人口，按其居住地区的性质可划分为城市人口和乡村人口两类，因此城市人口是相对于乡村人口而言的。改革开放以来，随着中国经济发展和城市化步伐的加快，城市人口运动出现了一些新的变化，呈现以下基本趋势：

一是城市人口总量增长的趋势。中国是世界上第一人口大国，目前已进入到了城市化快速发展时期，根据国家统计局发布的报告显示，中国城市数量已从新中国成立前的132个增加到2008年的655个，城市化水平由7.3%提高到45.68%。① 随着城市化进程的加快，中国城

---

① 国家统计局：我国城市化水平2008年已达45.68%，http://www.ce.cn/macro/more/200909/17/t20090917_20038381.shtml。

市人口总量将不断增加。

二是城市人口老龄化的趋势。按照联合国规定,在每个国家或地区人口中,60岁及60岁以上老年人口占总人口的10%,或者65岁及65岁以上人口占总人口的7%,即被认定为老年社会。改革开放以来中国确立了控制人口增长、提高人口素质的人口政策,全面推行计划生育基本国策,有效地控制了人口的过快增长。同时,国家社会经济持续发展,人民生活水平稳步提高,中国人均寿命有了较大增长。加之中国城市生活及医疗保障条件好,人均寿命相对较长。因此,中国城市人口老龄化比农村表现更为明显。中国许多大城市已经进入老龄化社会。截至2008年年底,中国老年人口已增至1.69亿,占总人口的12.79%,且正以年均近1 000万的增幅"跑步前进"。到2020年,中国老年人口将达到2.48亿,老龄化水平将达到17%;预计到2050年进入重度老龄化阶段,届时中国老年人口将达到4.37亿,占总人口的30%以上,每三四个人中就有一个老人。①

三是城市人口受教育水平不断提高的趋势。城市文化教育事业发达,高等院校集中,各类大中专教育迅速发展,高等教育的入学率不断提高,使城市人口接受各种职业教育和高等教育的机会增加,城市人口的文化素质不断提升。

四是城市人口就业结构发生变化的趋势。城市人口就业结构与城市化的发展水平及城市产业布局密切相关。随着城市化的发展和新兴产业在城市的兴起,中国城市人口的就业结构发生了变化,即第三产业就业人数不断增加;城市脑力劳动者所占比例逐步上升。

五是城市流动人口增加的趋势。随着中国户籍管理制度的松动和城市化步伐的加快,将有越来越多的农村人口进入城市,城市之间的人才流动也呈活跃趋势。一方面,中国城市化的发展促使大量农民进入城市务工就业;另一方面,城市之间的交往、联系越来越多,促使城市之间加速人才流动。

---

① 杨玉华、周伟:我国老年人口年均增幅近1 000万,http://news.qq.com/a/20091026/001890.htm。

城市人口运动的趋势给城市政府人口管理提出了挑战。城市政府如何准确地把握城市人口变动趋势,制定正确的人口政策和社会经济发展规划,有效地解决城市人口发展带来的各种问题,使城市人口与城市经济、社会、资源、环境协调发展,不仅能够体现出城市政府的管理水平,而且还关系到城市现代化建设的顺利进行和城市社会的长治久安。

城市人口管理是指城市政府对城市人口的户籍、人口变动和计划生育等工作所进行的一系列行政管理活动。城市人口管理在城市社会管理中占有重要的地位,对城市的经济与社会发展具有重要的意义。具体地说,城市人口管理的意义有:

第一,城市人口管理是维护城市正常的生产与生活秩序的需要。城市是人口聚集的场所,是经济发展的中心。城市人口既是城市社会和经济活动的主体,又是城市形成和发展的基本条件。城市人口在城市居住生活,开展各种经济活动,需要良好的工作条件和正常的生产秩序,需要优美的居住环境和健康的生活秩序。城市交通发达,信息传输快,流动人口多,加强城市人口管理是维护城市正常生产生活秩序的必要条件。搞好城市人口管理有利于保持城市社会稳定,提高城市经济效益和市民生活质量。

第二,城市人口管理是加快城市化发展的客观要求。中国是一个人口大国,改革开放以来,随着经济发展,大量农村剩余劳动力向城市转移,城市人口迅速增加。按照国际城市化进程的历史经验,一个国家或地区的城市化水平达到30%~70%之间,将进入到城市化加速发展时期。预计在未来10年内,中国将有1.5亿~2亿农村人口转移到城市。[①] 迅猛发展的城市化浪潮对城市人口管理带来了严峻的挑战,加强城市人口管理有助于解决城市化进程中存在的各种问题,为城市化快速发展创造良好的条件。

第三,城市人口管理是发挥城市功能的有力保障。城市人口与城市建设、经济发展等各个方面都有着十分密切的关系。一定数量和质

---

① 刘文国:未来10年内中国城市人口将上升到6.3亿,http://news.sina.com.cn/c/2006-10-19/160611281380.shtml。

量的人口总是依附于一定规模的城市而存在,而城市一切政治、经济、文化等活动又必须以一定的人口规模为依托。人口作为生产者,城市要为其提供一定的劳动场所和生产资料。人口作为消费者,城市又要为其提供生存条件和生活资料。城市人口规模的消长变化不仅直接制约着城市经济发展的速度,而且还会给城市社会生活和劳动人事安排带来一定影响。因此,城市人口发展必须充分考虑城市经济和社会的发展状况以及基础设施的承受能力。如果城市人口规模超越了城市的经济社会发展状况和基础设施的承受能力,就会引发各种"城市病",导致城市功能紊乱。加强城市人口管理,将城市人口规模控制在城市经济社会发展和基础设施承受能力的范围之内,能够更好地发挥城市功能,提高城市的综合效益。

第四,城市人口管理是优化城市人力资源配置的必要前提。城市发展需要各种各样的人才,优化城市人力资源配置首先要了解城市现有人力资源的配置状况,然后才能够制定各种人才培训计划及人才吸引政策,解决城市人口增长与城市经济社会发展不相适应的矛盾。通过城市人口管理,可以了解城市现有人力资源的配置状况,预测城市人力资源的发展走向,为城市人力资源合理配置提供基础性资料和创造必要条件,从而保证城市劳动力充分就业和合理使用,达到人尽其才、才尽其能的目的,促使城市人口优势转化为人力资源优势。

城市人口管理是城市政府的一项重要职能。中国参与城市人口管理的机构主要有市公安局、市人口与计划生育委员会等。其中市公安局主要负责户籍管理、人口普查与预测、居民身份证管理以及流动人口管理等。市人口与计划生育委员会主要负责优生优育、计划生育管理。由于计划生育工作是一项政策性强、涉及广大群众切身利益的社会系统工程,因而城市的公安、民政、劳动保障、人事、工商行政部门等也参与计划生育的管理工作。此外,各级工会、共青团、妇联和计划生育协会等社会团体,也在城市人口与计划生育管理和服务中发挥了重要作用。

二、城市人口管理的内容

1. 户籍管理

户籍管理是指对城市常住人口或暂住人口进行户口登记和变动管理,以确定管理对象的城乡身份以及迁入、迁出的变动情况。负责城市户籍管理工作的是市公安局或公安分局的派出所,派出所管辖区即户口管辖区。凡辖区内的单位、团体或个人都需到派出所进行户籍登记。户籍登记分两类,集体户口由各单位指定专人协助户口登记机关办理户口登记;分散居住的居民由户口登记机关直接办理户口登记。户籍登记一般以户为单位。城市户籍登记的内容主要有:常住人口登记、出生登记、死亡登记、迁出登记、迁入登记、更正登记、暂住人口登记等。

户籍管理是中国自20世纪50年代起开始实行的一项人口管理制度。1958年1月9日,中国制定了《中华人民共和国户籍管理登记条例》,以行政法规的形式在全国推行。通过户籍管理制度的实施,限制了农民涌入城市,限制了城市间人员互相流动。在中国经济和城市不太发达的情况下,实行户籍管理制度,有利于维护城乡社会稳定,积累工业发展的资金。但随着时间的推移,户籍管理制度越来越暴露出其弊端。由于长期阻碍农村劳动力进城,延缓了城市化步伐,进而影响了经济发展。户籍管理制度对人才流动的限制也不利于按照市场经济的需求合理地配置劳动力资源。

为了适应社会主义市场经济发展和城市化发展的要求,近几年,国家对户籍管理制度进行了一系列改革,主要内容有:

第一,实行婴儿随父随母自愿的政策。新出生的婴儿可以在父亲或母亲常住户口所在地的户口登记机关申报常住户口。对以往出生并要求在城市随父亲落户的未成年人,可以解决其在城市落户的问题,学龄前儿童优先予以解决。

第二,放宽解决夫妻分居问题的户口政策。对已在配偶所在城市居住一定年限的公民,根据自愿的原则准予在该城市落户。

第三,身边无子女需到城市投靠子女的公民,可以在其子女所在城市落户。

第四,在城市投资、兴办实业、购买商品房的公民及随其共同生活的直系亲属,凡在城市有合法固定的住所、合法稳定的职业或者生活来源,已居住一定的年限并符合当地政府有关规定的,可准予在该城市落户。

第五,放开小城镇的户口管制。凡在小城镇有合法的固定住所和生活来源的,均可在小城镇落户,享受城镇居民的同等待遇。

2．居民身份证管理

居民身份证管理是为了证明居民身份,便利公民进行社会活动,维护社会秩序,保障公民的合法权益而进行的管理活动。根据《中华人民共和国居民身份证条例》的规定,凡年满16周岁的中国公民,都应当向常住户口所在地的户口登记机关申请领取居民身份证。居民身份证项目包括姓名、性别、民族、出生日期、住址。居民身份证的有效期限为10年、20年、长期三种。16周岁至25周岁的,发给有效期10年的居民身份证;26周岁至45周岁的,发给有效期20年的居民身份证;46周岁以上的,发给长期有效的居民身份证。居民身份证有效期满或者登记内容有变更、更正或者证件严重损坏不能辨认时,应当按照规定申报领取新证;丢失证件的,应当申报补领;公民应征入伍在办理注销户口手续时,交回居民身份证;退役后,发还居民身份证或者再领取居民身份证;公民出境按照规定需要注销户口的,在办理注销户口手续时,交回居民身份证;公民死亡的,由公安机关收回居民身份证。公安机关在执行任务时,有权查验居民身份证,被查验的公民不得拒绝。公民在办理涉及政治、经济、社会生活等权益的事务时,可以出示居民身份证,证明其身份。

3．人口普查与预测

人口普查是在某一时点内对一个国家人口状况的普遍调查。人口普查的目的在于掌握人口的职业构成、文化构成、年龄构成、民族人口构成及分布情况、城乡人口结构、地区人口分布及人口迁移情况。新中国成立以后,中国已经进行了五次人口普查。1953年,中国进行了第一次人口普查,当时的人口普查与选民登记结合在一起,目的在于选举1954年第一届全国人民代表大会代表,并为1953年开始实行的第一个五年计划以及制定全国粮食统购统销计划提供数字。以后,中国又相继在1964年、1982年、1990年和2000年进行了人口普查。根据联合国逢"0"年进行人口普查的建议,中国决定今后逢"0"年进行人口普查。

人口预测是根据城市人口的现状和特点对城市人口的发展规模进行预测。人口预测包括人口数量预测和人口质量预测两个方面。人口预测的前提条件是了解和掌握城市现实人口状况,包括人口的性别、年龄结构;人口的出生、死亡、增长速度;人口的迁入与迁出等。人口预测的关键是掌握城市人口变动的规律性,为城市有关部门编制人口规划和制定人口政策提供科学依据。

4. 流动人口管理

城市流动人口是指非城市常住户口而暂住或滞留在城市的人口。城市流动人口增加是城市人口运动的一种趋势。目前,中国城市流动人口数量大,据不完全统计,中国每年大约有 1.5 亿~2 亿农民进入各个城市务工就业。[①] 此外还有大量人口在各个城市之间流动,进行探亲访友、旅游、经商、开会等活动。流动人口可以为城市带来各种商品信息,扩大城市影响,增加城市消费,补充城市某些岗位劳动力的不足,对城市经济发展和繁荣起到积极的促进作用。但是,流动人口增加也给城市管理带来了一系列问题。可以说,城市流动人口管理一直是城市人口管理的难点。对城市流动人口管理要采取综合治理的措施,区别不同情况制定不同的管理对策。

5. 计划生育管理

中国是人口众多的国家,实行计划生育是国家的基本国策。改革开放以来,经过全国人民的共同努力,中国人口与计划生育工作取得了举世瞩目的成就。中国有效地控制了人口过快增长,实现了人口再生产类型从高出生、低死亡、高增长到低出生、低死亡、低增长的历史性转变,成功地探索了一条具有中国特色的综合治理人口问题的道路,有力地促进了综合国力的提高、社会的进步和人民生活的改善,对稳定世界人口作出了积极贡献。但是未来几十年,中国人口数量还将持续增长,劳动就业压力将进一步加大,人口老龄化问题更加突出,人口与经济、

---

① 汪光焘:中国城镇化进程中的农民问题,http://theory.people.com.cn/GB/40553/4359425.html。

社会、资源、环境之间的矛盾依然尖锐。计划生育是中国长期坚持的一项基本国策,城市计划生育管理是城市政府的重要管理职责。城市计划生育管理内容包括:根据国家人口发展规划制定人口与计划生育实施方案并组织实施;执行国家计划生育政策;指导公民优生优育;符合法律、法规规定条件的,可以合理安排生育第二胎等。

城市流动人口的计划生育管理工作由其户籍所在地和现居住地的人民政府共同负责,以现居住地为主。城市的公安、工商、税务、劳动保障、卫生、房产等管理部门,围绕着办证、租房、用工等环节,在流动人口现居住地形成有效的管理与服务网络,在为流动人口提供多方面服务的同时,参与流动人口的计划生育管理。

第二节 城市社区管理

一、城市社区管理的地位

"社区"一词源于拉丁语,意思是共同的东西和亲密伙伴关系。早在1881年,德国社会学家弗·滕尼斯(F. Tonnies)就提出了社区的概念,并将这一概念用于社会学研究。他认为,社区是指那些具有共同价值趋向的同质人口组成的、关系亲密、守望相助、疾病相抚、富有人情味的社会团体。而后美国学者查尔斯·罗密斯(C. P. Loomis)将社区一词由德文翻译成了英文community,意指公社、团体、共同体的意思。20世纪30年代,以费孝通为首的一批燕京大学的学生将英文community翻译成中文"社区"。社区一词首先在中国社会学界广泛流传,以后又引用到其他领域。根据中国的实际情况,2000年国家民政部《关于在全国推进城市社区建设的意见》中指出,社区是指聚居在一定地域范围内的人们所组成的社会生活共同体。

城市社区是指聚集在城市范围内的社会群体和组织按照一定的规范、制度结合而成的社会生活共同体。目前城市社区的范围,一般是指经过社区体制改革后已进行规模调整的居民委员会辖区。城市社区的构成要素主要有:第一,有以一定社会关系为纽带进行共同社会生活的城市居民;第二,有特定的活动空间和生活居住地域;第三,有相对完备的生活服务设施;第四,有独特的文化特征及相对完善的社区组织;第五,在情感和心理上有一定的认同感和归属感。由此可见,城市社区不仅是一个地域概念,还包含着一定的社会和文化含义。

从地域特征和管理角度来考察,城市社区可以分为三大类。

一是法定社区。这类社区是依照国家相关法律,出于社会管理的需要而设置的社区。在中国法定社区主要是指按照《中华人民共和国居民委员会组织法》而成立的,由居民自我管理、自我教育、自我服务的基层社区。目前城市社区的范围一般是指经过社区体制改革后已进行规模调整的居民委员会辖区。

二是自然社区。这类社区是指人们长期共同生产生活或按照自己的意愿选择而形成的社区,如各种类型的住宅小区、居民小区以及城市化了的村落等。目前中国城市最常见的是单位型社区和混合型社区。单位型社区的居民基本上来自于同一单位,他们在单位是同事,在社区又是邻居。单位型社区内人与人之间的关系比较融洽,社区居民对社区的认同感和归属感较强,形成了稳定的单位社区共同意识。混合型社区的居民来自于各个单位,甚至各个地区,社区居民流动性较大,彼此之间交往较少,人与人之间关系比较淡漠,社区居民对社区的认同感和归属感较弱。混合型社区是改革开放以后,特别是城市住房制度改革以后出现的,是一种新型的城市社区,代表了以后城市社区的发展方向。

三是功能社区。这类社区是指人们从事某些专门的活动而在一定地域上形成的聚集区。一所大学、一座军营、一个单位大院等都可以是一种功能社区,由此可以形成文化社区、军事社区、经济社区等。功能社区有自己独特的文化和生活方式,社区成员职业结构简单,同质性较高,对社区具有明显的归属感和认同感。

除此之外,按照社区聚集人口数量的多少、地域面积的大小等,还可以将社区分成巨型社区、大型社区、中型社区、小型社区和微型社区等。城市社区划分的标准是多种多样的,社区划分标准不同,其类型也不一样。严格来讲,各种类型社区的界限并不是固定不变的,它们的边界有时是重合的,有时则是交错的。如某一个法定社区既可以是单位型社区,也可以是大型社区,还可以是文化社区。由于社区之间的联系日益密切,各种活动愈发频繁,人口流动性日渐增强,社区的类型日趋复杂,因而社区管理工作也就越来越重要。

城市社区管理是指城市社区内部的各种组织为了维护城市社区的正常秩序,满足城市社区居民的物质、精神生活需要而进行的一系列自我管理活动。城市社区管理在城市现代化建设中具有重要的意义。具体表现在以下几方面:

第一,搞好城市社区管理有利于推动城市深化改革。在计划经济时代,大多数城市居民居住在单位提供的住宅小区内,中国城市形成了以街道办事处为基本依托的行政型社区管理模式。改革开放以后,随着社会主义市场经济体制的建立,传统的社区管理模式已不适应城市发展的需要。国有企业改革使企业职工由"单位人"转换为"社会人"。住房商品化改革使大多数城市居民不再居住在单位提供的住宅小区内。新的住宅小区的不断建立,形成了各种新型的社区关系。随着国有企业改革和政府改革的深化,企业剥离的社会职能和政府转移出来的服务职能,大部分要由城市社区来承接。城市化进程加快,使大量农村人口涌入城市,社会流动人口增加,城市政府社会管理任务繁重,也迫切需要建立一种新的社区管理模式,以适应城市社会发展的需要。城市改革中出现的流动人口管理、下岗职工就业与救助、老龄工作、社会治安、计划生育等各种问题,都需要通过城市社区建设和管理来加以解决。只有搞好城市社区管理,才能够推动城市深化改革,减少城市改革过程中产生的摩擦和震荡,保证各项改革措施的顺利实施。

第二,搞好城市社区管理有利于城市市民的政治参与。公民的政治参与度是一个国家政治民主化和现代化的重要标志。改革开放以来,随着城市政治民主化的发展,中国城市市民的参与意识越来越强,越来越多的社区居民渴望参与社区管理,实现自己的利益要求。同时,随着人民群众生活水平的不断提高和住房、医疗、养老、就业等各项制度改革的深化,城市市民与所在社区的关系愈来愈密切。他们不仅关注社区的发展,参与社区的活动,而且对社区的服务和管理、居住环境、文化娱乐、医疗卫生等方面也提出了多层次、多样化的要求。推进城市社区建设，发挥社区居民自治组织的作用，为社区居民提供更多的政治参与机会，保证社区居民依法管理自己的事情，可以满足社区居民的参与诉求，从而有助于调动社区居民的积极性，增强其对社区的认同感、归属感和满意度。有了城市社区这个桥梁，城市政府也可以进一步简政放权，充分发挥社区居民自我管理、自我教育的作用，使政府从包办式管理走向依靠居民自治组织、"官民合作"的民主管理。因此，搞好城市社区管理，有利于社区居民的政治参与，有利于推动城市民主政治发展。

第三，搞好城市社区管理有利于加强社会主义精神文明建设。社区是城市基层层面的社会单元，是城市文明的窗口。以城市社区为载体，以社区居民为主体，大张旗鼓地开展一系列基层文化活动，可以丰富社区居民文化生活，推进城市精神文明建设。近年来，全国各地通过在社区中开展丰富多彩的文化、体育、科普、教育活动，营造出一种健康向上、文明和谐的浓厚气氛。随着创建文明社区活动的深入开展，社区面貌明显改观，社区风气逐步好转，文明楼院、文明社区数量不断增多，对促进城市改革、发展和稳定发挥了积极作用。实践证明，大力开展社区教育，引导居民爱祖国、爱城市、爱社区，可以形成崇尚先进、团结互助、扶正祛邪、积极向上的社区道德风尚。经常组织具有社区特色的群众性文体活动，丰富居民精神文化生活，可以增强社区的凝聚力，形成科学文明健康的生活方式。紧紧抓住社区居民关心的热点、难点问题，有针对性地开展思想政治工作，并坚持把解决思想问题同解决实际问题结合起来，加强社区服务与管理，可以进一步密切党同人民群众的联系，广泛调动社区居民"讲文明树新风、共建美好家园"的积极性。

第四，搞好城市社区管理有利于维护社会稳定。社会稳定是一个国家政治经济发展的必要条件，是中国改革开放和现代化建设事业顺利进行的保证。保持城市社区稳定是整个社会稳定的基础。目前，中国正处于改革开放的新时期，随着各项改革的逐步深化和社会成员利益关系的调整，难免会带来一些利益冲突和矛盾。例如，失业人员的就业和生活问题、邻里纠纷和矛盾问题、业主与物业公司的矛盾问题、社会治安管理问题等,这些矛盾与问题能否得到有效解决,直接关系到社会的稳定。搞好城市社区管理,充分发挥社区居民的整合力量和参与意识,可以把社区治安综合治理的各项措施贯彻落实到基层,把影响社会稳定的矛盾和问题及时有效地化解在萌芽状态,确保城市社会安定团结。

二、城市社区管理的内容

1. 社区服务管理

社区服务是指在城市政府的倡导下,发动和组织社区成员通过互助性的社会服务,就地解决本社区的社会问题。就其本质而言,社区服务是一种社会福利工作。因此,也有人将社区服务定义为基层社区的福利和便民利民的服务。社区服务的特点是方便、快捷、周到,社区居民的许多需求不出社区就能得到解决。社区服务管理的内容是:第一,开展面向老年人、儿童、残疾人、社会贫困户、优抚对象的社会救助和福利服务。第二,开展面向社区居民的便民利民服务,面向社区单位的社会化服务。第三,开展面向下岗职工的再就业服务和社会保障社会化服务。城市社区服务管理是社区管理的重点,社区服务管理要坚持社会化、产业化的发展方向,抓好社区服务中心或服务站的建设。在社区服务管理中,争取做到社区内老年人服务形成网络,达到小型、就近、便利;残疾人合法权益得到保障;城市居民的最低生活保障得到落实;优抚对象的生活得到妥善安排;面向社区居民的婚丧服务、便民利民服务和面向社区单位的社会化服务及时方便;下岗职工的再就业服务成效显著。社区服务功能完善,程序规范,质量优良,居民普遍满意。

2. 社区卫生管理

社区卫生是指在城市政府的倡导和支持下,社区居民为改善居住环境、满足医疗卫生需要而展开的各种服务活动。社区卫生包括环境卫生、康复医疗卫生两个方面。环境卫生包括社区公共卫生、市容市貌、绿化等;康复医疗卫生包括预防疾病、卫生保健、社区康复等。

城市社区卫生管理的内容是:第一,加强社区卫生服务站点的建设,形成服务网络,方便群众就医。第二,积极开展以疾病预防、医疗、保健、康复、健康教育和计划生育技术服务等为主要内容的社区卫生服务,不断改善社区居民的卫生条件。第三,对社区行医人员的执业资格进行监管,做到执业行为规范、服务质量优良。第四,建立规范的社区居民家庭健康档案。

城市社区卫生服务的基本原则是:一是坚持社区卫生服务的公益性质,注重卫生服务的公平、效率和可及性。二是坚持政府主导,鼓励社会参与,多渠道发展社区卫生服务。三是严格实施区域卫生规划,立足于调整现有卫生资源,辅以改扩建和新建,健全社区卫生服务网络。四是坚持公共卫生和基本医疗并重,中西医并重,防治结合。五是坚持以地方为主,因地制宜,探索创新,积极推进。

3. 社区文化管理

社区文化是指居民群众在社区生活中反映出来的有关人的行为模式、社会习俗、言谈举止、生活方式和价值观念等文化现象以及与此相适应的制度和组织结构。社区文化是具有区域特征的文化风貌,与企业文化、校园文化和乡村文化一样,是独立存在的亚文化状态,是整个社会文化的重要组成部分。社区文化是由该社区的人们在长期的社会交往中共同孕育创造出来的,是人们对特定社会文化的认同,对社区成员具有极强的约束作用、凝聚作用和继承作用。

社区文化管理的内容有:第一,积极发展社区文化事业,不断完善公益性群众文化设施。第二,经常组织具有社区特色、群众喜闻乐见、健康向上的群众性文体活动。第三,利用社区教育资源,广泛开展各类教育培训活动,宣传普及科学知识。社区文化管理的目的是繁荣社区文化,营造良好的文化氛围,提高社区居民的文化素养和精神境界,满足人们的精神文化需求。

4. 社区环境管理

社区环境是社区人口与自然环境、生态环境、社会环境三者相融合的综合体,是社区居民有目的、有计划地创造或改造出来的生存环境。随着经济发展和人民生活水平的提高,人们期望能够拥有一个舒适、安静的空间。对每个居民来说,良好的社区环境不仅包含物质生活的丰富,而且还包含精神生活的享受。城市社区环境管理的重点是大力整治社区环境,净化、绿化、美化社区。社区环境管理首先要提高社区居民的环境保护意识,赋予社区居民对社区环境的知情权,共同搞好社区环境卫生建设。努力做到社区生态环境保持良好,路、街、巷等公共场所管理井然有序,居民出行无障碍,共同建设干净、整洁的美好社区。

5. 社区治安管理

社区治安是指社区组织动员社区居民共同参与社会治安综合治理,维护社区安全的活动。城市社区治安管理的特点是依靠社会力量,动员社区居民参加,协助配合公安、司法部门做好社区的治安保卫工作。

社区治安管理的内容是:第一,建立社区治安综合治理体系。按照"一区(社区)一警"的模式设立民警责任区,成立社区警务室,健全社会治安防范体系,实行群防群治。第二,组织开展经常性、群众性的法制教育和法律咨询、民事调解工作。第三,加强对刑满释放、解除劳教人员的安置帮教工作和流动人口的管理,消除各种社会不稳定因素。

三、城市社区管理的主体

城市社区管理主体是指参与社区管理的各种组织和社会成员。中国城市社区既是城市政府进行行政管理的基层区域,又是城市居民生活聚集的场所。城市社区管理强调社区居民的参与性,强调自我管理。因而,城市社区管理主体呈现出多元性的特点。具体地说,城市社区管理主体有:

1. 市民政局

市民政局作为市政府的职能部门,负责指导城市社区居民委员会建设,制定社区建设和社区服务的中、长期规划,拟定城市社区建设和社区服务管理办法并指导实施。

2. 社区党组织

按照《中国共产党章程》的有关规定,结合社区党员的分布情况,城市社区一般都建立了社区党支部,开展党的工作。社区党组织是社区的领导核心,依照宪法和法律,支持和保障社区居民开展自治活动,充分行使民主权利。社区党组织的主要职责是:宣传贯彻党的路线、方针、政策和国家的法律法规;团结、组织党支部成员和居民群众完成本社区所担负的各项任务;支持和保证社区居民委员会依法自治,履行职责;加强党组织的自身建设,做好思想政治工作,发挥党员在社区建设中的先锋模范作用。

3. 社区居民委员会

社区居民委员会作为社区居民实行自我管理、自我教育、自我服务的基层群众性自治组织,负责社区日常事务的管理工作。社区居民委员会积极开展便民利民的社区服务活动,组织社区居民或支持民间公益组织、志愿者组织、物业管理机构等组织开展多种形式的社区服务。民间公益组织、志愿者组织、物业管理机构等其他组织在开展活动中,应当积极配合社区居民委员会依法履行自治管理职能,支持居民委员会开展工作,并接受其指导和监督。同时,城市社区居民委员会的工作接受街道办事处的指导,街道办事处的许多工作任务往往通过社区居民委员会贯彻实施,实际上社区居民委员会承担了大量属于政府行政部门职责范围内的工作。近几年,为了加强城市社区管理工作,许多城市采取向社会公开招聘、民主选举、竞争上岗等办法选聘社区居委会干部,尤其是从下岗职工和大中专毕业生中选聘政治素质好、文化程度高、工作能力强、热爱社区工作的优秀人才,经过法定程序,充实到社区工作者队伍中去,努力建设一支专业化、高素质的社区工作者队伍。

4. 社区业主委员会

业主是指房屋的所有权人。随着住房制度改革和住房商品化的发展,中国城市居民的居住状况发生了深刻变化,越来越多的人告别了福利分房时代,住进了成片开发的新型住宅小区,成为拥有私有产权住房的业主。为了维护业主的合法权益,业主委员会随之产生。社区业主委员会是指在物业管理区域内代表全体业主对物业实施自治管理的组织。按照2003年5月国务院颁布2007年8月修订的《物业管理条例》的规定,同一个物业管理区域内的业主,应当在物业所在地的区、县人民政府房地产行政主管部门或街道办事处、乡镇人民政府的指导下成立业主大会,并选举产生业主委员会。业主委员会是业主大会的执行机构,其主要职责为:召集业主大会会议,报告物业管理的实施情况;代表业主与业主大会选聘的物业管理企业签订物业服务合同;及时了解业主、物业使用人的意见和建议,监督和协助物业管理企业履行物业服务合同;监督业主公约的实施;承担业主大会赋予的其他职责。业主委员会应配合公安机关,与社区居民委员会相互协作,共同做好维护物业管理区域内的社会治安等相关工作。业主委员会应积极配合社区居民委员会依法履行自治管理职责,支持居民委员会开展工作,并接受其指导和监督。业主委员会作出的决定,应当告知相关的居民委员会,并认真听取居民委员会的建议。

5. 社区成员

社区成员是指居住在社区内的居民。城市社区是中国实行居民自我管理的区域,社区居民也是社区的管理主体。社区居民通过居民会议选举产生居民委员会,作为社区居民的自治组织,实施自治管理。通过业主大会选举产生业主委员会,由业主委员会代表全体业主对物业实施自治管理。社区居民对社区的建设和发展可以献计献策,对居民委员会和业主委员会的管理活动可以进行监督。

此外,共青团、妇联等人民团体在一些社区内也设有基层组织,以及各种生产、服务性组织,如物业管理公司等也参与了城市社区的管理与服务工作。

城市社区的管理工作涉及方方面面,做好社区管理工作一定要充分发挥工会、共青团、妇联、残联以及老龄等组织的重要作用,努力形成党委和政府领导、民政部门牵头、有关部门配合、社区居委会主办、社会力量支持、群众广泛参与的新型社区管理模式。

城市社区管理应遵循的原则有:一是以人为本、服务居民。坚持以不断满足社区居民的社会需求,提高居民生活质量和文明程度为宗旨,把服务社区居民作为社区管理的根本出发点和归宿。二是资源共享、共驻共建。充分调动社区内机关、团体、部队、企业事业组织等一切力量广泛参与社区建设,最大限度地实现社区资源的共有、共享,营造共驻社区、共建社区的良好氛围。三是责权统一、管理有序。改革城市基层社会管理体制,建立健全社区组织,明确社区组织的职责和权利,改进社区的管理与服务,寓管理于服务之中,增强社区的凝聚力。四是扩大民主、居民自治。坚持按地域性、认同感等社区构成要素,科学合理地划分社区;在社区内实行民主选举、民主决策、民主管理、民主监督,逐步实现社区居民自我管理、自我教育、自我服务、自我监督。五是因地制宜、循序渐进。坚持实事求是,一切从实际出发,突出地方特色,从居民群众迫切要求解决和热切关注的问题入手,有计划、有步骤地实现社区建设的发展目标。

第三节 城市社会保障管理

一、城市社会保障管理的地位

城市社会保障是指城市政府依据一定的法律和规定,通过国民收入的再分配,对基本生活发生困难的城市居民给予必要的物质帮助,用以保障城市居民基本生活权利的一种制度安排。

城市社会保障管理是指城市政府及其社会保障职能部门,依法对城市社会保障工作进行规划、组织、实施和监督的一系列行政管理活动。城市社会保障管理包括城市社会保险管理、城市社会救助管理、城市社会福利管理等。城市社会保障管理对城市和谐发展、实现公平正义具有重要的意义。具体地说,城市社会保障管理的意义有以下几方面:

第一,城市社会保障管理是社会发展和进步的产物,是现代文明的重要标志。人类社会发展的一切目的都是为了人。只要有人的存在,就需要基本的生存权和发展权,就需要社会为之提供服务。可以说,生存权和发展权是人的基本权利。生存的需要是社会成员最低限度和最基本的需要,是人类赖以生存和发展的基本条件。对人类生存和发展需要的满足程度是衡量一个社会文明程度的基本尺度,也是社会发展和进步的重要标志。城市社会保障管理从关心人的生存境遇出发,将人作为社会价值的目标,通过社会保险、社会救济,为社会成员提供基本的生活条件,使贫困阶层免于生存危机,满足其生存的需要;通过社会福利措施,为社会成员提供基本的发展条件,满足其教育、保健等方面的需求,不断提高社会成员的生活质量和自身素质。城市社会保障管理体现了城市现代文明,增进了社会成员对于社会发展的认同,促进了城市社会进步。

第二,城市社会保障管理是构建和谐社会的重要手段。构建社会主义和谐社会是中国发展的重要目标,是城市经济社会发展的必要条件。构建社会主义和谐社会的实质是维护社会公平,而维护社会公平的核心是分配公平的问题。实现共同富裕,使全体人民共享社会发展成果,是构建社会主义和谐社会的重要内容,也是社会主义社会本质的内在要求。城市社会保障管理在构建和谐社会中具有重要的作用。一方面,城市社会保障管理通过一系列社会保障制度的实施,为社会主义和谐社会构建提供制度保障。另一方面,城市社会保障管理通过国民收入的分配和再分配,调节社会成员收入分配上的差距,为基本生活发生困难的社会成员提供物质上的帮助,可以化解社会成员之间的利益失衡,满足社会大多数人的需要,消除城市社会的不和谐因素,促进城市社会的和谐发展,维护社会的公平与正义。

第三,城市社会保障管理是城市社会稳定的"安全网"和"减震器"。世界上不论哪个国家都会存在着一些困难群体,存在着一些因老、弱、病、失业、灾害等需要救助的人。如果发生困难不能及时得到救助,产生利益冲突不能及时得到解决,就会引起一些社会成员的不满,增加社会不安定因素。从城市社会保障的管理层面来讲,城市社会保险管理为城市社会成员提供必要的养老、医疗与失业保险,帮助社会成员降低因年老、疾病、失业等带来的风险。城市社会救济管理为社会贫困群体提供最低生活保障,满足社会成员基本的生活需要。城市社会福利管理提高社会成员整体生活水平和生活质量。因此,城市社会保障管理为城市社会稳定编织了"安全网",安上了"减震器"。加强城市社会保障管理有利于增强城市市民安全感,维护城市的社会稳定。所以,城市社会保障管理是城市社会稳定体系的重要组成部分。

城市社会保障管理涉及城市市民的社会保险、社会救济和社会福利等诸多方面,参与城市社会保障管理的职能部门主要是市人力资源和社会保障局、市民政局。

市人力资源和社会保障局主要负责城市社会保险管理工作,其职责是:第一,贯彻执行国家和上级政府有关社会保障工作的方针、政策和法律、法规。第二,拟定本市社会保险政策及其改革总体方案。第三,制定本市社会保险的监督检查规范并监督执行。第四,拟定社会保险基金收缴、支付、管理、运营的政策和办法。第五,对社会保险基金预决算提出审核意见。第六,对社会保险基金管理实施监督等。

市人力资源和社会保障局一般下设养老保险处(科)、医疗保险处(科)、失业保险处(科)、失业保险基金监督处(科)等,具体负责某一方面的社会保险管理工作。

市民政局负责城市的社会救助和社会福利工作,其工作职责是:第一,组织全市救灾工作。做好灾情预报,组织核查灾情,统一发布灾情;筹措、拨发和管理救灾款物,组织、分配救灾捐赠物资;组织指导灾区开展生产自救,协调有关部门落实灾区优惠政策。第二,拟订社会救助政策、标准和实施办法,健全城市社会救助体系。第三,组织实施城市居民最低生活保障、医疗救助、临时救助、社区综合帮扶和生活无着流浪乞讨人员的救助工作。第四,负责全市老年人、孤儿、五保户等特殊困难群体权益保护的行政管理工作。第五,指导全市残疾人的权益保障工作,指导全市社会福利设施的建设和管理工作;拟定全市社会福利事业发展规划和政策法规;贯彻落实社会福利企业扶持保护政策,依法维护社会福利企业及残疾职工的合法权益。第六,负责全市儿童收养工作和涉外收养登记工作。

市民政局下设救灾救济处(科)和社会福利处(科),具体负责社会救助与社会福利工作。

二、城市社会保险管理

城市社会保险管理是指城市社会保障职能部门依法对城市居民的养老、医疗、失业等社会保险进行规划、组织、实施和监督的一系列行政管理活动。

1. 养老保险管理

养老保险管理是城市社会保险管理的重要组成部分,是中国开展最早、最为重视的一项社会保障制度。

养老保险的发展是与国家的政治、经济和社会文化的发展紧密结合在一起的,是社会化大生产的产物,是社会进步的标志。目前世界上实行养老保险制度的国家可分为三种类型:即投保资助型(也称传统型)养老保险、强制储蓄型养老保险(也称公积金模式)和国家统筹型养老保险。根据具体国情,中国创造性地实施了"社会统筹与个人账户相结合"的基本养老保险模式。

改革开放前,中国城市职工的养老保险采取国家统包的做法,机关、事业单位养老保险由人事部门管理,企业的养老保险由劳动部门和工会共同管理。计划经济条件下的养老保险完全由国家负责,导致国家财政负担重,保险覆盖面窄,不适应市场经济发展的需要。改革开放以后,中国对养老保险制度进行改革,逐步建立起适应社会主义市场经济要求,适用城市各类企业职工和个体劳动者,资金来源多渠道、保障方式多层次、社会统筹与个人账户相结合、权利与义务相对应、管理服务社会化的养老保险体系。

城市养老保险管理的主要内容有:一是确定基本养老保险费的征缴范围。按照国家政策规定,城镇各类企业职工、个体工商户和灵活就业人员都要参加企业职工基本养老保险。二是确定基本养老保险费的征缴比例。三是加强基本养老保险基金征缴与监管。凡是参加企业职工基本养老保险的单位和个人,都必须按时足额缴纳基本养老保险费。基本养老保险基金要纳入财政专户,实行收支两条线管理,严禁挤占挪用。四是养老保险金由社会统筹,实行社会化发放。

中国城市实行社会统筹与个人账户相结合的基本养老保险制度,在基本养老保险基金的筹集上采用国家、单位和个人共同负担的做法,基本养老保险基金实行社会互济,在基本养老金的计发上采用结构式的计发办法,强调个人账户养老金的激励因素和劳动贡献差别。因此,该制度既吸收了传统型养老保险制度的优点,又借鉴了个人账户模式的长处;既体现了传统意义上社会保险的社会互济、分散风险、保障性强的特点,又强调了职工的自我保障意识。

2.医疗保险管理

医疗保险是指当人们生病或受到伤害后,由国家或社会负责提供医疗服务或经济补偿的一种社会保障制度。医疗保险具有社会保险的强制性、互济性、社会性等基本特征。因此,医疗保险制度通常由国家立法,强制实施。

改革开放前,中国企业职工实行劳保医疗制度,机关事业单位工作人员实行公费医疗制度,二者统称为职工医疗保险。该医疗保险的主要特点是公费医疗,职工个人不缴纳医疗保险费。随着社会主义市场经济的发展和国有企业改革的不断深化,公费医疗已难以解决市场经济条件下的职工基本医疗保障问题。改革开放后,中国对城市公费医疗制度进行改革,逐步建立了适应社会主义市场经济要求,根据财政、企业和个人的承受能力,保障职工基本医疗需求的社会医疗保险制度。

随着国家经济实力的增强和社会保障制度的完善,城镇医疗保险的覆盖面不断扩大,2007年,国家启动了城镇居民基本医疗保险试点工作,决定对不属于城镇职工基本医疗保险制度覆盖范围的学生和其他非从业城镇居民,建立城镇居民基本医疗保险。根据当地的经济发展水平和不同人群的基本医疗消费需求,并考虑当地居民家庭和财政的负担能力,确定筹资水平。

城市医疗保险管理的内容有:一是确定医疗保险的征缴范围。按照国家政策规定,城镇所有用人单位,包括企业、机关、事业单位、社会团体、民办非企业单位及其职工,都要参加职工基本医疗保险;非从业人员可以参加城镇居民医疗保险。二是负责征缴医疗保险费,基本医疗保险费由用人单位和职工共同缴纳。城镇居民医疗保险实行以家庭缴费为主,政府给予适当补助。三是建立基本医疗保险统筹基金和个人账户。四是确定统筹基金的起付标准和最高支付限额。五是监督医疗保险基金的使用情况。

自1998年中国城镇启动职工医疗保险制度改革以来,城镇医疗保险的覆盖面不断扩大,医疗保险的筹资水平不断提高,医疗保险制度改革取得了明显成效。

3. 失业保险管理

失业保险是指国家通过立法强制实行的,由社会集中建立基金,对因失业而暂时中断生活来源的劳动者提供物质帮助的社会保障制度。

在计划经济时代,中国实行"统包统配"的就业政策,"一进企业门,就是国家人",生老病死由单位负责,不存在失业问题。改革开放以后,中国实行灵活的就业政策,失业保险问题提到了政府的议事日程。为适应社会主义市场经济发展的需要,结合中国的实际情况,中国逐步建立了具有中国特色的失业保险制度。

城市失业保险管理的主要内容有:一是确定失业保险费的征缴范围。按照国家政策规定,国有企业、城镇集体企业、外商投资企业、城镇私营企业和其他城镇企业及其职工,事业单位及其职工都必须缴纳失业保险费。二是确定失业保险费的来源。三是按照失业保险费的缴费标准依法征缴失业保险费。四是负责发放失业保险金。失业保险金的领取时间由失业人员失业前所在单位和本人按照规定累计缴费时间决定,满1年不足5年的,领取失业保险金最长不超过12个月;满5年不足10年的,领取失业保险金最长不超过18个月;10年以上的,领取失业保险金最长不超过24个月。五是对社会失业保险基金实施监督检查。

失业保险管理具有以下特点:一是普遍性。它是为了保障有工资收入的劳动者失业后的基本生活而建立的,其覆盖范围包括劳动力队伍中的大部分成员。二是强制性。它是国家通过制定法律、法规来强制实施的。按照规定,在失业保险制度覆盖范围内的单位及其职工,必须参加失业保险并履行缴费义务。三是互济性。失业保险基金主要来源于社会筹集,由单位、个人和国家三方共同负担,缴费比例、缴费方式相对稳定,筹集的失业保险费,不分来源渠道,不分缴费单位的性质,全部并入失业保险基金,在统筹地区内统一调度使用以发挥互济功能。

三、城市社会救济管理

城市社会救济管理是指城市民政部门依法向陷入生存危机的社会成员,提供基本生活需求及物质援助的行政管理活动。城市社会救济管理是城市社会保障的最后一道安全网。其主要内容有:

1. 城市居民最低生活保障管理

城市居民最低生活保障管理是指城市民政部门对低于城市最低生活标准的居民,进行最低生活保障救助的一系列行政管理活动。

改革开放前,中国城市社会救济工作由民政部门负责,社会救济分为定期救济和临时救济两类,救济标准以保证救济户的基本生活需要为原则。救济对象主要是"三无"人员,即无生活来源、无劳动能力、无法定赡养人或抚养人的居民。改革开放以后,中国城市社会救济工作面临着新的挑战。随着国有企业改革深化,下岗和失业群体扩大,社会救济对象发生了变化,需要救济的人员增加。为了解决城市中出现的贫困现象,中国政府开始探索新的社会救济办法。在借鉴一些地方社会救济制度改革经验的基础上,逐步形成了有中国特色的城市居民最低生活保障制度。城市居民最低生活保障制度是指政府对家庭人均收入低于最低生活保障标准的城市贫困人口进行救助的一种新型社会救济制度。城市居民最低生活保障制度已经成为了中国城市主要的社会救济制度。

实施城市居民最低生活保障制度应遵循以下三个基本原则:一是保障最低生活,保障内容是维持基本生活的最低要求,保障水平与生产力发展和当地居民的总体生活水平以及各方承受能力相适应;二是由政府作为实施最低生活保障制度的主体,承担保障的主要责任;三是以全体城市居民为保障对象。依法获得最低生活保障是公民的基本权利,依法实施最低生活保障是政府和社会义不容辞的责任。

城市居民最低生活保障管理的内容有:一是拟定本市居民最低生活保障标准。按照当地维持城市居民基本生活所必需的费用确定最低生活保障标准,并适时调整。二是组织实施城市居民最低生活保障制度。三是筹集城市居民最低生活保障所需资金。城市居民最低生活保障所需资金由地方人民政府列入财政预算,纳入社会救济专项资金支出项目,专项管理,专款专用。同时,国家鼓励社会组织和个人为城市居民最低生活保障提供捐赠、资助;所提供的捐赠资助全部纳入当地城市居民最低生活保障资金。四是按照法定程序确定申请对象是否陷入贫困,审批城市居民最低生活保障待遇申请。城市居民最低生活保障待遇由其所在地的街道办事处初审,并将有关材料和初审意见报送市辖区或市人民政府民政部门审批。管理审批机关应当自接到申请人提出申请之日起的30日内办结审批手续。

实施城市居民最低生活保障提供的资金仅仅是满足救助对象最低生活需求的资金,只要救济对象的收入超过最低生活标准,救济活动即行终止。城市居民最低生活保障制度实施以来,中央与地方政府不断加大低保资金投入,城市居民低保标准不断提高,中国城市社会救济工作取得了很大成就。

2. 城市医疗救助管理

城市医疗救助管理是指城市社会保障部门组织实施城市医疗救助制度的行政管理活动。

为了解决城市困难群众看病难的问题,实现困难群众"病有所医"的目标,中国逐步建立和完善了城市医疗救助制度。城市医疗救助制度是指通过政府拨款和社会捐助等多渠道筹资建立基金,对城市困难群体给予医疗费用补助的救助制度。建立城市医疗救助制度的原则是:第一,坚持从中国经济和社会发展实际出发,保障困难群众基本医疗需求;第二,坚持统筹协调,搞好医疗救助制度与相关社会保障制度的衔接,探索建立城乡一体化的医疗救助制度;第三,坚持突出重点,分类施救,公开便捷,发挥医疗救助的救急救难作用;第四,坚持政府主导,社会参与,大力发展医疗慈善事业。

城市医疗救助管理的内容有:一是确定城市医疗救助范围。城市低保家庭成员、五保户和其他经济困难家庭人员可以申请城市医疗救助。二是制定医疗救助标准。城市民政部门会同财政等有关部门,根据本地经济条件和医疗救助基金筹集情况、困难群众的支付能力以及基本医疗需求等因素,制定医疗救助对象的补助标准。三是实行多种方式救助。对城市低保家庭成员、五保户和其他经济困难家庭人员,按照有关规定,可以资助其参加城镇居民基本医疗保险,并对其难以负担的基本医疗自付费用给予补助。四是完善医疗救助服务内容。根据救助对象的不同医疗需求,开展医疗救助服务。一般坚持以住院救助为主,同时兼顾门诊救助。五是严格医疗救助基金的管理和使用。建立健全医疗救助工作的民主监督机制,及时将医疗救助对象姓名、救助标准、救助金额等向社会公布,接受群众和社会监督,做到政策公开、资金公开、保障对象公开。在确保基金安全的前提下,做到基金收支基本平衡,略有结余。

城市医疗救助管理直接关系困难群众切身利益,是一项重大的民心工程。2008年,城乡医疗救助共救助5 787万人次,其中资助困难群众4 661万人参加新型合作医疗或城镇居民基本医疗保险,民政部门直接救助1 126万人次,支出医疗救助资金72.2亿元。2009年,中央财政通过预算内资金和中央集中的彩票公益金共安排城乡医疗救助补助资金81亿元,比2008年增长60%。医疗救助制度的实施有效缓解了困难群众看病难的问题,保障了社会和谐发展。[①]

四、城市社会福利管理

城市社会福利管理是指城市民政部门对居住在城市中因身体或精神有某种缺陷而生活不能自理、又无生活来源的特殊对象,提供物质帮助和服务保障的行政管理活动。城市社会福利管理的内容主要有:老人社会福利、儿童社会福利、精神病人社会福利、残疾人社会福利等。

改革开放前,中国城市社会福利管理主要以救济为主。改革开放后,国家对社会福利事业进行了改革,提出"三个转变",即:城市社会福利事业单位应根据改革开放的需要,逐步实现从救济型向福利型转变,从单纯供养型向供养康复型转变,从封闭型向开放型转变。

城市社会福利管理的方针是:对老人以养为主,妥善安排其生活;对健全儿童实行养、教并重;对残缺呆傻儿童实行养、治、教相结合;对精神病人实行养、治相结合,并且根据不同对象进行药物、文娱、劳动和教育的综合治疗。收养人员的生活标准,按当地城市居民的一般生活水平确定。根据其需要和可能,逐步改善居住条件和充实福利设施。

城市社会福利管理的具体内容有:

1. 老人社会福利管理

---

① 卫敏丽、陈菲:四部委出台医疗救助新政缓解困难群众看病难问题,http://www.gov.cn/zxft/ft184/content_1394889_2.htm。

老人社会福利主要是对城镇孤寡老人的安置和照顾。城市老人社会福利的对象主要有两种：一种是"三无"老人，即无依无靠、无家可归、无生活来源的老人。对"三无"老人以养为主，采取两种安置方式：安置到政府举办的社会福利院收养，保证老人吃好、穿暖、住处稳定，有病能得到及时治疗；或者由居住地的街道、居委会依靠左邻右舍、辖区单位组成"包护组"，负责照料老人生活。另一种是离退休老人，主要指有经济收入、有居住地、无子女照顾或子女不在身边的离退休老人。对这部分老人可由本人提出申请，安排到政府兴办的各种社会福利院、老人公寓，生活费用自理。也可以由基层社区群众进行"包护"，照料其日常生活，或者由所在单位兴办的福利院养老。

随着中国社会经济的发展、计划生育政策的实行和人口老龄化的加速，老年人的社会福利问题显得日益突出。由政府或社会兴办各种老人福利院、老人公寓，根据自愿原则，自费入住、有偿服务、集中供养、集中照顾，将是中国城市老人社会福利的主要形式。

2. 儿童社会福利管理

儿童社会福利主要是兴办儿童福利机构，收容、教养、培育无依无靠、无人抚养的孤儿、弃儿和残疾孤儿。

中国大中城市一般设有儿童福利院，个别小城市将儿童福利院工作纳入社会福利院一起管理。儿童福利针对不同年龄组和不同对象采取不同的教、治、养办法。对智力健全的儿童以教为主，教养结合；对身残儿童实行教治养相结合，并培养他们掌握一技之长，增长谋生能力；对弱智儿童以养为主，到一定年龄后转到社会福利院。

上海、北京等大城市探索由政府出资、家庭领养的儿童社会福利模式，即民政部门负担孤儿、弃儿、残疾儿的生活费，家庭负责领养儿童的生活照顾和教育等，领养儿童和家庭成员一起生活，以使孤儿、弃儿和残疾儿能够享受到家庭温暖，同时也减轻国家负担。

3. 精神病人社会福利管理

精神病人社会福利包括精神病人的矫治和收养。民政部门举办精神病院收养、管理城市中无家可归、无依无靠、无生活来源的精神病人。有条件的精神病院也可收养家中无人看管的精神病人，住院期间的一切费用自理。民政部门根据精神病人的状况,对已出院的患者做好生活、生产安排,以使这部分人有所管、有所养。同时,城市卫生、公安等部门也要配合民政部门的工作。

4. 残疾人社会福利管理

残疾人社会福利管理包括残疾人就业和康复两方面的内容。

民政部门创办社会福利企业安置有劳动能力的残疾人就业,同时国家制定优惠政策鼓励企业吸收残疾人就业。社会福利企业创造的利润主要用于企业的扩大再生产和职工的集体福利。

残疾人康复的内容包括心理康复、体疗康复、假肢与矫形器康复和职业康复四个方面的内容。

许多城市还成立了残疾人福利协会、残疾人福利基金会,负责筹集基金、资助残疾人生活和就业。同时也开展了残疾人的集体福利事业和文化娱乐、体育活动,照顾好残疾人的特殊需要。另外,国家政策规定,在职工的招用、聘用、转正、晋级、职称评定、劳动报酬、生活福利、劳动保险等方面,不得歧视残疾人。对于国家分配的高等学校、中等专业学校、技工学校的残疾毕业生,有关单位不得因其残疾而拒绝接收。

第十一章 城市公共安全管理

由于全球气候转暖、环境污染、经济全球化引起人口流动增加、市场经济的消极作用导致社会分化、高科技使用不当等原因,城市公共安全所面临的问题和威胁呈现增加、突出和紧迫的趋势。它要求城市政府高度重视城市公共安全管理问题,从管理的职能、体制和手段等方面健全城市公共安全管理制度,做到对难以避免的自然灾害及时组织救灾,把损失控制在最低程度;对人为引起的城市公共安全问题重在预防;对其他各类城市公共安全问题实行防治结合,及时发现安全隐患,尽量把安全问题解决在萌芽状态,从而确保城市生产和生活的安全。

第一节 城市公共安全管理概述

一、城市公共安全管理的含义

城市公共安全管理是城市政府遵守和执行法律,贯彻"预防为主、防治结合"的方针,通过系统化的制度和政策消除威胁城市公共安全的原因,并且及时治理城市公共安全问题,实现保障生产、生活和城市安全目的的管理过程。

城市公共安全管理是伴随着城市及其城市管理的产生而发展起来的,具有悠久的历史。但是,不同社会形态下的城市公共安全管理具有很大的区别。一是在古代社会,包括奴隶社会和封建社会,由于没有单独设置城市政府,在京城由皇宫专设官员及其部门管理城市安全,在其他地方,由城乡共管的地方政府兼管城市安全;而近代以来,由单独设置的城市政府负责城市公共安全管理。二是在古代社会,城市的公共安全管理主要限于抵御自然灾害、火灾等,由于奴隶只是会说话的工具,奴隶存在着对奴隶主的人身依附关系,因此,从社会关系方面看,基本上不存在公共安全管理问题;而在资本主义社会,由于生产力的发展和公民争取权利的进展,城市的公共安全管理不仅有由自然界因素引起的公共安全问题,而且有由社会性因素引起的公共安全问题。三是资本主义社会城市的公共安全管理由于其国体的性质,尚具有历史的局限性;社会主义国家的城市公共安全管理,第一次具有比较彻底的公共性质,它造福于社会的绝大多数成员。

城市公共安全管理应该遵循下列原则:

一是"预防为主、防治结合"的原则。在城市公共安全管理中遵循"预防为主"的原则,有两方面含义。一方面是对主要由人为因素引起的城市公共安全问题,必须通过采取科学、切实、可靠的措施,消除产生公共安全问题的原因和隐患,从而做到基本上避免这类公共安全问题的发生;另一方面是对自然灾害等不可避免的公共安全问题,必须事先做好充分的救灾准备,为及时、有效地救灾创造前提条件。在城市公共安全管理中遵循"防治结合"的原则,就是在公共安全问题发生时,根据事先准备的公共安全问题治理预案,及时组织力量,投入物力,采取措施,控制住公共安全问题的扩大,尽量把其危害减少到最低程度。

二是统一指挥的原则。城市公共安全突发事件严重危害人民群众生命和财产的安全,产生的原因复杂,控制公共安全事件的时间紧迫,需要多管齐下,调动多种专业力量。因此,在应对和处理城市公共安全突发事件中遵循统一指挥原则,是绝对必要性。其含义之一是由最高行政首长个人作出决定,把这种决定作为命令统一下达,该行政首长对所处理的公共安全事件负责。含义之二是组建一个由多种相关专业部门的负责人组成的委员会,其功能一是集思广益,取长补短,发挥集体智慧的优势,为最高行政首长作出决定提供咨询意见;二是在执行层面,分工负责,执行最高行政首长的决定;含义之三是在处理公共安全事件的整个执行系统中,每个成员都只对一个直接上级负责,服从其指挥,听从其命令。

三是各专业力量分工与协作的原则。城市各类公共安全问题的处置,只有通过相关专业力量的分工与协作才能解决。在分工方面,其含义是各司其职,运用专业的技术和设备,行使政府部门的专门职能,发挥专业队伍的功能,解决公共安全事件中与专业队伍相对应的专业领域问题。在协作方面,其含义一是对职能有交叉的事务,明确某个部门负有主要责任,其他部门负有次要责任;二是明确负有次要责任的部门,具有主动配合负有主要责任部门工作的义务,对不认真履行主动配合义务的负责人或工作人员应追究其责任;三是各方都有向其他方提供必要信息、保持及时沟通的义务。

四是确保处置城市公共安全事件所必需的物资及时充分供应的原则。自然界和人类社会在本质上是物质的。城市公共安全问题会造成相关物质资料的缺少、损坏或变异等。为了从根本上解决公共安全事件,必须补齐所缺少的物质资料,修复被损坏的物质资料,纠正变异物质资料的功能。因此,补齐、修复或纠正相关的物质资料,是解决城市公共安全事件的决定性、关键性环节。处置城市公共安全事件各方面的工作,都是围绕和服务于补齐、修复或纠正物质资料的工作;处理城市公共安全问题的其他各项原则,也相应都是围绕和服务于确保处置城市公共安全事件所必需的物资及时充分供应的原则。

五是提高市民防灾救灾的意识和能力的原则。自然灾害有时难以避免,如果市民具备较强的救灾意识和能力,就能从根本上提高整个城市的救灾能力。对人为引起的灾害,如果市民也都具备在本职工作岗位或生活场所预防和抵御人为灾害的意识和能力,必然能从根本上提高整个城市的防灾救灾能力。提高市民防灾救灾的意识和能力,一靠学习,二靠训练。

二、城市公共安全管理的类型

对城市公共安全管理进行必要而适当的分类,是对不同类别的城市公共安全问题采取有针对性对策的前提。根据城市公共安全问题的成因、性质或所发生的领域,城市公共安全管理可以划分为下列类别:

1. 治理自然灾害的公共安全管理

由于人类生产和生活对自然界过度的索取和损害,导致了气候变暖、沙尘暴加剧、台风增加、地面沉降等一系列的自然界异常现象增多。近年来,多种自然灾害对城市公共安全的威胁,呈现出了更加频繁、严重和紧迫的趋势。中国北方和南方、内陆和沿海、自然地理条件不同的城市,面临不同的多种自然灾害的威胁。对北方城市来说,较常见的是大雾、暴风雪、霜冻、冰凌等;对南方城市来说,较常见的有洪涝、持续高温、病虫害等;内陆城市较多地遭受干旱、沙尘暴、地面沉降等的困扰;沿海城市较多地受到台风、海啸、咸潮等的侵袭。对于全球的人类或跨国家的地区来说,应对自然灾害重在预防,即通过通力合作消除或减少诱发自然灾害的原因,消除或减少自然灾害的发生。对这类自然灾害,城市政府理当尽责组织城市各单位和市民全力参与预防。另一方面,由于城市所遭受的自然灾害大部分是由城市政府管辖界限以外更大范围的地区,受人类生产和生活活动影响的多种自然条件变化所导致的,因此,对于一个城市的政府来说,应对自然灾害主要是抗灾救灾。与其他的城市公共安全问题相比较,自然灾害具有不可抗拒、影响面广、破坏力大、持续时间长、治理后遗症任务重等特点。自然灾害是城市公共安全最大的威胁,预防和抗御自然灾害是城市公共安全管理的首要任务。

2. 城市消防类公共安全管理

随着城市化的发展、涉及易燃易爆类企业数量的增多和生产规模的扩大、居民生活用气用电的大量增加、高层建筑楼数量增多等原因,城市消防类公共安全管理面临火灾事故增多、重特大火灾危害加剧、火灾原因多样复杂等严峻挑战。城市消防类公共安全管理必须坚持贯彻"预防为主"的方针。一些消防先进的地区和单位的经验表明,运用先进的科学技术和设备,落实责任制,排查和消除火灾隐患,可以把火灾事故发生率下降到最低程度。从反面看,那些造成重大的人员伤亡和财产损失的重特大火灾事故,绝大多数都可以避免,其发生的原因都是在防火的技术设备、落实防火责任制、向每位员工或居民普及防火知识和演习防火能力、排查和消除火灾隐患等方面存在着种种疏漏,从而才不可避免地酿成大祸。与其他的城市公共安全问题相比较,火灾对公共安全的威胁具有毁灭性、可预防、季节性发生、重点单位和人群尤其需要落实防范、科学技术和设备有助于提高预防火灾效果等特点。

3. 社会治安类公共安全管理

在中国现阶段,由于贫富差别加剧、人口流动、道德失范、国际犯罪团伙渗透等原因,城市社会治安问题总体上呈现增加的趋势,城市司法机关尤其是公安部门承受着巨大的压力。对社会治安类公共安全问题,总体说来重在治本,控制治标,标本兼治。一方面,各城市应针对本地区社会治安重点问题和突出问题产生的原因,采取有效措施,从源头上减少和根除导致社会治安问题的隐患;另一方面,对扰乱社会治安的人员和行为要及时破案,依法惩处,消除危害,在治标方面把扰乱社会治安的人员和行为控制在发案率较低的水平。与其他城市公共安全问题相比较,社会治安类公共安全问题具有对市民的危害普遍而直接、不同类别的社会治安问题具有不同的周期规律、大中城市与小城镇相比控制难度较大、在治标方面技术设备起着重要的防范作用、电子信息类违法犯罪呈现明显上升的势头等特点。

4. 卫生防疫类公共安全管理

近年来,全球气候变暖、人口流动、病毒和细菌的繁殖和变异、动物界疾病向人类传播、生态平衡受到破坏和变异等,导致跨地区、跨国的传染性疾病多有发生。城市是人类集中居住和生产的地方,传染性疾病往往首先在城市发生,即使发生在农村,一旦感染到城市,也会迅速传播和扩散,严重危害市民的生命和健康。因此,在预防方面,一是制定、健全和遵守国际性公约,在医学、生物学、有机化学等学科的实验室,严格控制病毒和细菌外传,禁止或限制试验新的病毒和细菌;二是严密监视和控制已有疫情地区的疫情变化和向外传播,严密监视和控制地区类和机构类所饲养的动物界传染病向人类传播;三是在医院系统建立和严格执行传染病预警制度,实行检验人员、医师、分管领导的工作责任制,确保首例和个别首批病例被及时发现并向上报告;卫生防疫部门立即介入并诊断疫情;以卫生防疫部门为主,医院和公安部门协助,对上述首例或首批病人的接触者和场所,立即采取隔离和消毒措施。对因失职或怠职而违反传染病预警制度的有关责任人员,应依法追究其责任。在治疗方面,一是及时发现、隔离和治疗受到感染的病人,并对有关场所和物品进行消毒;二是在疫情地区向未受感染的市民免费或低价发放预防性药品,宣传和遵守预防有关传染病的知识;三是严格控制疫情内外地区人员的流动。与其他的城市公共安全问题相比较,传染病对公共安全的威胁具有直接危及市民的生命和健康、疫情发展快且控制难度大、容易引起市民的心理恐慌、随着疫情扩大严重影响市民的生产和生活、不同程度地影响城市与外界的交往等特点。

5. 基础设施类公共安全管理

城市基础设施是市民生活和企业生产必要的外部条件,基本上属于公共产品,受城市政府的公共管制,由利用国有资产举办的公共服务机构(在中国称之为"事业单位")提供,或由经政府部门准入的企业和社团提供。基础设施一般可以分为六类,分别是能源类、供排水类、交通类、邮政通信类、环境保护类、防灾类。常见的基础设施类公共安全问题有大面积停电、煤气管道破裂、较大范围供暖停止、地区性供水中断、供排水管道破裂引起区域性积水、客运沉船事故、地铁列车脱轨或火灾、停运事故、地铁车站踩踏事故、公交车辆火灾或交通事故、地区性互联网故障、黑客对公共网站的攻击、防洪堤坝的损毁等。基础设施类公共安全管理重在预防,应经常对基础设施进行检查、保养和维修,必要时要及时更新,从而消除隐患。一旦发生基础设施类公共安全事故,要及时组织抢修,同时采取临时性补救措施以减少对生活和生产的影响。与其他的城市公共安全问题相比较,基础设施类公共安全事故具有发生突然、对生产和生活的危害面广、多数由技术设备的隐患所导致、抢修时间紧迫难度较大、可能诱发其他类别的公共安全问题等特点。

6. 环境污染类城市公共安全管理

造成环境污染的主要原因是受生产力和科技水平限制,不能充分地利用能源和资源,未被利用的能源和资源或保持其原来性状,或改变性状,被重新排放回到自然界,造成自然环境的污染。工业大部分集中在城市,因此城市尤其是大城市,环境污染比较严重。常见的城市环境污染严重事故有水源污染,局部水域严重污染,有毒有害气体、放射性物质在生产、储存或运输中泄漏,化工类企业发生的较严重的环境污染事故,垃圾填埋不当导致较严重的土壤污染和空气污染等。对待环境污染类城市公共安全事故,也应贯彻"预防为主"的方针,从技术设备、规章制度、责任到人、监督检查等方面,预防城市环境污染事故的发生。对已经发生的城市环境污染事故,关键是运用现场控制原理,通过岗位责任制,要求一线员工及时发现环境污染事故于萌芽状态,一方面在本职工作范围内采取措施消除、减少和控制污染,另一方面报告上级,迅速组织力量消除污染事故于萌芽状态。与其他的城市公共安全问题比较,环境污染对城市公共安全的危害具有直接威胁市民的生命和健康、后遗症或后续影响持久、流动性强、控制难度大、治理代价较大等特点。

7. 应对恐怖主义的城市公共安全管理

就目前中国城市所面临的局势看,恐怖主义对中国城市公共安全的威胁,有三种基本的来源:一是国内民族分裂势力所策划和实施的恐怖主义活动;二是国内敌对势力和敌对分子制造的恐怖主义事件;三是国外敌对势力策划和实施的恐怖主义活动。从城市政府角度看,一方面要组织本市有关单位和市民,全力参与由上级政府领导的较大范围减少和消除诱发恐怖主义活动原因的工作。另一方面,城市政府应采取以下措施应对和治理恐怖主义活动:一要严密监控可能直接参与恐怖主义活动的嫌疑人员;二要对容易受到恐怖主义煽动影响的人群,做好宣传和法制教育工作;三要通过宣传教育,动员每个市民具备警惕、识别、防范和举报恐怖主义言行和人员的意识及能力;四要逐步健全监控、预警和防范恐怖主义活动的技术设备体系;五要训练、教育和奖励专职应对恐怖主义活动的机构与人员。与其他的城市公共安全问题相比较,恐怖主义活动对城市公共安全的威胁具有危害大、一旦发生对市民心理影响较大、有必要以绝对优势的反应力量迅速而有效地控制和消除、对主犯和骨干分子从重惩罚、从全国看重在治本即减少和消除诱发恐怖主义的社会矛盾等特点。

8. 应对社会动乱的城市公共安全管理

社会动乱方面的城市公共安全事件,根据事件的起因,可以进一步划分为由社会群体之间利益矛盾引发的社会动乱、针对某项公共政策的社会动乱、矛头指向国家政治制度和现存政权的社会动乱等基本类别。对社会动乱方面的公共安全问题,城市政府无论是在上级政府的领导下参与更大范围的问题防治,还是负责领导本市有关问题的防治,都应贯彻"预防为主、重在预防"的方针,努力从制度完善、政策调整、减少或基本消除有关人群的利益矛盾等方面入手,减少和消除诱发社会动乱的隐患。在治理方面,有两项基本任务:一是及时发现社会动乱事件于萌芽状态,迅速而有针对性地采取措施,予以平息和解决;二是对已经发展具有一定规模的社会动乱事件,一方面比较系统地采取措施加以控制和解决,另一方面及时报告上级政府,取得上级政府的指导和支持,坚决执行上级政府的决定和指示。与其他方面的城市公共安全问题相比较,社会动乱方面的城市公共安全事件具有严重扰乱城市的生产和生活、影响范围较广、容易诱发次生的公共安全问题、城市政府有必要实行"铁腕与区别对待相结合"的策略坚决而迅速地控制住局势、依靠公安部门和武警部队以非武力手段为主平息骚乱等特点。

三、城市公共安全管理的作用

了解城市公共安全管理的作用,有必要首先认识城市公共安全问题的成因。

自从古代社会产生城市以来,确保城市各方面的公共安全始终是城市生产和生活正常进行的前提和城市管理第一位的任务。近代社会以来,由于人类的生产和生活主要向城市聚集,城市公共安全管理对城市乃至整个社会生产和生活的顺利发展,更加显示出其基础性的意义。在后工业社会和信息社会①的现代化条件下,一方面生产的科技化程度和公民的生活水平日益提高,另一方面城市公共安全管理更加趋于重要、复杂和紧迫,具体有以下原因:

第一,随着人类向生产和生活的深度和广度进军,城市公共安全的

---

① 笔者认为:后工业社会与和信息社会是有区别的。发达国家的后工业社会大致上从第二次世界大战结束至20世纪80年代末,然后从20世纪90年代起逐步进入信息社会。信息社会有三个基本特征:一是电脑在生产和生活场所得到普及;二是电脑联网;三是生产和生活离不开电脑和互联网。

范围不断扩大。在古代社会,城市公共安全的基本方面包括城市防御、火灾、治安、瘟疫等。近代工业革命以来,城市公共安全增加了工业生产安全,铁路、公路和航空交通安全,使用自来水、电力和煤气安全和环境污染事故等新的内容。在后工业社会和信息社会的现代化条件下,随着人类向生产和生活的广度和深度进军,城市公共安全的范围又有了新的扩大,如核电站安全、信息安全、转基因食品安全、全球气候变暖给城市的自然环境造成的危害、恐怖主义对城市安全的威胁等。

第二,自然环境的脆弱和社会环境的失调导致其对人类经济和社会发展承受力的弱化,成为诱发城市各类公共安全问题的深层次原因。自然环境的脆弱包括资源、能源的减少和自然环境的污染两个方面,它们会直接诱发多种城市公共安全问题;社会环境的失调从本质上说是效率与公平之间协调机制与比例的失衡,它们也会直接诱发城市公共安全的多种问题;自然环境脆弱与社会环境失调的互相影响又会诱发城市公共安全上述种类的问题和其他问题。

第三,科学技术在人类生产和生活中广泛使用所发生的技术设备故障,是城市公共安全问题的重要成因。较常见的因技术设备故障引起的城市公共安全问题有:大面积停电,因电线或灯具的材料老化、受潮、故障等原因引起的火灾,通信网络的交换设备或线路故障引起的通信中断,地铁设备故障引起的车辆脱轨、碰撞或停运,因老化、低温等原因引起自来水管道破裂所导致的局部地区积水等。

第四,经济全球化导致受国外其他地区影响而诱发或加剧的城市公共安全问题增加。这方面常见的问题一是全球或地区性的经济周期引起失业增加、收入减少所带来的社会动荡;二是全球或地区性的金融危机引起的城市金融安全问题,包括金融机构经营安全、金融信用安全、城市经济安全、城市税收财政安全等;三是伴随着跨国流动人口增加而引起的就业纠纷、跨国犯罪、种族或民族摩擦等;四是因工农业生产发展引起的环境污染事故的跨国影响;五是进口食品安全事故等。

第五,由生产要素聚集程度所决定的城市紧密性和生产要素流动程度所决定的城市与其他地区之间的关联性,成为处理城市公共安全问题紧迫性的基本原因。第二、三产业的生产要素聚集程度高于第一产业,是第二、三产业的劳动生产率高于第一产业的根本原因;高科技的第二产业和知识密集型的第三产业更是极大地提高了生产要素的聚集程度。生产要素聚集程度又决定了城市的紧密性。而无论是城市的紧密性还是城市与其他地区的关联性,都会通过城市内部或外部的连锁反应,导致处理城市公共安全问题的紧迫性。

城市公共安全管理具有以下作用:

第一,城市公共安全管理保障着市民的生命和健康的底线需求。一方面,自工业革命以来,随着科学技术和生产力的发展,市民的物质和文化生活水平不断提高,以适应市民物质文化方面需求为目的的市政职能中的积极职能上升为主要职能;另一方面,由于引起城市公共安全问题的原因长期存在,某些威胁城市市民生命和健康的问题日趋加重。如全球气候变暖、水资源短缺和污染、沙漠化等,城市公共安全的一些问题在某些地区和城市的一定时期内会比较急迫等,市民的生命和健康面临着更多的威胁和挑战,导致以保障市民的生命和健康为主要目的的消极职能在市政职能中的基础性、前提性地位日趋突出。现代城市管理应把主要精力放在以提高市民物质和文化生活水平为目的的积极职能方面,但是,引起城市公共安全问题的原因长期存在以及某些原因和问题在某一时期可能被激化,也会导致城市政府把较多精力放在行使消极职能上。

第二,城市公共安全管理保护着企业生产的正常进行。城市公共安全管理中的消防管理、基础设施安全管理、社会治安管理、防灾救灾管理、信息安全管理、卫生防疫管理等,都直接关系着企业生产能否正常进行。企业内部的安全管理由企业自主负责,但也受到政府必要的监督;企业外部的公共安全管理直接制约和影响着企业内部的安全管理,实施企业外部的公共安全管理是政府责无旁贷的职责。

第三,城市公共安全管理维护着城市的生存和发展。城市的基础设施是城市赖以生存和发展的物质基础,是企业生产和居民生活必要的外部条件,是城市区别于农村的重要标志。城市公共安全管理的重要组成部分是基础设施安全管理。能源设施的安全管理涉及电网安全运行、管道煤气泄漏、天然气供应障碍、暖气供应中断等问题;供排水设施的安全管理涉及取水口污染、自来水管破裂、城市积水等问题;城市对内、对外交通的安全管理涉及较大规模的交通事故、地铁运行事故、客货运沉船事故、桥梁倒塌等;邮电通信设施的安全管理涉及固定或移动通信网络的中断、互联网方面的保密制度、海外不适当的渗透、黑客攻击、违法内容的传播等;环保设施的安全管理涉及环境污染重大事故、垃圾处理不当引起的事故等;防灾设施的安全管理涉及防洪、防旱灾、防台风、防沙尘暴、防雪灾、防地面沉降等。这些城市公共安全问题的存在,都威胁着城市及其基础设施的生存和发展。

第四,城市公共安全管理保卫着国家的物质基础。工业革命以来,一个国家的生产力和作为生产资料的物质财富主要集中在城市,尤其是大城市,它们是国家的物质基础。这方面的生产力和物质财富主要体现在第一、二、三产业各个单位,尤其是大型的企业和事业单位、政党组织、国家机构、社会团体等。在大型的企业和事业单位中,特别是生产原材料如钢铁、石油、煤炭、水泥、有色金属、化工等企业,装备制造业如汽车、火车、城市轨道车辆、船舶、飞机、电站设备、机床、国防工业等企业,事业单位如大型的科研机构、大学、医院等。各种自然灾害等对城市公共安全的威胁,不仅会破坏城市各类产业的物质设备,更会损害各类产业的人力资源,从而给国家的生产力和物质财富造成重大损失。据21世纪初统计,各类事故平均每年给中国造成的经济损失约2 500亿元,约为国内生产总值的2.5%。[1]

第五,城市公共安全管理保存着城市的文化遗产。城市是人类文明的载体和结晶,多数城市都有着悠久的历史,留存着珍贵而巨大的文化遗产。包括古代的建筑、园林、寺庙、街区和牌坊等。它们不仅具有很高的文物价值,是重要的旅游资源,更重要的是传承着民族的精神和文化。城市公共安全的各种威胁,有些会对城市的文化遗产造成重大损害,有些甚至会给它们带来毁灭性的破坏,使城市的文明积淀蒙受无可估量的损失。

---

[1] 吴江:《公共危机管理能力》,国家行政学院出版社2005年版,第117页。

第二节 城市公共安全管理的体制和手段

一、城市公共安全管理体制

城市公共安全管理体制是由城市的国家机构领导,城市政府的专职部门发挥骨干作用,其他部门通力合作,组织各单位和每位市民发挥基础作用,围绕实现城市公共安全的目标和任务,依照法律各司其职,以职权分工为核心的组织体系。

第一,城市的中共市委是中国城市公共安全管理体制的领导核心;城市的国家机构是城市公共安全管理体制的领导力量,它把中共市委的决定转化为国家意志,运用国家机构的强制力执行中共市委的决定,并监督各单位、每位市民贯彻中共市委的决定。

中共市委作为中国城市公共安全管理体制领导核心的必要性,体现在三个方面:一是中共市委代表多数市民的利益;二是中共市委的领导地位、自身的组织体制、与城市的国家机构及市政协的关系、管理机制和管理制度,使其能够基本上集中各单位和市民的意见;三是与中国目前的生产力和民主发展水平相适应。

中共市委作为中国城市公共安全管理体制的领导核心主要体现在以下方面:首先,市委的常委会和全委会协调和平衡市民各阶层、各种利益集团之间的利益矛盾关系,在此基础上作出关于公共安全管理的重大决策;其次,市委的常委会、组织部考察、选拔、任免和向城市的国家机构推荐任免有关的领导干部;最后,市委的常委会、政法委员会协调城市国家机构之间的组织关系和工作关系。

中共市委作为中国城市公共安全管理体制领导核心的组织体制,由以下部分组成:第一,中共市委常委会在城市公共安全管理方面的职权,包括贯彻中共中央政法委的决定、确定今后一段时期城市公共安全管理的重点工作、就当前城市公共安全管理的重要问题作出决定;第二,中共市委的政法委员会通过检察院、法院、公安部门、司法部门行使职能,具体领导城市公共安全管理工作;第三,城市检察院、法院、公安部门、司法部门的中共党组,执行中共市委和政法委的决定,行使职能,在城市公共安全管理中发挥中坚作用;第四,城市政府相关工作部门的中共党组领导本部门以及下属单位,在城市公共安全管理中发挥协助作用。

城市的国家机构作为城市公共安全管理的领导力量体现在:① 城市人大及其常委会在城市公共安全管理方面制定地方性法规,决定重大问题,为城市公共安全管理提供法规依据;② 城市政府的大部分工作部门直接分担着城市公共安全管理的职能;③ 城市检察院、法院、城市政府的公安部门、司法部门,是城市公共安全管理的专职领导机构和中坚力量。

根据发达国家城市的管理经验,城市尤其是大城市,有必要设置公共安全委员会及其总指挥部。城市公共安全委员会是城市政府应对公共安全事件的决策机构,实行合议制。在中国,应由中共市委书记担任城市公共安全委员会的主任,由分管政法工作的市委副书记担任常务副主任,市长任副主任,有关的副市长、市政府有关部门(如公安局、财政局、卫生局等)正职首长任委员。总指挥部是城市政府应对公共安全事件的执行机构,实行首长负责制,应由市长担任总指挥长,有关的副市长、市政府有关部门的正职首长为总指挥部的领导成员。总指挥部拥有协调市政府各工作部门参与应对城市公共安全事件的职权。

第二,城市政府各工作部门在本部门职权范围内,既是城市公共安全管理的领导者,又是城市公共安全管理的组织者、指挥者和监督者。

城市政府各工作部门作为城市公共安全管理领导者的含义,是指在本部门职权范围内,对公共安全管理的工作事项作出决策;作为城市公共安全管理组织者的含义,是指划分自身与下属单位在公共安全管理方面的职权分工,规定与下属单位关系的内容与形式;作为城市公共安全管理指挥者的含义,是指布置和执行公共安全管理的决定;作为城市公共安全管理监督者的含义,是指检查和监督下属单位和职权范围内受管辖单位执行公共安全管理的决定。

第三,城市所辖区县的中共党委执行中共市委关于城市公共安全管理的决定,就辖区内公共安全管理对中共市委负总责,区县国家机构在公共安全管理方面协助中共区县委,分别行使各自职能。

各类城市公共安全管理所处理的事件和问题,具有很强的地域性,总是发生在一定的区域,首先影响到一部分的企业和居民。公共安全管理属于政府的消极职能,即关系到市民的生存需求,直接影响市民的生命和健康。平时,预防公共安全问题和事件的发生,是中共区县委和国家机构非常重要的工作;一旦发生公共安全事件,对之予以处理和解决就会成为中共区县委和国家机构的首要任务。

如果公共安全事件发生在一个区或县的辖区内,或主要发生在某个区或县的辖区内,一般应以该区或县的中共党委书记为总指挥即第一责任人,成立应对公共安全事件的指挥部,其成员包括市级国家机构有关部门的负责人、区县国家机构的负责人等。该指挥部的职责,一是执行中共市委处置公共安全事件的决定和指示;二是制定处理公共安全事件的方案;三是协调市级机构、区县国家机构处理公共安全事件的职能;四是对处理公共安全事件过程中出现的新问题及时作出决断;五是现场指导和检查公共安全事件的处理工作。

第四,城市的各企业、事业单位、社会团体依法履行各自在处理公共安全事件中的义务。

城市公共安全事件影响面广,危害企业的生产和居民的生活。防止和应对公共安全事件,必须依靠各单位和市民共同努力,才能战胜公共安全事件的破坏。大多数的危机事件不是一个人或一部分人就能解决的,更多的情况是需要来自于不同组织、团队的人们之间的共同努力,协作反应。①

企业履行在处理城市公共安全事件中的义务有两种基本的类别:一是公共安全事件发生在企业区域内或直接影响企业的生产,企业必须组织自身的人力、物力和财力,参与政府领导的应对安全事件的活动;二是生产处理公共安全事件所需要的产品,或提供处理公共安全事件所需要的专业服务。对于那些大规模的危机事件的应对,政府在调动所掌管的各种公共物资和资源进行突发性危机管理活动时,有可能

---

① [美]罗伯特·希斯:《危机管理》,中信出版社2004年版,第181页。

还得动用各种营利组织的资源,支持政府危机管理活动的需要。①

事业单位作为提供公共服务的机构,大部分涉及三个基本领域:作为企业生产和居民生活必要和外部条件的基础设施;适应公民维持和提高自身素质需求的教科文卫体机构;偏重公平、维护部分公民最低生活标准和多数公民基本生活水平的社会保障。事业单位的员工履行应对公共安全事件的义务有三种情况。第一种情况是有些事业单位本身就可能是公共安全事件袭击的对象或发生的地点。它们要在政府的领导下,减少公共安全事件所造成的损害,维持生产的正常进行,保护员工的生命和健康。第二种情况是事业单位所提供的各类公共服务,往往是公共安全事件所破坏的企业生产或居民生活最必需的产品或服务,如水电煤气、医疗服务、通信交通等。第三种情况是事业单位的员工多半是专业技术人员,他们可以有组织或自发地利用业余时间,适当地参与志愿者活动,为抗击公共安全事件无偿地提供专业技术服务。

社会团体在参与应对公共安全事件中所应履行的义务,主要体现在两个方面,即一方面号召本社团成员遵守法律,服从政府指挥,在工作岗位和社区生活中履行公民有关义务;另一方面组织本社团成员开展志愿者活动,适当利用业余时间,奉献技能和力量,积极参与抵御公共安全事件的活动。

第五,每位市民在本职工作岗位、社会生活和家庭生活中,要懂得预防有关各类公共安全事件的知识,从自身做起,采取预防有关公共安全事件发生的行动;一旦面临公共安全事件的发生,首先要具有发现公共安全事件于萌芽状态的敏感性,其次要具备保护自己和周围人群的技能,再次能够控制和缩小事件的扩大,最后还要尽快向有关部门报告。这是城市公共安全管理体制的社会基础。

二、城市公共安全管理内容

城市公共安全管理的内容可以分为:一般内容,即适用于各类公共

---

① 薛澜、张强、钟开斌:《危机管理——转型期中国面临的挑战》,清华大学出版社2003年版,第143页。

安全管理的内容；特殊内容，即仅适用于某一类公共安全管理的内容。对后者，前面已有所分析，在此从略。这里着重阐述城市公共安全管理的一般内容。

第一，一般说来，应对公共安全管理的问题和事件，应贯彻"预防为主"的方针，重在预防，旨在减少和消除引起公共安全问题和事件的原因和隐患。这是城市公共安全管理的首要任务。

由于公共安全的问题和事件从形成上看有不同类型，因此，预防公共安全事件的发生也相应有区别。大多数的公共安全问题和事件有一个长期积累矛盾和隐患的过程，预防此类公共安全的问题和事件，重在平时有前瞻性地、长期不懈地、细致地努力，减少和消除可能诱发公共安全问题和事件的矛盾和隐患。有些公共安全的问题和事件一方面靠平时消除隐患，另一方面还要靠防范，如行为不慎引发火灾，对这类公共安全事故，重在预防，但防范也同样重要，只要有丝毫的疏忽，都难免会酿成大祸。

从大的方面看，因长期积累矛盾和长期存在隐患而导致的公共安全问题和事件，可以归结为自然与人（自然界与人类社会）的矛盾和人与人（人类社会内部）的矛盾两类。自然与人的矛盾又可以进一步分为：不可再生的资源不断减少与人类对其的需求不断增长之间的矛盾（它集中体现为人均资源拥有量）；自然环境由于被人类的生产和生活过度损害，导致其自身难以修复和可持续发展与人类生存和繁衍之间的矛盾。人与人的矛盾也可以进一步划分为国家之间、国内不同民族之间、国内不同地区之间、国内不同利益集团之间的矛盾等。在现实生活中，自然与人的矛盾和人与人的矛盾往往交织在一起，起着相互促进或抑制的作用，导致相互间的良性循环或恶性循环。

从城市公共安全管理的类型看，预防自然灾害、卫生防疫、环境污染等方面原因引起的公共安全事故，要求城市政府侧重从自然与人的矛盾方面，减少和消除诱发公共安全事故的矛盾和隐患；预防社会治安、恐怖主义、社会动乱等方面原因引起的公共安全事件，要求城市政府侧重从人与人的矛盾方面，减少和消除诱发公共安全事件的矛盾和隐患；预防城市消防、基础设施等方面原因引起的公共安全事故，要求城市政府既从自然与人的矛盾方面,也从人与人的矛盾方面,减少和消除诱发公共安全事故的矛盾和隐患。

针对城市各类公共安全管理,有必要采取不同的预防对策。

预防城市各种常见的自然灾害,更多是需要城市积极参与跨国家、跨地区有计划的联合行动,阻止自然环境的恶化,从源头上减少自然灾害发生的次数,减轻自然灾害发生的程度。

预防卫生防疫方面的公共安全事故,关键是对原有的传染病严格实施疫情监测制度,对新的传染病从技术人员和技术设备方面确保能够有效地检测、隔离、控制和治疗。

预防环境污染方面的公共安全事故,"预防为主"包含"消除隐患与严密防范并举"两方面的含义,即一方面城市政府积极参与更大范围的政府间联合行动,对环境污染更大范围、源头性、深层次的问题加以治理;另一方面对本市的重点企业(如化工类企业等)、重点行业(如食品加工行业、农贸市场等)、重点水体(如河流、湖泊、水库等)实施最严格而严密的管制和监测,从而有效防范环境污染事故的发生。

预防社会治安方面的公共安全事件,大的方面应重视降低失业率、解决分配不公平、弘扬助人为乐和见义勇为的社会风气、健全防范性技术设备、健全保安制度与严格落实责任制相结合、教育和防范有问题的青少年远离毒品等,小的方面应关心离异家庭青少年的成长、学习和就业,帮助刑满释放人员就业、对刑事惯犯予以重点改造和监控等。

预防恐怖主义方面的公共安全事件,宜贯彻"消除隐患与严密防范并举"的方针,在消除隐患方面,应通过发展经济、公平分配、改善生活、加强教育等措施,缩小恐怖主义分子的社会基础,孤立恐怖主义分子;在严密防范方面,对恐怖主义活动嫌疑人员实施严密的监控制度。

预防社会动乱方面的公共安全事件,大的方面要保持经济发展的稳定和增长,严厉打击和惩处腐败的领导干部,切实纠正分配不公平,广开言路听取和采纳群众的呼声和意见等,小的方面应严密监控敌对势力和敌对分子的行踪,及时取缔他们的阴谋活动。

预防城市火灾,也宜遵循"消除隐患与严密防范并举"的方针,在消除隐患方面,要及时更换老化的设备,采取健全制度、严格落实责任制等措施；在严密防范方面,应经常教育员工时刻警钟长鸣,检查防火措施,对重点部位应采取双人负责制度,一人落实,一人核查。

预防基础设施方面的公共安全事故,主要应加强设备的保养和维修,及时更新需要报废的设备。

第二,从城市政府到各工作部门,直至所有的企业、事业单位和社会团体,都应认真制定应对本市、本部门、本单位可能发生的各类公共安全事件的预案,经上级批准后,做好实施预案的准备工作,经常检查实施预案所需的人员责任、制度健全、物资储备等准备情况。

各基层单位都要根据实际情况制定和完善本单位预案,明确各类突发公共事件的防范措施和处置程序。应对公共安全事件的预案一般应包含下列内容：① 明确本预案实施的第一责任人,明确实施本预案的组织体系,即纵向的干部上下级之间的负责和指挥关系,横向的部门配合之间的主要责任和配合责任关系,明确不同层次和职位上的干部和员工在应对公共安全事件工作中的责任；② 针对公共安全事件给企业生产和居民生活带来的多种危害,明确规定消除各种危害不同的应对措施；③ 储备应对特定的公共安全事件所必需的物资,包括种类、数量、质量标准等；④ 规定通过必要的演习,训练不同岗位上的干部和员工掌握处置公共安全事件的实战技能和自我保护技能。

第三,从城市的中共市委、国家机构,到市辖区、县党政机构,直至基层的企业、事业单位和社会团体,构建应对公共安全事件的责任体系。

由于公共安全事件直接关系到市民的生命和健康,无论是预防工作还是应对已经发生的公共安全事件,有关的各级中共党委、国家机构,以及企业、事业单位和社会团体的首位领导干部,是本单位管辖范围内公共安全管理事务的第一责任人。其含义是：对本单位公共安全管理事务的重要问题作出决定(如果是合议制所作出的决定,由集体负责；如果是由首长负责制所作出的决定,由首长个人负责。中共各级党委在执行方面,也应实行首长负责制)；对本单位公共安全管理工作在决策方面的较大错误,按照党纪政纪乃至法律规定追究责任,给予相应的处分。有关的各级中共党委、国家机构,以及企业、事业单位和社会团体分管公共安全管理事务的领导干部,是本单位管辖范围内公共安全管理事务的直接责任人。其含义是:具体指挥本单位管辖范围内公共安全管理的预防工作和应对工作;对本单位公共安全管理工作在执行方面的较大错误,按照党纪政纪乃至法律规定追究责任,给予相应的处分。

城市公共安全管理的责任体系包含下列内容:

(1) 贯彻"执行对决策负责"的原则。政府作为执行系统必须执行作为决策系统的中共市委和人大的决定,对决策系统负责。

(2) 贯彻"个人负责"的原则。政府和企业、事业单位等的首长负责制和员工岗位责任制都是个人负责制。

(3) 贯彻"个人作决定"的原则。在执行决策系统的决定中,每个执行系统的成员在法律和规章规定的本职岗位职权范围内,有权对执行中的具体问题由个人作出决定,包括政府各级行政首长、企业和事业单位的党政首长都有权就管辖范围内的工作,由个人作出决定。

(4) 贯彻"必须执行上级决定"的原则。每一个干部必须执行分管自己工作的上一级首长的决定和指示,每一个员工必须执行分管自己工作的上一级首长的决定和指示。如果不执行,应该受到上一级首长的批评,必要时上一级首长有权依照法律和规章的规定,给予下一级干部或员工纪律处分。

(5) 贯彻"逐级负责"的原则。每位干部对分管自己工作的一位直接上级负责,每位员工对分管自己工作的一位直接上级负责,构成一条严密的责任链。一般情况下,不应越级指挥(除非在非常和紧急情况下,越级指挥是不得已的),也不应越级报告(除非直接上级有较严重的问题,在向直接上级反映无效的前提下,越级报告是不得已的),以防止在执行系统中出现多头指挥即多头命令的现象。

(6) 贯彻"管事与管人相结合"的原则。赋予上一级首长必要而适度的对所分管下一级干部和员工的人力资源管理建议权和决定权。建议权限于比较重要事项的范围,直接决定权限于一般事项的范围。

(7) 贯彻"权责利相结合"的原则。一定职位上的干部和员工对本职工作负责,应当拥有由职位说明书载明的一定范围的自主决定权限。一方面就是否执行上级的决定和指示以及执行的方式负责(但不对上级决定和指示的内容本身的错误负责),另一方面就自主决定的内容所发生的错误负责。对正确行使自主决定权、尽责执行上级决定和指示、圆满完成工作任务的,应与各项奖金指标挂钩,并与工资晋级、职务提升挂钩。

(8)贯彻"管事和管人都应制度化"的原则。无论行政执法,还是职位说明书,都应逐步健全和细化法律法规或行政规章,以及政府内部的规章制度,并实现公开化,从而做到秉公照章管事和管人。

(9)贯彻"权力须受制衡"原则。中国各级政府以及较重要的工作部门都按规定设有中共党组,对首长负责制实行必要的制衡。重大问题须经过中共党组会议讨论后经过表决决定。这一制度有必要向政府内部各级延伸,一为保障执行范围内重大决策的正确性,二为制衡政府各级正职首长正确行使权力。凡涉及本部门执行性工作中的重大问题,包括业务工作中的重要问题、内部规章制度修订、本级所管辖的干部和员工重大的人事管理事项,都要经过政府全体会议或常务会议、局务会议、处务会议或科务会议讨论后,经过表决作出决定。它使政府系统的首长负责制在重大问题的决策方面,具有集体负责和采用合议制作出决定的性质,这是对执行系统实行负责首长制是必要而适度的完善。由于政府内部各级公共行政的一般问题仍由首长个人作出决定,而且重大问题经集体决定后在执行方面仍然实行分管首长的个人负责制,因此,政府系统以及企业、事业单位、社会团体作为执行系统,总体来说实行首长个人负责制,由个人作决定的组织原则仍然有效。

(10)贯彻"公民有权申诉"的原则。有必要健全法律、法规和行政规章,规定由政府内部各级的行政办公会议(如政府常务会议、局务会议、处务会议和科务会议)受理公务员对行政首长关于业务工作的决定持有异议的申诉(允许必要时的越级申诉);受理公务员对行政首长关于人事管理的决定持有异议的申诉。

责任体系是城市公共安全管理体制的核心。城市公共安全管理体制由决策体制、执行体制、监督体制等部分组成。决策有待执行,监督保障执行。而执行的关键是落实责任,把城市公共安全管理预防工作和应对工作的责任分解到单位、部门直至个人。城市公共安全管理的执行体制是一个大系统,由各级政府的各工作部门、各行业社团、各企业和事业单位等分工与协作来运行。明确各单位、部门和个人在城市公共安全管理中的责任,是确保分工与协作顺利进行的组织基础。

第四,城市公共安全委员会统一领导、布置和监督,市政府有关工作部门分工负责,组织下属或受管辖的企业和事业单位储备应对公共安全事件所需要的物资。

城市政府应对公共安全事件所需要的物资可以分为:饮食类,包括粮食、压缩饼干、矿泉水等;建材类,包括草包、麻绳、铁丝、老虎钳、黄沙、水泥等;医疗用品类,包括抢救药品,抢救用医疗器械,医用敷料如药水棉花、医用纱布、常用药品等;房屋类,包括帐篷、简易板房等。

在政府部门的指导和监督下,有关的企业、事业单位应健全储备物资管理制度。要确保计划内储备物资的种类、数量和质量。要确保储存物资的仓库在温度、湿度、卫生等方面符合要求。要按计划定期更换有使用期限或储存时间过久的物资。

城市的公共安全委员会有必要组织市政府有关部门的主管人员、专家和市民代表等组成检查组,定期抽查所储备的物资。由于城市公共安全管理关系到市民的切身利益,有必要把检查的结果向市人大常委会报告,接受市人大常委会的监督。

第五,有计划地组织城市的有关企业、事业单位、社会团体和市民,参加应对城市各类公共安全事件的演习,向城市所有家庭定期发放经过修订的普及预防和应对公共安全事件的知识和技能,打造城市抵御公共安全事件坚实的社会基础。

日本的城市政府重视普及防灾救灾知识、组织市民进行抗灾演习的经验,值得我们认真借鉴。日本是多自然灾害(包括地震、海啸、火山喷发等)的国家,这种环境迫使城市政府十分重视提高市民抗灾的能力。他们通过发放小册子、张贴图片、电视报刊广播宣传等形式,向市民大力普及抗灾知识,各种社会团体积极组织成员义务参加防灾救灾工作,有计划地在单位和社区组织市民进行各种抗灾救灾演习等,从而有效地提高了市民防灾救灾的能力。

针对常见的公共安全事件,有计划地在企业、事业单位或社区组织市民参加多种抗灾救灾的演习,是十分必要的。开展应急演练是提高综合应急能力和实战水平的有效途径,可以达到检验预案、锻炼队伍、磨合机制和宣传教育的目的。① 一是有利于市民运用所学习的抗灾救灾知识,学会使用抗灾工具,掌握抗灾救灾的技能;二是有助于市民在抗灾救灾的集体行动中,了解和实践如何与他人合作和相处;三是有利于市民增强抗灾救灾的意识;四是有助于市民熟悉政府、单位或社区制订的抗灾方案;五是有利于市民了解面临公共安全事件进行紧急疏散的路线,熟悉庇护场所。

有必要向每户居民家庭发放预防和抗御常见的公共安全事件的小册子。以图文并茂的形式,介绍预防火灾、传染病、治安犯罪等的知识,传授抗御地震、空气或水体污染、恐怖主义袭击的技能,讲解保护自己、抢救他人简易而常用的医疗卫生技术。鉴于公共安全事件不断具有新的特点,预防和抗御公共安全事件也不断产生新的方法,所以定期修订和更新这种小册子,重新免费向居民家庭发送,是很有必要的。

三、城市公共安全管理手段

城市公共安全管理手段,是城市政府依法组织企业、事业单位、社会团体和市民,开展预防和应对公共安全事件工作和活动的途径、方式或方法。

1. 法律手段

根据依法治国的战略方针,城市公共安全管理也应该实现法治化。城市要依据有关法律、行政法规,结合实际制定并完善应急管理的地方性法规和规章。尤其是在社会主义市场经济条件下,企业是自主经营的经济实体,事业单位有一定的自主权,社会团体也依法享有自治权。在应对公共安全突发事件的情况下,城市政府为了有效、快速地控制和解决公共安全事件,需要指挥企业、事业单位、社会团体和市民参与应对公共安全事件的工作和活动,企业、事业单位、社会团体和市民应该

---

① 华建敏:我国应急管理工作的几个问题,《人民日报》2007年12月27日。

服从城市政府的指挥,唯有法律手段能够赋予城市政府这种普遍的强制力。因此,法律手段是城市政府组织各单位、市民预防和应对公共安全事件的主要手段。

法律手段要求城市政府在指挥和组织企业、事业单位、社会团体和市民,开展预防或应对公共安全事件的下列工作或活动中,应以法律条款明文规定:① 有偿地生产某种产品或提供某种专业服务;② 有偿或部分有偿地征用企业的场地、厂房或设备,部分有偿或无偿地征用事业单位的场地、房舍或设备;③ 有偿、部分有偿或无偿地征用企业的人力,部分有偿或无偿地征用事业单位的人力;④ 请求社会团体组织成员开展志愿者活动,参与应对公共安全事件的工作;⑤ 号召市民开展志愿者活动,捐献钱物,参与应对公共安全事件;⑥ 为了市民的安全迅速处理公共安全事件,限制市民进入某个地区等。

2. 行政手段

行政手段区别于其他手段的优点之一是迅速而高效,尤其适用于处理公共安全的突发事件。它的形式之一是行政首长的口头指示。在处置公共安全突发事件的第一线,面对着人命关天、错综复杂、瞬息万变的紧急情况,行政首长在了解事件基本情况和听取现场领导干部、专家、群众的意见之后,当机立断地作出决定,由下级干部、群众迅速实施,收到运用其他手段所难以具有的效果。

行政手段只能用于在组织上有上下级关系的范围,适合用于行政机构的上下级之间。在应对公共安全突发事件中,上级政府对下级政府、上级政府部门对下级政府部门发布行政命令、指挥、布置工作,是最有效的。由于政府工作部门与所管辖的事业单位之间具有某种程度的上下级关系性质,因此也适用于一定范围内政府主管部门向事业单位布置工作、预防和应对公共安全事件。由于政府有关部门与国有企业也存在着一定的上下级关系,行政手段也适用于政府有关部门向国有企业布置预防和应对公共安全事件的工作。值得注意的是,由于外资企业、私营企业与政府之间不存在上下级关系,所以,行政手段不适用于外资企业和私营企业。

3. 信息手段

信息手段在预防和应对公共安全事件中发挥着两方面的基本功能：一方面收集全面的信息是科学决策的必要前提；另一方面有选择地向公众披露某些信息，同时不披露另一些信息，可以进行正确的舆论导向。

由于互联网的普及、开放和快捷，移动通信的便捷、快速和便于参与等条件，在公共安全事件突发时刻，会有一部分虚假或错误的信息多渠道流传。这时政府通过各种媒体，及时发布全面的信息，有利于匡正视听，掌握正确的舆论导向，营造清醒、稳定、乐观应对公共安全事件的氛围。

4. 宣传手段

无论是在预防还是应对城市公共安全事件方面，宣传手段都起着必要而明显的作用。它与信息手段有区别。信息手段侧重反映公共安全事件发生的真实动态和应对公共安全事件工作的切实进展。宣传手段首先普及党和政府关于预防和应对城市公共安全事件的方针和政策；其次向市民传授在公共安全事件中保护自身、抢救他人、抵御公共安全事件破坏作用的知识和技能；最后还要报道和表彰在预防和应对城市公共安全事件中出现的先进集体和先进个人等。

移动通信、报纸、杂志、电视电台、互联网等是运用宣传手段最常用且重要的途径或媒介。在预防尤其是应对公共安全事件方面，城市政府应从内容、形式、技术等方面，保障政府的宣传手段在各类途径或媒介中处于主导地位，对受众具有切实而强大的吸引力。同时，加强对非政府主办的其他途径或媒介的指导和监督，一要支持它们补充和丰富关于政府在预防和应对公共安全事件中积极作用的报道和评论；二要支持它们合法地对政府行为提出意见和建议，实行监督；三要制止直至取缔少数的媒介诋毁政府积极履行职能、破坏预防和应对公共安全事件工作的非法行为。

5. 经济手段

在预防和应对城市公共安全事件中，经济手段在一定范围内起着必要而重大的作用。如政府有偿购买企业生产的预防、应对公共安全事件的产品或提供的劳务，政府有偿聘用建筑施工企业承建公共安全工程设施,政府在处置公共安全事件的紧急时期依法有偿临时征用企业和事业单位的场地、建筑或设备,政府对遭受自然灾害的群众发放救济款项,政府对参与预防或应对公共安全事件工作的人员给予酬劳或奖励等。

第三节 城市公共安全应急机制

一、城市公共安全情报机制

城市公共安全应急机制,是城市政府应对公共安全突发事件,依法组织有关的企业、事业单位、社会团体和市民紧急开展工作,保护生命和财产的组织体制、管理制度和工作方法的总称。城市公共安全应急机制可以进一步分为城市公共安全情报机制、城市公共安全决策机制、城市公共安全通告机制、城市公共安全控制机制等。

城市公共安全情报机制是以城市政府有关部门和事业单位为主体,依靠社会各方面力量,在预防和应对两个阶段,对一定类别的公共安全隐患和事件的情报进行全面搜集、甄别、分析和综合,为城市公共安全决策机制作出决策提供客观依据的组织体制、管理制度和工作方法的总称。

全面、准确、及时的信息情报是科学决策的前提。城市公共安全情报机制在城市公共安全管理及其城市公共安全应急机制中发挥着耳目作用。第一,全面搜集一定类别的城市公共安全问题隐患和事件的情报。其中关于隐患方面的情报,主要有助于预防公共安全问题的扩大和公共安全事件的发生,也有利于形成应对公共安全事件的思路;关于公共安全事件方面的情报,有助于了解事件的原因、破坏力的大小、已经和将要进一步造成破坏的程度等。全面是对情报工作的第一要求。第二,形成对导致公共安全事件破坏力客观、全面、系统的评价。包括公共安全事件内在矛盾的各个方面、基本特点、演变规律、发展趋势等。第三,综合分析城市政府在动员社会各方面力量,包括科技力量和财力物力,抵御导致公共安全事件破坏力方面的有利条件和不利条件。

"知己知彼,百战不殆。"这对城市公共安全决策机制作出正确判断是不可或缺的。

既然准确的情报是作出关于预防和应对城市公共安全事件决策的必要前提,城市公共安全管理的有关部门,理应把情报机构的建设放在各自所管辖的公共安全事务的优先地位。如预报自然灾害的天气预报部门、地震监测部门等,监测社会治安动向和趋势的基层公安派出所、刑侦机构的情报部门等,监测疾病疫情的卫生防疫部门等,监测潮汐、江河湖泊水位等的水文工作站等,经常性监测与污染源监测相结合的生态环境监测站,监测恐怖主义活动和社会动乱阴谋活动的公安机构、国家安全机构的情报部门等。

城市公共安全情报机制可以分工为调查搜集、归类存档、综合分析等内容。调查搜集有多种形式:① 运用技术设备自动或与人工结合进行经常性监测和临时性监测。这是调查搜集的主要形式。② 通过报刊、电视、广播、书籍、互联网、移动通信等,利用各国、各地区或本地区公开发表的报道、文章、讲话、消息等,调查搜集有关专题的情报。③ 在社会类的公共安全管理方面,通过隐蔽战线调查搜集情报。④ 运用和分析统计资料,发现社会类以及自然界类的公共安全事件发生的周期性规律,或发生的特点、程度和破坏力等。

对调查搜集的公共安全情报进行归类存档,既是对它们加以整理和保存的需要,更是进行综合分析的前提。可以根据城市公共安全管理的需要,对公共安全情报予以不同的归类。例如,可以根据情报与公共安全事件发生阶段的关系,分为预防类和应对类;可以根据情报分别属于公共安全事件不同的方面,分为不同的专题类别;可以根据预防和应对公共安全事件的重要程度,按一、二、三等次分类;可以根据情报与公共安全事件内、外部条件的关系,分为外部间接因素、外部直接因素、内部一般因素、内部核心因素等类别。

综合分析是城市公共安全情报机制的关键环节。勾勒乃至还原情报对象的整体情况是情报工作的中心任务。分析在先,就是首先要分析局部;综合在后,就是在分析局部的基础上,逐步地拼接出全局,发现局部与局部的联系,进一步把局部连接成整体;在综合过程中需要进一步加深分析局部,并且在进一步分析局部中,从整体上认识各局部之间的联系。不应忽视不起眼的情报,也不应夸大某个情报。从事综合分析情报工作的人员不仅要具备专业的技术和知识,而且要具备较强的综合思维能力。

二、城市公共安全决策机制

城市公共安全决策机制是为了预防和应对公共安全突发事件,城市中共党委依法作出重大问题决策,由城市人大及其常委会将其转化为权力机构的意志,并由城市政府及有关工作部门将其具体化的组织体制、管理制度和工作方法的总称。

中共城市党委在了解城市公共安全情报机制提供的公共安全情报,听取城市国家机构、企业、事业单位、社会团体、市民意见和建议的基础上,对城市公共安全的重大问题作出决策,具体包括:① 对贯彻执行国家有关公共安全的法律、上级中共党委和政府及其领导关于本市公共安全工作的决定和指示提出具体意见并作出决定;② 对本市人大和政府制定关于公共安全的地方性法规、地方行政规章、决议和决定提出原则性意见;③ 对本市政府及其工作部门制定本市预防和应对公共安全管理问题的预案提出指导性意见;④ 对城市公共安全预防和应对工作中如何平衡市民利益矛盾关系作出决定和指示;⑤ 对城市政府及其工作部门以及所辖区县政府、事业单位、企业、社会团体在城市预防和应对公共安全事件中的职权分工和配合关系作出决定;⑥ 对城市公共安全事件的应急处置作出决定和指示等。

城市人大及其常委会在城市公共安全决策机制中的作用体现在下列方面:一是把必要的中共市委关于城市公共安全管理的文件和指示转化为权力机构意志,通过地方性法规、决议或决定予以贯彻;二是在市人大及其常委会职权范围内,进一步把中共市委的决定和意见具体化、规范化和法制化,作出相关的决议或决定;三是贯彻国家关于公共安全管理的法律,制定具体实施有关法律的地方性法规或决议;四是对本市范围内的各级国家机构、企业、事业单位、社会团体、市民执行和落实公共安全管理的法律、法规、规章、决议和决定等,实行法律监督和工作监督；五是开展调查研究，听取本市国家机构工作人员、基层单位、市民关于公共安全的意见和建议，为市人大及其常委会作出关于公共安全管理的决定提供依据等。

城市政府及其工作部门负责贯彻执行中共市委、市人大及其常委会关于城市公共安全管理的决定和指示，担负着大量的、具体的制定针对公共安全不同方面的地方行政规章、行政决定的重任。具体包括：第一，制定和修改《市政府公共安全应急处理指挥部条例》。条例应规定指挥部领导班子组成人员的范围以及分工；指挥部的职权；指挥部下设工作机构的职责和岗位设置；指挥部的管理手段；指挥部的工作程序等。建立和完善应对突发公共安全事件部际联席会议制度，加强部门之间的协调和配合，定期研究解决有关问题。第二，市政府相关工作部门也有必要制定本部门公共安全应急处理领导小组的规章，为预防和应对公共安全事件的工作制定规范。第三，把预防公共安全事件的有关各项措施列为市政府各工作部门的优先职责。第四，市政府有关工作部门要针对本部门管辖范围内各种公共安全事件制定应对预案。第五，市政府及其有关工作部门的行政首长要在应对公共安全突发事件的第一线作出处理决定。

三、城市公共安全通告机制

城市公共安全通告机制，是城市政府为了预防和应对公共安全突发事件，对预防和应对的知识和技能、公共安全突发事件的情况、政府预防和应对公共安全事件的措施等，向城市企业、事业单位、社会团体、市民发出通告，并依靠其贯彻落实的组织体制、管理制度和工作方法的总称。

城市政府要高度重视突发公共事件的信息发布、舆论引导和舆情分析工作，加强对相关信息的核实、审查和管理，为积极稳妥地处置突发公共事件营造良好的舆论环境。城市公共安全通告机制的必要性体现在以下方面：首先，澄清和抵御有关公共安全事件的错误传闻。这些错误传闻，有些是极少数敌对势力和敌对分子蓄意制造和散布的，有些则是市民传播的流言飞语。如果不坚决而及时地予以澄清和抵制，就会造成思想混乱、民心动摇,非常不利于市民们在政府的坚强领导下团结一心,战胜公共安全突发事件。其次,有利于各企业、事业单位、社会团体和市民在突发的公共安全事件的严重威胁面前统一思想、众志成城、统一部署、统一行动。最后,有利于市政府依靠各企业、事业单位、社会团体和市民,贯彻落实市政府预防和应对公共安全事件的政策和措施。城市中共党委和国家机构关于预防和应对城市公共安全事件的规章和政策,归根到底还要依靠各企业、事业单位、社会团体和市民来贯彻和落实,才能取得所预期的防止或战胜公共安全事件的客观结果。要把这些规章和政策转化为各基层单位的扎实工作和市民们的实际行动,就有赖于通过公共安全通告机制,使各单位和市民了解和认识这些规章和政策的内容。

城市公共安全通告机制的基本内容有三个方面:第一,向市民传播预防和应对城市公共安全事件的知识和技能。如果每位市民都掌握了在生产岗位、家庭生活、社会生活中预防和应对公共安全事件的知识和技能,就能最大限度地减少公共安全事件给生命和财产带来的危害和损失,战胜公共安全突发事件就获得了最大的力量。第二,通报公共安全突发事件发生的真实情况和市政府领导各单位及市民抵御突发事件的进展情况。应该把公共安全突发事件所造成的损失和经过努力已经避免或减少的损失,把有利条件和不利条件,把争取较好结果和准备最差结果等,都如实地告诉市民,目的是争取市民们各自尽责努力工作,共同战胜公共安全突发事件。第三,宣传城市政府预防和应对公共安全事件的政策和措施。城市政府预防和应对公共安全事件的政策和措施,要经过市政府各工作部门和区县政府针对具体实际情况,对政策和措施加以细化、组织实施和监督执行,但归根到底还是要依靠各企业、事业单位、社会团体和市民的贯彻落实,才能转化为预防和抵御公共安全事件的客观结果。因此,有必要通过公共安全通告机制,让有关的基层单位和市民了解城市政府预防及应对相关的公共安全事件的政策和措施,以便把城市政府的政策和措施转变为基层单位扎实的工作和市民们切实的行动。

由于城市公共安全通告机制的对象主要是城市各基层单位和市

民,因此,通告的途径和手段可以分为向基层单位通告的途径和手段,以及向市民通告的途径和手段两种类型。向各企业、事业单位或社会团体通告的途径和手段有:① 通过下发文件进行通告;② 通过召开会议进行通告;③ 通过政府网站进行通告;④ 通过电话布置工作进行通告;⑤ 通过领导干部现场进行通告等。向市民通告的途径和手段有:① 通过报纸进行通告;② 通过电视、广播进行通告;③ 通过互联网进行通告;④ 通过移动通信进行通告;⑤ 通过向市民家庭发放小册子进行通告等。

四、城市公共安全控制机制

城市公共安全控制机制,是在预防和应对公共安全事件的管理中,城市政府及其工作部门组织企业、事业单位、社会团体和市民执行有关的法律和措施,并对这种执行实行监督和控制的组织体制、管理制度和工作方法的总称。

城市公共安全控制机制包括执行和控制两个部分。城市公共安全控制机制的执行部分,是指城市政府及其工作部门组织各基层单位和市民,执行城市中共党委和国家机构关于城市公共安全管理的法规、决定和指示;城市公共安全控制机制的控制部分,主要是指城市政府及其工作部门检查和监督各基层单位和市民,执行中共党委和国家机构关于城市公共安全管理的法规、决定和指示。

城市公共安全控制机制的执行部分中,既有城市政府及其工作部门执行城市中共党委和权力机构关于公共安全管理的法规和决定,也有城市的企业、事业单位、社会团体和市民执行城市中共党委和国家机构关于公共安全管理的法规和决定。前者的职责主要是细化中共市委和权力机构关于公共安全管理的法规和决定,后者的义务主要是贯彻和落实中共市委和国家机构关于城市公共安全管理的法规和决定。

无论是市政府及其工作部门执行中共市委和权力机构关于公共安全管理的法规和决定,还是城市基层单位及市民执行中共市委和国家机构关于公共安全管理的法规及决定,首先都要进行目标分解。目标分解就是把政府或上级单位下达给本单位的总目标分解为部门和个人的分目标,并且实现分目标的量化。其次是责任到人。责任到人就是把分解目标与落实岗位责任制相结合,岗位责任制的核心是责权利相结合。其中的"责"就是量化的分目标;"权"一方面是自主决定的权限,另一方面是配置必要资源的权限,包括财力、物力、信息等;"利"就是物质利益和精神利益。最后是考核赏罚。考核赏罚要做到严明考核、赏罚分明。

城市政府及其工作部门执行城市中共党委和国家机构关于公共安全管理的法规及决定也需要控制,这方面的控制主要是由中共党委的工作部门和市政府及其工作部门的行政首长承担的。由于城市公共安全控制机制的落脚点是基层单位组织实施市政府关于预防和应对公共安全事件决定的工作,以及市民贯彻落实市政府关于预防和应对公共安全事件决定的行动,因此,城市公共安全控制机制的重点在于城市政府对各基层单位和市民执行相关法规及决定加强控制。

建立城市公共安全控制机制是必要的,因为公共安全决策在执行中,由于组织内外部主客观因素的干扰,必然会发生偏离目标和计划的现象。现代领导科学认为,科学的决策固然是管理的主要矛盾,但绝不能以为只要决策是科学的,管理就万事大吉了。明智的领导把主要精力放在作出正确的决策上,但也高度重视对执行决策的控制。

根据执行决策的不同阶段所发生的控制,可以把城市公共安全控制机制分为事先控制、事中控制和事后控制三种类型。事先控制的意义是在决策中采取措施,预防管理中产生重大的偏差。既要预防在决策方面出现重大失误,又要预防在执行中出现重大失误。在决策方面采取措施预防出现重大失误,主要是决策要科学、周密和谨慎。在执行方面采取措施预防出现重大失误,主要是在于事先制定周密计划,负责干部亲自督察与委派得力干部专职督察相结合,在重点部位防止较小偏差扩大为重大偏差。

城市公共安全控制机制中的事中控制又被称为现场控制。由于受组织内外部主客观因素干扰,决策在执行中必然会发生偏差,其中大部分是执行偏离了目标和计划,需要对执行行为纠偏;但也有一部分是原定的目标和计划中的某些部分与变化了的客观条件不再符合,需要修订目标和计划。决策在执行中,由于组织内外部主客观因素的干扰,偏差必然发生;一般来说偏差发展有一个从小到大的过程,及时发现偏差,即发现偏差于萌芽状态,是事中控制的主要方法。预防和应对公共安全事件的绝大部分工作是由基层一线员工承担的,因此最具备发现偏差于萌芽状态条件的是一线员工。有必要把及时发现偏差纳入员工的岗位责任制,靠精神激励与物质激励相结合,靠加强培训和现场教学,提高员工及时发现偏差的自觉性和能力,同时辅以惩处制度,对未能及时发现本职工作岗位上工作偏差的员工,视情节轻重和造成危害的大小,照章给予必要的惩罚。

城市公共安全控制机制中的事后控制可理解为通常所说的工作总结,它一般发生在一个决策执行过程结束或一个管理过程结束以后。事后控制的主要意义在于对已经结束的决策执行过程中所发生的较大偏差进行总结,为今后的公共安全控制工作提供借鉴。这种较大的偏差有两种类型:一种属于事先控制的较大失误或错误;另一种属于事中控制的较大失误和错误。对前一种控制失误的处理,第一应该分析导致失误的原因主要是客观方面还是主观方面,如是客观方面为主,虽然也应追究决策者一定的责任,但主要还是应从认识和能力方面总结教训,提高水平;第二应该从组织的内部能力和外部条件两方面分析那些出现较大失误的方面和环节存在着哪些薄弱环节和隐患,有针对性地在管理方面加以完善。对后一种控制错误的处理,必须照章严肃追究有关人员的责任,同时健全专职控制部门的管理制度。

第十二章
市政绩效与管理

市政绩效是衡量市政管理效能的重要指标,也是影响城市竞争力的关键因素。科学的市政绩效管理,是提高市政管理能力的重要手段和措施。建立和完善市政绩效管理系统不仅是提高市政绩效的关键环节,也是实现市政管理现代化和制度化的重要途径。

第一节 市政绩效概述

一、市政绩效的内涵

绩效(performance)概念实际上是与效率(efficiency)相联系的,只不过绩效所包含的内容要比效率宽泛得多,它不仅是指单纯的投入—产出比,也可以理解为测量管理的成就和效果的一种概念工具。[①] 具体来说,绩效就是管理组织实现各项职能、从事各种管理活动所取得的工作业绩和社会效能的总称。市政绩效则是城市政府为实现市政职能、管理城市公共事务所取得的工作业绩和社会效能的总称。一般来说,对市政绩效的理解应包含以下几个方面的内容:

1. 市政绩效是一个综合性的概念

市政绩效应包含经济、效率和效益三个方面。经济是指用尽可能少的成本去购买规定的质和量的输入物品。效率是运用尽可能少的资源来提供规定的质和量的服务。效益是指能使地方政府实行它的政策

---

① 刘旭涛:《政府绩效管理:制度、战略与方法》,机械工业出版社2005年版,第96页。

和目标而提供正确的服务。① 因此,市政绩效所要衡量的既有市政管理的组织模式,又有市政管理活动的实际效果,还有市政管理活动的社会影响。

2. 市政绩效是一个多层次的概念

在横向层次上,市政绩效的内容包括内部绩效和外部绩效,内部绩效主要是指衡量市政管理组织内部工作效果的标准,而外部绩效则是社会各界对市政管理组织工作实绩的整体评价;在纵向层次上,市政绩效的内容则包括组织绩效和个人绩效,组织绩效是对市政管理组织工作业绩的整体评价,个人绩效则是对从事市政管理活动工作人员工作实绩作出的个体评价。

3. 市政绩效是一个动态化的概念

市政绩效的动态化主要表现在三个方面:不同的政府部门承担着不同的市政职能,其市政绩效的内容和评价标准会有所不同;相同部门的市政绩效也会因城市发展阶段的差异导致内容和评价标准的变化;市政绩效的管理过程也是动态的,它包括目标确定、建构指标体系、资料的收集和整理以及绩效评价等一整套程序。

4. 市政绩效是对市政职能实现程度和结果的客观评价

确定市政职能的依据通常来自于市政管理的客观实际,但是具体的决策过程,却饱含着管理者和参与者的主观愿望,体现了他们共同的主观意志。而市政职能能否顺利实现,并取得预期效果,则取决于市政职能客观的实现过程。也就是说,市政职能虽有主观因素参与,但衡量市政职能的实现程度和结果,则必须是客观的,即通过城市政府的工作实绩和社会效果加以衡量和评价。

5. 市政绩效管理是市政管理的一个重要组成部分

市政绩效管理是一项复杂的系统工程,涉及市政管理活动的各个领域和各个环节,也包括一系列绩效管理和绩效评价的方法和技术。

---

① 于军:《英国地方政府行政改革研究》,国家行政学院出版社1999年版,第184页。

二、市政绩效的特点

市政绩效不仅充分反映了现代市政管理的实际和要求,对于明确市政职能和确定城市发展目标具有重要的作用,也具有以下鲜明的特点:

1. 公共性

市政管理活动的公共性决定了市政绩效的公共性。市政管理活动涉及城市社会生活的各个领域,与广大市民的切身利益密切相关,市政绩效的高低直接关系着公共利益的实现程度,这也就意味着市政绩效管理并不仅仅是市政管理组织的内部事务,而且也是需要社会公众的共同关注和参与的。

2. 系统性

市政管理是系统性的公共管理活动,包括多层次和多部门的管理工作,因此市政绩效也充分体现了系统性的特点。从宏观层面来说,市政绩效以整个城市政府为关注对象,涉及市政管理活动的整体成绩和效果,具体体现为政治的民主与稳定、经济的繁荣与发展、市民生活水平和生活质量的提高、社会公正与平等、城市安全与社会秩序的改善、文化事业的发展和精神文明程度的提高等方面。而微观层面的市政绩效则以特定的市政管理机构或部门为关注对象,体现为具体的工作成就或效果,包括经济性、效率性、服务质量、市民满意度和客观社会效果等方面。市政绩效的宏观层面和微观层面共同构成了市政绩效管理的指标体系。

3. 技术性

与传统评估手段侧重于定性分析不同,市政绩效是对市政管理实绩的定量化测量,从确定绩效目标、指标体系,到资料的收集和分析、绩效评估都采用了大量的定量分析手段和方法,从而提高了绩效评估的技术水平,也有助于维护市政绩效管理的客观性和科学性。

4. 工具性

市政绩效指标体系和相应的绩效管理活动,不仅是衡量和评估市政管理效果的工具,对市政管理过程进行必要的控制和监督,而且是实施变革和改善市政管理模式的有效工具,客观的绩效管理能够为市政组织的完善提供重要的参考资料,为追求卓越和高效率提供有益的行动指南和评判标准。

5. 非人性化

要实现绩效管理的客观性和科学性,就必须尽可能地消除人的主观意识影响,以保证绩效评估的公正和有效。然而,这也容易导致在绩效管理过程中忽视人的作用,以刚性的绩效标准来衡量人的主观能动性,因而绩效考评并不是能够解决组织和工作项目所面临的全部问题和挑战的万能药。①

三、市政绩效的意义

城市政府是市政管理的主导力量,对于推动城市发展发挥着重要的促进作用。因此,市政绩效的高低与城市竞争力的强弱有着直接而密切的关系。所谓城市竞争力应指一个城市与其他城市相比,在社会结构、经济格局、制度体系、文化传统、政策机制等多个因素的综合作用下,积极提升城市价值,使城市社会经济获得可持续增长,并创造和维持其自身发展所需要的资源优化配置能力。

首先,市政绩效是衡量城市竞争力的核心指标。波特(Michael E. Porter)认为,虽然政府并不能控制国家的竞争优势,但却能通过微妙的、观念性的政策影响竞争优势。② 市政绩效确立了市政职能发挥程度的测量尺度,有助于在衡量城市竞争力时,客观、科学地把握和了解城市政府在提升城市竞争力、促进城市发展中的地位及作用。

其次,市政绩效在内涵上与城市竞争力保持着一致性。城市竞争力不仅是一个企业竞争力或产业竞争力的概念,它本质上是一个政府的概念、一个制度环境的概念,一个政府公共服务的概念,而不是一个

---

① [美]西奥多·H. 波伊斯特:《公共与非营利组织绩效考评:方法与应用》,肖鸣政等译,中国人民大学出版社 2005 年版,第 19 页。
② [美]迈克尔·波特:《国家竞争优势》,李明轩、邱如美译,华夏出版社 2002 年版,第 602 页。

企业、产业、市场或者城市规划的概念。① 市政绩效的关键在于城市政府提供公共物品的能力和效率,而影响城市竞争力的所有因素都属于公共物品的范畴,这表明市政绩效与城市竞争力在内涵上应该是一致的。其外在表现为市政绩效与城市竞争力的正相关关系,市政绩效高则城市竞争力强,市政绩效低则城市竞争力弱。

最后,市政绩效与城市竞争力之间存在着互动关系。这种互动关系表现在两个方面:一是市政绩效与城市竞争力相辅相成,互相促进,互相影响;二是市政绩效与城市竞争力都是动态的概念,市政绩效的考核指标和侧重点并非是固定不变的,会因城市政府职能的转变而变化,城市政府职能的转变应以城市发展阶段为依据,对城市竞争力的提升必须密切联系城市发展的实际情况,发挥政府职能转变的引导作用,有所侧重和有所突破。

第二节 市政绩效管理

一、市政绩效管理的原则和程序

1. 市政绩效管理应遵循的基本原则

(1) 建立强有力的制度保障,明确市政绩效管理的法定地位。推进制度化建设是国际上实施市政绩效管理的普遍趋势,明确制度上的法定地位,也是推动市政绩效长效管理的根本。通过确定市政绩效管理的相关制度和规范,还可以对管理目标、管理体系、管理对象、管理内容等基本要素作出详细和具体的规定,将市政绩效管理融入日常性的市政管理活动中,实现市政绩效管理的规范化、正规化和法制化。

(2) 市政绩效管理应以城市发展战略和价值导向的明确化为基本前提。城市发展战略目标是城市政府肩负的历史责任或市政管理要实现的最高目标,实现这一目标的资源、途径和计划等,构成了城市发展

---

① 樊纲:城市竞争力核心 提供公共品的能力与效率,http://wenku.baidu.com/view/f8c100d9ad51f01dc281f1ad.html。

的基本战略。价值导向则是一切市政管理活动所遵循的行为准则。市政战略和价值导向明确化主要包含两层含义：一是市政管理部门应明确自己的任务和责任，否则不可能取得良好的工作业绩；二是市政管理部门应通过有效沟通，使城市发展战略和价值导向成为每个公务员的共同信念。

（3）建立和完善市政绩效管理的组织机构。建立结构合理、运转高效的管理机构是开展市政绩效管理的关键。市政绩效管理机构不仅应当包括市政管理组织内部的监察、审计机关和传统的评估机关，还应当包括相关专业的专家学者，特别应鼓励社会中介组织参与市政绩效管理，这不仅能极大地提高绩效管理的公正性和客观性，还可以节约管理成本，提升管理效率。

（4）以一定的激励制度实现公共利益与个体利益的有机结合。市政绩效管理不仅应该依据绩效评估结果，对市政管理机构及其工作人员实施必要的奖优罚劣，还应该成为有效的激励手段，在绩效管理过程中，使市政管理机构及其工作人员因市政效率的改进而获得个体利益的极大满足，正确的激励是保证市政绩效管理长期健康发展的根本途径。

（5）坚持以人为本的精神，构建开放、和谐的市政绩效管理体系。市政绩效管理应以提升社会公众满意度为基本出发点和归宿，以此构建开放与和谐的绩效管理体系，广泛吸纳社会力量参与绩效管理，倾听来自不同方面的意见和建议，充分发挥舆论监督的作用，调动社会公众参与绩效管理的主动性和积极性，以此提升市政管理的工作绩效和服务水平。

（6）以电子政务为契机，建设高效、统一的市政绩效管理信息系统。市政绩效管理是传统与现代管理方法的有机结合，应在充分发挥传统管理手段作用的基础上，利用现代信息技术设计和完善适合中国城市发展特色的绩效管理软件系统，通过计算机网络将市政绩效管理同实时的信息收集和分析结合起来，建立电子化的市政绩效管理网络和自动监控系统。

市政绩效管理是一项系统化的复杂工作，其有效性依赖于多种因素的共同作用。一个成功的绩效管理至少应该符合三个要求:第一,在主要利益相关者之间,就组织的使命、目标和战略达成合理的共识;第二,实施高质量的绩效考评系统;第三,运用绩效信息来提高效率,加强责任感以及支持决策。① 因此,市政绩效考评必须按照特定的工作程序有序进行,以保证市政绩效管理的规范性和科学性。

2. 市政绩效管理的工作程序

(1) 制定明确的市政绩效管理协议和市政绩效管理规划。市政绩效管理协议改变了传统的以行政命令为主导的直线型管理模式,而代之以上下级之间、管理者和被管理者之间就职责、任务、目标、工作条件等内容形成的具有约束力的契约性文件,主要内容包括责任人、权力范围、目标、评判标准、素质和能力要求等方面。明确的市政绩效管理协议是在平等协商的基础上达成的一致性意见,因而能够消除市政绩效管理中的消极因素,使市政管理机构及其工作人员积极参与市政绩效的管理工作,保证绩效管理工作的顺利实施。

市政绩效管理规划是市政管理部门依据市政绩效管理协议,制定的有关市政绩效管理的任务计划,它不仅应规定市政管理活动的总方向,还应对市政绩效管理的各个环节作出明确而具体的规定。市政绩效管理规划是市政绩效管理各个工作环节的基础,也是实施有效绩效管理的前提。制定市政绩效管理规划应注意长期性与现实性、稳定性与灵活性的有机结合,突出绩效管理的针对性、现实性和可操作性。

(2) 设置科学合理的市政绩效指标。从技术方面来说,绩效指标是关于如何获得考评结果或者如何收集数据而对绩效维度进行操作化界定的一种说明。② 市政绩效指标是市政绩效管理规划的具体化,是衡量市政管理业绩的基本标准。市政绩效指标可以分为通用性指标和专业性指标两类,通用性指标可普遍适用于所有的市政管理机构,而专业性指标则是针对不同职能部门的专业属性而设计的,对市政绩效的

---

① [美]西奥多·H.波伊斯特:《公共与非营利组织绩效考评:方法与应用》,肖鸣政等译,中国人民大学出版社2005年版,第250页。

② 同上,第86页。

考评也应综合通用性指标和专业性指标作出总体性的评价。市政绩效指标的设置应遵循的原则有:① 客观全面原则,绩效指标应客观全面地反映市政管理的综合绩效,而不应偏重于某一个方面;② 一致性原则,绩效指标应在数量、范围和权重方面保持协调一致;③ 相关性原则,通用性指标和专业性指标应保持必要的相关性,否则将导致绩效考核结果出现偏差;④ 软、硬指标相结合原则,市政绩效具有多维性,因此指标体系的设置既要有软指标,也要有硬指标。软指标是指那些难以量化的考核指标,如社会效果;硬指标则是指可量化的指标,如财政支出。

设置科学合理的市政绩效指标还要考虑绩效指标的信度和效度。绩效指标的信度(reliability)是关于指标客观、准确和可靠程度方面的一种测量;而绩效指标的效度(validity)则关注其合适程度,也就是指标直接与成果相关或者代表所关注的绩效维度的程度。信度涉及指标的客观和准确,效度涉及指标的有效性,两者缺一不可。应从表面效度(face validity)、一致性效度(consensual validity)、相关性效度(co-relational validity)和预见性效度(predictive validity)这四个方面来评判绩效指标的有效性。表面效度是指绩效指标必须在表面上看来是一个有效的指标;一致性效度是指某项绩效指标获得认可的程度;相关性效度代表了某项绩效指标与其他指标在统计上的相关程度;预见性效度则指接受考评的指标值是否可以用来准确地预见未来的结果。①

(3) 实施市政绩效评估。市政绩效评估是市政绩效管理的核心内容,这是因为绩效测量是确定政策或计划是否有助于取得所需结果的数量或质量方面的尺度。② 实施有效的市政绩效评估,是引导市政管理机构实现管理目标的工具和手段,也是持续改善公共政策或公共项目质量的一种系统方法。

有效的市政绩效评估,除了要进行充分的组织准备之外,还应严格

---

① [美]西奥多·H.波伊斯特:《公共与非营利组织绩效考评:方法与应用》,肖鸣政等译,中国人民大学出版社2005年版,第90—91页。
② [美]马克·G.波波维奇:《创建高绩效政府组织》,孔宪遂、耿洪敏译,中国人民大学出版社2002年版,第32页。

规范实施程序,并从环境建设入手,营造良好的评估秩序。市政绩效评估的环境建设由评估基础、评估动力、评估保障和评估氛围四个方面的内容构成。评估基础需要完善的制度建设,这是实施有效市政绩效评估的基本条件;评估动力是驱动市政绩效评估顺利实施的源泉,除了应加大重视力度和社会公众的参与程度之外,还应制定相关的支持性政策;市政绩效评估的有效性在很大程度上取决于绩效信息及其质量,因此获取充分的信息材料和信息处理能力就成为重要的评估保障;绩效评估也是推动市政管理文化转型和再造的过程,市政管理文化对市政绩效评估产生着深远的影响,大力加强文化宣传将是形成良好评估氛围的重要举措。

(4)推动市政绩效管理信息的沟通和反馈。市政绩效管理的各个过程和环节都离不开信息的支持作用,因此市政绩效管理的实质是对绩效信息流的控制过程。推动绩效信息的沟通和反馈是强化绩效信息流控制的关键环节。加强绩效信息的沟通和反馈,不仅能够使参与各方充分了解有关市政绩效管理的目标、任务和要求,实现价值取向上的统一、协调各个方面的行动,而且能够准确把握绩效管理的实际情况,制定正确的绩效指标和实施程序,降低因信息不充分而造成的损失。而建立有效的绩效信息系统则是推动信息沟通和反馈的基础。

(5)加强市政绩效管理的监督和控制。市政绩效管理是一个动态的过程,其目标、任务、指标和方法会因外部条件的改变而发生相应的变化;同时,市政绩效管理也是一个充分发挥市政管理者主观能动性的过程,市政绩效管理水平的高低常常与市政管理者自身的素质、经验和能力相关。因此,为了实现市政绩效管理的客观性、公正性和准确性,必须对市政绩效管理过程施加必要的监督和控制。市政绩效管理监督和控制的目标是消除市政绩效管理过程中的不确定性因素,及时纠偏,保证市政管理者行为的正当性和规范性,确保市政绩效管理发展方向的正确性。加强市政绩效管理的监督和控制,也是推动市政绩效管理可持续发展的必要条件。市政绩效管理监督和控制的途径有二:一是市政管理体系内的监督和控制,这是通过建立特定的监督机构和监督程序,以实现绩效管理的自我控制和自我完善;二是市政管理体系外的监督和控制,这是通过发挥社会公众的参与作用和新闻舆论的导向作用,对市政绩效管理的过程和行为实施有效的督促,并营造稳定的外部环境,以维护绩效管理正确的价值取向。

二、市政绩效评估的任务和方法

1. 市政绩效评估的任务

市政绩效评估是市政绩效管理的中心任务,它对于提高市政管理部门的工作效能发挥着直接的促进作用,在整个绩效管理体系中居于承上启下的环节。概括起来,市政绩效评估的任务主要有以下三项。

(1) 验证目标指标,以确定市政管理活动处于何种状态。通过绩效评估获得评价结果,经过与目标值的对比,可以明确市政管理部门和市政管理过程的优劣程度,从而掌握市政管理过程的进展状况。

(2) 确定目标与现实之间的差异程度,为纠偏提供依据。市政绩效评估得到的绩效结果,能够直观地反映目标值与实际值之间的差距,从而能够明确实际市政管理运行过程中所存在的缺陷和不足,同时也能够为进一步分析问题和解决问题提供第一手的参考资料。

(3) 分析产生问题的原因,提出合理化建议。市政绩效评估也是一个发现问题和解决问题的过程,评估获得的结果能够有效说明问题的性质、原因和程度,从而能够有针对性地提出解决问题的建议和方案,及时纠正工作中存在的问题,提高市政管理活动的整体效能。

市政绩效管理的关键在于能够使组织在战略性使命和目标方面所取得的成就得到准确和全面的测量和评价。然而,与企业绩效评估相比,市政绩效评估存在着各种各样的困难,其评估目标更为多元,评估过程也更为复杂。因此,为了准确、客观地反映市政管理活动的实际绩效,西方发达国家都先后制定了指标体系的设计原则,以实现指标体系的科学性和合理性,其中平衡计分卡原则和 SMART 原则运用最为广泛。

平衡计分卡(balanced scorecard)原是美国著名管理学家罗伯特·S.卡普兰(Robert S. Kaplan)等人开发的一种全面、系统、有效地考察企业管理成就的绩效评价指标体系。该指标体系从四个不同角度来测评一个企业的绩效指标,除传统的财务类指标外,还包括顾客满意、内部业务流程、创新和学习能力三个类别的若干指标以弥补财务类指标的不足,以便在了解企业财务结果的同时,也可以对无形资产方面取得的进展、未来可持续发展能力以及保持竞争优势等方面进行监督。西方学者在大量调查研究的基础上,认为平衡计分卡原则也同样适用于政府部门的绩效指标设计,而且能够取得良好的效果。例如,美国学者波波维奇(Mark G. Popovich)就结合这一原则指出,政府绩效评估指标体系应包含的项目有目前组织的文化和结构、组织的顾客满意度、组织雇员的满意度和组织改革的需要。①

SMART原则是英美等国家在设计绩效评估指标体系时普遍遵循的另一个重要原则。S代表specific,要求绩效指标应具体、明确、切中目标,而不能是模棱两可和抽象的;M代表measurable,要求绩效指标最终能够是可测量和可评价的,能够形成数量指标或行为强度指标,而不仅仅是笼统和主观的描述;A代表achievable,要求绩效指标是能够实现的,而不能是不切实际的;R代表realistic,要求绩效指标是现实的,而不能是凭空想象的或假设的;T代表time bound,要求绩效指标应具有时限性,而不能仅仅存在模糊的时间概念或根本不考虑完成期限。

市政绩效评估指标体系设计时应注意的问题是:

首先,应注意市政绩效评估维度的选择。市政绩效指标体系应在强调指标信度和效度的基础上,充分、全面地反映市政管理过程的各个环节。但在实际操作过程中,由于评估目的、出发点和技术的差异,各国和各地区在对市政绩效评估维度的划分上各不相同,指标体系也互有差别。例如,美国政府责任委员会建构的评估模式包括投入、能量、产出、结果、效率和成本效益以及生产力6个维度;英国的评估维度包括适应与反应、目标与产量、稳定与控制、职员参加与发展4个维度;中国香港将评估指标划分为目标维度、顾客维度、过程维度、组织和员工维度4个维度;中国部分城市的绩效评估则划分为基本建设、运作机制

---

① [美]马克·G.波波维奇:《创建高绩效政府组织》,孔宪遂、耿洪敏译,中国人民大学出版社2002年版,第72—79页。

和业务实绩3个维度。① 前人事部《中国政府绩效评估研究》课题组也提出了一套中国地方政府绩效评估的指标体系,该指标体系由职能指标、影响指标和潜力指标3个一级指标、11个二级指标以及33个三级指标构成。② 评估维度选择的正确与否,将直接关系到市政绩效评估的范围和效率以及结果的可靠性。

其次,市政绩效评估的指标体系应充分考虑指标之间的隶属度。隶属度的概念来源于模糊数学。模糊数学认为,社会经济生活中存在着大量的模糊现象,其概念的外延不是很清楚,无法用经典集合论来描述。某个元素对于某个集合(概念)来说,不能说是否属于,只能说在多大程度上属于。元素属于某个集合的程度称之为隶属度。绩效指标的隶属度说明该指标在整个绩效评估指标体系中的重要程度,在市政绩效评估的指标体系中应增加高隶属度指标的比重,这样才能保证指标体系的代表性和严密性。

再次,市政绩效评估的指标体系还应强化相关性分析。绩效指标之间的相关性会对评估结果的科学性和合理性产生重要的影响,这是因为指标的高相关性往往会导致被评估对象信息的重复使用。因此需要通过对评价指标之间的相关性分析,删除一些隶属度偏低而又与其他指标高度相关的指标,以消除或降低评估指标重复反映评估对象信息而带来的不利影响。

最后,市政绩效评估的指标体系还应关注各项指标的鉴别力大小。鉴别力是指评估指标区分评估对象特征差异的能力,市政绩效评估指标的鉴别力则是指标区分和鉴别不同部门绩效强弱的能力。提高评估指标的鉴别力有助于增强市政绩效评估指标体系的针对性,提高指标体系的整体判断能力。

2. 市政绩效评估的方法

对市政绩效评估方法的选择应注意定性评估和定量评估的有机结

---

① 卓越:《公共部门绩效评估》,中国人民大学出版社2004年版,第39—41页。
② 范柏乃、朱华:我国地方政府绩效评价体系的构建和实际测度,《政治学研究》2005年第1期。

合。一般来说,市政绩效评估方法可以分为主观评估法、客观评估法和目标管理法三类。[①]

(1)主观评估法。主观评估法是在对被评估对象进行相互比较的基础上排序,从而提供一个被评估对象优劣程度的评估结果。主观评估法包括:图尺度评价法(graphic rating scale),该方法首先对每一个被评估对象从评估指标中找出最符合其绩效状况的分数,然后对所有分值进行加总,即得到最终的绩效评估结果;交错分布法(alternative ranking method),评估者按照绩效评估指标的成绩高低对被评估对象进行排序,首先挑选出最好的评估对象,然后选择最不好的,将其分别排为第一和最后,接着再排列其他的,以此类推,最终对所有的评估对象形成一个完整的排列;成对比较法(paired comparison method),这种方法是按照某一标准对评估对象所有的评估指标与其他评估对象进行一一比较,然后用"+"和"-"表明好坏程度,最后将每一个评估对象的好和坏加起来,就可以看出评估对象结果的情况;强制分布法(forced distribution method),评估者对评估对象的绩效进行分级,再根据事先确定的比例将每个评估对象归到相应的等级上,从而就可以真正把绩效优异的部门和人员区分开来。

(2)客观评估法。客观评估法是按照评估标准给出一个量化的分数或程度判断,然后再把评估对象在各个指标上的分数相加,即为评估对象的最后评估结果。客观评估法主要包括关键事件法和行为锚定法两类。关键事件法是根据主管单位管理者对评估对象在日常工作中所表现出来的行为记录,由评估者对其进行评估,确定评估对象的绩效。这种评估方法通常可以作为其他绩效评估方法的有益补充。行为锚定法(behaviorally anchored scales,BARS)则是为每一个职能的考评维度设计出一个评分量表,并用一系列典型的行为描述与量表上的评分标准相对应和联系,为考评者提供评分的参考依据。其基本步骤是:获取关键事件;建立评估等级;对关键事件重新加以分配;对关键事件进行

[①] 郝忠胜、李虹:《人力资源主管绩效管理方法》,中国经济出版社2003年版,第387—393页;卓越:《公共部门绩效评估》,中国人民大学出版社2004年版,第117—120页。

评定;建立最终的绩效评估体系。

（3）目标管理法。目标管理法的依据是标杆评估(benchmarking reviews),它是以部门管理者与部门预先确定的目标作为评估标准,评估者提供衡量评估对象在规定时间内的目标实现程度来评估其绩效的评估方法。目标管理是一整套计划和控制系统,也是一套完整的管理哲学体系,其主要实施步骤是:确定组织目标;确定部门目标;讨论部门目标;对预期成果进行鉴定;工作绩效评估;提供反馈。

市政绩效评估报告是市政绩效评估的总结,也是对有关部门和人员绩效结果作出的正式书面结论,它是实施后续市政绩效管理和提升市政管理部门整体绩效的重要参考依据。所谓绩效报告,就是考评者正式地向其利益相关者或政策制定团体说明它们的绩效状况,并对组织绩效进行纵向和横向比较。① 市政绩效评估报告应客观、公正、完整地说明绩效评估情况和结果,内容应言简意赅、表达清晰,形式则可以采用列表、图表和绘图等多种方式,同时也应充分考虑受众对绩效信息的实际需要情况。

市政绩效评估报告通常应包括四个方面的内容:① 市政绩效评估的总体情况,包括绩效评估的目的、指标体系说明、过程等;② 绩效评估的最终结论,描述各项指标的权重及得分值,结论可采用打分制或等级制;③ 对接受评估的市政职能部门及其工作人员的得分情况进行分析,指出优缺点并分析问题;④ 提出改进管理方面的意见和建议。②

第三节　市政绩效管理系统

一、市政绩效管理的信息系统

信息是实施有效市政绩效管理的重要元素,是保证市政绩效管理

---

①　[美]西奥多·H.波伊斯特:《公共与非营利组织绩效考评:方法与应用》,肖鸣政等译,中国人民大学出版社 2005 年版,第 138 页。
②　马国泉:《政府绩效管理》,复旦大学出版社 2005 年版,第 234 页。

客观、公正、准确的重要前提。现代科学技术的发展,也对市政绩效管理提出了信息化的要求,特别是大规模电子手段的广泛应用,不仅提升了绩效管理的整体效能,而且大大降低了绩效管理的成本。经验表明,建立完善、高效和科学的信息系统,是实现市政绩效管理信息化的必然要求,也是提高绩效管理效率、推动绩效管理工作深入开展的重要举措。

1. 市政绩效管理信息系统的作用

(1)有利于绩效管理流程的标准化和简洁化。市政绩效管理是一项系统化的工作,强调信息传递的时效性和完整性,通过信息系统的作用,能够建立标准化的信息沟通流程,实现信息向目标管理者的直接传输,降低信息传输中不必要的损耗,使信息传输流程得以简洁化,减少绩效管理的投入,有利于绩效管理体系的推广和普及。

(2)有利于绩效目标的实现。信息系统能够有效缩减市政绩效管理的周期,尤其是信息内容的及时更新,可以实现对部分绩效指标的实时管理,变事后管理为日常管理,便于及时发现和解决问题,及时作出调整,有利于绩效目标的实现。

(3)信息系统能够为绩效决策提供重要的依据。绩效考评系统必须能够为决策提供信息,而不是仅仅进行数据的汇编。[①] 信息系统的综合处理功能能够对绩效管理结果进行深入分析,为决策系统提供重要的决策依据,成为绩效管理者了解和掌握部门工作状况和辅助决策的有效工具。

(4)有利于促进市政绩效管理体系的完善。市政绩效管理体系的完善是一个渐进的过程,通过程序化和模块化的信息系统能够降低工作难度,缩短工作时间,简化程序。例如,传统的绩效指标调整往往需要经过人工进行多次测试才能完成,而通过信息系统只需要调整某些参数即可实现,因此极大地提高了绩效管理体系的可维护性。

2. 市政绩效管理信息系统的任务

[①] [美]西奥多·H.波伊斯特:《公共与非营利组织绩效考评:方法与应用》,肖鸣政等译,中国人民大学出版社 2005 年版,第 252 页。

(1) 收集信息资料。信息资料的收集是信息系统的首要任务。通过收集信息资料,可以更好地判断哪种类型的计划最有利于市民。[①]由于绩效目标的信息来源广泛、种类繁多,诸如各种数据、试验结果、机构记录、跟踪调查、客户反馈表等,而不同的信息来源又会对绩效管理的实效性和严密性产生不同的影响,因此对信息资料的收集也应采取不同的手段和方法,注意信息资料的真实性和完整性。

(2) 信息处理。信息处理是市政绩效管理信息系统的核心环节,它是在完成信息资料收集后进行的统计、整理、汇总和分析过程。通过信息处理,能够及时获得市政绩效评估的结果,了解绩效目标的完成情况。信息处理也是一个使用信息的过程,因此应强调绩效信息的安全使用,重视信息认证技术,同时还应根据科技手段发展的实际情况和绩效管理的实际需要,选择正确的信息处理工具,以提高信息处理的针对性和科学性。

(3) 信息反馈和沟通。信息系统是信息持续、稳定传输的基础,通过信息系统的作用,能够及时将有关绩效管理的信息反馈至决策中枢,便于绩效管理者及时了解和掌握绩效管理的实际状况和进展情况,适时作出调整,开展市政绩效的再评估工作。此外,完备的信息系统还可以有效联系绩效管理的各个环节,加强部门间的沟通和协商,提高市政绩效管理的民主化水平。信息系统还应该是一个开放的系统,能够广泛获取来自不同方面的意见和建议,提升社会公众对市政绩效管理的参与度。

(4) 信息监测。信息监测是信息系统的另一项重要任务,其目的是通过信息系统的有效运转,保障市政绩效信息传输的安全、准确、及时和完整。信息监测的作用表现在两个方面:一是对绩效信息流实施控制,以保证信息传输的顺畅和完整,避免因信息传递的间断和阻塞而造成的损失;二是对绩效信息内容实施监督,确保绩效信息的准确和完整,防止错误和不完整信息对绩效管理产生不利的影响。

[①] [美]马克·G.波波维奇:《创建高绩效政府组织》,孔遂宪、耿洪敏译,中国人民大学出版社 2002 年版,第 103 页。

为适应市政绩效管理科学化和信息化发展的需要,市政绩效管理信息系统的构成要素一般可分为硬件和软件两个方面。

市政绩效管理信息系统的硬件要素是指专门针对市政绩效管理配备的各种技术装备,如计算机、网络、服务器、试验仪器、图书资料等,它是信息系统得以存在和正常运转的基础条件。

市政绩效管理信息系统的软件要素由三部分构成:一是制度因素,这主要是指为了维护信息系统的正常运行而制定的各种规章制度,其作用是规范信息系统的运行程序和行为,将信息系统纳入正规化管理的轨道;二是技术因素,这主要是指为方便信息收集、处理和分析而采用的各种技术手段和工具,如数据库、程序软件、专门设计的信息管理系统、网络交互平台等;三是人员因素,高效率的信息系统离不开高素质的信息管理人员,因此提升信息管理人员的专业素质是维护信息系统正常运转和提升信息管理效率的根本保证。

二、市政绩效管理的决策系统

市政绩效管理的决策系统,是整个市政绩效管理体制的核心,它负有组织、指挥和实施市政绩效管理工作的全面责任。

1. 市政绩效管理决策系统的任务

(1) 确定市政绩效管理目标和指标体系。市政绩效管理的决策系统应在深入了解城市发展和市政管理现实情况的基础上,充分发挥信息系统的作用,既要把握总体,又要突出重点,明确市政绩效管理的总体目标和分项目标,实现目标管理体系的科学化和合理化。同时,应根据目标管理体系,确定绩效管理的指标体系,使管理目标能够具体化并具有可操作性。此外,决策系统还应根据城市发展的不同阶段,对绩效管理目标及其指标体系作出适时调整,以保证市政绩效管理目标的灵活性和时效性。

(2) 选定满意的市政绩效管理方案。市政绩效管理方案是市政绩效管理目标的具体化,它包括对绩效目标的详细阐述、绩效管理程序和措施等方面的具体内容。市政绩效管理决策系统中管理方案的选择是一项重要而关键的任务,因此需要在作出选择之前先建立方案选择的价值标准体系,根据绩效目标的复杂程度、不同方案的特点确定选择方法,同时还应积极发挥各职能部门和有关专家学者的主观能动性,对绩效管理方案的可行性进行多方研究和论证,以获得满意度最高的市政绩效管理方案。

（3）负责市政绩效管理的局部试点和全面实施。市政绩效管理的实施应采取渐进策略,先在某个地区或某个部门展开局部试点,在取得成功经验后再全面推广,以便于市政绩效管理的稳步推进和市政管理体制的稳定。决策系统对市政绩效管理方案的选择应建立在实践基础之上,往往在初步方案选定以后,会选择具有代表性的地区或部门先行验证,然后根据实施情况对绩效管理方案进行必要的修正和完善后,再全面实施。决策系统应根据工作的进展情况,制定相应的试点方案、程序和规则、试点数据的反馈机制、全面实施的步骤和阶段等方面的规划。

（4）监督市政绩效管理的进展情况。进行必要的监督和跟踪是决策系统掌握市政绩效管理的进展情况、发现问题并作出适时调整和修正的重要手段。借助信息系统和监督系统的综合作用,决策系统能够及时获得第一手的绩效信息,通过工作中的检查和监督,纠正工作中的偏差和失误,保证市政绩效管理方向的正确性和绩效管理过程的持续性。

2. 市政绩效管理决策系统的构成

市政绩效管理是对市政管理业绩进行的综合管理,因此其决策系统的主体构成应以市政管理的领导机构为主。为了保证绩效管理过程和结果的科学性和合理性,开放的决策系统还应设立专门的专家咨询机构。此外,为了扩大绩效管理的社会参与度,也可以适当聘请相关中介机构参与绩效管理的决策系统。市政绩效管理决策系统的构成有以下几方面：

（1）市政绩效管理的决策机构。市政绩效管理决策机构的构成应在考虑市政管理活动广泛性的基础上,兼顾专业性,在人员构成上吸纳各职能部门的代表参加。根据绩效管理项目的性质,可以分别设立常设性的决策机构或临时性的决策机构。常设性决策机构是为了适应市政绩效管理长期性的需要而建立的,它的主要任务是制定绩效管理的长期规划、总体指标和分阶段的实施计划。在常设性决策机构内部可以依据绩效管理的专业化分工,分别设立不同的决策小组,由决策小组制定的绩效管理方案经决策机构全体讨论和修订后,作为各职能部门的市政绩效管理方案,以保证决策机构的统一性和权威性。临时性决策机构是为了应对临时性的绩效管理项目而建立的,其目的是为了解决某一特定时期内存在的绩效管理问题,制定相应的绩效管理规划和方案,在相关问题解决后该决策机构也随之撤销。临时性决策机构能够提高市政绩效管理决策的灵活性,降低绩效管理成本,但其不足之处在于制定的绩效决策可能缺乏长期性和稳定性。

(2) 市政绩效管理决策的专家咨询机构。市政绩效管理是专业性和技术性要求较高的管理活动,单纯依靠决策机构工作人员的知识结构和经验,可能并不能够适应绩效管理的要求,因而需要建立相应的专家咨询机构,以便针对绩效管理目标和程序提供理论和技术方面的咨询意见,以提高绩效管理的科学性。依据决策问题的性质,专家咨询机构也可以是常设性的或临时性的。在选聘专家时,既要充分考虑绩效管理的特点、重点和目的,又要考虑专家的专业领域,以保证专家咨询意见的公正和客观。同时,在组建专家咨询机构时,对专家的人数也应进行合理的控制,人数过少会缺乏代表性;人数过多,则会增加决策过程的成本,应根据绩效管理决策的复杂程度来确定专家咨询机构的人选。

(3) 市政绩效管理决策的中介机构。中介机构是联系市政管理机构和社会公众的桥梁,其中立性质也会使其在绩效管理中的作用得到各方的普遍认可。西方国家已广泛邀请社会中介机构参与市政绩效管理实践,并取得了良好的社会效果。因此,在实施绩效管理决策时也应重视中介机构的地位和作用。针对中国的现实情况,参与绩效管理决策的中介机构应具备相应的资质,如是否为国家认可并具有法律资格、是否拥有具备专业素养的从业人员、是否出现过违纪违法行为、是否与被管理机构存在隶属和人员经济关系等。在选择中介机构时,应结合绩效管理的实际需要,充分考虑中介机构的实力、人员构成和信誉度,通过严格和规范的招投标程序进行公开、公正的选聘,避免暗箱操作,以维护绩效管理决策的客观性和公正性。

三、市政绩效管理的监督系统

市政绩效管理的监督系统对市政绩效管理的有序进行具有重要的保障作用,其任务是实施对绩效管理目标、程序、过程、行为和结果的有效控制、督促和纠偏,从而维护市政绩效管理方向的正当性,保证绩效管理过程和内容的准确性、科学性和公正性,提高市政绩效管理工作的规范化程度。

1. 市政绩效管理监督系统的工作目标

(1)价值。监督系统应定期或不定期地对执行绩效管理指标和遵守绩效管理价值理念的情况进行检查和评价,以保证市政绩效管理方向的正当性。

(2)效率。市政绩效管理的目的是为了提升市政管理部门的工作效率,因此市政绩效管理过程是否能够充分反映这一效率要求,是否能够改善市政管理部门的工作质量,将是监督系统重点考察的重要内容。

(3)顾客满意度。大多数强调质量的部门同时也关心顾客服务和顾客的满意度。[①] 顾客满意度代表社会公众对市政管理活动的认知程度,通过实施绩效管理前后顾客满意度的变化,能够掌握市政绩效管理的实际效果。

(4)服务质量。市政管理部门的服务质量往往以数量化的绩效指标来表示,监督系统通过对绩效指标的定量分析,能够全面把握绩效管理的整体情况,并就其存在的问题向决策系统提出改进意见。

(5)时效性。监督系统要对市政绩效管理的时间进程进行控制,以保证在规定的时间内完成既定的绩效管理目标,避免因拖拉耽误绩效管理的整体进程,以保障绩效管理的整体效能。

(6)流程。市政绩效管理的效率和质量不仅表现为最终的结果,

---

① [美]西奥多·H.波伊斯特:《公共与非营利组织绩效考评:方法与应用》,肖鸣政等译,中国人民大学出版社 2005 年版,第 226 页。

也充分体现在管理的各个流程之中。因此,监督系统应对既定流程的遵守情况加以控制,对违反规定的情况及时提出批评意见,保证绩效管理程序的合法性。

(7)规范度。市政绩效管理是一套规范化的操作体系,监督系统应强化对绩效管理规范度的控制力度,对绩效管理的抽象行为和具体行为加以规范,以提升绩效管理的合理化和规范化程度。

2.市政绩效管理监督系统的构成

从结构上来说,市政绩效管理监督系统由内部监督机制和外部监督机制两部分组成。内部监督机制是为了实现对市政绩效管理的有效控制,而在市政绩效管理体系内设置的专门从事监测、调查和检查的机构及其运行体制。内部监督机制接受决策机构的指挥和领导,独立于绩效管理其他机构开展工作。内部监督机制实施监督的方式主要有三种,即信息监督,即借助信息系统的传递和反馈功能,通过对绩效信息的分析和研究,针对信息所反映的问题展开监督活动;上下级监督,通过上下级之间的工作关系,对下级市政管理部门进行的工作指导和督促;同级监督,主要是借助监督系统的独立地位,对市政管理职能机构展开的监督工作,目的主要是督促职能机构按照市政绩效管理的目标和任务开展活动,在日常性的管理过程中及时发现问题和解决问题。

市政绩效管理的外部监督机制则主要是指存在于绩效管理体系之外并具有监督功能的社会组织和社会机制,承担这一职能的主要是各种大众传播媒介和社会中介组织。市政绩效管理外部监督机制的有效运转,不仅体现了社会公众对市政绩效管理活动的广泛参与,而且也是市政绩效管理活动密切联系群众的重要途径,有利于提升市政绩效管理系统的开放化、公众化和民主化程度。

主要参考文献

[1] 马克思,恩格斯.马克思恩格斯全集:第3卷.北京:人民出版社,1960.
[2] 马克思,恩格斯.马克思恩格斯全集:第4卷.北京:人民出版社,1958.
[3] 马克思,恩格斯.马克思恩格斯全集:第25卷.北京:人民出版社,1974.
[4] 列宁.列宁全集:第19卷.北京:人民出版社,1959.
[5] 毛泽东.毛泽东选集:第1~4卷.北京:人民出版社,1991.
[6] 邓小平.邓小平文选:第1~3卷.北京:人民出版社,1993—1994.
[7] 李铁映.城市问题研究.北京:中国展望出版社,1986.
[8] 夏书章.市政学.北京:高等教育出版社,1991.
[9] 张永桃.市政学.北京:高等教育出版社,2000.
[10] 张永桃.市政学.北京:高等教育出版社,2006.
[11] 张永桃.行政学.北京:高等教育出版社,2009.
[12] 郭云飞.城市科学管理.哈尔滨:黑龙江科学技术出版社,1992.
[13] 李耀省,李和仁.城市行政管理.沈阳:辽宁人民出版社,1990.
[14] 刘歧,金良浚.城市管理学.杭州:浙江教育出版社,1991.
[15] 刘歧,张跃庆,梅保华.城市学.北京:北京燕山出版社,1990.
[16] 马彦琳,刘建平.现代城市管理学.北京:科学出版社,2003.
[17] 钱振明.城市管理学.苏州:苏州大学出版社,2005.
[18] 王佃利,张莉萍,任德成.现代市政学.北京:中国人民大学出版社,2004.
[19] 王佃利.现代市政学.北京:中国人民大学出版社,2008.
[20] 王建民.城市管理学.上海:上海人民出版社,1987.
[21] 徐理明.市政管理学.北京:科学出版社,1989.
[22] 杨宏山.市政管理学.北京:中国人民大学出版社,2005.
[23] 杨贤智.城市与管理.南宁:广西人民出版社,1987.
[24] 尹艳华.现代城市政府与城市管理.上海:上海大学出版社,2003.
[25] 张觉文.市政管理新论.成都:四川人民出版社,2003.
[26] 叶孝理.现代城市管理手册.北京:经济科学出版社,1990.
[27] 崔功豪,王本炎,查彦玉.城市地理学.南京:江苏教育出版社,1992.
[28] 沈玉麟.外国城市建设史.北京:中国建筑工业出版社,1989.
[29] 萧斌.中国城市的历史发展与政府体制.北京:中国政法大学出版社,1993.

[30] 周一星.城市地理学.北京:商务印书馆,1999.

[31] 包玉娥.当代中国政治制度.北京:高等教育出版社,2000.

[32] 浦兴祖.当代中国政治制度.上海:复旦大学出版社,1999.

[33] 王浦劬.政治学基础.北京:北京大学出版社,1995.

[34] 霍海燕.中国市政府与市行政.郑州:河南人民出版社,2000.

[35] 戴均良.中国市制.北京:中国地图出版社,2000.

[36] 顾丽梅.治理与自治:城市政府比较研究.上海:上海三联书店,2006.

[37] 王旭.美国城市发展模式:从城市化到大都市区化.北京:清华大学出版社,2006.

[38] 包宗华.中国城市化道路与城市建设.北京:中国城市出版社,1995.

[39] 陈敏之.上海经济发展战略研究.上海:上海人民出版社,1985.

[40] 陈甬军,景普秋,陈爱民.中国城市化道路新论.北京:商务印书馆,2009.

[41] 顾朝林,等.经济全球化与中国城市发展——跨世纪中国城市发展战略研究.北京:商务印书馆,1999.

[42] 王保爯,罗正齐.中国城市化的道路及其发展趋势.北京:学苑出版社,1993.

[43] 鲍世行.城市规划新概念新方法.北京:商务印书馆,1993.

[44] 邓淑莲.中国基础设施的公共政策.上海:上海财经大学出版社,2003.

[45] 江锦波,叶伯初,奚正修.城市建设管理.上海:上海科学技术出版社,1993.

[46] 陆锡明.大都市一体化交通.上海:上海科学技术出版社,2003.

[47] 上海市城市综合交通规划研究所.客运规划与城市发展.上海:华东理工大学出版社,1996.

[48] 席恒.公与私:公共事业运行机制研究.北京:商务印书馆,2003.

[49] 曾宇青.香港的公用事业.深圳:海天出版社,2004.

[50] 张定淮.香港公营部门改革.北京:中央编译出版社,2000.

[51] 赵立波.事业单位改革——公共事业发展新机制探析.济南:山东人民出版社,2003.

[52] 蔡孝箴.城市经济学.天津:南开大学出版社,1998.

[53] 龚益鸣.现代质量管理学.北京:清华大学出版社,2003.

[54] 胡庆康,杜莉.现代公共财政学.上海:复旦大学出版社,1997.

[55] 黄新华.公共部门经济学.福州:福建人民出版社,2003.

[56] 江秀平.宏观经济管理.福州:福建人民出版社,1999.

[57] 刘玲玲,冯健身.中国公共财政.北京:经济科学出版社,1999.
[58] 楼继伟.政府采购.北京:经济科学出版社,1998.
[59] 马海涛.公共财政学.北京:中国审计出版社,2000.
[60] 谢文蕙,邓卫.城市经济学.北京:清华大学出版社,1996.
[61] 杨重光,刘维新.社会主义城市经济学.北京:中国财政经济出版社,1986.
[62] 杨之刚.公共财政学:理论与实践.上海:上海人民出版社,1999.
[63] 杨继瑞.中国城市用地制度创新.成都:四川大学出版社,1994.
[64] 张馨.公共财政论纲.北京:经济科学出版社,1999.
[65] 张勇勤.土地管理和使用手册.北京:中国经济出版社,1992.
[66] 傅崇兰,陈光庭,董黎明,等.中国城市发展问题报告.北京:中国社会科学出版社,2003.
[67] 葛竞天.论生态城市建设.大连:东北财经大学出版社,2009.
[68] 胡辉,徐晓林.现代城市环境保护.北京:科学出版社,2004.
[69] 姜学民,郭犹焕,李卫武.生态经济学概论.武汉:湖北人民出版社,1985.
[70] 杨荣金,舒俭民.生态城市建设与规划.北京:经济日报出版社,2007.
[71] 杨士弘,等.城市生态环境学.北京:科学出版社,2003.
[72] 顾建键.现代社区管理概论.上海:上海人民出版社,2007.
[73] 黄卫平,汪永成.当代中国政治研究报告.北京:社会科学文献出版社,2004.
[74] 唐娟.城市社区业主委员会发展研究.重庆:重庆出版社,2005.
[75] 唐忠新.中国城市社区建设概论.天津:天津人民出版社,2000.
[76] 王名,刘国翰,何建宇.中国社团改革.北京:社会科学文献出版社,2001.
[77] 徐永祥,社区发展论.上海:华东理工大学出版社,2002.
[78] 丁石孙.城市灾害管理.北京:群言出版社,2004.
[79] 郭济.中央和大城市政府应急机制建设.北京:中国人民大学出版社,2005.
[80] 金磊.城市灾害学原理.北京:气象出版社,1997.
[81] 吴江.公共危机管理能力.北京:国家行政学院出版社,2005.
[82] 薛澜,张强,钟开斌.危机管理——转型期中国面临的挑战.北京:清华大学出版社,2003.
[83] 赵成根.国外大城市危机管理模式研究.北京:北京大学出版社,2006.
[84] 中国现代国际关系研究所危机管理与对策研究中心.国际危机管理概

论.北京:时事出版社,2003.

［85］马国泉.政府绩效管理.上海:复旦大学出版社,2005.

［86］卓越.公共部门绩效评估.北京:中国人民大学出版社,2004.

［87］亚当·斯密.国民财富的性质和原因的研究(上).北京:商务印书馆,1972.

［88］文森特·奥斯特罗姆,等.美国地方政府.井敏,陈幽泓,译.北京:北京大学出版社,2004.

［89］K.J.巴顿.城市经济学.上海社会科学院部门经济研究所城市经济研究室,译.北京:商务印书馆,1984.

［90］奥古斯特·勒施.经济空间秩序.王守礼,译.北京:商务印书馆,1995.

［91］沃纳·赫希.城市经济学.刘世庆,译.北京:中国社会科学出版社,1990.

［92］保罗·贝洛克.城市与经济发展.南昌:江西人民出版社,1991.

［93］罗伯特·希斯.危机管理.王成,译.北京:中信出版社,2004.

［94］西奥多·H.波伊斯特.公共与非营利组织绩效考评:方法与应用.肖鸣政,等,译.北京:中国人民大学出版社,2005.

［95］迈克尔·波特.国家竞争优势.李明轩,邱如美,译.北京:华夏出版社,2002.

［96］马克·G.波波维奇.创建高绩效政府组织.孔宪遂,耿洪敏,译.北京:中国人民大学出版社,2002.

后　　记

经全国高等教育自学考试指导委员会确定,全国高等教育自学考试公共管理类专业委员会负责高等教育自学考试行政管理专业《市政学》教材的组编工作。

《市政学》自学考试教材由孙亚忠(南京大学教授)主编,陈晓原(复旦大学教授)、霍海燕(郑州大学教授)、范春辉(南京大学副教授)担任副主编。本书各章的编写人员为:孙亚忠(绪论、第八、第九章)、陈晓原(第四、六、十一章)、霍海燕(第一、五、十章)、范春辉(第二、三、七、十二章)。本书由孙亚忠教授负责拟定大纲,最终由孙亚忠教授修改定稿。

参加本书审定工作并提出修改意见的有:张永桃(南京大学教授)、黄强(厦门大学教授)、毕霞(河海大学教授)。张永桃教授担任主审。

《市政学》一书出版以后,希望社会各方面提出宝贵意见,以便今后修改和完善。

全国高等教育自学考试指导委员会
公共管理类专业委员会
2010年7月